Rüdiger Marmulla

Die Liebe geht tiefer als das Gesetz
Andachten für die Seelsorge

Brendow. Publishing

Bibliografische Information der Deutschen Nationalbibliothek
Die Deutsche Nationalbibliothek verzeichnet diese Publikation in der Deutschen Nationalbibliografie; detaillierte bibliografische Daten sind im Internet über http://dnb.d-nb.de abrufbar.

2. Auflage, 2018

ISBN 978-3-96140-060-7

Erschienen im Joh. Brendow & Sohn Verlag GmbH, Moers
© 2018 by Rüdiger Marmulla
Einbandgestaltung und Satz: Rüdiger Marmulla
Lektorat: Reinfried Gableske
Druck und Bindung: Harfe-Verlag und Druckerei GmbH, Rudolstadt
Printed in Germany
www.brendow-verlag.de

*Für unsere Kinder
Lukas, Johanna und Annika*

Vorwort

„Papa, erzähle uns mehr", baten mich unsere drei Kinder, wann immer ich ihnen auf langen Autofahrten oder abends am Bett Geschichten aus der Bibel erzählte. Zugleich fragte ich mich in den letzten Jahren zunehmend, was ich unseren Kindern hinterlassen möchte. Dabei wurde mir klar, dass mein größter Schatz, den ich mit unseren Kindern – und auch mit Menschen in der Seelsorge – teilen kann, das Wort aus dem Alten und Neuen Testament ist. Mit diesen Andachten, die Sie ein Jahr begleiten wollen, möchte ich nun der Aufforderung unserer Kinder nachkommen, mehr zu erzählen.

In über 30 Jahren Predigtdienst und Jugendarbeit kam bei mir so einiges zusammen, das ich hier nachzeichnen möchte. Dazu wählte ich den eigenwilligen Titel *Die Liebe geht tiefer als das Gesetz*, einen Titel, auf den mich mein Freund, der Jugend- und Musikpastor Saša Radovanović, brachte.

Hintergrund des Titels ist die schlichte Feststellung, dass es zu einer Erlösung eines Erlösers bedarf. Gesetz und Recht sind dem Vater im Himmel zu wichtig, als dass er einfach den Himmel auftun und rufen würde: „Schwamm drüber. Ich lasse fünfe gerade sein." Ein Erlöser nimmt ein Lösegeld, das für unsere Schuld gezahlt werden muss, auf sich. In Christus zahlt Gott selbst dieses Lösegeld. So bleibt der Himmel ein Rechtsstaat und doch schüttet der Vater seine ganze Liebe über uns aus. Diese Liebe des Vaters geht tiefer als das Gesetz, das uns verklagt. Die Konfliktlösung zeigt wirklich die Handschrift Gottes – wer sonst käme auf solch einen segensreichen Einfall? Doch auch die Umsetzung erfordert das persönliche Engagement Gottes. Wer sonst würde die Schuld der Welt auf sich nehmen? Wer sonst könnte das Lösegeld aufbringen? Wessen Leben sonst wäre so viel wert, dass es mit der Schuld der Welt aufgewogen werden könnte? Wer sonst hätte die Macht, Sünde zu vergeben?

Wir werden nicht aufhören, über die Weisheit und tiefe Liebe, die im Kreuz von Golgatha verborgen liegt, zu staunen. Und aus diesem

Staunen kommt die Anbetung, wie sie Gott gefällt. Wir schauen auf Gott und sind gesegnet. Wir kommen in die Seelsorge Gottes.

Diesen Segen wünsche ich Ihnen als Leser. 365 Bibelworte begleiten Sie durch alle 66 Bibelbücher. Sie erfahren Neuigkeiten oder frischen Bekanntes auf über die Schöpfung der Welt, über Adam und Eva, über Abraham, Mose und über Jesus, sein Sterben, Auferstehen und sein Wiederkommen. Wenn Sie das lesen, können Sie nicht derselbe bleiben. Und ich wünsche Ihnen sehr, dass Ihre Begeisterung für das Alte und Neue Testament wächst, so dass Sie – möglichst bald, spätestens jedoch nach dem Ende des Andachtjahres – zum Original greifen: der Bibel.

Rüdiger Marmulla

1. Januar

Am Anfang schuf Gott Himmel und Erde.
1. Mose 1,1

Naturwissenschaftler beobachten die Umwelt. Sie studieren, welche Abläufe regelmäßig stattfinden. Daraus leiten sie Gesetzmäßigkeiten ab. Doch die heute beobachteten Regelmäßigkeiten erklären weder, woher alles in der Vergangenheit kommt, noch wohin es in der Zukunft gehen wird. Um auch hier Antwort zu geben, werden Annahmen gemacht. Eine weithin bekannte Annahme im Zusammenhang mit dem Beginn der Welt ist, dass in einem mächtigen Knall alle Materie in einem Moment entstanden sei und seither auseinanderstrebe. Beobachtet man jedoch die Umwelt, dann verblüfft, dass entgegen allem Auseinanderstreben doch eine Kraft die Welt im Innern zusammenhält. Um die bisher abgeleiteten Naturgesetze nicht in Frage zu stellen, nehmen manche Naturwissenschaftler das Vorhandensein einer schwarzen Materie an. Diese schwarze Materie habe nur eine Eigenschaft, die mit unserer beobachtbaren Welt wechselwirke: Schwerkraft. Mit dieser zusätzlichen Schwerkraft werde die Welt im Innern zusammengehalten. Auf diese Weise wird eine naturwissenschaftlich unerklärliche Beobachtung durch die Existenz eines geheimnisvollen, unbeobachtbaren Stoffes gedeutet. Klingt das kompliziert? Ja, das ist es auch.

Und nun beginnt die Bibel die Erklärung für uns ganz schlicht: Am Anfang schuf Gott Himmel und Erde. Das erste Wort, das das Handeln Gottes in der Bibel beschreibt, ist das Schaffen und Schöpfen Gottes. Nun muss man wissen, dass der Vater im Himmel alles mit Liebe schöpft. Es ist diese Liebe Gottes, die dich und mich und die Welt, in der wir leben, im Innern zusammenhält.

Herr! Danke, dass du mich, meinen Nächsten und all meine Umwelt mit Liebe geschaffen hast. Amen.

2. Januar

Und Gott schuf den Menschen zu seinem Bilde, zum Bilde Gottes schuf er ihn; und schuf sie als Mann und Frau.
1. Mose 1,27

Gott steht im Zentrum der geschaffenen Welt. Von ihm aus nimmt alles Leben seinen Ursprung. Gott formt und gestaltet. Und er schöpft im Menschenpaar keine Wesen, die ihm fremd sind, sondern einen Mann und eine Frau, die seinem Bilde folgen und damit eine Beziehung mit ihm pflegen können. Gemeinschaft mit Gott zu pflegen wird dabei zu einer Idee des Schöpfers selbst.

Damit diese Gemeinschaft gelingt, segnet Gott das Menschenpaar. Segnen heißt, gut übereinander und miteinander zu sprechen. Gesegnet werden heißt, bevollmächtigt und beauftragt zu werden. Dem ersten Menschenpaar, es trägt die Namen Adam und Eva, wird von Gott die Aufgabe anvertraut, sich fruchtbar zu vermehren und über die Tiere zu herrschen.

Gott betrachtet alle Schöpfung und stellt fest, dass alles sehr gut gelungen ist. Nach sieben Tagen vollendet Gott seine Werke, er ruht und heiligt diesen siebten Tag. So wird auch die Ruhe zu einer Erfindung Gottes. So sind Himmel und Erde geworden, als sie geschaffen wurden.

Herr! Segne uns! Lass uns in deine Ruhe eingehen. Amen.

3. Januar

Eva sprach: Von den Früchten des Baumes mitten im Garten hat Gott gesagt: Esset nicht davon, rühret sie auch nicht an, dass ihr nicht sterbet.
1. Mose 3,3

Eva erlebt nicht mehr Gott, den Schöpfer, als das Zentrum der geschaffenen Welt. Im Zentrum ihrer Wahrnehmung steht nun ein Baum mit Früchten. Für Eva bildet dieser Baum nun die Mitte des Gartens. Alle ihre Gedanken, ihre Sehnsüchte und ihr Verlangen drehen sich um diesen Baum.

Was man im Brennpunkt des Auges hat, wird scharf und deutlich. Was aus dem Brennpunkt des Auges hinausläuft wird unscharf, verschwommen und schattenhaft. Ihr Schöpfer geriet aus dem Fokus ihrer Aufmerksamkeit.

Das Auge ist ein wichtiges Organ. Die Hälfte aller Hirnnerven zieht zu den Augen. Die meisten Informationen aus der Umwelt nehmen wir über unsere Augen auf. Ohne uns darüber bewusst zu sein, nehmen wir oft die Körperhaltung unseres beobachteten Gegenübers an und ahmen ihn nach. Manche Menschen behaupten sogar, wir verwandeln uns in das, was wir sehen. So wird die Sehbahn zu weitaus mehr als nur einer gigantischen Datenautobahn. Vielmehr wird die Sehbahn Teil einer Ordnung, die bekräftigt, dass wir Abbild unseres betrachteten Objekts werden.

Als Abbild Gottes waren wir geplant und geschaffen. Mit der verfehlten Blickrichtung übernehmen wir nicht mehr die vom Schöpfer gewollte Haltung. Unser Aussehen verändert sich. Der Mensch gerät in den freien Fall.

Herr! Halte uns! Und schenke uns erleuchtete Augen des Herzens, damit wir erkennen, zu welcher Hoffnung wir berufen sind. Amen.

4. Januar

Und Gott der Herr rief Adam und sprach zu ihm: Wo bist du?
1. Mose 3,9

Es gibt grundlegende Fragen. Grundlegende Fragen lassen sich nicht mehr auf andere Fragen kürzen und herunterbrechen.

Das erste Gespräch, das uns zwischen Gott und dem Menschen überliefert ist, wird von Gott mit der grundlegenden Frage „Wo bist du?" eingeleitet.

Diese Frage stellt Gott auch dir. Wo bist du? Wo bist du körperlich? Wo bist du gedanklich? Wo bist du geistlich? Diese drei Betrachtungsebenen – körperlich, gedanklich, geistlich – sind im Menschen untrennbar miteinander verwoben. Und doch lohnt es sich, nach jedem dieser Blickwinkel einzeln zu fragen. Adam antwortet, dass er sich vor Gott verstecke, weil er nackt sei. Bevor Adam und Eva in den freien Fall gerieten, fühlten sie keine Scham für ihre Nacktheit vor Gott. Nun hat sich aber alles geändert. Gott weiß, was geschehen ist – dass Adam und Eva ihn, den Schöpfer, aus ihrem Blickfeld verloren haben.

Wo bist du? Die Antwort offenbart alles über dich. Wo möchte Gott dich haben? Er möchte dich *in Christus* haben. Du kannst dich *in Christus* hüllen, wie in einen wärmenden, schützenden Mantel. Ein Grund, sich vor Gott *in Christus* zu schämen, ist nicht mehr gegeben.

Aber wie geht das, sich *in Christus* zu hüllen? Es ist eine Liebesgeschichte zwischen Gott und dir. Es ist die größte Liebesgeschichte der Welt, die größte Liebesgeschichte aller Zeiten. Ich möchte sie dir gern in diesem Jahr erzählen.

So gibt es nun keine Verdammnis für die, die in Christus Jesus sind. Amen.

5. Januar

Und Gott der Herr machte Adam und seiner Frau Röcke von Fellen und zog sie ihnen an.
1. Mose 3,21

Gott nimmt die Scham von Adam und Eva ganz ernst. Er will nicht, dass die zwei sich weiter vor ihm verbergen müssen.

Da tötet Gott Tiere, um dem Paar Kleider aus Fellen geben zu können. Das ist das erste Sterben auf der Welt, das Sterben eben jener Tiere, die um der Felle willen geopfert werden. Und bei diesem Opfer ist es nicht geblieben. Später wird Christus sich selbst als Opfer geben, damit der Mensch nicht nur körperlich gekleidet vor Gott bestehen kann, sondern seine ganze Seele bereit ist, dem Vater im Himmel in Christus zu begegnen.

Adam und Eva werden aus dem Paradies vertrieben. Außerhalb des Garten Edens werden Adam und Eva viele Kinder geboren. Zwei Söhne heißen Kain und Abel. Und auch zwischen diesen beiden Söhnen geht das Sterben weiter. Aus Eifersucht erschlägt Kain seinen Bruder Abel.

Die Welt wird so, wie wir sie heute kennen. Da will Gott noch einmal ganz von vorne mit den Menschen beginnen. Er weist einen Nachfahren des Adam, der den Namen Noah trägt, an, eine Arche zu bauen, um sich und seine Familie und dazu die Tiere vor einer großen Sintflut zu retten.

Und Noah folgt Gott gehorsam.

Vater, vergib uns, wir wissen nicht, was wir tun. Amen.

6. Januar

Da gedachte Gott an Noah und an all die Tiere und an alles Vieh, das mit ihm in dem Kasten war, und ließ Wind auf Erden kommen, und die Wasser fielen.

1. Mose 8,1

Das Weltenschiff ist komplett aus dem Ruder gelaufen. Gott ist wegen der Bosheit der Menschen in seinem Herzen bekümmert, und er möchte einen Neuanfang mit der Welt. Die Noah-Geschichte ist eine Rettungsgeschichte. Weil Gott liebt, geht es ihm um Rettung. Und da schickt Gott Noah und seine Familie nach umfangreichen Vorbereitungen in eine Arche, dazu die vielen Tiere, die auch gerettet werden.

150 Tage schaukelt der Kasten auf den Wellen des Wassers. Im Innern des Kastens herrscht Dunkelheit. Alles ist gedrängt und eng. 150 Tage sind ein langer Zeitraum, und da mögen Noah viele Gedanken durch den Kopf gehen: „Hat Gott uns vielleicht vergessen? Was wird sein, wenn wir nie wieder von ihm hören? Wie soll ich leben?" Gott lässt auf sich warten. Selbst als die Gewässer wieder zurückgegangen sind und die Arche auf Grund gelaufen ist, hört Noah noch ein gutes halbes Jahr kein Wort von Gott.

Hinter den Kulissen, lange bevor Gott wieder mit Noah spricht, geschieht etwas Wunderbares und Tröstendes: Gott *gedenkt* an seinen Noah. Noch bevor Gott das heilende Wort spricht, denkt und plant er den weiteren Weg für sein Kind. So spricht dann Gott sein Wort mit großer Kraft und Stärke: „Du sollst leben."

Meine Seele, sei stille dem Herrn und warte auf ihn. Amen.

7. Januar

Ich will hinfort nicht mehr die Erde verfluchen um der Menschen willen; denn das Dichten und Trachten des menschlichen Herzens ist böse von Jugend an. Und ich will hinfort nicht mehr schlagen alles, was da lebt, wie ich getan habe. Solange die Erde steht, soll nicht aufhören Saat und Ernte, Frost und Hitze, Sommer und Winter, Tag und Nacht.
1. Mose 8,21.22

Auch unmittelbar nach der Sintflut hat Gott eine ganz realistische Einschätzung über die Menschen, die er gerettet hat: das menschliche Herz ist böse von Jugend an. Wie kommt das Böse in die Welt? Es kommt aus unseren Herzen. Wieso lässt Gott das Böse zu? Das ist eine schwere Frage. Es hängt vermutlich damit zusammen, dass Gott sich entschieden hat, uns das Leben zu lassen und uns nicht mehr zu schlagen, wie er es in der Sintflut getan hat, gleichwohl unsere Herzen böse sind von Jugend an. Gott rechnet auch jetzt noch mit dem Versagen des Menschen.

Noah tritt aus dem Schutz der Arche zurück in die Welt. Es ist die Antwort des Noah auf Gottes Handeln und Retten, dass er seinem Herrn einen Gottesdienst feiert. Und Gott segnet seinen Noah.

Unser Bibelvers ist verbunden mit einem Versprechen Gottes, dass die Tages- und Jahreszeiten nicht aufhören werden, solange die Erde steht. Dieses Versprechen gilt trotz Klimawandel, trotz Erderwärmung, trotz milder Winter, trotz schwerer asiatischer Monsunregen.

Noah darf leben, und er wird in eine Welt gesetzt, in der es keine zweite Sintflut mehr geben wird. Gott will unser Versagen in Geduld tragen.

Herr, reinige mein Herz. Amen.

8. Januar

Da nahmen Sem und Jafet ein Kleid und legten es auf ihrer beider Schultern und gingen rückwärts hinzu und deckten ihres Vaters Blöße zu; und ihr Angesicht war abgewandt, damit sie ihres Vaters Blöße nicht sähen.

1. Mose 9,23

Noah pflanzt wieder einen Weinberg. Vom Wein trinkt er zu viel, und er schläft nackt in seinem Zelt. Sein Sohn Ham kommt und sieht seinen Vater in diesem Zustand. Statt ihn zuzudecken, geht er aus dem Zelt heraus und verkündet seinen Brüdern lauthals diese Sensation.

Immer wieder scheitert Seelsorge an mangelnder Verschwiegenheit und mangelndem Taktgefühl. Da wird dann gern mal eine Geschichte weitererzählt, die einem betroffenen Menschen Scham bereitet. Ob Ham auch schon einmal in seinem Leben nackt war? Und ob er dann auch gern gehabt hätte, dass Dritte sich darüber unterhalten? Egal, Ham hat sein Tagesgespräch. Und wir haben die erste schlechte Seelsorgegeschichte in der Bibel beschrieben.

Doch Noah hat auch zwei weitere Söhne, Sem und Jafet. An ihnen erkennen wir, wie gute Seelsorge geschieht. Sie schützt den Menschen in seiner Scham. So gehen Sem und Jafet und decken ihren Vater zu. Aus Respekt tun sie das mit abgewandtem Angesicht, so dass sie ihn dabei nicht sehen.

Jesus wird einmal vom Weltgericht sprechen. Da wird er sagen: „Ich bin nackt gewesen, und ihr habt mich nicht gekleidet." Diesen Vorwurf macht unser Herr hier auch Ham, dem untreuen Sohn des Noah. Diesen Vorwurf macht er auch den falschen Seelsorgern, die Nackte nicht kleiden, die Menschen in Scham keinen Schutz gewähren. Wir wollen von Sem und Jafet lernen, wie man achtsam und höflich mit Menschen Umgang übt.

Herr, wecke mein Gewissen, dass ich achtsam mit meinen Mitmenschen umgehe. Amen.

9. Januar

Und sie sprachen untereinander: Wohlauf, lasst uns eine Stadt und einen Turm bauen, dessen Spitze bis an den Himmel reiche, damit wir uns einen Namen machen; denn wir werden sonst zerstreut in alle Länder.

1. Mose 11,4

Alle Menschen vereinen ihre Anstrengungen – um sich einen Namen zu machen. Einen Namen möchte man sich machen, wenn man seinem Ehrgeiz, seinem Stolz und seiner Eitelkeit dient. Was haben Menschen nicht schon alles geleistet, um sich einen Namen zu machen, sich hervorzutun und etwas Bleibendes zu hinterlassen.

Und so bauen die Menschen eine Stadt und einen Turm, dessen Spitze bis zum Himmel reiche. Trotz aller menschlichen Bemühungen ist der Turm übrigens doch noch so klein, dass Gott, der Herr, vom Himmel *herniederfahren* muss, um den Turm zu betrachten. Gottes Antwort ist, dass er die Sprache der Menschen verwirrt, sie einander nicht mehr verstehen und dass Gott sie in alle Länder zerstreut. Damit tritt genau das ein, was die Menschen mit dem Bau von Stadt und Turm verhindern wollten.

Die Menschen verstehen einander nicht mehr. Eigenständige Sprachen entstehen. Die Gegenbewegung zu dieser Sprachverwirrung wird sich erst zu Pfingsten wiederfinden. Da werden nämlich gottesfürchtige Juden aus allen Völkern unter dem Himmel die Männer und Frauen, die vom heiligen Geist erfüllt werden, in ihrer eigenen Muttersprache von den großen Taten Gottes reden hören.

Pfingsten und die Ausgießung des heiligen Geistes sind die Gegenbewegung zum menschlichen Bestreben, sich selbst einen Namen zu machen. Wer vom heiligen Geist erfüllt ist, ehrt den Namen dessen, von dem der heilige Geist gesandt wird: den Namen des Vaters im Himmel und den Namen, der über allen Namen ist: Jesus Christus.

Jesus, höchster Name. Teurer Erlöser, siegreicher Herr. Immanuel, Gott ist mit uns. Amen.

10. Januar

Und der Herr sprach zu Abram: Geh aus deinem Vaterland und von deiner Verwandtschaft und aus deines Vaters Hause in ein Land, das ich dir zeigen will.

1. Mose 12,1

Abram, der spätere Abraham, soll Abschied nehmen aus seiner Heimat. Er soll die Sicherheit der großen Familie, mit der er bisher lebte, aufgeben.

Ihre Heimat mussten schon viele Menschen aufgeben, sei es wegen Krieg, Vertreibung oder wegen Katastrophen. Diese Gründe sind bei Abram nicht gegeben – Gott ruft ihn aus der jetzigen Heimat heraus, um ihm ein neues Zuhause zu schenken.

Worin besteht Abrams Sicherheit auf seinem neuen Weg? Allein in der Zusage Gottes. Und diese Zusage sieht so aus: „Ich will dich zum großen Volk machen und will dich segnen und dir einen großen Namen machen, und du sollst ein Segen sein. Ich will segnen, die dich segnen, und verfluchen, die dich verfluchen; und in dir sollen gesegnet werden alle Geschlechter auf Erden."

Abram ist, obwohl er schon 75 Jahre alt ist, mit seiner Frau Sarah noch kinderlos. Er weiß, dass er ohne Kinder einmal namenlos sterben wird, dass niemand seinen Namen weitertragen wird. Und doch schenkt ihm der lebendige Gott eine ganz andere Perspektive, ein großes Volk soll von ihm abstammen und über dieses Volk hinaus soll der Segen auf alle Geschlechter auf Erden übergreifen.

Abram geht los. Zusammen mit seiner Frau Sarah, mit seinem Neffen Lot und mit allen Leuten, die er als Mitarbeiter und Knechte erworben hat. Abram vertraut sich dem lebendigen Gott an.

Herr, auch ich möchte auf dein Rufen hören. In Jesus hast du auch mich gerufen. Amen.

11. Januar

Es gab Streit zwischen den Hirten von Abrams Vieh und den Hirten von Lots Vieh. Das Land ertrug es nicht, dass sie zusammen wohnten.

1. Mose 13,6

Es bestand keine Hungersnot, als die Streitigkeiten zwischen Lot und Abram begannen. Streitigkeiten gibt es ja eher dort, wo Engpässe sind und wo Mangel herrscht.

In unserem Zahnmedizinstudium war das Physikum, die Zwischenprüfung nach der Hälfte der Studienzeit, der Engpass. Da wurde es eng. In meinem Physikum ist jeder zweite Kommilitone durchgefallen – mit der Aussicht, diese Prüfung nur ein einziges Mal wiederholen zu dürfen. Der Konkurrenzkampf zum Physikum wurde so groß, dass teilweise unter uns Termine nicht weitergesagt wurden, Bücher nicht verliehen wurden, Skripten verschwanden oder ganz einfach Informationsmaterial gebunkert wurde. Kollegialität wurde zum Fremdwort – aus Angst um die eigene Zukunft und Existenz. Kampf und Streit breiten sich dort aus, wo Mangel herrscht. Bei Abram und Lot liegt die Sache auf den ersten Blick anders. Keiner von beiden muss um seine Existenz fürchten, beide haben Besitz im Überfluss. Beide sind reich. Und doch gibt es Streit. Und wenn es Interessenskonflikte gibt, dann lässt meist der Stärkere den Schwächeren seine Macht spüren. Machtkämpfe um eine bevorzugte Position machen viel zu oft auch vor unserem eigenen Herzen, unserem eigenen Arbeitsplatz, unseren Gemeinden und unseren Gemeindegruppen nicht Halt. Wer spielt die erste Geige? Es kostet Kraft, seinen Platz zu behaupten.

Abram behauptet seinen Platz gegenüber Lot *nicht*: „Lass doch keinen Streit sein zwischen uns – wir sind doch Brüder. Willst du nach links, dann gehe ich nach rechts. Willst du nach rechts, dann gehe ich nach links." Abram handelt großzügig. Und er kann großzügig handeln, weil er einem liebenden, großzügigen Gott vertraut.

Herr! Du hast uns gezeigt, wie man durch Geben und Loslassen reich wird. Amen.

12. Januar

Aber Melchisedek, der König von Salem, trug Brot und Wein heraus. Und er war ein Priester Gottes des Höchsten.

1. Mose 14,18

Eben noch hatte Abram, als der Ältere, seinen Neffen Lot wählen lassen, welches Land er besiedeln möchte, um weitere Streitigkeiten zwischen den beiden Männern zu vermeiden. Wenn man streitet, dann lernt man sich erst richtig kennen. Solange alles gut geht, kann man sich sehr fremd bleiben. Lot wählte. Abram nahm das Land, das übrig blieb. Doch Lot wurde in dem Land, das er sich erwählte, überfallen. Abram zögerte nicht, seinem Neffen zu Hilfe zu eilen. Nach einem siegreichen Kampf ist Abram ein müder Mann. Die Sonne geht auf, nachdem Abram die ganze Nacht in der Dunkelheit gekämpft hatte.

Da passiert etwas ganz Sonderbares: es kommt zu einer wunderbaren Begegnung mit einem geheimnisvollen Mann. Die Bibel nennt ihn Melchisedek. Melchisedek heißt auf Deutsch *König der Gerechtigkeit*. Salem heißt auf Deutsch *Frieden*. Also, der König der Gerechtigkeit aus dem Friedensland geht Abram entgegen. Und er segnet Abram.

Wir finden kein Geschlechtsregister für Melchisedek. Wer sind sein Vater und seine Mutter? Wer sind seine Kinder? Spätere Generationen segneten in Abrams Namen und beriefen sich in ihrem Geschlechtsregister auf Abram. Auf wen beruft sich Melchisedek? Da finden wir nichts.

Noch geheimnisvoller ist, wenn wir in Psalm 110 lesen, dass Melchisedek ein ewiglicher Priester Gottes sei, einer, der ewig lebe und keinen Anfang und kein Ende habe.

Abram ist vom Kämpfen todmüde, als Melchisedek ihm entgegengeht. Melchisedek trägt Brot und Wein heraus. Und er stärkt Abram. Abram erlebt eine Vorausschau auf das Abendmahl. Im Abendmahl werden auch wir vom liebenden Gott gestärkt – auch wenn wir zuvor todmüde waren.

Herr! Ich danke dir, dass du mich stärkst. Amen.

13. Januar

Als nun Abram neunundneunzig Jahre alt war, erschien ihm der Herr und sprach zu ihm: Ich bin der allmächtige Gott; wandle vor mir und sei fromm. Und ich will meinen Bund zwischen mir und dir schließen und will dich über alle Maßen mehren.

1. Mose 17,1.2

Abram war 75 Jahre alt, als er auf Gottes Weisung hin mit seiner Frau seine Heimat verließ. Gott hatte ihm damals versprochen, dass er ihn segnen und ihm und Sarah viele Nachkommen schenken werde. Jetzt ist er 99 Jahre alt. Ein runder Geburtstag nähert sich – und damit festigt sich die Enttäuschung, dass die Verheißung nicht eingetroffen ist. Das mag ein Wechselbad der Gefühle sein. Ist auch Verbitterung dabei? Oder Wut? Gott ist dem Abram doch etwas schuldig geblieben, oder?

Und da spricht wieder Gott mit Abram. Endlich. Gott schließt einen Bund mit ihm. Als sichtbares Zeichen des Bundes sollen Abram, all seine Nachkommen und auch seine Knechte an der Vorhaut beschnitten werden. Als hörbares Zeichen erhält Abram einen neuen Namen, er soll nun Abraham heißen.

Gott verspricht ihm wieder einen Sohn mit Sarah – doch diesmal nennt Gott auch den Zeitplan: in einem Jahr soll er zur Welt kommen. Und er soll den Namen Isaak tragen.

Das alles verspricht Gott, als Abraham eigentlich schon am Ende seiner Geduld, am Ende seiner Kraft und Hoffnung angekommen ist. Manchmal muss das so sein, damit wir uns nicht selbst loben und den Erfolg uns selbst zuschreiben. Da macht Gott mit dem großen Stammvater vieler Völker keinen Unterschied.

Der Name Isaak heißt übersetzt übrigens: „Gott hat zum Lachen gebracht." Abraham lacht tatsächlich zuerst aus Unglauben, als Gott ihm mit 99 Jahren noch ein Kind mit seiner 90 Jahre alten Sarah verspricht. Später, als Isaak zur Welt kommt, wird Abraham wieder lachen: aus Dankbarkeit und Freude.

Herr, schenke mir ein heiteres Herz, das vor Freude lachen kann. Amen.

14. Januar

Und Gott sprach: Nimm Isaak, deinen einzigen Sohn, den du liebhast, und gehe hin ins Land Morija und opfere ihn dort zum Brandopfer auf einem Berge, den ich dir sagen werde.

1. Mose 22,2

Es ist erschütternd, was Gott hier von Abraham verlangt. Abraham ist 100 Jahre alt, als ihm und Sarah doch noch das versprochene und ersehnte Kind geboren wird. Abraham liebt seinen Sohn unsagbar. Liebt er ihn über alles? Auch über Gott?

Drei Tage sind Abraham und sein Sohn Isaak unterwegs. Es gibt kaum einen Dialog zwischen Vater und Sohn. Wahrscheinlich wird in dieser schweren Zeit viel geschwiegen. Erst Isaak bricht die Stille: „Mein Vater! Siehe hier ist Feuer und Holz; wo aber ist das Schaf zum Brandopfer?"

Der Junge liegt schon auf dem Altar, unter ihm ist das Feuerholz. Abraham hat in der Hand bereits das Messer. Da – endlich – ruft der Engel des Herrn: „Abraham! Abraham! Lege deine Hand nicht an den Knaben und tu ihm nichts; denn nun weiß ich, dass du Gott fürchtest und hast deines einzigen Sohnes nicht verschont um meinetwillen."

Was Gott dem Abraham nun doch nicht zumutet – die Opferung des geliebten Sohnes – das wird sich Gott selbst abverlangen. Gott wird sich in Dunkelheit und Schmerz fügen, um durch das Sterben seines Sohnes die Menschen, die er so sehr liebt, zu retten. Wieder werden es drei Tage sein, drei Tage, die Jesus im Grab liegt. Dann wird der Einspruch Gottes kommen: „Dieser, mein Sohn, von dem die Menschen sagten, er habe den Tod verdient – dieser, mein Sohn hat das Leben verdient."

Deshalb triumphiert Christus in dem Land Morija, in dem Abraham sicher die schwerste Stunde seines Lebens verbrachte, als auferstandener Held über Tod und Leid.

Herr! Auch in Dunkelheit und Schmerz hoffe ich auf dich. Ich kenne niemand anders als dich, den auferstandenen Herrn. Amen.

15. Januar

Isaak aber bat den Herrn für seine Frau, denn sie war unfruchtbar. Und der Herr ließ sich erbitten und Rebekka, seine Frau, ward schwanger.

1. Mose 25,21

Inzwischen ist Isaak selbst 40 Jahre alt, er hat eine Frau aus dem Vaterland Abrahams geheiratet. Isaak liebt seine Rebekka. Kinderlosigkeit ist für ihn kein Scheidungsgrund. Da betet er zu Gott, und der schenkt, dass Rebekka schwanger wird. Es sind Zwillinge, sie werden Esau und Jakob heißen.

Die Bibel beschreibt, dass sich die Zwillinge schon im Mutterleib gegenseitig stoßen. Das macht Rebekka die Schwangerschaft sehr schwer und sie fragt sich „Wenn mir's so gehen soll, warum bin ich schwanger geworden?" Sie erhält dieses Wort von Gott: „Zwei Völker sind in deinem Leibe, und zweierlei Volk wird sich scheiden aus deinem Leibe; und ein Volk wird dem anderen überlegen sein, und der Ältere wird dem Jüngeren dienen."

Die Zwillinge wachsen heran. Die Mutter ergreift Partei für den jüngeren Sohn, Jakob. Der Vater macht sich stark für Esau, den Älteren. Tatsächlich erkauft der Jüngere vom Älteren das Erstgeburtsrecht mit einer Mahlzeit: Esau kommt hungrig von der Jagd, riecht die gute Suppe seines Bruders – und würde alles versprechen, um seinen Hunger zu stillen. Später erschleicht sich Jakob, angetrieben von seiner Mutter Rebekka, zusätzlich den Segen des Erstgeborenen von Isaak. Nach diesen Vorkommnissen geht ein Riss durch die Familie. Jakob fürchtet, nachdem er Esau um seinen Segen betrogen hat, um sein Leben. Er flieht in die Heimat seiner Mutter, er flieht nach Haran zu Laban, dem Bruder Rebekkas.

Der Familienfrieden ist dahin. Mit Unruhe im Herzen mag sich Jakob auf den Weg gemacht haben.

Herr, bitte schenke unserer Familie Frieden. Amen.

16. Januar

Jakob träumte, und siehe, eine Leiter stand auf Erden, die rührte mit der Spitze an den Himmel, und siehe, die Engel Gottes stiegen daran auf und nieder.

1. Mose 28,12

Es gibt Träume, die eigentümlich real anmuten. Jakob hat – wie später auch Salomo – einen Traum, der ihm die Wirklichkeit von Gottes Reich zeigt: Jakob sieht die Himmelsleiter, sieht Engel daran auf- und niedersteigen.

Jakob flieht vor dem tobenden Bruder, den er um den Segen des Erstgeborenen betrogen hat. Jakob ist sicher tief aufgewühlt, auf der Flucht ist er wahrscheinlich auch erschöpft, ihn mögen Angst und Sorge plagen. Was wird ihn erwarten? Wie wird Gott an ihm, dem Betrüger, handeln? Die Müdigkeit überwältigt ihn. Er schläft ein.

Im Traum begegnen ihm keine Schreckensszenarien. Es verfolgen ihn keine Albträume von Strafe und Rache. Nein, Jakob sieht etwas sehr Schönes. Er sieht den Himmel offen, er sieht die Engel, er sieht die Verbindung zwischen Himmel und Erde. Jakob erwacht. Er schiebt den Traum nicht zur Seite. Er glaubt der Verheißung, die der Traum ihm gibt. Und er errichtet ein Steinmahl, das er mit Öl übergießt, um den Ort als heilig zu würdigen.

Jakob darf seinen Weg gestärkt, ermutigt und erfrischt weitergehen. Er hat Gottes Zusage. Nicht nur Isaak hat ihn gesegnet. Er weiß jetzt auch, dass Gott ihn segnet. Und diesen Segen bekommt er ganz ohne Tricks, ganz ohne List und Betrug. Das macht ruhig und gelassen.

Auf Golgatha findet sich auch eine Verbindung zwischen Himmel und Erde. Hier ist es das Kreuz Jesu, das uns den offenen Himmel zusagt. Auch dir ist der Segen Gottes unter diesem Kreuz versprochen. Ganz real. In der vollen Wirklichkeit des Reiches Gottes.

Danke, Herr, dass du die Verbindung zwischen Himmel und Erde zusagst.
Amen.

17. Januar

Jakob antwortete: Ich lasse dich nicht, du segnest mich denn.
1. Mose 32,27b

Viele Jahre sind vergangen. Jakob ist auf dem Rückweg von Haran und will in seine Heimat zurückkehren.

Jakob kämpft in der Nacht mit einem Mann. Und im Kampf sagt Jakob, kurz vor dem Aufgang der Sonne: „Ich lasse dich nicht gehen, wenn du mich nicht zuvor segnest."

Er wird gesegnet. Verbunden mit dem Segen ist ein neuer Name für Jakob: er soll in Zukunft *Israel* heißen.

Es wurde schon viel diskutiert, mit wem Jakob da gekämpft habe. Auf jeden Fall war es jemand, von dem Jakob unbedingt gesegnet werden wollte.

Welche Kämpfe haben wir nicht auch schon mit Gott ausgefochten, bis wir endlich bereit waren, Gott Recht zu geben und in einer speziellen Angelegenheit Buße zu tun oder auch eine besondere Situation aus Gottes Hand anzunehmen. Da kämpfen wir so manche Nacht bis kurz vor Sonnenaufgang. Aber dann dürfen wir uns auch unserem Herrn ganz und gar an den Hals hängen und nicht loslassen, bis er uns segnet und die Sonne über uns aufgeht. Das ist eine gesunde Hartnäckigkeit vor Gott.

Und wenn uns Gott dann segnet, dann stellen wir fest, dass uns unser Herr Jesus in einen Lebensstrom hineinstellt, der nicht versiegt, der uns erweckt und Kraft schenkt. Die Quelle ist Jesus.

Und Geist erweckt Geist. So erweckt Gott mit seinem heiligen Geist unseren Geist. Und plötzlich merken wir, dass wir sehr mutig werden; nun vermögen wir alles durch ihn, der uns Kraft gibt. Der Horizont wird weit. Christus hat noch viel mit dir vor.

Herr! Alles vermag ich durch dich, der mir Kraft gibt und mich segnet.
Amen.

18. Januar

Israel hatte aber Josef lieber als alle seine Söhne, weil er der Sohn seines Alters war, und machte ihm einen bunten Rock.
1. Mose 37,3

Israel, vormals Jakob, hat zwölf Söhne: Ruben, Simeon, Levi, Juda, Issachar, Sebulon, Josef, Benjamin, Dan, Naftali, Gad und Asser. Und unter diesen zwölf hat er einen besonders lieb: Josef. Die Bibel sagt uns sehr genau, wie das auf die anderen Brüder wirkt, als Israel seinem Josef einen besonderen, bunten Rock macht: sie werden ihm feind und können ihm kein freundliches Wort mehr sagen. Denn nun ist die Bevorzugung des Josef, die vorher nur im Herzen des Vaters bestand, auch äußerlich offensichtlich geworden.

Sie werden ihm aber noch mehr feind, als Josef ihnen einen seiner Träume erzählt: „Siehe, wir banden Garben auf dem Felde, und meine Garbe richtete sich auf und stand, aber eure Garben stellten sich ringsumher und neigten sich vor meiner Garbe." Sofort fragen ihn die Brüder: „Willst du unser König werden und über uns herrschen?"

Noch einen Traum hat Josef – auch von diesem berichtet er seinen Brüdern: „Siehe, die Sonne und der Mond und elf Sterne neigten sich vor mir." Das geht zu weit; der Vater schilt seinen Sohn: „Sollen ich und deine Mutter und deine Brüder kommen und vor dir niederfallen?" Israel bewahrt dennoch die Worte seines Sohnes. In Josefs Brüdern wächst derweil der Neid – der Neid auf die Liebe des Vaters.

Der Hausfrieden ist wieder gefährdet. Josef kommt ins Abseits, er wird Außenseiter unter seinen Brüdern.

Herr, bitte lass keinen Neid in meinem Herzen wachsen. In dir habe ich genug. Amen.

19. Januar

Als sie ihn nun sahen von ferne, ehe er nahe zu ihnen kam, machten sie einen Anschlag, dass sie ihn töteten, und sprachen untereinander: Seht der Träumer kommt daher!

1. Mose 37,18.19

Israel sendet seinen Lieblingssohn zu seinen Brüdern, um sich berichten zu lassen, wie es um die Brüder und das Vieh steht, das sie hüten. Die wollen unterdessen die Gelegenheit nutzen, um dem Josef ein für alle Mal – vom Vater getrennt – etwas anzutun.

Es ist der Älteste, Ruben, der die Brüder mahnt: „Vergießt nicht Blut, sondern werft ihn in die Grube hier in der Wüste und legt keine Hand an ihn." Im Stillen will Ruben seinen Bruder Josef dem Vater aber wiederbringen. Da wird Josef in die Grube geworfen. Vorher entreißen sie dem Josef noch den verhassten bunten Rock. Während die Brüder sich zum Essen lagern, kommt eine Karawane auf dem Weg nach Ägypten vorbei. Juda schlägt vor, Josef an die Kaufleute der Karawane zu verkaufen. Der Plan wird umgesetzt. Die Brüder erhalten zwanzig Silberstücke.

Um dem Vater eine Geschichte auftischen zu können, schlachten die Brüder eine Ziege, tauchen Josefs Rock in das Blut und übergeben ihn dann dem Vater: „Ist das der Rock deines Sohnes Josef?" Der Vater vermutet, dass Josef von einem wilden Tier getötet wurde. Israel zerreißt vor Entsetzen sein Kleid und trauert eine lange, lange Zeit um seinen geliebten Sohn.

Unterdessen kommt Josef in Ägypten an und wird an Potifar, einen hohen Beamten des Pharao verkauft. Die Bibel berichtet uns nichts von der Stimmung des Josef. Hat er geweint? Hat er Angst? Ist er verzweifelt? Das magst du selbst beantworten, wenn du dich in seine Lage hineinversetzt.

Danke, Herr, dass du mit Josef warst. Amen.

20. Januar

Und der Herr war mit Josef, so dass er ein Mann wurde, dem alles glückte.

1. Mose 39,2

Das sind die Charaktere in der Bibel, von denen wir lernen dürfen – jene Menschen, von denen die Bibel sagt „Und der Herr war mit ihm." Wir werden später von König Joschafat hören, auch über ihn sagt die Bibel: „Und der Herr war mit ihm."

Und alle Aufgaben, die Josef im Hause des Potifar anvertraut werden, gelingen ihm zur vollen Zufriedenheit seines Herrn. Er findet Gnade bei Potifar und wird über das ganze Haus seines Herrn eingesetzt. Die Bibel sagt: „Und von der Zeit an, da er ihn über sein Haus und alle seine Güter gesetzt hatte, segnete der Herr des Ägypters Haus um Josefs willen, und es war lauter Segen des Herrn in allem, was er hatte, zu Hause und auf dem Felde."

Trotz der verfahrenen Familiengeschichte, trotz der fremden Umgebung zeigt Josef Lebensmut und Eifer. In ihm finden sich Gottvertrauen und Selbstvertrauen. Das ist eine gute Mischung in einem Menschen, der sich von Gott gesegnet weiß.

Selbstbewusste Menschen treffen gerne Entscheidungen und setzen sie auch mal gegen Widerstände durch, sind überzeugt von sich, verhalten sich aktiv, zielstrebig und können anderen leicht ihre Ansichten und Gefühle mitteilen. Selbstbewusste Menschen stehen auch emotional belastende Situationen ohne große Mühe durch.

Gottvertrauende Menschen wissen, wem sie all diese guten Eigenschaften verdanken, wissen sich gesegnet und getragen. Gottvertrauende Menschen legen sich in die Hand des himmlischen Vaters und lassen sich nach seinem Willen formen und gestalten.

Herr, schenke uns das Vertrauen, das wir in Josef finden. Amen.

21. Januar

Und Josef war schön an Gestalt und hübsch von Angesicht. Und es begab sich danach, dass seines Herrn Frau ihre Augen auf Josef warf und sprach: Lege dich zu mir!

1. Mose 39,6.7

Alle sind zur Mittagszeit außer Haus – bis auf Josef und die Frau des Potifar. Sie sieht seine Schönheit. Sie ist unglücklich verheiratet. Sie will Josef. Sie will mit Josef schlafen. Der antwortet: „Wie sollte ich denn nun ein so großes Übel tun und gegen Gott sündigen?"

Josef argumentiert nicht mit der Sünde gegen Potifar. Er begründet sein Verweigern mit der Sünde gegen Gott – denjenigen, dem er alle glückliche Arbeit und Führung verdankt. Mit Ehebruch entgleist ein Mensch zwar auch gegenüber Menschen – aber er sündigt in erster Linie gegen Gott.

Mit dieser Antwort abgewiesen, dreht die Frau des Potifar nun den Spieß um: sie denunziert Josef bei ihrem Mann – sie behauptet, Josef habe ihr Gewalt antun wollen. Die Bibel nennt keine Verteidigungsrede des Josef. Es sieht aus, als ob Josef gegen alle Anschuldigungen schweige. Wer würde ihm auch glauben – wenn seine Herrin ihn anklagt?

All das erinnert an Jesus vor dem hohen Rat und vor König Herodes. Auch der Herr wird hier nichts zu seiner Verteidigung sagen. Maximilien de Robespierre wird das Zitat „Wer sich verteidigt, klagt sich an" zugeschrieben. Wenn kein Vertrauen da ist und alle Menschen gegen einen stehen, können Worte nur wenig helfen.

Herr, bitte schütze mich vor der Willkür von Menschen. Amen.

22. Januar

Da nahm ihn sein Herr und legte ihn ins Gefängnis, in dem des Königs Gefangene waren. Und er lag allda im Gefängnis. Aber der Herr war mit ihm und neigte die Herzen zu ihm und ließ ihn Gnade finden vor dem Amtmann über das Gefängnis.
1. Mose 39,20.21

Josef ist im Gefängnis. Kein Verwandter, kein Freund besucht ihn. Und doch ist er nicht ganz allein: „Aber der Herr ist mit ihm." Ihm mag das Herz schwer sein, düstere Gedanken mögen nach ihm greifen: „Was soll aus mir werden?" Aber der Herr ist mit ihm. Der Herr hilft ihm, die Schwere zu tragen und zu ertragen.

Und Gott, der Herr, wendet die Herzen aller Menschen im Gefängnis, auch das Herz des Amtmannes, der über seine Haft zu wachen hat. Genauso wie Potifar übergibt auch dieser Amtmann Josef alle Verantwortung über sämtliche Gefängnisangelegenheiten: Der Amtmann gibt alle Gefangenen im Gefängnis und alles was dort geschieht unter Josefs Hand. Der Amtmann kümmert sich um nichts, denn der Herr ist mit Josef und schenkt zu allem, was er tut, Glück.

So lebt Josef im Gefängnis, bis ihm zwei Gefangene ihre Träume erzählen. Josef deutet die Träume, und nach wenigen Tagen zeigt sich, dass seine Deutungen zu 100% richtig liegen: einer der beiden Träumenden wird zum Tode verurteilt, einer kommt aus dem Gefängnis frei. Der, der freikommt, ein Mundschenk des Pharao, verspricht dem Josef, an ihn zu denken und für ihn ein gutes Wort bei seinem Dienstherrn einzulegen. Doch bei dem Versprechen bleibt es. Josefs Gefangenschaft nimmt noch kein Ende. Josef wird noch zwei Jahre im Gefängnis bleiben. Bis der Mundschenk wieder an ihn denkt – weil Josefs Begabungen ihm und dem Pharao nützlich scheinen.

Danke, Herr, wo du mir schon Glück und Geschick bei meiner Arbeit geschenkt hast. Amen.

23. Januar

Da sandte der Pharao hin und ließ Josef rufen, und sie ließen ihn eilends aus dem Gefängnis. Und er ließ sich scheren und zog andere Kleider an und kam hinein zum Pharao.

1. Mose 41,14

Jetzt kommt Josef doch noch aus dem Gefängnis frei. Seine Nützlichkeit und Begabung, Träume zu deuten, hat sich herumgesprochen – bis an die höchste Stelle Ägyptens: bis zum Pharao. Der neue Lebensabschnitt beginnt für Josef erst einmal mit einer gründlichen Reinigung, mit Haareschneiden und einem neuen Einkleiden. Diese Kleider muss Josef geschenkt bekommen haben – denn als ägyptischem Gefangenen stand ihm kein Vermögen zu, aus dem er sich selbst hätte ein neues Kleid erwerben können.

Für Josef stehen nun alle Türen offen. Er kommt zum Pharao, und der klagt ihm sein Leid: der Pharao hatte zwei Träume, die ihn beunruhigen und die ihm kein Weiser aus Ägypten deuten konnte. Im ersten Traum stiegen sieben schöne, fette Kühe aus dem Nil. Doch diese sieben fetten Kühe wurden von sieben hässlichen, mageren Kühen gefressen. Im zweiten Traum sah er sieben volle, dicke Ähren. Und diese schönen Ähren wurden von sieben mageren Ähren verschlungen.

Jetzt ist Josef dran. Er erbittet keine Bedenkzeit. Mit niemandem muss er sich besprechen. Geradeheraus antwortet er dem Pharao: „Beide Träume haben die gleiche Bedeutung. Auf sieben reiche Jahre mit einer vollen Ernte werden sieben Hungerjahre mit einer mageren Ernte folgen. Doch die große Hungersnot lässt sich abwenden, wenn der Pharao nach einem verständigen und weisen Mann sucht, der den Ertrag der guten Jahre bevorratet und in den sieben schweren Jahren auf die reichen Kornkammern zurückgreift."

Josef zeigt, es gibt eine Lösung. Lösungsorientiert ist unser Gott. Deshalb dürfen auch wir lernen, lösungsorientiert zu denken und zu handeln.

Danke, Herr, dass du immer eine Lösung für uns hast. Amen.

24. Januar

Und der Pharao sprach zu seinen Großen: Wie könnten wir einen Mann finden, in dem der Geist Gottes ist wie in diesem?
1. Mose 41,38

Das Gespräch mit dem Pharao wird – ohne dass einer der Beteiligten es zuvor gewusst hätte – zum erfolgreichen Bewerbungsgespräch um eine Stelle ganz oben im ägyptischen Staat. Das wundert nicht, nachdem alle Weisen in Ägypten daran gescheitert waren, die Träume des Königs zu deuten und nachdem Josef die Deutung, aber auch die Lösung des Problems so leicht über die Lippen kam. In Josef ist der Geist Gottes – eben jenes Gottes, der schon zuvor wusste, wie alles geschehen wird – eben jenes Gottes, der das Leben des Josef führt.

Wie schon bei Potifar und beim Amtmann im Gefängnis werden Josef vom Pharao wieder alle Befugnisse übertragen. Josef wird zum zweiten Mann im Staate. Er genießt volles Vertrauen bei den umfangreichen Arbeiten und Aufgaben, die vor ihm liegen. So arbeitet es sich am besten.

Die ertragreichen Jahre kommen, Josef lässt die reichen Ernten der Jahre in eigens errichtete Kornkammern sammeln. Es kommt so viel Getreide zusammen, dass die Menge nicht mehr gezählt werden kann.

Es schließen sich die sieben Jahre mit den schlechten Ernten an. Und die Bibel sagt: „Und alle Welt kam nach Ägypten, um bei Josef zu kaufen, denn der Hunger war groß in allen Landen." Der Pharao schickt alle, die kommen, zu Josef. Sie dürfen bei ihm kaufen. Der Hunger wird gestillt, zugleich wächst der Wohlstand am ägyptischen Hof. Und Josef gelingt alles, was er anfängt. Josef denkt bei sich: „Gott hat mich vergessen lassen all mein Unglück."

Danke, Herr, dass du unser Leben wenden kannst. Amen.

25. Januar

Siehe, ich höre, es sei in Ägypten Getreide zu haben; zieht hinab und kauft uns Getreide, dass wir leben und nicht sterben.
1. Mose 42,2

Szenenwechsel. Wir sind wieder in Josefs Heimat. Sein Vater Jakob spricht zu seinen Brüdern. Es hat sich herumgesprochen, dass in Ägypten Korn zu kaufen ist: „Kauft, dass wir leben und nicht sterben." So schlimm steht es um den Hunger in der Heimat.

Das letzte, das wir von Jakob gehört haben, war, dass er arg um seinen Sohn Josef trauerte, von dem er glaubte, er sei tot. Dass Josef noch lebt, und dass sein Leben sehr wechselvoll durch Tiefen und Höhen ging – davon ahnt der Vater nichts.

Zweimal werden die Brüder nach Ägypten reisen, um Korn zu kaufen. Sie werden ihren Bruder nicht erkennen. Er wird sich bis zur zweiten Reise ihnen auch nicht zu erkennen geben. Doch dann kann Josef nicht mehr länger an sich halten. Er schickt alle aus dem Saal, um mit seinen Brüdern allein zu sein. Er weint laut, und dann sagt er es seinen Brüdern: „Ich bin Josef. Lebt mein Vater noch?" Die Brüder bringen kein Wort heraus, so sehr erschrecken sie. Dieser hohe Würdenträger ist ihr Bruder Josef, den sie für 20 Silberstücke nach Ägypten verkauft haben? Was haben sie jetzt zu erwarten? Sie kamen, um zu leben und nicht zu sterben. Und jetzt sind sie in der Gewalt ihres Bruders, dem sie so übel mitgespielt haben.

Die Angst der Brüder endet mit Josefs Worten: „Und nun bekümmert euch nicht und denkt nicht, dass ich darum zürne, dass ihr mich hierher verkauft habt; denn um eures Lebens willen hat mich Gott vor euch hergesandt."

Damit gelingt es dem Josef, nicht nur Träume zu deuten – er vermag auch, sein eigenes Leben zu deuten. Alles bekommt einen Sinn. Das bewahrt ihn vor Bitterkeit.

Du schenkst Versöhnung, Herr. Dafür danke ich dir. Amen.

26. Januar

Ihr gedachtet es böse mit mir zu machen, aber Gott gedachte, es gut zu machen.

1. Mose 50,20

Die ganze Familie Josefs, sein Vater, seine Brüder, sind nach Ägypten gezogen, um vor dem Hunger zu fliehen. Inzwischen ist Vater Jakob verstorben. Wieder ängstigen sich die Brüder, Josef könne nun – nach Vaters Tod – Rache an ihnen nehmen. Sie sind vollkommen in seiner Hand.

Da legt Josef ein schönes Wesen an den Tag, indem er den Brüdern antwortet: „Fürchtet euch nicht! Stehe ich denn an Gottes Statt? Ihr gedachtet es böse mit mir zu machen, aber Gott gedachte, es gut zu machen." In dieser Antwort findet sich viel Güte. Und mit dieser Güte wendet sich die tragische Familiengeschichte.

Ja, im Leben des Josef ging es durch Tiefen. Aber Josef hat nun die Größe, die ganze Geschichte im Überblick – im Großen und Ganzen – zu betrachten. Und in dieser großen Betrachtung hat doch Gott alles gut gemacht – ganz gleich, was Menschen ihm Übles antun wollten.

Die Gewaltspirale dreht sich nicht weiter, wenn ein Mensch zu solch einer Erkenntnis kommt. Böses wird nicht mehr mit Bösem vergolten. Es gibt Raum zur Versöhnung. Es gibt Raum zum Leben. Und genau das wollte ja Vater Jakob für sich und seine Familie; er sandte seine Söhne nach Ägypten „dass wir leben und nicht sterben."

Mit der guten Wendung in der Beziehung zu Josef können sie nun auch tatsächlich leben. Denn wie oft wird die Brüder ihr Gewissen geplagt haben, so arglistig an ihrem Bruder gehandelt zu haben! Ein geplagtes Gewissen – das ist kein volles Leben bei Gott.

In Ägypten findet die Familie nicht nur Korn. Sie findet auch Vergebung. Auch die ist lebensnotwendig.

Herr, du gibst mir, was ich heute zum Leben brauche. Brot und Vergebung. Dank sei dir dafür. Amen.

27. Januar

Gott sprach: Tritt nicht herzu, zieh deine Schuhe von deinen Füßen; denn der Ort, darauf du stehst, ist heiliges Land!
2. Mose 3,5

Viele Jahre sind inzwischen ins Land gegangen. Ein neuer Pharao hat in Ägypten den Thron bestiegen – dieser König weiß nichts mehr von Josef und wie der das Land bewahrt hat. Der neue Pharao erlässt den Befehl, dass jeder männliche Neugeborene aus dem Volk Israel im Nil zu ertränken ist.

Mose wird vor diesem Genozid, diesem Völkermord, bewahrt. Doch Mose wird später selbst zum Mörder, als er einen ägyptischen Aufseher erschlägt, der einen seiner hebräischen Brüder misshandelt. Mose wird bei seiner Tat beobachtet, und sie spricht sich bis zum Pharao herum.

Da flieht Mose nach Midian, einem Land fernab von Ägypten. Hier lebt er viele Jahre. Bis er eines Tages beim Schafehüten einen brennenden Dornbusch sieht, der seine Aufmerksamkeit erregt. Er tritt näher heran. Da spricht Gott aus dem Dornbusch: „Tritt nicht herzu, zieh deine Schuhe von deinen Füßen; denn der Ort darauf du stehst, ist heiliges Land!"

Wissen wir heute noch etwas davon, dass das Land heilig ist, auf dem wir Gott begegnen? Wissen wir heute noch etwas von der Ehrfurcht vor diesem heiligen Gott? Mose gehorcht sofort. Und nun wird er beauftragt, sein Volk aus der Knechtschaft in Ägypten zu befreien. Doch er fühlt sich der Aufgabe nicht gewachsen: „Wer bin ich, dass ich zum Pharao gehe und führe die Israeliten aus Ägypten?"

Gott traut Mose viel zu. Mehr, als dieser sich selbst zutraut. Gott sieht aber das Potenzial, das ein Mensch an seiner Seite entwickeln kann. Auch in deinem Leben ist an der Seite Gottes so viel mehr möglich.

Danke, Herr, dass ich an deiner Seite gehen darf. Amen.

28. Januar

Gott sprach zu Mose: Ich werde sein, der ich sein werde. Und sprach: So sollst du zu den Israeliten sagen: „Ich werde sein", der hat mich zu euch gesandt.

2. Mose 3,14

„Wie ist der Name des Gottes, der mich zu den Israeliten sendet? Welchen Namen soll ich den Israeliten nennen?", fragt Mose Gott.

Gottes Antwort mag im ersten Moment erstaunen. Es kommt kein Name, wie ein Mensch ihn erwarten würde. Gott beschreibt sich mit einem ganz funktionellen Namen: „Ich werde sein, der ich sein werde." Gott ist so, wie er heißt. Er wird auch so handeln, wie er heißt. Er wird da sein. Er wird begleiten.

An welchen Gott glaubst du? Menschengemachte Götter haben menschengemachte Namen. Der lebendige Gott beschreibt sich – ganz funktionell – mit seinem Tun an uns und der Welt.

- Ich glaube an den Gott, der Himmel und Erde geschaffen hat.
- Ich glaube an den Gott, der rettet und hilft.
- Ich glaube an den Gott, der liebt und Schuld vergibt.

Das sind alles Beschreibungen Gottes anhand seines Handelns. Der Name, den Gott dem Mose nennt, und der anfangs so verblüfft, ist der Name, der die Israeliten auf dem Auszug aus Ägypten begleiten wird. Die Israeliten werden Gott beim Siegen und Retten zuschauen. Sie werden sein Tun sehen und erleben. Und damit wird der Name, den Gott Mose bei der ersten Begegnung nennt, auf einmal ganz klar. Dieser Name ist Programm. Es wird der Name, an den sich die Israeliten hängen können, dem sie vertrauen können.

Wir glauben an den Gott, der sich in seinem starken Sein in unserem Leben offenbart.

Danke Vater, dass du bist. Danke, dass du auch in meinem Leben bist.
Amen.

29. Januar

Und sie sollen von seinem Blut nehmen und beide Pfosten an der Tür und die obere Schwelle damit bestreichen an den Häusern, in denen sie's essen.

2. Mose 12,7

Gott setzt das Passafest ein. Nach diesem Fest soll sich von nun an der Kalender richten, der Monat, an dem das Passafest gefeiert wird, soll der erste Monat im Kalenderjahr sein.

Der Pharao will Israel nicht ziehen lassen. Es ist für ihn wirtschaftlich von Vorteil, billige Knechte zu haben. Weil der Pharao so unnachgiebig ist, droht Mose ihm im Auftrag Gottes Strafen an – die dann auch eintreffen. Die letzte Plage ist der Tod aller Erstgeburten im Lande, vom Erstgeborenen des Pharao bis hin zum Erstgeborenen des einfachen Sklaventreibers. Der Todesengel geht aus, um die Strafe zu vollstrecken.

Doch es gibt einen Schutz vor dem Todesengel. Er geht an den Häusern vorbei, in denen das Passafest gefeiert wird und an dessen Türpfosten das Blut des Passalammes gestrichen ist. Zum Fest wird das Passalamm mit ungesäuertem Brot und bitteren Kräutern gegessen. Das Lamm muss vollständig aufgegessen werden. Wessen Familie zu klein ist, um alles aufzuessen, der soll mit seinem Nachbarn essen und feiern. So wird das Fest zu einem Fest der Gemeinschaft. Zu einem Fest der Gemeinschaft mit Gott.

Unser Passalamm ist Jesus. Auch in ihm werden wir daran erinnert, dass der Todesengel eigentlich nicht an unserem Haus vorbeigehen dürfte, ohne zu strafen. Doch in Christus werden wir bewahrt und geschützt. Die Nägelmale in Jesus Händen werden uns auch im Himmel an diesen Schutz Gottes erinnern.

Du bist mein Schutz, Jesus. Amen.

30. Januar

Niemals wich die Wolkensäule von dem Volk bei Tage noch die Feuersäule bei Nacht.

2. Mose 13,22

Es ist das erste Navigationssystem, von dem die Welt zu berichten weiß. Gott zeigt seinem Volk den Weg heraus aus Ägypten. Damit das Volk sich nicht verläuft, schafft Gott eine Wolkensäule am Tage und eine Feuersäule bei Nacht, die den Weg weist und auch den Weg ausleuchtet. Gott denkt wieder mal an alles, auch an wichtige Details.

Wenn man sich auf ein Navigationssystem verlässt, und es fällt aus, dann ist das Entsetzen groß. Wie verlässlich ist die Führung Gottes? Das sagt uns gleich das erste Wort im Bibelvers: *Niemals* wich die Wolken- oder Feuersäule von dem Volk. *Niemals* gibt es bei Gottes Navigationssystem einen Systemausfall. Gott weist den Weg treu und beständig. Gott lehrt sein Volk Vertrauen. Bei jedem Schritt, den das Volk tut.

Ja, da mag man es wagen, den Weg zu gehen. Wie schön mag erst das Ziel sein, wenn der lebendige Gott schon auf dem Weg dorthin so sicher und liebevoll führt? Durch Gottes Führen darfst du schon auf dem Weg zum Ziel Geborgenheit und Sicherheit erfahren. Du musst nicht in die Irre gehen.

Heute leuchtet Gottes Wegweisung von Golgatha aus. Hier steht das Kreuz, an dem Jesus für dich starb. Die Bibel und der heilige Geist weisen dir von Golgatha aus den Weg in deine neue Heimat. *Niemals* geht das Leuchtfeuer aus, das von diesem Kreuz aus scheint. *Niemals* bricht der Herr seine Treue. *Niemals* musst du verloren gehen.

Herr! Ich danke dir für deine sichere Wegweisung. Du bist treu. Amen.

31. Januar

Der Herr ist meine Stärke und mein Lobgesang und ist mein Heil. Das ist mein Gott, ich will ihn preisen, er ist meines Vaters Gott, ich will ihn erheben.

2. Mose 15,2

Sie haben den Feind im Rücken. Die Ägypter jagen den Israeliten nach, als die sich auf den Weg in die Freiheit machen. Die Sklaverei entlässt ihre Knechte nicht so leicht. Das ist auch unsere Geschichte, wenn wir uns aus der Knechtschaft der Sünde losreißen wollen. Es gelingt uns nicht allein. Wir brauchen einen starken Helfer. Was ist die Aufgabe von Israel, was ist unsere Aufgabe, wenn wir diesen Weg an der Seite unseres Retters, Gott, antreten wollen? Der Herr sagt es Mose und den Israeliten sehr deutlich: „Der Herr wird für euch streiten, und ihr werdet stille sein."

Stille sein. Durch Stillesein allein wäre uns oft schon geholfen. Aber hier geht es noch weiter: Stille sein und dem Herrn beim Siegen zuschauen. Das ist unser Anteil im Kampf gegen die alte Knechtschaft. Und wenn dann die Schlacht gewonnen ist, dann tun wir gut, wie Mose die Stille aufzugeben und zu singen: „Meine Stärke und mein Lied ist der Herr, er ist für mich zum Retter geworden." Das ist ein Lobgesang. Vom Staunen über das siegreiche Handeln Gottes kommen wir in aller Stille zunächst in die Anbetung, dann aber in lauten Lobpreis. Dieser Lobpreis erfreut Gott, und auch unser Herz wird heiter, wenn wir auf diese Weise unsere Bestimmung erfüllen. Wir schreiben dabei demjenigen, der den Sieg errungen hat, auch den ganzen Erfolg zu. Und wir schauen fröhlich zurück, wie unser starker Helfer alles Bedrückende, alles Ängstende, alles Feindliche, alles Lebensbedrohliche von uns abgewendet hat. Solch eine Herzenshaltung bewahrt uns auch davor, noch einmal in die Sklaverei zurückzufallen. Denn die „Fleischtöpfe Ägyptens", wie die Bibel den Reiz des alten Lebens bezeichnet, locken ja immer noch. In der Schlacht stille sein; im Sieg mit einem Lied Gott lobpreisen: Das ist unser Anteil bei unserer Rettung.

Danke, Herr, für dein Geschenk des Singens. Amen.

1. Februar

Da kamen sie nach Mara; aber sie konnten das Wasser von Mara nicht trinken, denn es war sehr bitter. Daher nannte man den Ort Mara.
2. Mose 15,23

Ich denke an ein junges Ehepaar. Die Frau ist früher in meine Parallelklasse gegangen. Unsere Wege kreuzten sich erneut, als ich sie bei meiner Arbeit für den Christlichen AIDS Hilfsdienst in Frankfurt wiedersah. Das Ehepaar hatte gerade ein neugebautes Haus bezogen. Da wurde bei ihr und ihrem Mann eine schwere Diagnose gestellt: beide waren mit HIV infiziert. Sie hatte plötzlich, aus heiterem Himmel, ein faustgroßes Loch in ihrer Speiseröhre. Die Chemotherapie führte ich bei ihr zuhause durch. Ich hatte keinen Infusionsständer. Da wurde ein Bild neben ihrem Bett abgehängt, und ich hängte die Infusionsflasche an dem Haken auf, an dem zuvor das Bild befestigt war. Während die Infusion lief, hatten wir viel Zeit zum Gespräch. Und einmal brach es aus ihr heraus: „Wir haben uns so auf das neue Haus gefreut, wir haben alles so schön einrichten wollen. Wir haben uns auf Kinder gefreut. Und gerade in dieser Zeit stürzt so eine *bittere* Krankheit über uns herein." Eine bittere Krankheit. Und vielleicht bewegt dich in deinem Herzen zurzeit auch eine bittere Situation. Vielleicht hast du einen Menschen verloren, den du liebst – und in dir ist es ganz leer geworden. Und die Leere macht dich ganz bitter.

Bittere Wasser, bittere Quellen. Auch Israel kommt nach der Befreiung aus der Knechtschaft in Ägypten an eine bittere Quelle. Keiner kann von ihr trinken. Mose stellt sich abseits und schreit zu Gott. Er lässt nicht locker, bis Gott ihm einen Baum zeigt, dessen Holz Mose ins Wasser legt, so dass die ehemals bittere Quelle genießbar wird. Und Gott gibt Mose dieses Wort mit: „Ich bin der Herr, dein Arzt." Tatsächlich hat Gott in seinem Medikamentenschrank Heilmittel, die Bitteres in Genießbares wandeln können. Wie geht das? Mit Gotteskraft.

Danke, Herr. Bei dir ist kein Ding unmöglich. Und die, die auf dich sehen, werden neu erfrischt. Amen.

2. Februar

Da sprach der Herr zu Mose: Siehe, ich will euch Brot vom Himmel regnen lassen, und das Volk soll hinausgehen und täglich sammeln, was es für den Tag bedarf, dass ich's prüfe, ob es in meinem Gesetz wandle oder nicht.
2. Mose 16,4

Das Brot vom Himmel – Manna – liegt an allen Tagen bis auf den Sabbat auf dem Land. Die Israeliten dürfen es sammeln und sich ernähren. Gott, der zum Anfang versprochen hat „Ich werde sein, der ich sein werde", dieser Gott vergisst seine Kinder nicht. Jeden Tag versorgt er sie neu.

Auch Psalm 84 wird zu berichten wissen: „Wohl den Menschen, die dich für ihre Stärke halten und von Herzen dir nachwandeln! Wenn sie durchs dürre Tal ziehen, wird es ihnen zum Quellgrund, und Frühregen hüllt es in Segen. Sie gehen von einer Kraft zur andern und schauen den wahren Gott in Zion."

Es gibt eine verlässliche Kraft- und Nahrungsquelle. Besonders im dürren Land wird das offenbar, wie Gott an seinen Kindern handelt. Doch Gott schenkt jeden Morgen nur eine Tagesration Manna, nie können und sollen große Vorräte angesammelt werden, die uns von Gott unabhängig machen würden. Täglich dürfen wir darauf vertrauen lernen, von Gott ganz sicher versorgt zu werden. Und morgen dürfen wir das wieder neu erleben.

Wenn Menschen in einem tiefen, düsteren Tal ankommen und sich sorgen, woher sie die Kraft für morgen oder die nächste Woche nehmen sollen, dann dürfen sie auf Israel im dürren Land schauen: „Sorge dich nicht um die Kraft für morgen. Die Kraft für den morgigen Tag wird Gott dir morgen schenken."

Wir verfügen nicht über Kraft. Wir erhalten sie. Es gibt eine gesegnete Abhängigkeit von Gott, dem liebenden Vater.

Danke für die Kraft, die du mir heute schenkst. Und danke, dass du auch morgen wieder für mich sorgen wirst, Vater. Amen.

3. Februar

Aber Mose wurden die Hände schwer; darum nahmen die beiden einen Stein und legten ihn hin, dass er sich daraufsetze. Aaron aber und Hur stützten ihm die Hände, auf jeder Seite einer. So blieben seine Hände erhoben, bis die Sonne unterging.

2. Mose 17,12

Israel ist auf Durchreise über die Halbinsel Sinai – von Ägypten ins gelobte Land. Die Amalekiter wollen den Israeliten den Durchzug verweigern und greifen sie an. Eine Gefahr für Israel!

Mose wendet sich an Josua, der hier zum ersten Mal erwähnt wird. Josua soll eine Kampfgruppe zusammenstellen. Allerdings sind die Israeliten nicht kampferfahren und statt Waffen haben sie nur Stecken und Schleudern. Mose ist inzwischen 80 Jahre alt und kämpft nicht mehr selbst. Aber er verspricht, mit dem Stab Gottes in der Hand auf einem Hügel zu stehen und so den Kampf zu begleiten.

Vom Hügel aus sieht Mose seine Männer, und umgekehrt sehen auch seine Männer Mose. Mose betet mit erhobenen Armen. Seine Arme werden müde, er lässt sie sinken; sofort bekommen die Amalekiter die Oberhand im Kampf. Hebt Mose wieder die Arme zum Gebet, so siegt wieder Israel im Kampf. Da kommen Aaron, der Hohepriester und Bruder des Mose, und Hur, ein Schwager des Mose und unterstützen Moses Arme.

Die heutige Geschichte mit den erhobenen Armen ist eine Geschichte des Gebets. Gebet unterstützt im Kampf. Und Aaron und Hur unterstützen wiederum Mose im Gebet.

Welche Kämpfe hast du? Wer unterstützt dich im Gebet? Wie kannst du die unterstützen, die für dich beten? Indem du Rückmeldung gibst und berichtest, wie das Gebet deine Geschichte gewandelt hat.

Danke, Herr, für die Menschen, die mich im Gebet unterstützen. Amen.

4. Februar

Sein Schwiegervater sprach zu ihm: Es ist nicht gut, wie du das tust. Du machst dich zu müde, dazu auch das Volk, das mit dir ist. Das Geschäft ist dir zu schwer; du kannst es allein nicht ausrichten.

2. Mose 18,17.18

Jitro, Moses Schwiegervater aus dem Lande Midian, kommt zu Besuch. Er hört von allen Wundertaten Gottes seit dem Auszug aus Ägypten. Da spricht Jitro: „Gelobt sei der Herr, der euch errettet hat aus der Ägypter – und des Pharaos Hand. Nun weiß ich, dass der Herr größer ist als alle Götter." So feiern sie miteinander einen Gottesdienst.

Am nächsten Morgen setzt sich Mose, um dem Volk Recht zu sprechen. Alle kommen zu ihm mit ihren Streitfällen. Neben Mose gibt es keine anderen Richter. Da bemerkt Jitro: „Es ist nicht gut, wie du das tust. Du machst dich zu müde, dazu auch das Volk, das mit dir ist. Das Geschäft ist dir zu schwer; du kannst es allein nicht ausrichten." Der Schwiegervater rät Mose, weitere Richter einzusetzen, über tausend, über hundert, über fünfzig und über zehn Familien. Mose soll sich unterdessen auf sein Kerngeschäft konzentrieren, das Volk vor Gott zu vertreten und seine Anliegen vor Gott zu bringen. Mose hört auf Jitro.

Das Prinzip, das Jitro hier empfiehlt, heißt „Delegieren". Aufgaben werden geteilt. Das bedeutet natürlich auch, dass der, der Aufgaben abgibt, auch wirklich loslassen kann. Neben der Arbeit müssen auch die Autorität und die Selbständigkeit für diese Aufgabe weitergereicht werden. Wir werden solch ein Delegieren im Neuen Testament wiederfinden, wenn die Apostel in der Versorgung griechischer Witwen überfordert werden, so dass sie an der Verkündigung des Evangeliums gehindert werden. Auch hier werden dann andere Personen mit der Aufgabe der Witwenversorgung betraut.

Und das Prinzip, das Jitro hier empfiehlt, funktioniert – zum Segen des Mose und zum Segen des Volkes.

Herr, leite mich, wo ich Aufgaben an andere abgeben darf und soll – zum Segen für deine Gemeinde. Amen.

5. Februar

Werdet ihr nun meiner Stimme gehorchen und meinen Bund halten, so sollt ihr mein Eigentum sein vor allen Völkern; denn die ganze Erde ist mein. Und ihr sollt mir ein Königreich von Priestern und ein heiliges Volk sein.

2. Mose 19,5.6

Mose steigt allein auf den Berg Sinai. In aller Stille begegnet er Gott. Und der Herr ruft ihm vom Berg aus zu: „Ihr habt gesehen, was ich mit den Ägyptern getan habe und wie ich euch getragen habe auf Adlerflügeln. Ich habe euch zu mir gebracht."

Adler sind majestätische Vögel. Sie fliegen hoch, scheinbar mühelos und sicher. So rettet Gott Mose und die Israeliten aus Ägypten. Mühelos und sicher trägt Gott auch sie.

Ganz in der Nähe, fernab von Ägypten, war Gott dem Mose zuvor schon in einem brennenden Dornbusch erschienen. Mose hatte es gelernt, Schafe zu hüten, als er nach Midian ausgewandert war. Nun leitet er ein ganzes Volk. So viel hat sich geändert, seit Gott in sein Leben getreten ist.

Den rechtlosen Sklaven aus Ägypten bietet Gott einen neuen Bund als freie Menschen an. Gott bekräftigt, dass Israel sein Eigentum sein darf – so wie auch die ganze Erde sein Eigentum ist. Das Volk soll heilig sein. Gott befreit sein Volk und stellt es in Dienst als ein Königreich von Priestern.

Wenn man die Menschen betrachtet hätte, wenn man ihre Kleidung angeschaut und ihr Hab und Gut gesehen hätte, dann wäre man sicherlich nicht auf die Idee gekommen, dass dieser Haufen zu einem Königreich von Priestern bestimmt ist. Doch Gott sieht weiter. Gott sieht schon im Schafhirten Mose den tapferen Führer seines Volkes. Gott sieht schon in der Menschenschar bei dem Auszug aus Ägypten das heilige Volk, das für ihn ausgesondert ist. Und Gott sieht auch schon in deiner jetzigen Situation die Herrlichkeit, die du mit ihm noch erleben wirst.

Herr, lehre mich Sehen und Glauben. Amen.

6. Februar

Ich bin der Herr, dein Gott, der ich dich aus Ägyptenland, aus der Knechtschaft, geführt habe. Du sollst keine anderen Götter haben neben mir.

2. Mose 20,2.3

Gott nimmt sein Volk an die Hand, schenkt ihm Orientierung und Leitung. Dazu gibt Gott dem Mose auf dem Berg Sinai zehn Gebote mit auf den Weg.

Gott schenkt dem Volk die Freiheit. Und doch darf diese Freiheit nicht zur grenzenlosen Ichbezogenheit verkommen – schließlich ist der Mensch kein harmloses Geschöpf. Regeln sind für Menschen, die in Beziehungen untereinander und in Beziehung zu Gott leben, wichtig. Erst so lernt man auch, auf andere Rücksicht zu nehmen.

Zunächst einmal klärt Gott die Beziehung zwischen sich und seinem Volk: „Ich bin der Herr, dein Gott." Und es wird daran erinnert, wie Gott aus der Sklaverei befreit hat: „Ich habe dich aus Ägyptenland, aus der Knechtschaft, geführt." Da schwingt auch mit, dass es ohne Gott wieder in die Knechtschaft zurückgehen würde. Denn irgendeinem Herrn dienen wir immer. Andere Herren führen aber in die Sklaverei. Nur der lebendige Gott führt aus der Knechtschaft heraus.

„Du sollst keine anderen Götter haben neben mir." – Das ist die logische Konsequenz aus der Tatsache, dass nur der Vater im Himmel in die Freiheit führen kann. Das ist wie bei einem Computer. Auch auf dem kann gleichzeitig nur ein Betriebssystem laufen. Selbst dann, wenn verschiedene Betriebssysteme installiert sein sollten, muss beim Computerstart festgelegt werden, für welches Betriebssystem man sich entscheidet. Wenn das nicht so wäre, gäbe es Konflikte bei der Verarbeitung von Aufgaben, die dem Computer gestellt werden. Der Computer käme in einen undefinierten Zustand und würde abstürzen.

„Du sollst keine anderen Götter haben neben mir." – Das ist eine Hilfe für uns, dass wir nicht auch abstürzen.

Du allein, Herr, du allein schenkst Freiheit. Amen.

7. Februar

Du sollst dir kein Bildnis noch irgendein Gleichnis machen, weder von dem, was oben im Himmel, noch von dem, was unten auf Erden, noch von dem, was im Wasser unter der Erde ist: Bete sie nicht an und diene ihnen nicht! Denn ich, der Herr, dein Gott, bin ein eifernder Gott, der die Missetat der Väter heimsucht bis ins dritte oder vierte Glied an den Kindern derer, die mich hassen, aber Barmherzigkeit erweist an vielen Tausenden, die mich lieben und meine Gebote halten.

2. Mose 20,4-6

Ist das das absolute Bilderverbot? Dürfen wir keinen Sonnenaufgang malen, keine Bilder von den ersten Schritten unserer Kinder aufnehmen und auch keine Tiefseefische fotografieren?

Gott wird den Israeliten den Auftrag geben, eine Bundeslade mit einem Deckel zu gestalten. Auf dem Deckel werden zwei Cherubim sein, die ihre Flügel schützend über die Bundeslade halten. Hat Gott mit diesem Auftrag das zweite Gebot verletzt?

Auf keinen Fall. Man muss die Verse 4 bis 6 aus unserem heutigen Bibelwort im Zusammenhang lesen: Du sollst dir kein Bildnis machen *und* es anbeten. Der verlockende Vorteil solcher Bilder ist, dass sie immer verfügbar sind, dass man sie sich so gestalten kann, wie man möchte, dass man mit ihnen auch andere Menschen manipulieren und verführen kann. In jedem Fall wird man mit toten Bildern, wenn man sie anbetet, am echten Leben vorbei leben.

Gott ist hingegen nicht nach unseren Vorstellungen gestaltbar, er ist auch nicht in dieser Weise verfügbar. Aber wir können uns ihm verfügbar machen. Denn er ist ein lebendiger Gott. Und er ist ein eifernder Gott. Er möchte dein ungeteiltes Herz. Er möchte dein Herz nicht mit anderen Bildern teilen, die dich bestimmen und führen. Gott will dich ganz und gar.

Danke für deine ungeteilte Liebe, Herr. Auch ich will dich ungeteilten Herzens lieben. Amen.

8. Februar

Du sollst den Namen des Herrn, deines Gottes, nicht missbrauchen; denn der Herr wird den nicht ungestraft lassen, der seinen Namen missbraucht.
2. Mose 20,7

Tatsächlich kann man den Namen Gottes missbrauchen, wenn man in Wirklichkeit sich selbst behaupten will und seinen eigenen Worten im Namen Gottes eine Bedeutung verleiht, die ihnen nicht zusteht: „Gott hat zu mir gesprochen…", „Gott sagt dir…" – wenn es dann aber doch nur die eigenen ichbezogenen Worte und Gedanken sind, dann ist das Missbrauch.

Schlichte Menschen, die sich dadurch beeindrucken lassen, können dabei verführt werden, etwas Falsches zu glauben oder zu tun. Aus diesem Grund droht Gott in diesem Gebot auch Strafe an. Kein Mensch darf im Namen Gottes zu etwas Bösem verleitet werden.

Neben diesem manipulativen Missbrauch des Namens Gottes gibt es auch den gedankenlosen und leichtsinnigen Missbrauch seines Namens: „Oh, mein Gott…", „Gott, oh, Gott…" – da fehlt jede Ehrfurcht.

Von der Ehrfurcht vor dem Namen Gottes erfahren wir etwas, wenn wir daran denken, dass vormals die jüdischen Verfasser der biblischen Schriftrollen, wann immer der Name Gottes folgte, extra ihre Feder gereinigt haben und dann den Namen יהוה mit frischer Tinte schrieben, um dem Namen Gottes besondere Ehre zu geben.

Genauso wie diese Feder sollten wir auch unser Herz von Gott reinigen lassen, wann immer wir seinen heiligen Namen nennen und aussprechen.

Herr, reinige mein Herz. Mach mich rein, heilig, dir allein will ich dienen.
Amen.

9. Februar

Gedenke des Sabbattages, dass du ihn heiligest. Sechs Tage sollst du arbeiten und alle deine Werke tun. Aber am siebenten Tag ist der Sabbat des Herrn, deines Gottes. Da sollst du keine Arbeit tun, auch nicht dein Sohn, deine Tochter, dein Knecht, deine Magd, dein Vieh, auch nicht dein Fremdling, der in deiner Stadt lebt. Denn in sechs Tagen hat der Herr Himmel und Erde gemacht und das Meer und alles, was darinnen ist, und ruhte am siebenten Tage. Darum segnete der Herr den Sabbattag und heiligte ihn.

2. Mose 20,8-11

Arbeiten und Pausieren. Belasten und Erholen. Das braucht einen guten Rhythmus, damit wir immer frische Energie von Gott empfangen können. So wie wir ständig ein- und ausatmen, brauchen auch Arbeiten und Pausieren einen beständigen Wechsel. Das Verhältnis 6:1 ist dabei von Gott seit der Schöpfung der Welt vorgegeben. Gott persönlich hat sich schon bei der Erschaffung der Welt an diesen Rhythmus gehalten.

Ja, es gibt Arbeiten, die auch am Sonntag getan werden müssen. Kranke müssen auch sonntags versorgt werden, Schwestern und Ärzte tragen auch sonntags im Gottesdienst ihren Dienstfunk bei sich, wenn sie Rufbereitschaft haben, Intensivstationen werden am Sonntag nicht geschlossen oder Beatmungsgeräte abgeschaltet. Oder: Pastoren müssen ihren Dienst in der Kirche verrichten. Oder: Tiere müssen gefüttert werden. Dann ist es gut, einen anderen Tag in der Woche als Ruhetag auszuwählen.

Viele andere Arbeiten sind am Sonntag vermeidbar. Selbst dann, wenn am Montag eine Klausur geschrieben wird, sind Schüler und Studenten besonders gesegnet, wenn sie am Sonntag die Arbeit ruhen lassen. Das ist Heiligung. Die erfrischt und belebt. Und mit diesem Ansporn darf es am Montag dann auch wieder weitergehen.

Mich hat es immer gesegnet, wann immer ich am Sonntag vermeidbare Arbeit ruhen ließ. Du darfst das auch erleben.

Danke für die Erholung und Heiligung, die du uns am siebenten Tag schenkst. Amen.

10. Februar

Du sollst deinen Vater und deine Mutter ehren, auf dass du lange lebest in dem Lande, das dir der Herr, dein Gott, geben wird.
2. Mose 20,12

Das ist ein besonderes Gebot – besonders, weil es mit einem Versprechen Gottes, einer Verheißung, verbunden ist: „… auf dass du lange lebest in dem Lande, das dir der Herr, dein Gott, geben wird."

Du tust dir offensichtlich selbst etwas Gutes, wenn du deine Eltern ehrst, ganz gleich wie alt du bist, ganz gleich, wie alt deine Eltern sind. Eltern zu ehren, kann bedeuten, ihnen zu gehorchen, es kann auch bedeuten, sie um Rat zu fragen – oder sie zu pflegen und zu versorgen. In jedem Fall ist es eine Herzenshaltung, Eltern zu ehren und ihnen Wertschätzung zu erweisen.

Ja, das Leben hat Gott dir geschenkt. Aber Menschen fallen ja nicht vom Himmel; sie werden von Eltern geboren, versorgt und ins Leben begleitet. Damit arbeiten Eltern beim Schenken und Bewahren des Lebens Seite an Seite mit Gott. Deshalb darf neben dem Ehren Gottes das Ehren der Eltern folgen.

Ja, es gibt auch schwierige Eltern. Doch das Gebot sagt ja nicht, dass du deine Eltern vergöttern sollst oder dass all ihr Sprechen und Handeln richtig ist. Es besagt nur, dass du deine Eltern wertschätzen sollst und dass du von dir aus das Mögliche tun kannst, um die Beziehung zum Segen zu gestalten. Und Gott gibt dir dafür das schöne Versprechen, „dass du lange lebest", wenn du deinen Eltern die Liebe erweist, die auch Gott dir geschenkt hat.

Herr, schenke mir auch heute wieder Liebe für meinen Vater und meine Mutter ins Herz. Amen.

11. Februar

Du sollst nicht töten.
2. Mose 20,13

Du sollst nicht töten. Punkt. Weder ungeborene Kinder noch Menschen, die mit dir um Nahrung und Land wetteifern. Das ist ein ganz einfaches Gebot Gottes.

Dabei soll sich nicht nur deine Hand nicht wider deinen Nächsten erheben. Auch dein Herz soll sich nicht wider den Nächsten erheben. Denn das Töten fängt im Herzen an.

Jesus wird in der Bergpredigt das Gesetz aus dem Alten Testament mit diesen Worten ergänzen: „Ihr habt gehört, dass zu den Alten gesagt ist: ‚Du sollst nicht töten'; wer aber tötet, der soll des Gerichts schuldig sein. Ich aber sage euch: Wer mit seinen Brüdern zürnt, der ist des Gerichts schuldig; wer aber zu seinem Bruder sagt: Du Nichtsnutz!, der ist des Hohen Rats schuldig; wer aber sagt: Du Narr!, der ist des höllischen Feuers schuldig."

Und Johannes schreibt in seinem ersten Brief: „Wer seinen Bruder hasst, der ist ein Totschläger, und ihr wisst, dass kein Totschläger das ewige Leben bleibend in sich hat."

Auch Gefühlskälte, Geiz und Neid können töten. Da erschrecken wir. Ja, da waren wir auch schon Mörder.

Aber Gott hat uns gezeigt, wie wir anders leben können. Jesus wird sagen: „Liebet eure Feinde."

Herr, schenke mir diese Liebe. Amen.

12. Februar

Du sollst nicht ehebrechen.
2. Mose 20,14

Auch dieses Gebot wird Christus im Matthäusevangelium näher erläutern: „Ihr habt gehört, dass gesagt ist: ‚Du sollst nicht ehebrechen.' Ich aber sage euch: Wer eine Frau ansieht, sie zu begehren, der hat schon mit ihr die Ehe gebrochen in seinem Herzen."

Jesus geht auch hier wieder weiter und verurteilt nicht nur die Handlung, sondern schon den Keim im Herzen.

Die Ehe ist das wichtigste Band, die engste Beziehung unter Menschen auf der Erde. Gott hat diese Verbindung schon bei Erschaffung der Welt eingesetzt. Deshalb ist es ein so außerordentliches Unrecht, diese Verbindung zu verletzen oder gar zu zerstören. Der treue Gott wünscht sich Treue gerade auch in dieser Gemeinschaft von Mann und Frau.

Der große König David wird auf dem Gebiet der Sexualität auch seinen Kampf ausfechten müssen, wenn er die Frau seines Offiziers Urija begehrt und mit ihr schläft – er wird Urija im Krieg in einen Hinterhalt locken lassen, damit dieser stirbt und er selbst freien Weg zu Bathseba, Urijas Frau, hat. Nie zuvor hat David solch ein großes Unrecht an einem Menschen getan.

Pastor Wilhelm Busch sprach von der Sexualität als von einem großen Schlachtfeld, auf dem es ein Getöse menschlicher Stimmen gebe, die durcheinander rufen, Rat und Anweisung geben. Erst die Stimme Gottes tönt auf diesem Schlachtfeld hell, deutlich und klar: „Du sollst nicht ehebrechen."

So kannst du dein geschlechtliches Leben auch unter Gottes Herrschaft und Hilfe stellen, du kannst dir auch von Gott vergeben lassen, wenn du hier – wie David – falsch gehandelt hast – und du kannst auch deinem Ehepartner vergeben, wenn er an dir gesündigt hat. Diese Vergebung bekommt man geschenkt, indem man sich unter das Gesetz, das Gott hier gibt, beugt.

Danke, Herr, für dein klares Wort. Amen.

13. Februar

Du sollst nicht stehlen.
2. Mose 20,15

Stehlen kann man vieles, nicht nur „silberne Löffel". Das können auch die Büroklammern aus der Firma sein, das Urheberrecht von Liedern oder Schriften kann verletzt werden, indem man einfach kopiert. Sogar Schüler können die Hausaufgaben eines Klassenkameraden als die eigene Arbeit ausgeben. Du kannst einem Menschen mit Unnötigem die Zeit stehlen. Du kannst einer anderen Person auch die Ehre abschneiden und ihr damit die Würde rauben.

Bestehlen kannst du sogar Gott, indem du – um es mit Jesu Worten zu sagen – Gott nicht gibst, was Gottes ist. Du solltest Gottes Eigentum sein. Über dieses Eigentum wacht Gott eifernd. Nimmst du dich aus seiner Hand, dann ist das Diebstahl.

Stehlen kann man auch, wenn man seine Stellung missbraucht, um andere zu übervorteilen. Wir werden im Neuen Testament von einem Zöllner namens Zachäus hören, der sich – ganz legal – durch Steuermehreinnahmen bereichert hat. Das wird solange gehen, bis er Jesus kennenlernt. Und da versteht er, dass er Gott gehören möchte. Die ganze Angelegenheit mit der Bereicherung korrigiert er, indem er zurückgibt, was er sich zu viel genommen hat.

Kannst du auch zurückgeben, was du gestohlen hast? Kannst du auch einen Neuanfang machen, wie Zachäus ihn machen wird? Wenn du das tust, wirst du eine erleichternde Freiheit spüren. Es ist genau die Freiheit, in die Gott dich führt, nachdem er dich aus der alten Knechtschaft herausgeführt hat. Diese Freiheit fühlt sich gut an. Sei dabei.

Ich will auf deine Gebote hören und dir folgen, Herr. Amen.

14. Februar

Du sollst nicht falsch Zeugnis reden wider deinen Nächsten.
2. Mose 20,16

Man kann aktiv ein falsches Zeugnis über andere Menschen geben, indem man lügt. Das geht bis hin zum Mobbing.

Man kann aber auch passiv ein falsches Zeugnis über andere Menschen geben, indem man etwas Wichtiges verschweigt und damit eine Schieflage in der Beurteilung eines Menschen schafft – oder es zumindest zulässt.

Beides will Gott nicht. Weil es anderen Menschen einen schlechten Ruf einbringt. Und ein schlechter Ruf hindert an einem freien Leben. Zudem bindet die Lüge auch den Menschen, der lügt. Es redet sich freier, wenn man die Wahrheit sagt. Ein Freund, Michael Dieterich, prägte den Satz: „Wenn ich heute bei der Wahrheit bleibe, dann muss ich morgen nicht überlegen, was ich gestern gesagt habe."

Jesus geht – mal wieder – viel weiter. Er wird feststellen, dass wir nicht nur über unwahre Worte, sondern sogar über jedes unnütze Wort eines Tages – vor dem Jüngsten Gericht – Rechenschaft ablegen werden müssen.

Da wird es darauf ankommen, ob wir über andere Menschen bösen Herzens oder liebenden Herzens gesprochen haben. Das liebende Herz wendet alles zum Guten und gibt kein falsches Zeugnis wider den Nächsten.

Herr, du bist die Wahrheit. Amen.

15. Februar

Du sollst nicht begehren deines Nächsten Haus. Du sollst nicht begehren deines Nächsten Frau, Knecht, Magd, Rind, Esel noch alles, was dein Nächster hat.
2. Mose 20,17

Neid kann Menschen und Beziehungen nachhaltig vergiften. Dieses Gebot ist nun wahrhaftig eine Entgiftungskur. Auch nach Überwindung einer Drogenkarriere sprechen Menschen von der neuen Freiheit, die sie erhalten haben. Frei zu sein von Neid – das lässt Menschen ebenso erleichtert aufatmen. Vorbei ist die Zeit, in der man aus Missgunst auf den Besitz anderer geschaut hat und es bitter aufstieß, dass man nicht hat, was der andere hat. Vorbei ist die Zeit solcher Bindung.

Solange man an Neid gebunden lebt, ist der Weg vom falschen Wünschen zum falschen Handeln nicht weit:
- das Begehren der Frau deines Nächsten kann zum Ehebruch führen.
- das Begehren deines Nächsten Mitarbeiters kann dazu führen, dass du lügst, um diesen Mitarbeiter für deine Dienste zu werben.
- das Begehren von allem, was dein Nächster hat, kann zum Stehlen führen.

Damit greift dieses Gebot schon viel früher als die drei vorangehenden Gebote: es greift schon in den Gedanken, die uns leiten. Es greift an der Wurzel an.

Neid zeigt auch, dass wir Mangel haben. Beklagst du aber, dass du Mangel haben wirst, dann ist der Herr nicht dein Hirte. Denn in Psalm 23 wird die Bibel bekräftigen: „Der Herr ist mein Hirte, mir wird nichts mangeln."

Vertraue darauf, dass Gott dein Versorger ist. Das schützt vor einem Rückfall in die alte Droge „Neid".

Herr, gut sind alle deine Gebote und Weisungen. Sie dienen zum Leben.
Amen.

16. Februar

Die Fremdlinge sollst du nicht bedrängen und bedrücken; denn ihr seid auch Fremdlinge in Ägyptenland gewesen.
2. Mose 22,20

Israel wird in die Heimat geführt. Doch auf diesem Weg – erst recht, wenn sie das Ziel erreicht haben – sollen sie nicht vergessen, was es heißt, fremd in einem Land zu sein. Mit diesem Wissen soll Israel sich auch in Fremde in den eigenen Reihen einfühlen können: nicht bedrängen, nicht bedrücken. Damit werden Schwache in Schutz genommen.

Auch in Menschen anderer Hautfarbe und anderer Herkunft begegnet uns ein Ebenbild Gottes. Die Würde dieser Menschen sollen wir wahren. Diese Würde ist ein grundlegendes Menschenrecht.

Obwohl dieses Gebot nicht zu den zehn Geboten gehört, hat Gott dem Mose dieses Gebot während des Gesprächs auf dem Berg Sinai doch auch anvertraut. Jesus ist dieses Gebot so wichtig, dass er es bei der Ankündigung des Weltgerichts in Matthäus noch einmal aufgreifen wird: „Ich bin ein Fremder gewesen, und ihr habt mich aufgenommen. Wahrlich, ich sage euch: Was ihr getan habt einem von diesen meinen geringsten Brüdern, das habt ihr mir getan."

Damit unterstreicht Jesus, dass, wer mit Gott geht, den Geringen nicht verachten, verwerfen und befeinden darf. Denn Gott, der Vater, verachtet, verwirft und befeindet auch nicht denjenigen, der mit ihm geht. In unserem sozialen Verhalten zeigt sich sehr deutlich, wie ernst wir es mit unserem Herrn meinen.

Herr, wir bitten, komm und segne uns. Mich, den Fremden und den Armen. Amen.

17. Februar

Und sie sollen mir ein Heiligtum machen, dass ich unter ihnen wohne. Genau nach dem Bild das ich dir von der Wohnung und ihrem ganzen Gerät zeige, sollt ihr's machen.
2. Mose 25,8.9

Auf dem Berg Sinai zeigt Gott dem Mose auch ein himmlisches Bild von seiner heiligen Wohnung. Diese Wohnung sollen die Israeliten nachbauen, so dass Gott unter ihnen wohnt.

Zu dieser Wohnung gehört ein Vorhof und darin eine Stiftshütte – ein großes Zelt. Sehr liebevoll und detailliert wird jede Einzelheit zur Fertigung der Wohnung Gottes erklärt. Auch die Gegenstände, die sich in der Stiftshütte, dem Heiligtum, befinden, werden genauestens beschrieben:

- Eine Bundeslade aus Akazienholz soll mit feinem Gold überzogen werden. In die Bundeslade sollen die von Gott geschriebenen Gesetzestafeln gelegt werden.
- Über der Bundeslade soll ein Gnadenthron aus feinem Gold als Deckel gefertigt werden. Zwei Cherubim sollen ihre Flügel nach oben ausbreiten, so dass sie mit ihren Flügeln den Gnadenthron bedecken. Ihr Antlitz soll zum Gnadenthron gerichtet sein. Gott spricht von einem Gnadenthron, weil er hier dem Mose begegnen will und weil der Thron als Deckel das Gesetz zudeckt, das uns verklagt, wenn wir nicht danach handeln.
- Ein Tisch mit Schaubroten soll im Heiligtum sein, allezeit sollen Schaubrote vor Gottes Angesicht gelegt werden.
- Ein Leuchter mit sieben Lampen soll gefertigt werden.
- Ein Brandopferaltar soll hergestellt werden.

Das Heiligtum wird die erste Wohnung Gottes unter den Menschen. So wollte Gott mit Mose und dem Volk leben.

Danke, Herr, für den wundervollen Ort, an dem du wohnst. Amen.

18. Februar

Als aber das Volk sah, dass Mose ausblieb und nicht wieder von dem Berge zurückkam, sammelte es sich gegen Aaron und sprach zu ihm: Auf, mach uns einen Gott, der vor uns hergehe! Denn wir wissen nicht, was diesem Mann Mose widerfahren ist, der uns aus Ägyptenland geführt hat.

2. Mose 32,1

Mose verbringt eine wundervolle Zeit in der Gegenwart Gottes. Er darf Gott noch so viel besser kennenlernen. Gott gestaltet die Gemeinschaft mit seinem Volk aus, er zeigt Mose, wie das Zusammenleben aussehen wird.

Das Volk bleibt unten am Fuß des Berges. Dem Volk wird die Zeit zu lang. Es geht zu Aaron. Aaron ist der Bruder des Mose, und Gott hat Mose den Aaron als Sprecher zur Seite gestellt, nachdem Mose sich selbst als schlechten Redner eingeschätzt und Gott um einen Helfer gebeten hatte. Das Volk will jetzt einen sichtbaren, verfügbaren, einen selbstgemachten Gott. Das Bibelwort endet zudem mit einer falschen Behauptung: das Volk spricht von Mose, der Israel aus Ägyptenland geführt habe. Doch das erste Gebot besagt, dass Gott, der Herr, Israel aus Ägyptenland geführt habe.

So geht es, wenn Menschen Menschen folgen. So geht es auch, wenn Menschen einem Pastor folgen. Ist der Pastor nicht mehr verfügbar, etwa weil er ein Beschäftigungsverhältnis an einem anderen Ort in einer anderen Gemeinde angenommen hat, dann gibt es immer wieder Menschen, die die Gemeinde verlassen – weil es nun nicht mehr dieselbe Gemeinde sei. Doch es ist nicht der Pastor, der das Haupt der Gemeinde ist, sondern das ist Christus. Und der bleibt. Auch wenn der Pastor wechselt.

Wer statt Gott einem Menschen folgt, der ist nicht weit davon entfernt, sich selbst auch einen menschengemachten Gott zu schaffen. Hier wird es ein goldenes Standbild sein, um das das Volk tanzen wird.

Bleibe doch beim Original. Halte dich doch an den Vater im Himmel.

Du allein Herr, ich will nur dich. Amen.

19. Februar

Darum sollt ihr meine Satzungen halten und meine Rechte. Denn der Mensch, der sie tut, wird durch sie leben; ich bin der Herr.

3. Mose 18,5

Alle Gesetze, die Gott Mose auf dem Berg Sinai gegeben hat, dienen dem Leben. Dem Leben in Gemeinschaft mit Gott und dem Leben in Gemeinschaft mit anderen Menschen. Es ist sozusagen eine Gebrauchsanweisung des Herstellers an den Kunden. Aber wir dürfen mehr sein als Kunden – wir dürfen Gottes Kinder sein, wir dürfen *Vater* zu Gott sagen.

Und was tust du, wenn du ein Gesetz gebrochen hast? Du unterwirfst dich dem Gesetz. Du sagst dem Vater, dass das Gesetz gut ist und dass du es übertreten hast. Und du bittest deinen Vater um Vergebung, um Begnadigung, du bittest Gott um Aussöhnung.

Du trittst damit zurück ins Leben. Das Leben, das Gott schenkt, fließt in der Gnade, die er schenkt, wieder neu durch dich hindurch. Davon geben alle Kinder Gottes, die das schon erlebt haben, gern Zeugnis. Mit jeder Vergebung bestätigt Gott den Bund, den er mit seinen Kindern geschlossen hat.

Das dritte Buch Mose beschreibt sehr genau, wie Sündopfer vom Hohenpriester vor Gott zu bringen sind. In Christus finden wir jedoch den vollkommenen Hohenpriester, der sich selbst als das vollkommene Sündopfer hingegeben hat. Jesus ist fehlerlos und hat das Gesetz vollkommen erfüllt. Aus diesem Grund werden dem lebendigen Gott auch keine Sündopfer mehr dargebracht. In Jesus ist das alles schon in vollem Umfang erfüllt.

Der Mensch, der sich so in Christus an den Vater wendet, wird leben.

Du schenkst das Leben, Vater, in Recht und in Gnade. Amen.

20. Februar

Ihr sollt heilig sein, denn ich bin heilig, der Herr, euer Gott.
3. Mose 19,2b

Gott ist in seiner Liebe, seiner Reinheit und Gerechtigkeit heilig. Er wünscht sich uns als Gegenüber, als sein Bild. Deshalb wünscht er sich auch für uns, ein Leben zu führen, das heilig ist.

Christus hat alles getan, damit wir heilig sein können. Und doch dürfen wir der Heiligkeit auch nachjagen. Ohne Heiligung werden wir Gott nicht sehen.

Trittst du vor Jesus, dann ist es eine ganz natürliche Bewegung, dass du auf die Knie gehst. Weil Jesus heilig ist. Und weil er herrlich ist. Weil er Macht hat. Und weil alles geschieht, was er sagt. Weil das Leben aus ihm fließt, ganz wie ein Strom aus hellem, warmem Licht und lebendigem Wasser. Und du tauchst in dieses Leben ein. Du bist mit diesem Strom verbunden. Du darfst an diesem heiligen Leben teilhaben.

Damit du an der Heiligkeit Gottes Anteil hast, musst du auch das Brot des Lebens zu dir nehmen. Im Abendmahl ist der heilige Gott selbst der Tischherr. Und obwohl das Abendmahl etwas Besonderes ist, hat Jesus es mit ganz alltäglichen Dingen eingesetzt: mit dem Essen von Brot und dem Trinken von Wein.

Auf diese Weise sollen wir, wann immer wir Brot essen oder Wein trinken, an unseren Herrn denken. Jesus und seine Heiligkeit in unser Leben miteinzubeziehen soll zu einer Alltäglichkeit werden – auch zuhause, auch, wenn wir mit unseren Freunden essen, auch in der Mensa und am Arbeitsplatz.

Heilig zu sein soll nicht etwas Aufgesetztes werden, das nur am Feiertag gilt. Heilig zu sein soll etwas Alltägliches, etwas Echtes werden, das dein Leben bestimmt und gestaltet.

Herr, durchdringe mich ganz mit deinem Wesen, das heilig ist. Amen.

21. Februar

Du sollst deinen Nächsten lieben wie dich selbst; ich bin der Herr.
3. Mose 19,18

„Ist das nicht Neues Testament?", magst du dich fragen, „hat das nicht Jesus gesagt?"

Ja, Jesus greift diesen Vers auch auf, er stammt aber aus dem Alten Testament. Jesus wird im Lukasevangelium sagen: „Du sollst den Herrn, deinen Gott, lieben von ganzem Herzen, von ganzer Seele, von allen Kräften und von ganzem Gemüt, und deinen Nächsten wie dich selbst."

„Wer ist mein Nächster?", magst du nun fragen. Jeder, den Gott dir in den Weg stellt. Jeder, der dir Gedanken bereitet. Das kann auch schon einmal dein Arbeitskollege oder dein Nachbar sein, über den du dich ärgerst. Wenn du dich sehr ärgerst, dann – glaube mir – ist dieser Mensch auch sehr dein Nächster.

Die Bibel sagt, dass du dich nicht im Zorn gegen deinen Nächsten wenden sollst, sondern in Liebe. Mit Liebe kannst du eine Beziehung zum Segen hin ausgestalten. Du segnest, indem du gut über und gut mit Menschen sprichst. Gut und in Liebe.

Wenn dir im Moment tatsächlich kein Nächster einfällt, dann kehre deine passive Stellung in dem Vers um und setze dich in eine aktive Position: „Wem bin ich der Nächste?" – Mit einem Mal bist du gefragt, auf Menschen aktiv zuzugehen. In Liebe.

Übersieh bitte nicht, dass der Vers dich auch anleitet, dich selbst zu lieben. Und der Vers endet mit dem Hinweis: „Ich bin der Herr." Offensichtlich brauchen wir diesen Herrn, um uns selbst und unseren Nächsten recht lieben zu können.

Du bist Liebe, Herr. Amen.

22. Februar

Vor einem grauen Haupt sollst du aufstehen und die Alten ehren und sollst dich fürchten vor deinem Gott; ich bin der Herr.
3. Mose 19,32

Kein Mensch kann für sich allein bestehen. Jeder Mensch ist eingebunden in eine Generationenkette, hat Eltern, Großeltern, und hat vielleicht sogar noch seine Urgroßeltern erlebt. Und wie das Leben voranschreitet, kommen dann noch Kinder und Enkel, vielleicht sogar noch Urgroßenkel dazu.

Dass die Generationen gegeneinander aufbegehren, ist so alt wie die Welt selbst. Da kommt ein doppeltes Gebot von Gott: „Vor einem grauen Haupt sollst du aufstehen und die Alten ehren und sollst dich fürchten vor deinem Gott." Der Respekt vor Gott und der Respekt vor der älteren Generation werden miteinander in diesem Doppelgebot verbunden. Grundlage für diesen Respekt ist die Dankbarkeit gegenüber der Vorgängergeneration.

Vor allem dann, wenn die ältere Generation krank und hilfsbedürftig wird, zeigt sich, ob sich Respekt und Dankbarkeit im Leben der Jungen bewähren.

Soll das die Jüngeren kritiklos gegenüber den Älteren machen? Nein. Paulus wird in seinem ersten Brief an Timotheus schreiben: „Einen Älteren fahre nicht an, sondern ermahne ihn wie einen Vater, die jüngeren Männer wie Brüder, die älteren Frauen wie Mütter, die jüngeren wie Schwestern, mit allem Anstand."

Kritik darf und kann gelingen. Vor allem dann, wenn man respektvoll miteinander umgeht. So gelingt das Leben zwischen den Generationen.

Danke, Herr, für meine älteren Geschwister, die ihren Glauben an dich an mich weitergegeben haben. Amen.

23. Februar

Der Herr segne dich und behüte dich; der Herr lasse sein Angesicht leuchten über dir und sei dir gnädig; der Herr hebe sein Angesicht über dich und gebe dir Frieden.

4. Mose 6,24-26

Der Herr segne dich: Im Segen wendet sich Gott uns zu. Der Segen Gottes beschenkt, er erfüllt, er hilft und rettet. Segen gibt Lebenskraft, er kann auch von Schmerz und Krankheit befreien.

Der Herr behüte dich: Der Herr beschütze dein Leben, der Herr bewahre dich vor Gefahr und Krankheit. Der Herr weise alles von dir ab, was dein Leben an seiner Entfaltung hindert.

Der Herr lasse sein Angesicht leuchten über dir: Der Herr stelle dich in sein wunderbares, wärmendes Licht. Der Herr möge sich an dir freuen, wenn er dich anschaut.

Der Herr sei dir gnädig: Der Herr vergebe dir, wenn du Fehler getan hast. Er nehme dich liebevoll wieder an, er bleibe dein Vater.

Der Herr hebe sein Angesicht über dich: Gott wende sein Gesicht nicht von dir ab. Er möge dich immer im Auge haben, möge dich anschauen und begleiten, bei allem, was du tust.

Der Herr gebe dir Frieden: Du mögest dich zufrieden fühlen, mögest in Harmonie mit anderen Menschen leben und du mögest in Einheit und Freundschaft mit Gott, deinem Vater, leben.

Diesen Segen hat Gott selbst gesprochen und dem Mose mitgeteilt. Wie das Vaterunser ist dieses Segensgebet direkt aus der Schatzkammer Gottes. Aaron, geweiht zum Priester über das Volk, soll ihn künftig zu den Israeliten sagen, wenn er sie segnet.

Herr, bitte segne auch mich an diesem neuen Tag. Amen.

24. Februar

Aber die Männer, die mit ihm hinaufgezogen waren, sprachen: Wir vermögen nicht hinaufzuziehen gegen dies Volk, denn sie sind uns zu stark.
4. Mose 13,31

Eben noch hat Gott dem Volk seinen Segen zugesprochen. Nun weist der Herr Mose an, zwölf Kundschafter ins Land Kanaan zu senden. Darunter sind auch Kaleb und Josua. Sie kehren mit Granatäpfeln, Feigen und einer riesigen Weintraube zurück, die an einer Stange getragen werden muss. Und die Kundschafter geben ihren Bericht: „Es fließen in diesem Land wirklich Milch und Honig. Aber die Städte sind befestigt, die Bewohner sind so groß und kräftig, dass wir uns ihnen gegenüber wie Heuschrecken fühlen."

Zehn Kundschafter geben den Rat, nicht in das Land vorzudringen. Doch Rat zu geben ist gar nicht ihre Aufgabe. Ihre Aufgabe ist lediglich, zu berichten, was sie gesehen haben. Aber auch mit dem Sehen hapert es: sie nehmen sich selbst als ohnmächtige Heuschrecken wahr.

Heute spricht man von einer falschen Fremd- und Selbstwahrnehmung. Aber das Problem reicht noch weiter: die zehn Kundschafter, die ungefragt Rat geben, beziehen Gott nicht in ihre Betrachtung mit ein. Gott hat schließlich die Einnahme des Landes vorbereitet.

Nur Kaleb und Josua sprechen sich dafür aus, Gott gehorsam zu sein und das Land einzunehmen. Israel sieht plötzlich die Dinge aber so wie diese zehn Kundschafter. Großes Jammern und Klagen beginnt: „Warum sind wir nicht in Ägypten geblieben?" Sie wollen einen Hauptmann wählen, der sie nach Ägypten zurückführt.

Das Volk bleibt in der Wüste, statt ins reiche, gesegnete Land einzuziehen.

Herr, ich will dir gehorsam sein. Ich will mit deinen Augen sehen. Ich will deinen Willen tun. Amen.

25. Februar

Am nächsten Morgen, als Mose in die Hütte des Gesetzes ging, fand er den Stab Aarons vom Hause Levi grünen und die Blüte aufgegangen und Mandeln tragen.
4. Mose 17,23

Die Rotte Korach will Aaron das Priesteramt streitig machen. Sie wiegeln das Volk gegen Mose und Aaron auf. Große Unruhe entsteht. Sie werfen Mose und Aaron vor, sie in der Wüste umkommen zu lassen. Das Land, aus dem sie kommen – übrigens das Land, in dem sie unfreie Knechte waren – fließe von Milch und Honig über.

Gott will das ganze Volk mit einem Mal vertilgen. Da fällt Mose auf sein Angesicht und bittet Gott um das Leben des Volkes. Gott weist das Volk an, von der Rotte Korach Abstand zu nehmen, die Erde tut sich auf und verschlingt die Aufrührer. Aber Ruhe tritt immer noch nicht ein. Das Volk murrt gegen Mose und Aaron. Noch einmal will Gott das ganze Volk vertilgen. Eine Plage geht durch das Volk- Die Bibel beschreibt nicht, von welcher Art die Plage ist. Doch sie ist tödlich. Mose fällt erneut auf sein Angesicht und bittet Gott um Gnade für das Volk. Mose weist Aaron an, mit einer Pfanne mit Räucherwerk durch die Gemeinde zu laufen, um so Sühne für das Volk zu schaffen. Aaron steht zwischen den Toten und Lebenden. Und die Plage wird abgewehrt. 14700 Israeliten sind der Plage zum Opfer gefallen.

Da befiehlt Gott, dass jeder der zwölf Stämme Israels einen Stab mit seinem Namen bei Mose abgeben soll. Gott will den Priester Israels bestätigen, indem ein Stab über Nacht grüne Blätter hervorbringt. Alle Stäbe werden in der Stiftshütte vor die Bundeslade mit dem Gesetz gelegt. Und am nächsten Morgen sehen alle Stäbe immer noch wie tote Holzstäbe aus – nur nicht Aarons Stab. Der hat nicht nur Blätter, sondern auch Blüten und Früchte hervorgebracht. Gott bestätigt Aaron als Priester überreichlich.

Danke, Vater, dass du auch Christus, unseren Hohenpriester, überreichlich bestätigt hast durch die Auferstehung von den Toten.
Amen.

26. Februar

Und Mose und Aaron versammelten die Gemeinde vor dem Felsen, und er sprach zu ihnen: Höret ihr Ungehorsamen, werden wir euch wohl Wasser hervorbringen können aus diesem Felsen?

4. Mose 20,10

Schon wieder murrt das Volk, dass es in Ägypten besser gewesen sei als auf der Wanderung in das gelobte Land. Jetzt haben sie Durst. Die Nerven liegen blank.

Gott will das Volk mit Wasser aus einem Felsen versorgen. Doch anstatt Gott die Ehre zu geben und ihm für das Wasser aus dem Felsen zu danken, ruft Aaron: „Werden *wir* euch wohl Wasser hervorbringen können aus diesem Felsen?" Von Dank gegenüber Gott ist keine Rede. Nur vom eigenen Können und Vermögen spricht Aaron.

Und Mose schlägt den Felsen mit seinem Stock, bevor er Wasser hervorbringt. Die Bibel wird diese Quelle das „Haderwasser" nennen.

Daraufhin spricht Gott zu Mose und Aaron: „Weil ihr nicht an mich geglaubt habt und mich nicht geheiligt habt vor den Israeliten, darum sollt ihr diese Gemeinde nicht ins Land bringen, das ich ihnen geben werde."

Gott befiehlt Mose, Aaron und Aarons Sohn Eleasar, auf den Berg Hor zu steigen. Dort soll Aaron sein Priestergewand ablegen und Eleasar soll es anziehen. Und Aaron stirbt auf dem Berg.

Mose wird das heilige und versprochene Land noch von einer Anhöhe aus sehen dürfen, doch mit dem Volk hineingehen wird er nicht dürfen.

Niemand darf ein Wunder, das der Herr wirkt, als sein eigenes Können und Vermögen ausgeben. Gott wacht streng über die Urheberrechte – das Copyright – seiner Wunder. Wie Gott an Mose und Aaron handelt, muss uns eine Lehre sein.

Ich will dich ehren, Herr, für alle Wunder, die du tust. Amen.

27. Februar

Da sprach der Herr zu Mose: Mache dir eine eherne Schlange und richte sie an einer Stange hoch auf. Wer gebissen ist und sieht sie an, der soll leben.

4. Mose 21,8

Schon wieder ist das Volk verdrossen, es redet wider Gott und wider Mose: „Warum sind wir nicht in Ägypten geblieben?"

Da sendet Gott feurige Schlangen unter das Volk. Die Schlangen beißen das Volk und viele sterben. Die, die das sehen, gehen zu Mose und bekennen: „Wir sind schuldig. Wir haben mit unserem Klagen gegen Gott gesündigt. Bitte Gott, dass er die Schlangen wieder fortnehme."

Mose bittet Gott, und der hat eine Lösung: „Mache dir eine eherne Schlange und richte sie an einer Stange hoch auf. Wer gebissen ist und sieht sie an, der soll leben."

Die Israeliten sollen also ein Symbol ansehen, das genau das verkörpert, was sie im Moment am meisten fürchten – eine Schlange. Sie sollen der Gefahr ins Auge blicken und wissen: der Herr hat versprochen, wir sollen leben.

Genauso ist das auch mit dem Kreuz von Golgatha. Unsere größte Gefahr ist, für unsere Schuld sterben zu müssen. Wir sollen dieses Kreuz jedoch in die Mitte unserer Betrachtung stellen. Und wir sollen wissen, wir sollen mit dieser Blickrichtung, mit diesem Bild im Fokus, leben. Gott schenkt hier, mit diesem Augenmerk, das Leben neu. Und in diesem neuen Leben erkennen wir Gottes Mitleiden mit uns Menschen, wir erfahren Versöhnung in dieser Hinwendung zum Kreuz.

Ja, du sollst leben. Auch im Angesicht der Gefahr. Gott hat sein Versprechen dazu in Christus gegeben.

Danke, Herr, dass du treu bist und dein Wort hältst. Amen.

28. Februar

Bileam antwortete ihm: Siehe, ich bin zu dir gekommen, aber wie kann ich etwas anderes reden, als was mir Gott in den Mund gibt? Nur das kann ich reden.

4. Mose 22,38

Man erzählt, dass sich 1973 beim ersten Staatsbesuch eines Regierungschefs der Bundesrepublik Deutschland in Israel beinahe eine Katastrophe ereignet hätte. Der Helikopter, in dem der Regierungschef saß, hatte kurz vor der Landung einen Triebwerksschaden. Der Helikopter verlor schnell an Höhe und kam ins Wanken. Obwohl es zuerst wirklich nicht so aussah, landete der Helikopter dann doch – wenn auch etwas unsanft – und kein Mensch kam zu Schaden. Willy Brandt stieg aus dem Helikopter aus, gab Golda Meir die Hand und sagte: „In Israel darf man noch mit Wundern rechnen."

Wunder gab es in Israel immer wieder – in der Geschichte seit der Zeit des Alten Testaments bis in die heutige Gegenwart hinein.

Israels Feind, König Balak, holt sich den Propheten Bileam, um Israel zu verfluchen. Von einer Anhöhe aus sehen sie, wie sich das Volk Israel um ein Heiligtum mit einem heiligen Zelt, der Stiftshütte, sammelt.

Und da geschieht das Wunder. Der Prophet, der Israel verfluchen soll, muss das Volk – geführt von dem Wort, das Gott dem Propheten in den Mund legt – dann doch segnen. Für Bileam war das eine heikle Situation. Wie oft waren doch Propheten, die dem Willen ihres Königs nicht folgten, getötet worden.

Wunder geschehen, wo Menschen sich ganz und gar auf Gott einlassen.

Herr! Lass mich reden, was du mir in den Mund gibst. Amen.

29. Februar

Nicht hat euch der Herr angenommen und euch erwählt, weil ihr größer wäret als alle Völker – denn du bist das kleinste unter allen Völkern – sondern weil er euch geliebt hat.

5. Mose 7,7.8

Israel kann sich nicht seiner Größe rühmen, dass Gott gerade dieses Volk ausgewählt hat. Es ist vielmehr reine Liebe, die Gott hier an sein Volk verschenkt. Diese Erwählung nimmt Israel auch in die Pflicht. Gott zeigt an seinem Volk, dass er konsequent und streng ist. Und Gott demonstriert an seinem Volk, wie er die Seinen versorgt und schützt.

Mose wird in das versprochene Land nicht einziehen dürfen wegen seines Ungehorsams am Haderwasser. Mose weiß, er wird sterben. Wie in einem Vermächtnis erinnert Mose das Volk nochmals an die Treue Gottes gegenüber Abraham, Isaak und Jakob. Mose erzählt noch einmal die Geschichte Israels. Mose und dem Volk gelingt der Rückblick auf die Zeit mit Gott. Und aus dem Rückblick wird ein hoffnungsvoller Ausblick. Dass Gott immer noch mit ihnen geht, ist Gnade. Mose nimmt die Strafe, jetzt – so kurz vor dem Ziel – die Welt verlassen zu müssen, gefasst und tapfer an. Er weiß, sein Herr, mit dem er gegangen ist, mit dem er gesprochen hat, wird ihn auch im Tod noch in Treue halten. Da hat Mose nur noch eine Not: Wer wird sein Nachfolger?

Schon manches Werk zerbrach, als der Gründer abtrat, ohne dass für einen Nachfolger gesorgt war. Tritt ein großer Führer ab, dann muss eine vernünftige Stafettenübergabe stattfinden. Jeder Mensch trägt in seinem Leben Früchte – genießbare oder ungenießbare. Für einen Apfelbaum ist es normal, als Frucht Äpfel hervorzubringen. Für einen Leiter ist es eine normale Frucht, einen guten Leiter als Nachfolger hervorzubringen. Und tatsächlich ist in aller Stille ein Leiter herangewachsen, ein Mann, der sich nicht in den Vordergrund drängt und den Gott doch über seine ganze Entwicklung hinweg beobachtet und begleitet hat: Josua.

Du, Herr, hast auch mich gesehen, und du setzt mich ein, wie es dir gefällt. Aus Liebe. Amen.

1. März

Denn der Herr, euer Gott, versucht euch, um zu erfahren, ob ihr ihn von ganzem Herzen und ganzer Seele liebhabt.
5. Mose 13,4

In der Nacht, wenn alle Stimmen schweigen – in der Nacht, wenn alle Geschäfte ruhen – in der Nacht, wenn du keinen anderen Menschen um Rat fragen kannst – da kann es zu einem stillen Gespräch zwischen dir und Gott kommen.

Kennst du die stillen Stunden, wenn Radios, Fernseher, iPods und Smartphones schweigen müssen? Kennst du die Stunden, zu denen wir vor dem Lärm der Menschen davongeflüchtet sind?

Wenn es ganz still ist – in der Nacht – da hast du es allein mit ihm zu tun – deinem Herrn. Gerade in solchen Stunden wollen uns äußere Sorgen ganz besonders überfallen und fortreißen. Da musst du dich dazu durchringen, ob du dich ganz auf die geistlichen und ewigen Dinge hin ausrichten möchtest.

In solch einer Stunde kann es aber auch dunkel in dir werden, und du entdeckst voller Sorge: „In mir ist ja gar kein Platz für den heiligen Geist." Der heilige Geist ist der Tröster, den Jesus geschickt hat, der uns aufrichtet und ermutigt. Wenn du also merkst, dass für diesen heiligen Geist kein Raum in dir ist, dann bitte Gott, dass er dein Herz reinigt und neu mit dem heiligen Geist füllt. Das kannst du beten wie ein Kind. Die Kraft zum Reinigen deines Herzens hat Jesus. Vertraue ihm.

Und wenn du dann reif bist, dann kannst du geistliche Dinge von Gott erbitten, die zeigen, dass du deinen Herrn von ganzem Herzen liebhast: du kannst beten für neues Leben in der Kirche, du kannst beten für deine Gemeindeältesten und deinen Pastor, du kannst beten für ein vollmächtiges Zeugnis, das du deiner Familie, deinen Nachbarn, deinen Freunden und Arbeitskollegen gibst.

Herr! Hab Dank, dass es so viele Möglichkeiten gibt, dir zu zeigen, dass ich dich von ganzem Herzen und ganzer Seele liebhabe. Amen.

2. März

Wie ich mit Mose gewesen bin, so will ich auch mit dir sein. Ich will dich nicht verlassen noch von dir weichen.
Josua 1,5

Dieses Wort spricht Gott nach dem Tod des Mose. Josua wird als neuer Führer für das Volk Israel eingesetzt, und Gott selbst ermutigt und richtet Josua auf, diese schwere Aufgabe zu übernehmen.

40 Jahre war Israel schon durch die Wüste gewandert. Alles scheint unendlich weit entfernt. Alles scheint unendlich schwer. Alles scheint ohne Ende zu sein.

Doch der lebendige Gott ist noch da. Der lebendige Gott schafft spielend Wege dort, wo wir nach menschlichem Ermessen keinen Weg mehr erwarten. Das ist für Gott ein Kleines.

Schwierig an der Sache ist nur, dass Israel seit 40 Jahren empört vor Gott davonläuft. Wie oft hat Gott sagen müssen „Sie haben mich erzürnt." Das ist übrigens nicht nur die Geschichte Israels. Das ist auch deine und meine Geschichte. Darf man in dieser Situation noch etwas von Gott erwarten? Die ganze Sache mit Gott scheint festgefahren zu sein.

Und da greift Gott ein. Wieder einmal. Ja, der liebende Gott schafft einen Weg für Israel, schafft einen Weg für dich und mich, wo unser begrenzter Horizont schon das Ende der Welt ausgemacht hat.

Ja, du magst Gott in der Vergangenheit geärgert, erzürnt, enttäuscht und betrübt haben. Aber du sollst auch wissen, wie du bei ihm dran bist. Er wendet sich dir wieder zu. Er will mit dir sein. Er wird dich nicht verlassen noch von dir weichen.

Herr! Danke für deine unerschütterliche Liebe. Amen.

3. März

Und Josua richtete zwölf Steine auf mitten im Jordan, wo die Füße der Priester gestanden hatten, die die Bundeslade trugen; diese sind noch dort bis auf den heutigen Tag.
Josua 4,9

Heute handelt der Bibeltext von einem Denkmal. Manchmal wurden Denkmäler schon abgerissen. Manchmal hat man sich für seine Denkmäler auch schon geschämt – genauso auch für Straßen- und Brückennamen. In Regensburg wurde nach dem 8. Mai 1945 die *Adolf-Hitler-Brücke* über die Donau rasch in *Nibelungenbrücke* umbenannt. Obwohl Denkmäler vor diesem Hintergrund nicht hoch im Kurs stehen, möchte ich doch deine Aufmerksamkeit heute auf ein Denkmal richten. Es ist 3000 Jahre alt und steht bei Gilgal am Jordan. Der Herr ist mit Josua, verlässt ihn nicht und weicht ihm nicht von der Seite. Der Herr schafft einen Weg. Und hier wird es nun konkret: Im Angesicht seiner Feinde müssen Israel, alles Volk, alles Vieh, alles Hab und Gut über einen Fluss. Alle sehnen sich danach, den Fluss zu überqueren. Doch es gibt weder eine Brücke noch eine Fähre. Was nun?

Gott löst das. Als erstes müssen die Priester mit der Bundeslade in den Fluss gehen. Sie müssen einfach nur hineingehen. Und sie tun das! Im Vertrauen. Und wie die Priester mit der Bundeslade im Fluss stehen, hält Gott den Strom des Flusses auf, so dass das ganze Volk durch das trockene Flussbett laufen kann. Und so gibt es nun einen Weg, der aus der Wüste und aus der Verfolgung in das blühende Land, in Reichtum und Frieden führt. Josua und das Volk sollen dieser Handlung Gottes gedenken: „Ja, Gott hat uns einen Weg gebahnt." Und so nehmen sie zwölf Steine aus dem Flussbett, die dort gelegen haben, wo die Priester mit der Bundelade gestanden haben. Und sie errichten mit diesen Steinen ein Denkmal. Erinnerst du dich, wo Gott auch dir schon einmal einen unwegsamen Pfad geebnet und gebahnt hat?

Verlasse dich auf den Herrn von ganzem Herzen, und verlass dich nicht auf deinen Verstand, sondern gedenke an ihn auf allen deinen Wegen, so wird er dich recht führen. Amen.

4. März

Und wenn man die Posaune bläst und es lange tönt, so soll das ganze Kriegsvolk ein großes Kriegsgeschrei erheben, wenn ihr den Schall der Posaune hört. Dann wird die Stadtmauer einfallen, und das Kriegsvolk soll hinaufsteigen ein jeder stracks vor sich hin.

Josua 6,5

Israel kommt ins Land Kanaan. Hier steht das Volk mit seinen Stecken und Stäben vor einer stark befestigten Stadt mit dem Namen Jericho. Welche Taktik kommt zum Einsatz? Der Herr sagt ihnen, wie sie kämpfen sollen. Sechs Tage lang sollen sie mit der Bundeslade jeweils einmal um die Stadt ziehen. Sieben Priester sollen sieben Posaunen tragen. Am siebten Tag sollen sie siebenmal um die Stadt ziehen, und die Priester sollen die Posaunen blasen. Gott verspricht, dass dann die Stadtmauer einfällt.

Und so geschieht es auch. Nicht kriegerische Maßnahmen zerstören die Stadtmauer, sondern ein Gottesdienst, in dem auf Posaunen gespielt wird.

Dass sich vor und während dieser Einnahme mehr als nur menschliches Handeln abspielt, liest man im vorangehenden Kapitel. Da begegnet Josua dem Fürst über das Heer des Herrn. Josua wird – wie damals schon Mose bei seiner Begegnung mit Gott im Dornbusch – angewiesen, seine Schuhe von seinen Füßen zu nehmen, denn die Stätte, auf der er steht, ist heilig.

Auch wir stehen manchmal vor nicht einnehmbaren Mauern und haben nichts als Stecken und Stäbe in der Hand. Aussichtslos nennt man so etwas. Aber mit Gottes Kraft können solche Mauern auch fallen. Diese Kraft bricht sich im Gottesdienst Bahn. Und dann kämpft ein Heer für uns, das wir mit den Augen des Glaubens erkennen dürfen.

Herr, von dir will ich kämpfen lernen. Amen.

5. März

Es war nichts dahingefallen von all dem guten Wort, das der Herr dem Hause Israel verkündigt hatte. Es war alles gekommen.
Josua 21,45

Gott gibt Israel all das Land, das er den Vätern versprochen hat. Sie nehmen das Land ein und wohnen darin. Gott schenkt Israel Ruhe. Gott hält Wort.

Das Volk blieb 40 Jahre – eine ganze Generation lang – in der Wüste, statt gleich ins reiche, gesegnete Land einzuziehen. Durch Ungehorsam hat Israel viel Mangel gelitten und hat lange Zeit das versprochene Land nicht gesehen.

Ist es in unserem Leben nicht genauso, dass wir durch Unglauben und Ungehorsam oft nicht erhalten können, was Gott uns zugedacht hat? Unser Erbteil ist in Christus. Doch immer wieder entbehren wir dieses Erbe, weil wir von dem, was Gott schenkt, nicht vollkommen Besitz ergreifen. Vollkommene Vergebung unserer Schuld. Vollständige Heiligung. Ganzer Friede mit Gott. Das Wissen, dass wir bei unserem Vater im Himmel keinen Mangel haben werden.

Wenn wir heute wissen, dass wir morgen keinen Mangel haben werden, dann ist auf wunderbare Weise schon heute der Mangel gestillt.

Und wenn wir dann das Land einnehmen, das Frieden mit Gott verspricht, dann bewundern wir Gott, wie herrlich er sein Wort gehalten hat. Und wir erkennen, dass er noch viel mehr tut, als wir uns vorgestellt haben, ja, dass er all unsere Erwartungen übertrifft.

Ja, Gott tut Wunder. Ja, Gott führt ans Ziel. Ja, Gott ist Israel treu. Und auch dir.

Herr, es fehlt nichts an dem Guten, das du mir versprochen hast. Amen.

6. März

Als auch alle, die zu der Zeit gelebt hatten, zu ihren Vätern versammelt waren, kam nach ihnen ein anderes Geschlecht auf, das den Herrn nicht kannte noch die Werke, die er an Israel getan hatte. Da taten die Israeliten, was dem Herrn missfiel, und dienten den Baalen.
Richter 2,10.11

Tatsächlich kann man seinen Glauben nicht vererben, so wie man Geld, ein Haus oder einen anderen Besitz vererben kann. Jede Generation muss für sich selbst neu Gott als Vater erleben und das gelobte Land für sich einnehmen.

Unglaube, Ungehorsam, Mangelleiden und Abkehr von Gott können sich in jeder Generation neu wiederholen. So geht es auch hier Israel nach dem Tod Josuas und nach dem Tod der Generation der Landeinnehmer und Eroberer.

Die Baale sind die Götter Kanaans, die Götter der Völker, die zwischen der Zeit von Vater Jakob bis zur Rückkehr Israels im gelobten Land gelebt haben. Dass die Altäre der Baale immer noch da sind, dass sie immer noch angebetet werden, zeigt, dass Israel zwar das Land zum Wohnen eingenommen hat, das Land jedoch nicht vollkommen für Gott eingenommen wurde.

Und da lassen sich die Kinder Israels verleiten, sich den Baalen zuzuwenden. Das Buch Richter beschreibt, dass darüber der Zorn Gottes entbrennt, und dass Gott daraufhin Israel in die Hand von Räubern und Feinden gibt.

So kann jede Generation neu eine Wüstenwanderung erleben. Doch jede Generation kann auch neu das versprochene Land einnehmen. Dieses Land ist das Friedensland, in dem Jesus regiert. Sein Versprechen, dass er sich finden lassen will, gilt jeder Generation neu.

Herr, ich möchte das Land einnehmen, das du für mich vorgesehen hast.
Amen.

7. März

Und Gideon sprach zu Gott: Willst du Israel durch meine Hand erretten, wie du zugesagt hast, so will ich abgeschorene Wolle auf die Tenne legen: Wird der Tau allein auf der Wolle sein und der ganze Boden umher trocken, so will ich daran erkennen, dass du Israel erretten wirst durch meine Hand, wie du zugesagt hast.
Richter 6,36.37

Bin ich mit Gott im Reinen? Will Gott mich für einen Dienst einsetzen?

Ein Mann bekommt große Zweifel, ob Gott auf seiner Seite steht. Oder ob er auf Gottes Seite steht. Verwirrt fragt Gideon sich, ob Gott ihn tatsächlich beauftragt habe. Und so befragt Gideon Gott auf eine sehr eigentümliche Weise, die in manchen frommen Kreisen ganz berühmt geworden ist: er legt ein Vlies aus.

Ja, Gideon steht vor einer großen Aufgabe. Seit sieben Jahren herrschen die Midianiter, ein Wüsten-Nomadenvolk, über die Israeliten – Israel wird von den Midianitern regelrecht gequält. Immer dann, wenn Israel eine Ernte einholt, fällt das Nomadenvolk ins Land ein, plündert und raubt. Hinter den Kulissen – das berichtet Richter 6,1 – beruht diese Situation auf einer Entscheidung Gottes: „Die Israeliten taten, was der Herr verabscheute; da ließ er die Midianiter sieben Jahre lang über sie herrschen." Gott verabscheut es, wenn Israel sich anderen Göttern zuwendet und das Heil woanders als beim lebendigen Gott sucht. So schweigt Gott sieben Jahre lang. Dann beruft er einen Mann. Gideon. Als Gott ihm einen Engel sendet, klagt Gideon: „Wo sind all die Wunder, von denen uns unsere Eltern erzählt haben?" Doch obwohl der Engel ihm sagt: „Geh und rette Israel aus der Hand der Midianiter. Du hast die Kraft dazu", fragt er sich, ob er wirklich zum Dienst für Gott berufen sei.

Heute dürfen wir – *in Christus* – wissen, dass Gott in all seinen Plänen und Strategien auch dich und mich eingesetzt hat. Die Zeit, in der Gott schweigt und zürnt, ist *in Christus* vorbei.

Gottes Zorn ist nicht mehr über uns. Nein, in Christus sind seine Liebe und sein Vergeben über uns. Herr! Hab Dank. Amen.

8. März

Wo du hin gehst, da will ich auch hin gehen; wo du bleibst, da bleibe ich auch. Dein Volk ist mein Volk, und dein Gott ist mein Gott.

Rut 1,16b

Rut schließt sich als Witwe ihrer Schwiegermutter an und folgt ihr als Fremde in deren Land und Volk. Sie will nicht als Fremde bleiben. Sie will sich vollkommen in das Leben einfügen, das im Herkunftsland ihrer Schwiegermutter geführt wird. Rut wird uns zu einem Vorbild an Treue und Verbindlichkeit.

So wie sich Rut an ihre Schwiegermutter hängt, so wollen wir uns an Jesus hängen. Er kommt vom Vater im Himmel. Deshalb wollen wir auch im Himmel keine Fremden sein. Wir wollen uns – wie Rut – in das Leben einfügen, das im Herkunftsland unseres Herrn geführt wird.

Deshalb hören wir auch so gern von Jesus, wie er vom Himmel erzählt, uns in Gleichnissen begreiflich macht, wie es beim Vater zugeht. Im Himmel gelten Liebe, Gerechtigkeit und Gnade. Der Vater regiert. Viele tausend mal tausend Engelsheere dienen ihm und folgen seinem lebendigen Wort.

Das Reich Gottes kam in Christus auch zu uns auf die Welt. Es wächst. Wo Jesus hingeht, da wollen auch wir hingehen. Wo Jesus bleibt, da wollen auch wir bleiben. Das Volk, das sich Jesus erwählt – das sind die Kinder Gottes – das soll auch unser Volk sein. Sein Vater soll auch unser Vater sein.

So dürfen auch wir mit Jesus eine Beziehung in Treue und Verbindlichkeit führen.

Ich danke dir, Herr, für unsere Glaubensvorbilder. Amen.

9. März

Samuel aber sprach zum ganzen Haus Israel: Wenn ihr euch von ganzem Herzen zu dem Herrn bekehren wollt, so tut von euch die fremden Götter und die Astarten und richtet euer Herz zu dem Herrn und dient ihm allein, so wird er euch erretten aus der Hand der Philister.

1. Samuel 7,3

Ich habe noch nie in meinem Leben einen Frosch gekocht. Aber ich habe mir sagen lassen, wie das geht: man legt den Frosch in einen Topf mit kaltem Wasser und erwärmt das Wasser ganz langsam. Wenn man den Frosch direkt in heißes Wasser werfen würde, dann würde er aus dem Topf herausspringen. Aber so merkt er nicht, wie das Wasser ganz langsam erwärmt wird. Und am Schluss ist es zu spät. Da stirbt der Frosch im kochenden Wasser.

So ist es auch mit der Sünde und der Schuld. Der Teufel sagt dir: „Das ist nicht schlimm. Das macht doch nichts." Und so will dich der Teufel immer tiefer in Schuld reißen. Immer in kleinen Schritten. Du sollst nicht merken, dass der Teufel dich für einen Frosch hält, den er langsam in einem Wassertopf erhitzt.

Gott sagt dir von Anfang an: „Das ist schlimm. Schuld trennt dich von mir. Schuld trennt dich auch von anderen Menschen."

Unser heutiges Bibelwort handelt von einem Bußtag, der vor 3000 Jahren stattfand. Dem Volk Israel wird die schmerzliche Trennung von Gott bewusst. Die Bibel sagt: „Das ganze Haus Israel weinte vor dem Herrn." Und da sprach Samuel sein Wort: „Tut von euch die fremden Götter…"

Gott handelt so an Israel – nicht, weil das Volk größer oder besser als andere Völker ist, sondern, weil Gott es liebt. Gott hat Israel das Gesetz anvertraut, um es mit Paulus zu sagen. Und auch hier wieder – wie alle Tage – geht Gottes Liebe zu Israel und zu uns tiefer als das Gesetz.

Ja, Herr, ich will Buße tun, ich will in dein Licht kommen. Mein Herz wird froh in Christus. Amen.

10. März

Ein Mensch sieht, was vor Augen ist; der Herr aber sieht das Herz an.
1. Samuel 16,7

Dem Priester Samuel zeigt Gott den neuen König über Israel. Wie wählt Gott den neuen König aus? Das beantwortet das heutige Bibelwort.

Samuel kommt nach Bethlehem in die Familie des Isai, und hier fällt sein Blick zuerst auf den großgewachsenen Eliab. Er überragt alle anderen um eine Kopflänge. Er sieht vornehm aus. Er ist gut gekleidet. Doch Äußerlichkeiten gelten vor Gott nicht. Äußerlichkeiten sagen nur etwas über die Oberfläche. Und diese Oberfläche gestalten wir meist so, wie wir von anderen gesehen werden wollen. Sagen diese vordergründigen Äußerlichkeiten wirklich etwas über uns aus?

Die Einzigartigkeit eines Menschen zeigt sich in seiner Tiefe. Sie zeigt sich in seinem Herzen. Und da schaut Gott hin. Hier gibt es keine optischen Täuschungen.

Aber Samuel lernt auch bei dieser Suche nach dem neuen König Israels, dass er in diese Tiefe gar nicht hineinsehen kann. Das Herz der Menschen bleibt ihm verborgen. Hier kann nur Gott hineinschauen.

Gott lenkt dann, weil Samuel ein gehorsamer Mann ist, seinen Blick auf den jüngsten Sohn des Isai. Er heißt David und wird vom Schafehüten auf dem Feld geholt. „Der ist es", sagt Gott zu Samuel. Und Samuel salbt David zum König.

Was hat Gott im Herzen des David entdeckt? Vertrauen. Geduld. Demut.

Herr, leite mich mit deinen Augen. Amen.

11. März

David aber sprach zu dem Philister: Du kommst zu mir mit Schwert, Lanze und Spieß, ich aber komme zu dir im Namen des Herrn Zebaoth, des Gottes des Heeres Israels, den du verhöhnt hast.

1. Samuel 17,45

Vierzig Tage schon stellen sich die Philister Israel in den Weg, sie provozieren und lästern den Gott Israels. Keiner wagt es, die Philister in die Schranken zu weisen.

Da kommt David vom Schafehüten, um zu sehen, wie es seinen Brüdern geht. Eliab, Davids großer Bruder, will David fortjagen. Er behauptet, er wisse um Davids böses Herz und dass er – sensationsgierig – nur dem Kampf zuschauen wolle.

David lässt sich davon nicht beeindrucken. Er informiert sich über die ausgelobte Prämie für den Sieger im Kampf gegen die Philister. Ein riesiger Mann, der Philister namens Goliath fordert zum Zweikampf heraus. David erklärt sich bereit, anzutreten. Man legt ihm eine Rüstung an, setzt ihm einen Helm auf und gibt ihm ein Schwert. Doch David ist diese Ausrüstung nicht vertraut. Er legt sie ab und möchte in gewohnter Bewaffnung an den Start gehen: mit einem Hirtenstab, einer Schleuder und fünf glatten Steinen. Mit dieser Ausrüstung hat er schon Bären und Löwen von seiner Schafherde ferngehalten.

Goliath lästert auch über David, als er ihn so zum Kampf antreten sieht: „Bin ich denn ein Hund, dass du mit Stecken zu mir kommst? Komm her zu mir, ich will dein Fleisch den Vögeln unter dem Himmel geben und den Tieren auf dem Felde." Auf einer Welle des Muts und der festen Entschlossenheit antwortet David: „Du kommst zu mir mit Schwert, Lanze und Spieß, ich aber komme zu dir im Namen des Herrn Zebaoth, des Gottes des Heeres Israels, den du verhöhnt hast." Mit einem beherzten Steinwurf aus seiner Schleuder siegt David über Goliath. Die Philister ziehen ab, ohne Israel und seinem Gott weiter zu fluchen. Ja, Samuel hat den richtigen Mann zum König gesalbt.

Du, Herr, gibst Mut, für dich zu streiten. Amen.

12. März

Als David aufgehört hatte, mit Saul zu reden, verband sich das Herz Jonatans mit dem Herzen Davids, und Jonatan gewann ihn lieb wie sein eigenes Herz.

1. Samuel 18,1

Eine Freundschaft zwischen Männern und eine Freundschaft zwischen Frauen kann etwas sehr Wertvolles sein. Solche Beziehungen können sogar an die Tragkraft einer Ehe heranreichen.

Solch eine Freundschaft kann auch eine Vorbereitung auf eine Ehe sein. Denn in der Freundschaft lernt man Respekt voreinander, man lernt den rechten Umgang von Nähe und Distanz. Hat man in einer Freundschaft ein freundschaftliches Verhalten eingeübt, dann hilft das später für das Gelingen einer Ehe sehr.

Jonatan gewinnt diese freundschaftliche Zuneigung zu David, er wendet sich David von ganzem Herzen zu. In seinem Leben wird das Wort wahr, dass wir unseren Nächsten lieben sollen, wie uns selbst. David wird für ihn mehr als ein Zweckfreund, mehr als ein Geschäftsfreund, mehr als ein Stammtischfreund. David wird für ihn ein echter Freund, trotz aller Unterschiede, die beide trennen. Denn Jonatan ist der vornehme Königssohn, David ist der einfache Hirte. Jonatan ist der Erstgeborene, David ist der zuletzt geborene Sohn von Vater Isai. Jonatan wird sogar eines Tages erfahren, dass David von Samuel heimlich als neuer König über Israel gesalbt worden war – damit wird David um seine Stellung als Thronnachfolger konkurrieren. Doch all diese Gräben, all diese Unterschiede überwindet die Freundschaft zwischen Jonatan und David. Das ist echte Freundschaft.

Ich bin Gott dankbar, dass mir auch solche Freunde geschenkt sind. Das macht mein Leben reich. Und der schönste Freund, der uns geschenkt ist, ist Jesus selbst.

Danke, Herr, für das Geschenk der Freundschaft. Amen.

13. März

David stand hinter dem Steinhaufen auf und fiel auf sein Antlitz zur Erde und beugte sich dreimal nieder, und sie küssten einander und weinten miteinander. David aber am allermeisten.
1. Samuel 20,41

Es ist das letzte Mal, dass David Jonatan lebend sieht. Inzwischen weiß Jonatans Vater, König Saul, dass seine Tage als König gezählt sind und dass Gottes Wohlwollen nun auf David liegt. Die Bibel berichtet nicht, dass Gott den Saul als Mensch verworfen hat. Doch als König hat Gott ihn schon verworfen. Es hatte sich gezeigt, dass König Saul die Menschen mehr fürchtet als Gott. So hat Saul einmal – obwohl es ihm von Gott verboten war – ein Opfer vor dem Volk gebracht, wenngleich diese Aufgabe allein für Samuel vorbehalten war. König Saul hatte gefürchtet, dass ihm – wenn er nicht opfert – das Volk davonläuft.

Gott will für Israel einen gehorsamen König. Als das Saul bewusst wird, keimt in ihm die Eifersucht gegen David auf, so dass er ihm nachstellt und ihm nach dem Leben trachtet. Die Eifersucht des Vaters will die kostbare Freundschaft zwischen Jonatan und David vergiften. Doch es gelingt nicht, die beiden Männer auseinander zu bringen. Sie achten sich weiterhin, sie sind ehrlich zueinander – auch in Lebensgefahr trägt ihre Freundschaft.

David ist in Jonatans Nähe nicht mehr sicher, denn Saul beobachtet seinen Sohn Jonatan. David und Jonatan verabschieden sich voneinander. Es ist ein endgültiger Abschied. Jonatan wird mit seinen Brüdern und seinem Vater im Kampf gegen die Philister sterben.

Manchmal kommt das, was in unseren Herzen ist, besonders dann zu Tage, wenn wir vor etwas Endgültigem stehen.

Herr! Ich danke dir, dass ich dich nie als Freund verlieren werde. Amen.

14. März

Denn wir sterben des Todes und sind wie Wasser, das auf die Erde gegossen wird und das man nicht wieder sammeln kann; aber Gott will nicht das Leben wegnehmen, sondern er ist darauf bedacht, dass das Verstoßene nicht auch von ihm verstoßen werde.
2. Samuel 14,14

Wenn Wasser auf die Erde gegossen wird, dann verrinnt ein Teil im Boden, ein Teil verdunstet. Auf jeden Fall ist das Wasser verloren, es kann nicht in das Gefäß zurückgefüllt werden. Jeder Versuch, es doch zu tun, wäre aussichtslos.

Genauso aussichtslos wäre es für uns, uns selbst wiederherzustellen, uns selbst wieder – unter dem Gesetz – schuldlos vor Gott hinzustellen. Sobald wir vor Gott schuldig geworden sind, sind wir wie Wasser, das auf der Erde ausgegossen wurde. Wir gehen verloren.

Doch Gott will sich nicht mit dieser Aussichtslosigkeit für seine Kinder abfinden. Ein Kinderlied sagt: „Jesus ist gekommen, um zu suchen und zu retten, was verloren ist." So macht Gott das Unmögliche möglich – er sammelt tatsächlich mit ganzer Mühe und Hingabe das Wasser, das auf dem Boden ausgegossen ist, wieder auf. Das ist natürlich nur ein Gleichnis. Wie macht das Gott anschaulich und fassbar in unser aller Leben?

Gott tut das, indem er die Verstoßenen nicht auch verstößt. Jesus wird zu den Geächteten der Gesellschaft gehen, zu den verachteten Randgruppen. Jesus wird mit Zöllnern und Sündern Gemeinschaft haben, mit ihnen zu Tisch sitzen und essen, mit ihnen sprechen, ihnen vom Reich Gottes erzählen. Ja, Jesus wird in ihre Herzen das Reich Gottes einpflanzen. Die Ehrenwerten und Achtbaren werden Jesus zur Rede stellen, was er da tut. Und Jesus wird antworten: „Die Starken bedürfen keines Arztes, sondern die Kranken."

So wird Jesus auch dich wieder sammeln und zurechtbringen. Unser Herr vermag alles.

Bei dir, Herr, ist kein Ding unmöglich. Ich bete dich an. Amen.

15. März

Siehe, ich habe gesündigt, ich habe die Missetat getan.
2. Samuel 24,17b

David – inzwischen ist er König über Israel – hat getan, was der Herr ihm verboten hatte: Er hat die Menschen in Israel und Juda zählen lassen, um die Wehrfähigkeit seines Volkes zu bestimmen. Nach der Zählung, so berichtet die Bibel, schlägt dem David das Herz und er bekennt: „Ich habe schwer gesündigt, dass ich das getan habe. Und nun, Herr, nimm weg die Schuld deines Knechtes; denn ich habe sehr töricht getan."

Der Prophet Gad kommt daraufhin zu David und legt ihm drei mögliche Strafen durch Gott vor:
1. Drei Jahre Hungersnot.
2. Drei Monate Flucht vor den Feinden.
3. Drei Tage Pest in seinem Lande.

David ist sehr angst, und seine Wahl begründet er damit, dass er lieber in die Hand des Herrn als in die Hand der Menschen fallen möge. Er weiß, dass die Barmherzigkeit seines Herrn groß ist.

Da lässt der Herr die Pest über Israel kommen. Als ein Engel seine Hand schon über Jerusalem ausstreckt, um die Stadt zu verderben, da begegnet David ihm auf der Tenne eines Mannes mit dem Namen Arauna. An diesem Ort bekennt David: „Siehe, *ich* habe gesündigt, *ich* habe die Missetat getan. Lass deine Hand gegen mich und meines Vaters Haus sein."

Der Prophet Gad weist David an, auf der Tenne des Arauna einen Altar zu errichten. Und da wird der Herr wieder gnädig, und die Plage weicht von dem Volk Israel.

Der Altar, an dem der Vater im Himmel uns wieder gnädig wird, findet sich auf Golgatha: hier, an einem Kreuz aus Holz, hat Jesus die Plage von uns ferngehalten.

Die Strafe, Herr, liegt auf dir, auf dass wir Frieden hätten. Amen.

16. März

Und der Herr erschien Salomo zu Gibeon im Traum des Nachts, und Gott sprach: Bitte, was ich dir geben soll.

1. Könige 3,5

In der Haribo-Werbung gab es früher – wie auch im Volksmärchen – die Fee, die sagte: „Du hast drei Wünsche frei." Wann immer ich die Werbung sah, wünschte ich mir, auch einmal so angesprochen zu werden. Das Bibelwort heute beschäftigt sich genau mit dieser Situation, die auch du herbeisehnen magst. Hier legt nun Gott dem jungen König Salomo, dem Sohn Davids, die Frage vor: „Was wünschst du dir?"

Die Antwort, die Salomo gibt, hat etwas mit Bildung zu tun – mit der höchsten Bildung, die wir erwerben können. Diese Bildung steht in keinem Curriculum einer Hochschule. Es handelt sich um die *Herzens*bildung. Wie wählt Salomo?

Paulus spricht vom fleischlichen und dem geistlichen Wünschen. Was meint Paulus mit fleischlich? Nun, er meint damit etwas, was anfängt zu stinken, sobald das Leben daraus verschwunden ist. Fleischlich ist das Wesen in uns, das ausschließlich darauf aus ist, unseren Körper zu versorgen – in einer Art und Weise, in der unsere Seele doch hungrig bleibt.

Es wäre fleischlich gewesen, wenn Salomo um Reichtum, um Rache, um den Tod seiner Feinde gebetet hätte. Doch Salomo wählt geistlich: er bittet um ein gehorsames Herz und um eine klare Erkenntnis des guten und des bösen Weges.

Jetzt magst du enttäuscht denken: „So hat Gott mich noch nie nach meinen Wünschen befragt." Doch das stimmt nicht. Wann immer du dich im Gebet an den Vater im Himmel wendest, steht er vor dir und sagt: „Bitte, was ich die geben soll."

Trachtet zuerst nach dem Reich Gottes und nach seiner Gerechtigkeit, so wird euch alles andere zufallen. Amen.

17. März

Als aber die Priester aus dem Heiligen gingen, erfüllte die Wolke das Haus des Herrn, so dass die Priester nicht zum Dienst hinzutreten konnten wegen der Wolke; denn die Herrlichkeit des Herrn erfüllte das Haus des Herrn.

1. Könige 8,10.11

Salomo darf Gott ein Haus bauen. Bislang hatte Israel ja nur eine Stiftshütte, ein Zelt für den Herrn, das Israel auf der Wanderung durch die Wüste begleitet hat. Sieben Jahre wird an dem Tempel gebaut, die besten Handwerker werden beauftragt, die kostbarsten Materialien werden verwendet.

Nun ist es endlich soweit, der Tempel wird mit einem großen Fest im Volk eingeweiht. Das Wort *Volksfest* vermeide ich, denn darunter verstehen wir ein Fest, bei dem es Karussells, Geisterbahnen, Mandelbuden und reichlich Alkohol gibt. Um solch ein Fest handelt es sich hier nicht. Wir haben es vielmehr mit einem Fest zu tun, in dem Gott seinen Bund mit seinem Volk bestätigt und das Volk nun auch mit einem Tempel endlich sesshaft wird. Im Mittelpunkt des Festes: Gott, der Herr.

Gott bestätigt, dass er fortan an diesem Ort in Jerusalem wohnen will, indem er das Haus bei der Einweihung mit seiner Herrlichkeit erfüllt. Und vor dieser Herrlichkeit muss König Salomo – bei aller Pracht des Tempelbaus – bekennen: „Sollte Gott wirklich auf Erden wohnen? Siehe der Himmel und aller Himmel Himmel können dich nicht fassen – wie sollte es dann dieses Haus tun, das ich gebaut habe? – Du wollest hören das Gebet, das dein Knecht an dieser Stätte betet."

Es gibt eine gesunde Bescheidenheit, wenn wir nach getaner Arbeit zurückschauen und feiern. Salomo legt diese Bescheidenheit – und damit ein schönes Wesen – an den Tag.

Ja, Herr, wir stehen mit leeren Händen vor dir. Doch du füllst sie. Du bist herrlich. Amen.

18. März

Elia aber ging hin in die Wüste eine Tagereise weit und kam und setzte sich unter einen Wacholder und wünschte sich zu sterben und sprach: Es ist genug, so nimm nun, Herr, meine Seele; ich bin nicht besser als meine Väter.
1. Könige 19,4

Elia will nicht mehr. Nicht mehr leben.

Inzwischen ist das Reich geteilt in ein Nordreich Israel und ein Südreich Juda. Andere Könige – Könige, die den lebendigen Gott nicht mehr kennen – regieren. Verfolgt man die Geschichte Elias, dann erschüttert seine Verzweiflung umso mehr, denn Elia ist uns ein Vorbild an Treue, Mut und Gottvertrauen. Gerade eben noch hatte er vor einem bösen König Ahab, vor dem Volk und vor den Baalspropheten eindrücklich gezeigt: „Der Herr ist Gott!" – Was war das für ein Sieg über die toten Götter. Doch Elia hat nicht mit der Rache der bösen Königin Isebel gerechnet; die ließ ihm nämlich ausrichten: „Morgen bist du – Elia – ein toter Mann, das schwöre ich." Obwohl Elia die Menschen die Macht und Stärke Gottes sehen ließ und einen Sieg auf ganzer Linie verbuchen konnte, muss er erleben, wie sich die Herzen – besonders das der Isebel – gegen ihn und Gott verhärten. Elia wird müde vom Kampf. Und er gibt der Müdigkeit nach. Elia flieht in die Einsamkeit und sagt: „Ich will nicht mehr. Nicht mehr leben."

Und was tut Gott? Wie handelt nun Gott an Elia? Die Bibel berichtet ganz herrlich, wie der müde Knecht Gottes wieder erfrischt wird – wie er lebendig gemacht wird. Ein Engel bringt dem mutlosen Elia Brot und Wasser. Und dann darf er sich noch einmal gründlich ausschlafen. Und dann bekommt Elia noch einmal frisch geröstetes Brot und kühles, frisches Wasser. Es sind ganz kleine, einfache und schlichte Erfrischungen, die Elia erhält. Gott geht ganz zärtlich mit Elia um. Für große Dinge wäre Elia in diesem Moment auch gar nicht empfänglich gewesen. Es sind kleine Freundlichkeiten, mit denen Gott Elia wieder aufrichtet. Bei Gott ist das Aufrichten seiner Leute im tiefen Tal Chefsache.

Herr! Ich danke dir für deine Seelsorge an mir! Amen.

19. März

Da sandte Elisa einen Boten zu Naaman und ließ ihm sagen: Geh hin und wasche dich siebenmal im Jordan, so wird dein Fleisch wieder heil und du wirst rein werden.
2. Könige 5,10

Naaman hat Aussatz. Er stammt aus Aram, einem fremden, feindlichen Land. Dort hört er vom Propheten Elisa in Israel. Es kostet ihn sicherlich viel Demut, bei seinem Feind um Heilung zu bitten. Doch mit viel Geld und großen Erwartungen zieht er nach Israel, um Elisa zu begegnen, zu bezahlen und geheilt zu werden. Aber der Prophet schickt nur seinen Diener hinaus: Naaman soll sich siebenmal im Jordan waschen. Keine Privatbehandlung durch den Chef. Da wird Naaman zornig: „Ich meinte, er selbst sollte zu mir herauskommen und hertreten und den Namen des Herrn, seines Gottes, anrufen und seine Hand hin zum Heiligtum erheben und mich so von dem Aussatz befreien. Sind nicht die Flüsse von Damaskus, Abana und Parpar besser als alle Wasser in Israel, so dass ich mich in ihnen waschen und rein werden könnte?"

Er sollte es eigentlich besser wissen. Keine Waschung in einem Fluss der Heimat hat ihn gereinigt. Kein vertrauter Ritus der Heimat hat ihn geheilt. Dennoch hat er genaue Vorstellungen davon, wie der Prophet Elisa ihn heilen soll. Voller Enttäuschung, nur von einem Auszubildenden des Propheten behandelt worden zu sein, wendet sich Naaman im Zorn ab. Da sind es seine Diener, die ihn umstimmen: „Probiere es aus, auch wenn es nicht so geht, wie du dir das denkst. Was hast du zu verlieren?"

Heilung durch Jesus – eine Jesustherapie – mag auch ganz anders aussehen, als du dir das vorstellst. Heilung bei Jesus geht – für alle gleich: Groß und Klein, Arm und Reich, Jung und Alt – nur in Demut unter dem Kreuz. Vielleicht hast du auch eine andere Ansicht, wie Jesus gerade dich heilen sollte. Aber versuche es doch mit dem Weg, den Jesus dir vorschlägt. Was hast du zu verlieren?

Herr, ich darf auf Heilung hoffen und darf sie auch erfahren. Danke.
Amen.

20. März

Und Elisa betete und sprach: Herr, öffne ihm die Augen, dass er sehe! Da öffnete der Herr dem Diener die Augen, und er sah, und siehe, da war der Berg voll feuriger Rosse und Wagen um Elisa her.

2. Könige 6,17

Der König von Aram plant einen Anschlag auf den König von Israel. Der Prophet Elisa bekommt durch Gottes Wirken Kenntnis von den Plänen und warnt seinen König. „Wer von den Unseren hat uns in Israel verraten?", fragt da der König von Aram voller Unmut. Und einer der Knechte der Aramäer antwortet dem König von Aram: „Nicht doch, mein Herr und König, sondern Elisa, der Prophet in Israel, sagt alles dem König von Israel, auch was du in der Kammer redest, wo dein Lager ist." Daraufhin zieht der König von Aram mit seinem Heer zu Elisa. Der Diener des Propheten sieht die Rosse und Wagen der Feinde – sie haben die Stadt komplett umstellt. Elisas Diener bekommt es mit der Angst zu tun. Da spricht Elisa zu ihm: „Fürchte dich nicht, denn deren sind mehr, die bei uns sind, als derer, die bei ihnen sind."

Und plötzlich gehen Elisas Diener die Augen auf, auf einmal sieht er den Berg voll feuriger Rosse und Wagen eines himmlischen Heeres um Elisa. Elisa und die Stadt stehen unter dem Schutz Gottes. Und mehr noch: Gott, der Herr, schlägt das aramäische Heer mit Blindheit, und Elisa gelingt es, das fremde Heer nach Samaria zu führen. Dann betet er: „Herr, öffne ihnen die Augen!" Und nun finden sich die Aramäer mitten in Samaria wieder. „Soll ich sie töten?", fragt der König von Israel seinen Propheten.

Doch Gottes Kriegsführung geht ganz anders als menschliche Kriegsführung. Elisa weist an, dass die Aramäer nicht getötet werden sollen, sondern dass sie zu essen und zu trinken bekommen. Und dann schickt Elisa sie wieder nach Hause. Sie werden Israel nicht mehr angreifen. So wollen wir von Gott auch kämpfen und siegen lernen.

Herr, öffne mir die Augen, dass auch ich deinen Schutz über mir erkenne.

Amen.

21. März

So fange nun an, zu segnen das Haus deines Knechtes, dass es ewiglich vor dir sei; denn was du, Herr, segnest, das ist gesegnet ewiglich.
1. Chronik 17,27

Im ersten Buch Chronik ist uns ein Gebet des Königs David überliefert. In diesem Gebet dankt David dem Herrn und erinnert Gott an sein Segensversprechen.

David handelte nicht immer gut und richtig. Er beging auch Ehebruch und schickte einen seiner treuesten Mitarbeiter in einen Hinterhalt, damit er getötet wird – dieser treue Mitarbeiter war nämlich der Ehemann der Frau, mit der David die Ehe brach.

Doch der Prophet Nathan sagte David auf den Kopf zu, wie groß die Schuld war, die David auf sich geladen hat. Und David verhärtete nicht sein Herz. Er bat Gott um Vergebung und erlebte die Gnade, die der Herr ihm schenkte.

Ein Haus durfte David seinem Herrn nicht mehr bauen – denn an seinen Händen war Blut. Doch wir wissen, dass es seinem Sohn Salomo erlaubt war, dieses Haus für Gott zu bauen. Ja, das Haus Davids ist gesegnet ewiglich. Alles Schwere, alle Schuld hat Gott davon getragen und von David weggenommen.

Und Gott wird das Haus seines Knechtes Davids noch mehr segnen, indem ein Nachfahre aus dem Geschlecht Davids mit Namen Josef der Vater des Retters der Welt wird: Jesus.

Ja, Davids Gebet ging in Erfüllung. Schutz, Fürsorge, Gnade und Vergebung gingen von David durch Jesus auch auf uns über.

Was du, Herr, segnest, das ist gesegnet ewiglich. Amen.

22. März

Und David baute dem Herrn dort einen Altar und opferte Brandopfer und Dankopfer. Und als er den Herrn anrief, erhörte er ihn durch das Feuer, das vom Himmel fiel auf den Altar mit dem Opfer.

1. Chronik 21,26

Es gibt Grenzlinien und Grenzsteine. Sie begegnen uns zwischen Grundstücken und Ländern. Überall dort, wo ein Grenzstein einen neuen Regierungsbereich anzeigt, da will und muss er beachtet und respektiert werden.

Durch die Gutenbergstadt Mainz geht der 50. Breitengrad. Das ist auch eine Grenzlinie. Sie ist sogar als Metallband auf einem Bürgersteig der Stadt fest markiert. Als ich als Schüler einmal in Mainz war, da hat es mir Freude gemacht, mit einem Fuß diesseits und einem Fuß jenseits dieser Grenzmarkierung zu stehen. Am 50. Breitengrad in Mainz – da geht das. Weil auf beiden Seiten Rheinland-Pfalz ist, weil auf beiden Seiten dieselbe Regierung herrscht, weil sich für dich nichts ändert.

Ganz anders ist das an der Grenzanlage um die Europäische Zentralbank in Frankfurt. Diese Grenzanlage ist bestens und mit einem hohen Zaun gesichert. Diese Grenze will respektiert werden.

Auch im Alten Testament finden sich Grenzlinien und Grenzsteine, die respektiert werden wollen. Im heutigen Bibelwort ist der Grenzstein ein Altar, den Gott durch Feuer, das vom Himmel fällt, bestätigt. Menschen, Engel und die Pest müssen diesen Grenzstein respektieren. Von diesem Grenzstein aus darf die Pestplage nicht mehr Macht über die Menschen in Israel haben. An diesem Altar scheidet sich das Land, über dem der Zorn Gottes herrscht, von dem Land, das unter der Gnade und Vergebung Gottes steht. Wenn Gott zürnt, dann geht es nicht um ungezügelte Emotionen – da geht es um Gerechtigkeit und Gesetz. Und Gottes tiefe Liebe schafft vom Altar aus einen Raum, der dir Schutz und Sicherheit gibt. Von diesem Altar aus bist du *in Christus* geborgen und behütet.

Herr! Deine Gerichte sind gerecht und wahrhaftig. Amen.

23. März

Und der Herr war mit Joschafat.

2. Chronik 17,3a

Gott war mit König Joschafat. Joschafat war ein guter König. Anhand seiner Lebensgeschichte hat Pastor Wilhelm Busch wichtige Prinzipien im Umgang mit Gott beschrieben. Wie möchte Gott, dass wir mit ihm umgehen? Wie sieht unsere Beziehung zu Gott aus?

Das erste Prinzip ist, dass Gott mit uns Menschen sein möchte. Die Frage ist nur, ob wir auch mit Gott sein wollen. Gott wird nicht mit uns sein, wenn wir nicht mit ihm sein wollen. Jesu letzte Worte im Matthäus-Evangelium werden heißen: „Ich bin bei euch alle Tage." Wollten die Jünger, dass Jesus bei ihnen ist? – Sicherlich.

Das zweite Prinzip ist unser Suchen nach Gott. Unser Bibelwort geht so weiter: „Er wandelte wie vormals sein Vater David und suchte nicht die Baale, sondern den Gott seines Vaters." Wir suchen Gott im Gebet. Wir suchen seinen Willen und seinen Plan. Wir möchten ihn verstehen. Suchst du Gott in deiner Beziehung?

Das dritte Prinzip ist, dass wir Gott in unsere Pläne miteinschließen, dass wir ihn dabeihaben wollen. Es liegt in unserer Natur, dass wir gerne Pläne schmieden. So gerne stehen wir auf und sagen: „Es ist mein Plan. Das ist meine Idee." Und wehe, wenn jemand anders etwas dagegen hat. Doch wie oft schließen wir Gott nicht in unsere Pläne ein: „Herr, was sagst du zu meinem Unternehmen?" Als König Ahab von Israel den König Joschafat von Juda einlud, mit in den Krieg zu ziehen, da antwortete Joschafat: „Frage doch zuerst, was Gott darüber sagt." – Nun, Gott sendet nur selten eine flammende Postkarte, auf der eine Antwort mit „Ja" oder „Nein" steht. Und doch zeigt Gott dir in der Stille des Gebets seinen Willen. Und du darfst es aus Gottes Hand nehmen, wenn er dir Türen schließt und andere Türen öffnet.

Herr! Ich will mit dir sein. Danke, dass du bei mir bist alle Tage. Amen.

24. März

Und der Herr war mit Joschafat.
2. Chronik 17,3a

Es gibt noch weitere Prinzipien für unsere Beziehung mit Gott. Wir lesen in 2. Chronik 20,18: „Da beugte sich Joschafat mit seinem Antlitz zur Erde, und ganz Juda und die Einwohner von Jerusalem fielen vor dem Herrn nieder und beteten den Herrn an." Joschafat betet den Herrn an – von ganzem Herzen. Er liebt Gott, er lobt und preist ihn. Auch du wirst Gott erst dann richtig loben, wenn du mit Gott täglich wandelst, wenn du in ständiger Verbindung mit Gott bist. Singen allein heißt noch nicht, Gott zu loben und zu preisen. Damit du Gott richtig lobpreisen kannst, muss er mit dir sein, du musst ihn verstehen, du musst ihn kennen, du musst ihn wollen. Dann kannst du lobpreisen. Gott Anbeten ist das vierte Prinzip.

Das fünfte Prinzip ist, an Gott zu glauben, ihm zu vertrauen, sich auf ihn zu verlassen. Wer das nicht tut, hat keine gegründete Beziehung zu Gott. Deshalb sagt Joschafat in 2. Chronik 20,20: "Höret mir zu, Juda und Ihr Einwohner von Jerusalem! Glaubt an den Herrn, euern Gott, so werdet ihr sicher sein, und glaubt seinen Propheten, so wird es euch gelingen." Wir werden nur in den Himmel kommen, indem wir uns ganz und gar auf den Herrn verlassen. Wenn wir uns nicht auf ihn verlassen, dann kommen wir weder in den Himmel, noch kommen wir in unserem täglichen Leben weiter.

Das sechste Prinzip lautet, Gott zu gehorchen. Joschafat gehorcht Gott. Wie oft vergessen wir diesen Punkt. Gehorche seiner Stimme. Der Herr ruft uns Menschen zu. Der Herr will mit uns sein. Er möchte uns einsetzen. Der Herr möchte uns gebrauchen. Der Herr möchte uns bewegen. Gott will Heil in diese Welt bringen. Er will Menschen das Licht seines Sohnes Jesus Christus bringen. Wenn wir aber Gott nicht gehorchen, wenn wir nur für uns leben, dann sieht alles so jämmerlich aus.

Vater, du offenbarst dich uns, um unseren Glauben zu vermehren, um unseren Glauben zu stärken. Hab Dank. Amen.

25. März

Und sie lehrten in Juda und hatten das Gesetzbuch des Herrn bei sich und zogen in allen Städten Judas umher und lehrten das Volk.
2. Chronik 17,9

Die ganze heilige Schrift zeugt von Jesus. Personen und Ereignisse im Alten Testament werfen schon ihre Schatten voraus auf die Geschehnisse im Neuen Testament. Und es ist unsere Aufgabe, dem nachzugehen, wie das Alte Testament uns auf die größte Geschichte aller Zeiten vorbereitet: das Leben, das Sterben, das Auferstehen und die Wiederkunft Christi.

Auch im Leben des Königs Josafat von Juda finden sich Hinweise auf das Heil Gottes in Jesus. *Joschafat* heißt auf Deutsch: *Der Herr hat gerichtet*. Damit trägt Joschafat einen Namen, der das ganze Evangelium in sich birgt. Das ist der Glaube der Kinder Gottes: Gott hat meine Sünde gerichtet – in Jesus am Kreuz von Golgatha. Die Strafe liegt auf ihm, auf dass wir Frieden hätten.

Joschafat lässt die Götzenbilder im Land entfernen. Einfach ist das sicher nicht, denn es gibt eine Macht der Finsternis, die sich gewiss gegen das Entfernen der Götzenbilder wehrt. Aber Joschafat handelt klug und weise. Er schlägt nicht einfach in die Dunkelheit hinein, er bringt vielmehr Licht in die Dunkelheit. Dadurch wird es hell. Joschafat weiß: Wo man die Lust am Wort Gottes weckt, dort, wo man die Freude am Herrn lehrt, da ist es leicht, die Götzenbilder zu entfernen. Da, wo das Wort Gottes freudig und rein verkündigt wird, da halten es die Mächte der Finsternis nicht lange aus.

Joschafat sendet fünf Fürsten, neun Leviten und zwei Priester aus, um mit dem Wort Gottes in der Hand das Volk zu unterweisen. Diese sechzehn Menschen sind erweckt. Und darum sind sie zum Dienst geeignet. Bei einer Erweckung gibt es zunächst einen kleinen Kreis. Aber dann geht das Feuer Gottes hinaus und ergreift die Vielen.

Herr! Mehre meine Freude an deinem Wort. Erfülle mich mit deiner Wahrheit. Amen.

26. März

Lasst die Furcht des Herrn bei euch sein.
2. Chronik 19,7a

In einer schweren Zeit in meinem Leben, als mir viele Dinge Angst machen wollten und mich fortreißen wollten, haben mich diese Worte aus dem Alten Testament sehr getröstet:

Die Furcht des Herrn ist der Weisheit Anfang. Klug sind alle, die danach tun. Sein Lob bleibt ewiglich.
Psalm 111,10

Die Furcht des Herrn mehrt die Tage.
Sprüche 10,27a

Die Furcht des Herrn ist eine Quelle des Lebens, dass man meide die Stricke des Todes.
Sprüche 14,27

Besser wenig mit der Furcht des Herrn als ein großer Schatz, bei dem Unruhe ist.
Sprüche 15,16

Die Furcht des Herrn führt zum Leben; man wird satt werden und sicher schlafen, von keinem Übel heimgesucht.
Sprüche 19,23

Tatsache ist, dass Furcht im Menschen angelegt ist. Furcht gibt es seit dem freien Fall von Adam und Eva in die Sünde hinein, als der Mensch anfing, von Gott fortzuschauen und etwas anderes – einen Baum im Garten Eden – als das neue Zentrum wahrzunehmen – und seit der Mensch etwas tut, obwohl es Gott verboten hat. Die Furcht vor Menschen wollte in meiner schweren Zeit sehr nach mir greifen. Da entdeckte ich diese Worte aus der Bibel. Und wie die Furcht des Herrn in mir wuchs, legte ich die Furcht vor Menschen mehr und mehr ab. Es ist ein Geheimnis. Es macht frei. Es erleichtert. Das ist mein Zeugnis.

Herr! Die Furcht des Herrn führt zum Leben. Hab Dank. Amen.

27. März

Und als der König die Worte des Gesetzes hörte, zerriss er seine Kleider.
2. Chronik 34,19

Beim Renovieren findet man manchmal die seltsamsten Dinge. Manchmal entpuppen sich diese Dinge als wertlos, manchmal als echter Schatz.

Beim Renovieren des Hauses meines Bruders – das Haus ist schon über hundert Jahre alt – rissen wir auch eine Wand ein. Und in der Wand fanden sich lauter Gebrauchsanweisungen für Gasmasken aus dem Ersten Weltkrieg. Nun, wenn gerade kein Gaskrieg ist und man darüber hinaus auch keine Gasmaske besitzt, dann ist so eine Gebrauchsanweisung ganz wertlos.

Etwas anderes fanden die Bauleute, die den Tempel in Jerusalem im Jahre 623 vor Christus renovierten. Der Tempel war vollkommen heruntergekommen, weil die Könige vor König Josia Gott vollkommen vergessen hatten. Und da finden die Bauleute im Gemäuer des Tempels das lange vergessene und verloren gegangene Gesetz. Dem König wird sofort klar: wie falsch haben wir alle doch bislang gelebt! König Josia ist entsetzt. Und da zerreißt er seine Kleider. König Josia macht das gefundene Gesetz zum „Staatsschatz" – alle werden es hören, es wird öffentlich verlesen. Und nach der Lesung des Gesetzes schließt Josia mit dem Herrn einen Bund und schwört: „Wir wollen wieder dem Herrn gehorchen! Von ganzem Herzen wollen wir nach seinem Gesetz leben und seine Gebote und Weisungen befolgen."

Vielleicht entdeckst du in deinem Leben auch neu einen Schatz, der dir lange verloren gegangen war. Vielleicht hast du in deiner Kindheit, Jugend oder im späteren Leben einmal von Jesus gehört, dass er gekommen ist, um Menschen zu retten, dass er an einem Kreuz vor den Toren Jerusalems für deine Schuld gestorben ist – und dass er dich frei macht. Jesus ist ein Schatz. Aber die gute Nachricht ist: Der Schatz Jesus kann wiederentdeckt werden, kann neu gehoben werden und will mit seinem ganzen Reichtum und seiner ganzen Fülle in dir wohnen.

Lasst das Wort Christi reichlich unter euch wohnen. Amen.

28. März

Und als die Bauleute den Grund legten zum Tempel des Herrn, stellten sich die Priester auf in ihren Amtskleidern mit Trompeten und die Leviten, die Söhne Asaf, mit Zimbeln, um den Herrn zu loben nach der Ordnung Davids, des Königs von Israel.
Esra 3,10

Ein Grundstein wird gelegt. Der Grundstein zum Tempelneubau. Zuvor war das Volk aus der Verbannung in seine Heimat zurückgekehrt. Gott hatte das Herz des Königs Kyrus von Persien bewegt und ließ ihn den Befehl aussprechen, dass Gottes Volk in Jerusalem seinem Gott wieder ein Haus bauen möge.

Jetzt ist eine feierliche Stimmung. Zusammen mit der Grundsteinlegung entdeckt das Volk wieder neu seine Identität und sein Wesen. Das Volk gründet sich auf die Ordnungen des Königs David, der früher einmal über Israel regiert hat.

Die beiden Prominenten auf diesem Fest werden im Buch Esra auch genannt: Serubbabel, ein direkter Nachfahre von König David, und der Hohepriester Josua – sein Name kann auch mit Jeschua oder mit Jesus wiedergegeben werden. Beide bilden die Regierung und weisen so auf Christus hin, der später einmal als Davidssohn der Eckstein des neuen Tempels wird. Auf diesem Grundstein wächst bis heute der lebendige Tempel aus lebendigen Steinen.

Auch wir entdecken, wann immer wir uns auf diesen Eckstein gründen, unsere Identität und unser Wesen, das auf Gottes treuen und gehorsamen Sohn, Christus, hinweist. Wir gründen uns auf die Ordnung, die Jesus am Kreuz von Golgatha hergestellt hat.

Herr, schenke, dass wir uns auf dich gründen und dein Wesen an uns sichtbar wird. Amen.

29. März

Als ich aber diese Worte hörte, setzte ich mich nieder und weinte und trug Leid tagelang und fastete und betete vor dem Gott des Himmels.
Nehemia 1,4

Buße ist, wenn ein Mensch durch den Geist Gottes Licht bekommt über sich selber. Da bin ich dann vor den lebendigen Gott gestellt und erkenne meinen verlorenen Zustand. Aber das ist noch nicht alles. In diesem wunderbaren Licht darf ich auch erkennen: Ich darf ja umkehren. Da ist eine Tür, zurück zum Vater im Himmel, und diese Tür heißt *Jesus*. Buße ist, dass die Seele vor Gott erwacht – vorher war sie ja tot. Diese Buße erleben wir in unserem Leben nicht nur einmal, wir erleben sie immer wieder. Martin Luther formulierte, dass wir dahin kommen, dass in unserem Leben immer Buße ist.

Nehemia wird die eigene Schuld und die Schuld seines Volkes bewusst. Und er bekennt diese Schuld vor Gott. In der Bibel steht für *Buße* das Wort *Metanoia*. Das heißt: neues Denken. Und du denkst neu, wenn du die Dinge nicht mehr so siehst, wie alle Menschen um dich herum, sondern ganz neu siehst, weil Gott dir die Augen öffnet. In der Buße kehre ich um von meinem eigenen Weg – der so maßlos einsam ist – und spreche mit dem Vater. Mit ihm kann ich reden. Und ich erlebe Gemeinschaft.

Nehemia bittet Gott: „Gedenke doch deines Volkes." Wenn wir auch so die Bibel lesen, dann zeigt uns Gott, dass die heilige Schrift voller Gnadenworte ist.

All diese Gnadenworte haben Gestalt angenommen und sind Mensch geworden in Jesus Christus. Er sammelt. Er trägt die Schuld davon. Ein für alle Mal.

Herr! Ich danke dir für deine Gnade, die mich zur Buße führt. Amen.

30. März

Siehe, es steht ein Galgen beim Hause Hamans, fünfzig Ellen hoch, den er für Mordechai aufgerichtet hat, der doch zum Wohl des Königs geredet hat. Der König sprach: Hängt ihn daran auf!
Ester 7,9

Das Purimfest gründet bis heute auf dem Buch Ester.

Das Buch erzählt von einem bösen Komplott gegen das ganze jüdische Volk und gegen den Juden Mordechai, einem Cousin der Ester, der Königin und Gemahlin des persischen Königs Ahasveros.

Mordechai hat einst das Leben des Königs gerettet, nachdem er eine Verschwörung gegen Ahasveros aufgedeckt hatte. Seitdem steht Mordechai unter dem besonderen Schutz des Königs.

Später dann wurde Haman ein hoher Beamter im persischen Königreich. Er forderte, dass die Menschen vor ihm knien müssen. Mordechai hat sich diesem Menschenkult entzogen und verweigerte den Kniefall vor Haman. Das erregte Hamans Zorn gegen Mordechai und sein ganzes jüdisches Volk. Heimtückisch plante Haman einen Holocaust an Esters Volk – ohne sich im Klaren zu sein, dass er sich gegen das Volk der Königin wendet; die Verbindung von Ester zum jüdischen Volk war dem Haman unbekannt.

In dem Eifer, seiner Rache Geltung zu verschaffen, errichtet er für Mordechai einen sehr hohen Galgen. Doch da wendet sich die Königin Ester an den König Ahasveros. Und der entscheidet sich natürlich für den Schutz des jüdischen Volkes und besonders für den Schutz des Mordechai. Der Galgen, den Haman für seinen Feind Mordechai errichten ließ, wird zu seinem eigenen Galgen.

Israel bleibt geschützt. Und es bewahrheiten sich diese beiden Worte: „Wer euch antastet, der tastet Gottes Augapfel an." und „Ich will segnen, die dich segnen, und verfluchen, die dich verfluchen, und in dir sollen gesegnet werden alle Geschlechter auf der Erde!"

Danke, Herr, dass du beschützt, die zu dir gehören. Amen.

31. März

Haben wir Gutes empfangen von Gott und sollten das Böse nicht auch annehmen?
Hiob 2,10b

Lohnt sich das noch, an Gott zu glauben, wenn man alles – wirklich alles – verloren hat, so wie Hiob?

So eine Rechnung können wir gegen Gott nicht aufmachen. Wir haben keine Ansprüche gegen Gott in Bezug auf ein leichtes und erfolgreiches Leben. Selbst Christus kommt in seinem Gehorsam dahin, zu beten: „Doch nicht mein, sondern dein Wille geschehe."

Martin Luther hat einmal gesagt: „Wenn nicht geschieht, was wir wollen, wird Besseres geschehen." Können wir auch eine solche Reife und solch eine Festigung des Herzens erlangen, dass wir so sprechen können? Können wir solch ein Vertrauen zum Vater im Himmel erlangen, dass wir ihm auch unser Wünschen und unsere Sehnsucht überlassen?

Wir dürfen Vertrauen lernen, dass Gott treu ist – und dass er gut leitet. Hiob vertraut in dieser Weise. Das hilft ihm, auch das unendlich Schwere zu tragen. Hiob hat seine Kinder, sein Eigentum und auch seinen sozialen Status verloren.

Was hast du verloren? Kannst du noch mit Jesus mitgehen? Ich wünsche es dir. Denn wohin sonst willst du dich wenden?

Ich bin gewiss, Herr, dass hier unter deiner Leitung für mich alles zum Besten ausgehen wird. Amen.

1. April

Wohl dem, der nicht wandelt im Rat der Gottlosen noch tritt auf den Weg der Sünder noch sitzt, wo die Spötter sitzen, sondern hat Lust am Gesetz des Herrn und sinnt über seinem Gesetz Tag und Nacht!
Psalm 1,1.2

So beginnt das Buch der Psalmen. Gottlose und Gerechte werden einander gegenübergestellt.

Gottlose sind von Gott getrennte Menschen. Sie kennen Gott nicht – oder sie wollen ihn nicht kennen. Sie suchen ihn nicht von Herzen – oder sie wollen ihn nicht suchen. Da suchen sie etwas anderes im Leben, verlieren dabei aber Halt, Ruhe und Frieden.

Sünder sind Menschen, die das Ziel verfehlen. Sie sind wie Bogenschützen, deren Pfeil die Zielscheibe nicht trifft. Sie kommen vom Weg ab, sie weichen Gott aus, sie verwerfen, was Gott sagt.

Spöttern ist nichts heilig. Sie verachten das gute Fundament, das Gott in Christus gelegt hat. Sie versuchen, lächerlich zu machen, was wertvoll, echt und wahr ist.

Der *Rat der Gottlosen* ist die Gemeinschaft der Menschen, die sich in dieser Weise gegenseitig überbieten, Gott zu verachten. Weil einer den anderen an Verwegenheit übertreffen will, gibt es eine Abwärtsspirale, die die Gemeinschaft insgesamt – aber auch jeden einzelnen – immer weiter in die Tiefe reißt.

Wohl dem, der nicht zu diesem Kreis gehört. Er hat von Herzen gern Gemeinschaft mit Gott und liebt das Gesetz und die Gerechtigkeit, die vor Gott gilt. Und was ist, wenn du doch schon einmal schuldig geworden bist, wenn du doch schon einmal mit den Wölfen geheult hast? Dann spricht dich das Blut Jesu frei, wenn du zu Gott umkehrst. Evangelium ist, dass du den Rat der Gottlosen verlassen und die Seiten wechseln kannst – in Christus.

Danke, Herr, dass bei dir Umkehr möglich ist. Ich muss nicht länger im Rat der Gottlosen bleiben. Amen.

2. April

Wende dich, Herr, und errette mich.
Psalm 6,5

Psalm 6 ist einer von den großen, gewaltigen Bußpsalmen des David. Wir leben oft so entsetzlich oberflächlich. Doch David lebte mit Tiefgang. An dem heutigen Satz magst du stehen bleiben, wenn du Psalm 6 liest. Es sind nur sechs Worte. Und doch tut sich eine ganze Welt der inneren Not auf. Verzweifelt bittet David: „Wende dich, Herr, und rette mich."

So kann nur ein Mensch mit einem erwachten Gewissen beten, einem Gewissen, das erschrocken ist vor der Heiligkeit Gottes. Jesus hat einmal gesagt: „Fürchtet euch vor dem, der Leib und Seele verderben kann in die Hölle." Wenn wir innewerden und merken: der heilige Gott ist ja da – dann mag ein Schrecken auf uns kommen. Und dann bittet der Mensch mit David von ganzer Seele: „Wende dich, Herr, und errette mich."

Im Grunde genommen ist die ganze Bibel voll von diesem herrlichen Gebet. Ja, das Gebet ist herrlich. Denn dieses Gebet ist noch immer erhört worden. Alle, die es gebetet haben, wurden Zeugen der lebendigen Gnade Gottes.

Solange wir dieses Gebet nicht gesprochen haben, sind wir wie ein Blatt im Wind, und wir werden dahin geweht, wohin der Wind uns trägt. Aber wenn mein Herz erwacht und dieses Gebet spricht, dann stehe ich allein vor Gott. Da fange ich an, Person vor Gott zu werden. Viele haben Angst, so zu beten, weil sie genau diesen Moment fürchten, allein vor Gott zu bestehen. Doch dieses Gebet ist der Anfang einer großen Lebenswende. Die Wende besteht darin, dass du ein Kind Gottes wirst.

„Wende dich, Herr, und errette mich." Mit diesem Gebet fängt alles an.

Du, Herr, wendest dich und rettest mich. Amen.

3. April

Ich aber traue darauf, dass du so gnädig bist: mein Herz freut sich, dass du so gerne hilfst. Ich will dem Herrn singen, dass er so wohl an mir tut.
Psalm 13,6

Der Psalm Davids beginnt mit vielen Fragen:
Herr, wie lange willst du mich so ganz vergessen? Wie lange verbirgst du dein Angesicht vor mir? Wie lange soll ich sorgen in meiner Seele und mich ängsten in meinem Herzen täglich? Wie lange soll sich mein Feind über mich erheben?

In einem „wie lange" können viel Angst und viel Sehnsucht liegen. Und im Lauf einer langen Zeit kann sich zu Angst und Sehnsucht auch die Ungeduld gesellen. Irgendwann macht sich das Herz Luft, und die Frage nach dem „Wie lange?" wird laut gestellt und beklagt. Ja, die Tage können sehr lang werden, besonders dann, wenn wir wie David geängstet am Boden liegen: „Hat Gott mich vergessen?"

Auf diese Frage hält die Bibel eine klare und helle Antwort in Jesaja 49,15 bereit: „Kann auch ein Weib ihres Kindleins vergessen, dass sie sich nicht erbarme über den Sohn ihres Leibes? Und ob sie seiner vergäße, so will ich doch deiner nicht vergessen."

Wo lebt die Seele im Psalm wieder auf? Im Blick auf den gnädigen Gott. Da kommt der Wechsel. David endet mit dem Klagen und Seufzen und beginnt mit einem Lied: „Ich will dem Herrn singen, dass er so wohl an mir tut." Mit dem Singen-Wollen fängt es an, vielleicht erst ganz zaghaft, doch während des Singens wird die Stimme fest. Und auch das Herz wird fest. Alles geschieht unter der Gnade des Herrn. So geht Seelsorge mit David.

Herr, ich will dir singen. Du tust mir so gut. Amen.

4. April

Du tust mir kund den Weg zum Leben: Vor dir ist Freude die Fülle und Wonne zu deiner Rechten ewiglich.
Psalm 16,11

David betet: „Denn du wirst mich nicht dem Tode überlassen und nicht zugeben, dass dein Heiliger die Grube sehe." David will sich nicht bei den Toten betten. Er will leben.

Es gibt einen Weg zum Leben. Jesus ist diesen Weg vorausgegangen, indem er als erster von den Toten zum ewigen Leben auferstand. Der Weg ist von Jesus vorbereitet, befestigt und gesichert. Jesus wusste schon vor seinem Weg zum Kreuz, dass er seinem Volk den Weg zum Leben bereitet. Das hat Jesu Herz erfreut.

Nach seiner Auferstehung fuhr Jesus in den Himmel. Vor ihm ist nun Freude die Fülle. Die Farben und Worte reichen nicht aus, die Schönheit des Ortes zu beschreiben, an dem Jesus ist. Und da wo Jesus ist, da dürfen auch wir wohnen. Wir dürfen diese Fülle auch sehen und an ihr teilnehmen. Es ist eine Fülle, die sättigt und doch nicht überdrüssig macht.

Das ist genau die Fülle und Wonne, die Adam und Eva im Paradies erleben durften. Nach dem freien Fall in Schuld und Sünde wurden Adam und Eva aus dem Paradies verwiesen. Ein Engel mit flammendem Schwert versperrte beiden den Weg zurück. Das Leben wurde schwer und hart, der Tod stand beiden bevor.

Durch Jesus gibt es nun einen Weg zurück zum Vater ins Paradies. Der Weg zum Leben beginnt für dich schon hier und heute. Jesu Auferstehungs- und Lebenskraft will schon heute in deinem Alltag regieren. Und Jesus kann regieren, glaube ihm.

Danke, Herr, dass du den Weg für mich vorbereitet hast. Ich werde leben.
Amen.

5. April

Behüte mich wie einen Augapfel im Auge, beschirme mich unter dem Schatten deiner Flügel.
Psalm 17,8

Kaum ein anderes Organ ist so sicher im menschlichen Körper geschützt wie das Auge. Es sind insgesamt sieben Schädelknochen, die gemeinsam die Augenhöhle bilden: nach vorne hin sind es das Stirnbein, das Tränenbein, der Oberkiefer und das Jochbein, die einen äußeren Ring bilden; nach innen hin sind es Siebbein, Gaumenbein und Keilbein.

Das Auge ist sehr empfindlich. Es ist eigentlich ein Teil des Gehirns. Es entwickelt sich als Augenbläschen aus einem Anteil des Gehirns, der später das Zwischenhirn bildet. Der sogenannte Sehnerv ist im entwicklungsgeschichtlichen Sinne kein Nerv, sondern der Stiel – eine Ausziehung – des Augenbläschens.

In wunderbarer Weise entsteht eine Netzhaut mit Rezeptoren, die das farbige und weiße Licht aufnehmen, es entsteht eine weiße Lederhaut, eine farbige Iris – auch Regenbogenhaut genannt – und eine Pupille, die sich vor der Augenlinse befindet. Eine Hornhaut dichtet den empfindlichen Augenkörper nach vorne hin ab.

Hat Gott das nicht alles wunderbar geschaffen? Deshalb fällt auch der Schutz dieses Organs so sorgsam und sicher aus. Und auch du darfst dich treu behütet wissen, wie solch ein wunderbar geformtes und geschütztes Auge.

Das Psalmwort erinnert auch an den liebevollen Schutz der Vogelmutter über ihren Küken. Auch sie werden vor Schaden und Gefahr behütet: „Beschirme mich unter dem Schatten deiner Flügel." Für alles ist gesorgt. Wir brauchen nur unter diese Flügel zu schlüpfen.

Du bist ein wunderbarer Schöpfer und Hüter meines Lebens, Herr. Amen.

6. April

Herzlich lieb habe ich dich, Herr, meine Stärke! Herr, mein Fels, meine Burg, mein Erretter; mein Gott, mein Hort, auf den ich traue, mein Schild und Berg meines Heiles und mein Schutz!
Psalm 18,2.3

„Herzlich lieb habe ich dich, Herr!", was für eine starke Liebeserklärung an Gott! Welche Zärtlichkeit und Lieblichkeit finden sich in diesen Worten. Welche feste Entschlossenheit, von menschlicher Seite aus, es in dieser Verbindung an nichts fehlen zu lassen. „Ich liebe dich, gestern, heute und morgen!" – Das zeigt sich in diesem Vers. Diese Liebesverbindung bleibt bestehen, sie hat Tragkraft, sie überdauert auch schwere Zeiten.

„Du bist meine Stärke, mein Fels, meine Burg, mein Erretter, mein Hort und mein Schild und Berg!" – Dieser Vater im Rücken stärkt unsere Persönlichkeit, stärkt unsere Zuversicht und Hoffnung.

Wie kann David so sprechen? Was hat er mit Gott erlebt? Der Psalm benennt es deutlich: „Er streckte seine Hand aus von der Höhe und fasste mich und zog mich aus großen Wassern." Das Wasser, das einem bis zum Hals stehen kann, ist schon sprichwörtlich geworden. Irgendwann geht einem Menschen die Kraft aus, sich über Wasser zu halten. Es ist eine ungeheuerliche Befreiung, wenn man dann aus tiefen Wassern, aus Lebensangst und -not gerettet wird.

Und wohin hat Gott seinen David geführt, nachdem er aus den großen Wassern gezogen wurde? Auch hier gibt der Psalm Antwort: „Er führte mich hinaus ins Weite, er riss mich heraus; denn er hatte Lust zu mir."

Da haben wir es: Gott reißt Horizonte auf, gibt einen weiten, gefestigten Blick. Komm, und erlebe das auch.

Auch ich liebe dich, Herr. Du hast mich zuerst geliebt, so dass ich überhaupt erst wissen kann, was Liebe ist. Amen.

7. April

Die Himmel erzählen die Ehre Gottes, und die Feste verkündigt seiner Hände Werk.
Psalm 19,2

Stelle dir vor, es gäbe keinen Himmel, keine Sonne, keinen Mond, keine Planeten und keine Sterne. Stelle dir vor, wir würden nur eine graue Betondecke sehen, wann immer wir unseren Blick in die Höhe richten. Ich bin davon überzeugt, die Menschheit hätte sich anders entwickelt. Nein, der Himmel beflügelt unser Denken, Fühlen und Wollen, denn die Himmel erzählen die Ehre Gottes. In Schönheit. In Macht. In Beständigkeit.

Wir Menschen lieben es, den Himmel zu betrachten und zu erforschen. Die Bibel nennt in Hiob unter anderem das Siebengestirn – die Plejaden. Es handelt sich um einen offenen Sternenhaufen, mit bloßem Auge kann man sechs bis neun Sterne erkennen – je nach Sichtbedingung. Du kannst die Plejaden von Juli bis April am nördlichen Sternenhimmel entdecken. Wenn du vom großen Wagen die Verbindungslinie der oberen Wagenkante (es sind die Sterne α und δ) zur hinteren Wagenseite hin verlängerst und 50° über den Himmel wanderst, dann kommst du zum hellsten Stern im Sternbild Fuhrmann. Dieser Stern trägt den Namen Capella. Und wenn du dann die Linie noch weiter verlängerst, dann kommst du zum hellsten Stern im Sternbild Stier, dem Aldebaran. Und zu diesem Sternbild gehören die Plejaden. Sie bieten einen der schönsten Anblicke des Sternenhimmels. Und wenn du sie mit einem Feldstecher oder gar mit einem Teleskop betrachtest, dann wirst du sehen, dass hunderte von Sternen zu den Plejaden zählen. Suche sie auf. Sie werden dir im Laufe der Jahre ein vertrautes Bild werden. Und sie werden dir die Ehre Gottes erzählen.

All das ist ein Werk aus Gottes Händen. So wie du.

Du bist der Schöpfer des Universums. Du bist der König der Könige. Amen.

8. April

Wer kann merken, wie oft er fehlet? Verzeihe mir die verborgenen Sünden!
Psalm 19,13

Es gibt Sünden, die sind für uns offenbar. Wir bitten Gott um Vergebung für sie. Doch manches ist uns über uns selbst noch verborgen. Wir haben keine 100% objektive Selbstwahrnehmung. Die Gemeinschaft mit anderen Menschen kann uns helfen, solche uns nicht bewussten Fehlhaltungen und Fehlentscheidungen zu erkennen – wenn wir es zulassen, dass andere ehrlich zu uns sein dürfen.

Doch erst recht die Gemeinschaft mit Gott kann deine verborgenen Sünden offen legen, soweit du sie zu erkennen vermagst. Und Schritt für Schritt siehst du ein, dass du noch viele Flecken auf deiner Weste hast, wenn du denkst, sie sei schon rein.

„Herr, verzeihe mir auch die verborgenen Sünden!" – Das sagt das Gewissen, das Gott erweckt hat. Und dann ist schon alles gesagt. Dann reinigt Jesus dich durch sein teures Blut. Er, der alles sieht und versteht, hat die Kraft dazu. Denn Jesus ist Richter und Retter zugleich. Er ist Richter, weil die Sünde in einem Rechtsstaat – und das ist der Himmel – verurteilt werden muss. Und er ist Retter, weil er all deine Sünden – sichtbare und verborgene – auf sich nimmt. Das Gericht liegt dann nicht mehr vor dir. Dein Gericht liegt, wenn du Buße getan hast und ein Gotteskind geworden bist, hinter dir auf Golgatha. An einem Kreuz vor Jerusalem geschah es. Vor 2000 Jahren. Du bist frei. Frei von Sünde.

Ich will leben, Herr, mit dir. Amen.

9. April

Mein Gott, mein Gott, warum hast du mich verlassen?
Psalm 22,2

Vom Kreuz von Golgatha leuchten zwei Worte Jesu: „Es ist vollbracht." Und: „Mein Gott, mein Gott, warum hast du mich verlassen?"

Manchmal ist die Last, die auf uns liegt, so übergroß, dass wir keine eigenen Worte finden. Da ist es gut, mit dem Text eines Liedes oder mit einem Text aus der Bibel zu beten. Jesus wird es am Kreuz von Golgatha so halten. In der Tiefe der finstersten Nacht – die Sonne verliert über Golgatha für drei Stunden ihren Glanz – wird uns Jesus zum Glaubensvorbild, zur Leitfigur durch Tod und Schmerz, zum Anker und zum Retter. Auch wir wollen im Leid lernen, so zu beten und wollen zeigen, dass wir Kinder unseres Herrn sind und bleiben: „Mein Gott, mein Gott." Mein Gott – das ist der starke, mächtige Helfer, der uns aus aller Not herausreißen kann.

„Warum hast du mich verlassen?" Verlassen zu werden tut weh. Jesus hat es erlebt, dass ihn Judas verraten und Petrus verleugnet hat. Die Jünger haben ihn alle verlassen. Doch auch von Gott, dem Vater verlassen zu sein, zerreißt geradezu das Herz. Es ist der schlimmste Schmerz, der lauteste Klageruf, der getan werden kann. Denn niemand anders hat so eine innige und herzliche Verbindung zu Gott dem Vater, wie Jesus sie hat. Jesus weiß, wer der Vater ist. Er ist ihm gleich geworden. In Liebe und Gehorsam. Da wiegt die Trennung von Gott, seinem Vater, noch schwerer.

Nun kann Jesus jedes Leid verstehen, er kann jede Verlassenheit verstehen, jede Not und jede Angst. Denn er ist durch das tiefste Leid gegangen. Und Gott, der Vater, hat den Ruf von Golgatha gehört. Er hat geantwortet. Er hat geantwortet, als Jesus als erster von den Toten zum ewigen Leben auferstanden ist. Gott, der Vater, hat ihn zum Leben erweckt: „Mein Sohn hat das Leben verdient." Und damit hat er auch dein Leben verdient.

Herr, du hast mich teuer erkauft aus Tod und Leid. Ich danke dir. Amen.

10. April

Gutes und Barmherzigkeit werden mir folgen mein Leben lang, und ich werde bleiben im Hause des Herrn immerdar.
Psalm 23,6

„Der Herr ist mein Hirte, mir wird nichts mangeln." – Das ist der berühmte Psalm Davids. Ist es vermessen, den lebendigen Gott mit einem einfachen Hirten zu vergleichen? Aber womit sollen wir den unbeschreiblich großen Gott denn vergleichen? Es kann ja nur etwas sein, das wir auch in unserer Erfahrungswelt finden. Und David war ja Hirte, bevor er König wurde. Hirte zu sein – das war genau der Erfahrungshorizont des David.

Und in der Tätigkeit des Hirten finden sich Treue, Beständigkeit, Hingabe und Verantwortung für die ihm anvertrauten Schafe. Ja, man darf Gott mit einem Hirten vergleichen.

Nur Gutes, allein Barmherzigkeiten werden mir folgen, wenn mir dieser gute Hirte vorangeht und ich folge. Denn diesem Hirten geht nichts als Gnade über Gnade hinterher.

„Ich werde bleiben im Hause des Herrn immerdar." – Darin steckt die Erkenntnis, dass ich das Haus nicht verlassen muss wie der Knecht, denn der Knecht bleibt nicht ewig im Haus seines Herrn. Nur der Sohn bleibt. So bleiben wir hier schon in dieser Welt als Gotteskinder im Haus des Herrn und wechseln, wenn wir einmal sterben und in die Ewigkeit gehen, nur das Zimmer in diesem Haus. Der Hausherr, der Vater, bleibt derselbe.

Vater, ich bin geborgen in deinem Haus. Heute und morgen und alle Tage. Amen.

11. April

Machet die Tore weit und die Türen in der Welt hoch, dass der König der Ehre einziehe! Wer ist der König der Ehre? Es ist der Herr Zebaoth, er ist der König der Ehre.
Psalm 24,9.10

Wege werden geebnet, Hügel abgetragen, Tore und Türen werden weit geöffnet, damit Gott, der König der Ehre, einziehen kann. Ja, der Vater kommt, und will in dir Wohnung nehmen. Er will bei dir einziehen und mit all seinem Reichtum bei dir wohnen.

Doch wie soll das geschehen, dass der heilige Gott in einem Menschen Wohnung macht? Wenn man hohen Besuch bekommt, dann wird doch jede Ecke des Hauses sauber gereinigt, geputzt und auf Hochglanz gebracht. Und wenn Gott selbst einzieht, dann muss all das in besonderem Maße geschehen. Schaffen wir das? Sind wir in der Lage, unser Haus so zu reinigen?

Die Antwort ist ganz klar: „Nein. Das schaffen wir nicht. All unsere Versuche der Reinigung bleiben mangelhaft – dem König der Ehre nicht angemessen."

Da hat der König der Ehre sein Reinigungsteam vorausgeschickt, dass es die Wohnungen der Gotteskinder vorbereitet. Jesus: gestern noch als Hirte und heute als Reinigungskraft? Geht das nicht zu weit mit den Vergleichen? Werden wir da unserem teuren Herrn gerecht? Nun, wenn es um deine Rettung und die Vorbereitung deines Hauses für den König der Ehre geht, dann ist Jesus kein Dienst zu niedrig. Er hat sogar sein Leben für dich gegeben, um dich und dein Zuhause vorzubereiten.

„Wer ist der König der Ehre?" – Es ist der Herr Zebaoth, der gewaltige Herrscher des Universums, viele tausend mal tausend Engelsheere dienen ihm. Welch ein Einzug in deinem Heim!

Danke, Herr, dass in dir auch mir die Tore und Türen des Himmels geöffnet wurden. Amen.

12. April

Der Herr ist mein Licht und mein Heil; vor wem sollte ich mich fürchten? Der Herr ist meines Lebens Kraft; vor wem sollte mir grauen?
Psalm 27,1

Sobald wir uns bekehrt haben, sind wir entschieden, nicht mehr den Irrlichtern am Horizont zu folgen. Wir folgen dem hellen und klaren Licht unseres Herrn. Er ist unser Licht. Wir müssen nicht länger in der Finsternis gehen und uns verirren. Aus diesem Nichtverirren wird uns Heil. Denn wer mag schon einem falschen Flusslauf folgen, um dann festzustellen, dass die Quelle bitter und ungenießbar ist?

Irrlichter halten nicht ihr Versprechen, wenn wir ihnen folgen. Sie führen an öde Orte und in Einsamkeit.

Der Herr, mein Licht und mein Heil, führt mich auf grüne Auen, um es mit David zu sagen. Ich werde nicht enttäuscht. Ich werde zufrieden sein. Und mit dieser Aussicht habe ich bei meinem Licht und meinem Heil schon heute keinen Mangel.

Wenn ich weiß, dass mein Herr mich so versorgt – vor wem sollte ich mich da noch fürchten? Wie könnte Finsternis mich überfallen, wenn der Herr doch mein Licht und mein Heil ist!

„Der Herr ist meines Lebens Kraft." – Tatsächlich gefällt es unserem Herrn, uns kräftig zu machen, uns Sicherheit zu geben, uns zu stärken und zu gründen. „Vor wem sollte mir grauen?" – Vor niemandem! Ich spiele bei Jesus im richtigen Team. Es ist das Siegerteam. Heute und morgen stehen wir unter dem Schutz unseres Teamleiters, der gestern – auf Golgatha – schon den Sieg errungen hat.

Bei dir, Herr, kann es nicht finster bleiben. Ich komme gern in dein Licht.
Hab Dank. Amen.

13. April

**Mein Herz hält dir vor dein Wort: „Ihr sollt mein Antlitz suchen."
Darum suche ich auch, Herr, dein Antlitz.**
Psalm 27,8

Gott gebietet: „Ihr sollt mein Antlitz suchen." Und David folgt gehorsam, ohne zu zögern: „Darum suche ich auch, Herr, dein Antlitz."

Diese Bereitschaft und Entschlussfreude des David mögen wir doch auch haben, Gott zu gehorchen. Wenn wir so folgen, dann legen wir uns – folgsam – in die Hand des Vaters. Wir schauen in Gottes Antlitz, während er uns wie ein Töpfer formt und gestaltet. Wir verwandeln uns in den, dessen Antlitz wir suchen und ansehen. Und damit verspreche ich nicht zu viel. Der erste Johannesbrief sagt in Kapitel 3, Vers 2: „Meine Lieben, wir sind schon Gottes Kinder; es ist aber noch nicht offenbar geworden, was wir sein werden. Wir wissen aber: wenn es offenbar wird, werden wir ihm gleich sein; denn wir werden ihn sehen, wie er ist."

In unserem heutigen Psalm bittet David seinen Herrn: „Verbirg dein Antlitz nicht vor mir." – Das wäre schrecklich, wenn wir Gott suchten und er sich nicht finden ließe. Wir kämen zu einem endlosen Suchen, unsere Hoffnung würde sich nicht erfüllen.

Doch Gott, der uns anweist, sein Antlitz zu suchen, ist treu und voller Gnade. Trotz unserer Fehler, Schwächen und Sünden, nimmt er uns in Christus an. Er bleibt unser Heil. Die Zeit, in der wir fürchten, von Gott verlassen zu sein, findet ihr Ende in Christus.

Danke, Vater, dass du dich finden lässt. Amen.

14. April

Wenn ich rufe zu dir, Herr, mein Fels, so schweige doch nicht, dass ich nicht, wenn du schweigst, gleich werde denen, die in die Grube fahren.
Psalm 28,1

5. Mose 8,3 weiß zu berichten, dass der Mensch nicht nur von Brot, sondern von allem lebt, was der Mund des Herrn spricht. Deshalb ist es so elend, wenn der Herr schweigt. Dann fehlt die Grundlage zum Leben, es fehlt das Lebensbrot. Fehlt aber dieses Lebensbrot, dann hungern wir und müssen sterben – wir müssen in die Grube fahren, um es mit David zu formulieren.

Damit das nicht geschieht, ruft David zu seinem Herrn. Er ruft nicht Menschen um Hilfe an. Denn Menschen können hier nicht helfen. David will eine Antwort vom Himmel.

Und Gott hat gesprochen. Sein Wort ist *Jesus*. In Jesus hat Gott *das* Wort gesprochen, das David und dich und mich aufrichtet und vor dem Tod bewahrt. Denn die Bibel sagt von Gott ganz klar in Matthäus 22,32: „Ich bin der Gott Abrahams, der Gott Isaaks und der Gott Jakobs. Gott ist doch nicht ein Gott der Toten, sondern der Lebenden!"

So können wir leben, auch wenn unsere Umgebung in dieser Welt manchmal lebensfeindlich ist. Genauso schickte Gott das lebensnotwendige Manna in der lebensbedrohlichen Wüste. Genauso können wir leben, auch wenn wir einmal diese Welt verlassen müssen.

Es liegt alles an diesem Wort, das aus dem Mund Gottes kommt. Gott schweigt auch in deinem Leben nicht. Gott will, dass allen Menschen in Christus geholfen werde. Deshalb hat der Vater dieses Wort, *Jesus*, auch zu dir gesprochen.

Du, Herr, schweigst nicht. In deinem Wort, in Christus, darf ich leben.
Amen.

15. April

In deine Hände befehle ich meinen Geist; du hast mich erlöst, Herr, du treuer Gott.
Psalm 31,6

Auch mit diesem Vers aus Psalm 31 wird unser Herr am Kreuz beten: „Vater, ich befehle meinen Geist in deine Hände!"

Es ist ein Abschiedswort. Es darf auch unser Abschiedswort werden, wenn wir einmal die Welt verlassen. Wir lassen im Sterben vieles zurück, unseren Körper, unseren Besitz, ja auch unsere Familie und Freunde. Nichts können wir in unsere neue Heimat mitnehmen – als unseren Geist. Deshalb ist dieses Gebet Davids ein taugliches Gebet.

Gott kann deinen Geist schon heute, zu deinen Lebzeiten, schützen, bewahren und erhalten. Daher wird dieses Bibelwort heute nicht nur zu einem Abschiedswort, sondern es wird ein Lebenswort, ein Wort für jeden Tag. In den Händen des Vaters ist unser Geist gut aufgehoben als teures Gut, über das der Vater im Himmel wacht.

Wenn wir diese Zuversicht im Leben erlernen, dann üben wir es täglich, unseren Geist in die Hände des Vaters zu befehlen – dann werden wir es auch im Sterben können. Deshalb kann man gar nicht früh genug damit anfangen, dieses Anbefehlen unseres Geistes einzuüben.

„Du hast mich erlöst, Herr, du treuer Gott." – Weil Gott erlöst, ist unser Geist bei ihm in guten Händen. Diese Erlösung beginnt schon heute, im Alltag, und ist verbunden mit einer ewigen Erlösung. Alltägliche und ewige Erlösung sind nicht zwei voneinander getrennte Geschenke unseres Vaters im Himmel. So wird jeder Tag, den wir aus Gottes Hand nehmen, eine Vorschau auf die Zeit, in der wir in Gottes neuer Welt leben werden.

Er ist der Erlöser, Jesus, Gottes Sohn. Gottes Lamm, erwählt zu tragen unserer Sünde Lohn. Amen.

16. April

Meine Zeit steht in deinen Händen. Errette mich von der Hand meiner Feinde und von denen, die mich verfolgen.
Psalm 31,16

David vertraut darauf, dass seine Zeit eben nicht durch die Hand seiner Feinde begrenzt wird, dass nicht die, die ihn verfolgen, über sein Ende entscheiden, sondern der mächtige Vater im Himmel: Davids Zeit steht in den Händen dieses treuen Gottes.

Freude und Leid, Glück und Schmerz, Jauchzen und Weinen liegen in den Händen des Vaters. Er entscheidet über die Zeiten in unserem Leben, und weil wir in seiner Hand sind, wird er uns auch sicher ans Ziel bringen. Dann kommt die Zeit, in der keine Tränen mehr fließen.

Das Buch der Offenbarung wird auf diesen Abschnitt der Zeitgeschichte schauen: Dann werden wir einen neuen Himmel und eine neue Erde sehen. Denn der erste Himmel und die erste Erde werden vergangen sein. Auch das Meer wird nicht mehr sein. Wir werden die heilige Stadt, das neue Jerusalem, sehen, eine Stadt, die von Gott her aus dem Himmel herabkommen wird. Jerusalem wird bereit sein, wie eine Braut, die sich für ihren Mann geschmückt hat. Wir werden eine laute Stimme vom Thron her rufen hören: „Seht die Wohnung Gottes unter den Menschen!" Gott wird in unserer Mitte wohnen, und wir werden sein Volk sein. Gott wird alle Tränen abwischen. Der Tod wird nicht mehr sein, keine Trauer, keine Klage, keine Mühsal. Denn die Zeit, die früher einmal war, wird vergangen sein. Und der, der auf dem Thron sitzt, wird sprechen: „Seht, ich mache alles neu."

Mit dem Ausblick auf diese künftige Zeit verstehen und bewerten wir unsere jetzige Zeit, die wir erleben, ganz neu. All unsere Zeit steht in Gottes Händen. So fließt die Schönheit der neuen Zeit in einem lebendigen Strom schon heute zu uns herüber – klar, hell und rein wie Kristall.

Du bist der treue Gott. In deiner Hand liegen mein Leben und meine Zeit.
Amen.

17. April

Wohl dem, dem die Übertretungen vergeben sind, dem die Sünde verdeckt ist! Wohl dem Menschen, dem der Herr die Schuld nicht zurechnet, in dessen Geist kein Trug ist!
Psalm 32,1.2

Da kommt einer vom Thron Gottes zurück und berichtet von seinem Erlebnis mit dem mächtigen lebendigen Gott. Der Vater im Himmel hat zu ihm gesprochen. Was sind seine Worte? Seine Worte sind: „Ich vergebe dir."

Das ist ein großes Glück, wenn uns der, der das Recht und die Macht hat, Sünden zu vergeben, unsere Sünden verdeckt – wie es das Psalmwort sagt. Im Buch Micha wird beschrieben, wie Gott die Sünden in die Tiefe des Meeres wirft. Das ist natürlich nur ein Bild. Das verstehen wir nur, wenn wir begreifen, dass das zu einer Zeit geschrieben wurde, als es noch keine Unterseeboote und keine Tiefseeroboter gab. Die *Tiefe des Meeres* war also ein Ort, von dem niemand mehr etwas hochholen und ans Licht zerren konnte.

Ein heute geschriebenes Psalmwort müsste vielleicht sagen, dass Gott die Sünden in ein Schwarzes Loch werfe. Man geht heute davon aus, dass aus einem Schwarzen Loch nichts entweichen könne – auch das Licht nicht. Das ist natürlich nur vorläufiges Wissen, gültig, bis wir neue Erkenntnisse haben.

Noch besser ist, wenn wir verstehen, dass die Sünde nicht mehr ist, sobald Gott sie vergeben hat. Sie wird dann auch nicht mehr zugerechnet. Wenn wir frei sind von der Sünde, dann sind wir auch frei von Trug und Lüge. Wir müssen etwas Beschämendes, etwas, was uns von Gott trennt, nicht mehr verbergen.

Ich wünsche dir, dass auch du so vor den Thron Gottes kommen kannst, Vergebung erfährst und voller Glück zu deiner Familie und deinen Freunden zurückkehren kannst, um zu erzählen: „Der Herr hat die Macht, Schuld zu vergeben. Ich habe es selbst erfahren."

Dich zu kennen, Herr, ist mein Glück. Amen.

18. April

Denn wenn er spricht, so geschieht's; wenn er gebietet, so steht's da.
Psalm 33,9

Das ist Allmacht. Alle Macht hat Gott. Er spricht, und sein Wort geschieht. So sprach Gott bei der Schöpfung ein Wort, und es geschah. Himmel und Erde wurden auf sein Wort hin. Gott sprach, es werde Licht, und schon war das Licht in der Welt. Alles geschieht sofort, aufs Wort, alles geschieht mit Leichtigkeit.

Mit Leichtigkeit hat Gott alle physikalischen Eigenschaften des Lichtes gegründet. Mit unseren tiefsten Gedanken sinnen wir dem nach, was das Licht nun eigentlich sei. Ist es eine elektromagnetische Welle oder ist es ein Teilchen, ein Photon? Nun, je nach experimentellem Aufbau erweist sich das Licht einmal als das eine, einmal als das andere. Es hängt ganz von der Betrachtungsweise des Experiments ab. Man kann sogar die Masse eines sich bewegenden Photons bestimmen. So hat ein Wissenschaftler ausgerechnet, dass die Stadt Chicago durch den Einfluss des Lichtes an einem Sonnentag 140 kg mehr wiegt als an einem sonnenlosen Tag. So etwas will so gar nicht zum Wellencharakter des Lichtes passen. Und mit all unseren tiefen Gedanken zerbrechen wir uns nur unseren Kopf.

Mit Leichtigkeit hat Gott die Schönheit und Reinheit des Lichtes gegründet. Mit einem Prisma können wir das Licht in seine verschiedenen Farben zerlegen und freuen uns an der Harmonie der Töne. Und wenn wir ein Prisma auf das Licht eines Sternes halten, dann sehen wir die Frauenhoferlinien im Spektrum, die uns wichtige Informationen über die chemische Zusammensetzung eines Sterns verraten.

Mit Leichtigkeit hat Gott die Wärme und Anmut des Lichts gegründet. Und wir staunen, wie gut uns ein Sonnentag tut.

Und all das, Physik, Schönheit und Wärme, schuf Gott mit nur einem Wort. Das ist unser allmächtiger Gott. Entweder du kennst diesen Gott, in all seiner Kraft und Stärke, oder du kennst gar keinen Gott.

Was du, Herr, gebietest, das steht da. Amen.

19. April

Ich will den Herrn loben allezeit; sein Lob soll immerdar in meinem Munde sein.

Psalm 34,2

David will, er ist fest entschlossen, allezeit den Herrn loben. Allezeit. Das ist ein großes Wort, denn es geht auch schon einmal durch dürres Land, tiefe Täler, dunkle Schluchten, finstere Nächte. Auch dort will David loben. Allezeit. Für das Lob gibt es keine Unzeit, keine ungelegene Stunde.

Sein Lob soll immerdar in meinem Munde sein. Auch wenn das Herz noch nicht dabei ist – übt man das Loben mit dem Munde, dann wird das träge Herz schon mitgezogen.

Allezeit. – Da denke ich an Paulus und Silas im Gefängnis. Paulus und Silas werden einem Geschäftsmann, der gutes Geld mit dem Wahrsagegeist seiner Magd verdient, die Geldquelle zudrehen. Paulus wird zu dem Wahrsagegeist der Frau sagen: „Ich gebiete dir im Namen Jesu Christi, dass du von der Frau ausfahrest." In Philippi – wo all das stattfinden wird – werden der Geldadel und das Stadtgefängnis eng zusammenarbeiten. Paulus und Silas werden gefangen genommen. Und wenn die Mitternachtsstunde kommen wird, dann wenn die Nacht am dunkelsten sein wird, da werden Paulus und Silas nicht ihr Unglück beklagen. Nein, ihr Mund wird auch dann noch voll des Lobes für Gott sein.

Allezeit. – Für den Kerkermeister wird übrigens auch eine neue Zeit anbrechen. Er wird über die beiden Gefangenen so ins Staunen kommen, dass er – und später auch seine Familie – den Glauben an den lebendigen Gott annehmen werden.

Allezeit. – Wer auch im Angesicht von Unrecht und Schmerz Gott loben kann, wird zu einem Glaubensvorbild. Genauso wie Paulus und Silas für den Kerkermeister zu Lehrmeistern im Glauben werden. Gerade deshalb, weil das Lob in schweren Zeiten ganz besonders echt und kostbar wird, erkennen andere Menschen den Schatz, der in unserem Herrn verborgen ist.

Dein Lob soll immerdar in meinem Munde sein. Amen.

20. April

Schmecket und sehet, wie freundlich der Herr ist. Wohl dem, der auf ihn trauet.
Psalm 34,9

Dass der Herr freundlich ist, ist ein ganz persönliches Zeugnis. Um zu diesem Bekenntnis zu gelangen, können wir alle Sinne nutzen.

Wir können mit unseren Augen *sehen,* wie freundlich die Welt ist, in die uns unser Vater hineingesetzt hat. Von der Schönheit des Himmelszeltes habe ich schon berichtet. Auch von dem verschwenderischen Glanz der Farben habe ich schon gesprochen. Blumen in ihrem Kleid loben Gott, den Schöpfer. Die Berggipfel, die am Morgen und am Abend von den ersten und letzten Sonnenstrahlen des Tages zeugen, bekräftigen die Anmut des Schöpfers.

Wir können mit unseren Ohren *hören,* wie freundlich es der Vater im Himmel mit uns meint. Warum sonst würde es jeden Morgen vor dem Sonnenaufgang so ein schönes Vogelkonzert geben?

Und wir können mit unserer Zunge *schmecken,* wie freundlich der Herr ist. Jede gute Frucht zeugt mit ihrer Lieblichkeit von dem liebenden Schöpfer. Der Geschmack der Früchte ist Gott ganz besonders gut gelungen.

Und wir können es auch mit unserem Herzen *erfahren,* wie freundlich der Herr ist. Sein Geist bezeugt nämlich unserem Geist, dass wir Gottes Kinder sind. Fehlt es irgendwo an der Freundlichkeit unseres Vaters im Himmel? Nein, er hat uns überreichlich beschenkt. Wohl dem Menschen, der auf diesen starken Schöpfer traut.

All deine Schöpfung zeugt davon, wie freundlich du zu uns bist, Herr. Amen.

21. April

Herr, deine Güte reicht, so weit der Himmel ist, und deine Wahrheit, so weit die Wolken gehen.
Psalm 36,6

Wie weit reichen Gottes Güte, seine Treue und Liebe? Wie weit reicht Gottes Wahrheit? Sie haben keine Grenze. Wir können ihre Reichweite nur mit etwas beschreiben, das so weit ist, das wir es nicht erreichen können.

Wir müssen schon den Himmel, die Wolken, Sonne, Mond und Sterne bemühen, um die Größe von Gottes Güte und Wahrheit auch nur annähernd zu beschreiben.

Ja, manchmal sitzen wir auf der Erde unter Nebel, Dunst und Rauch. Aber das schöne Firmament leuchtet darüber blau und majestätisch. Der Blick nach oben, der Blick auf das Ewige und das Beständige tut unserer Seele gut. Das Erhabene tut uns gut. Ja, Gott tut unserer Seele gut.

Bei diesem Ausmaß lernen wir zu verstehen, dass Gott in seiner Schönheit und Treue sein Wort nicht brechen kann. Auch den Bund, den Gott mit Noah, Abraham und seinen Nachfahren eingegangen ist, kann Gott nicht brechen. Erst recht wird Gott den neuen Bund, den er in Jesus mit uns eingegangen ist, nicht auflösen.

Die Größe des Himmels bestätigt die Unwandelbarkeit, Stetigkeit und Verlässlichkeit unseres Herrn.

Ich trau auf dich, o Herr. Ich sage: Du bist mein Gott. Amen.

22. April

Denn bei dir ist die Quelle des Lebens, und in deinem Lichte sehen wir das Licht.
Psalm 36,10

In unserem Herrn ist die Fülle des Lebens. Und unser Herr behält diese Fülle nicht für sich. Die Fülle des Lebens fließt über und wird zu einer Quelle. Die Quelle mündet in einen Lebensstrom. In diesem Lebensstrom zu stehen, ist eine tiefe Erfahrung. Das dürre Land wird durch diesen Strom durchflutet, genährt und fruchtbar gemacht.

Diese Quelle gibt es nur einmal. In Gott. Es ist allein sein Strom, der uns liebevoll ins Leben mit hinein nimmt. Es ist allein sein Strom des Lebens, der uns heiter, froh und glücklich macht.

Und in seinem Lichte sehen wir das Licht. Wir brauchen keinen Scheinwerfer auf die Sonne zu richten, um sie zu erkennen. Das Licht von Gott strahlt von allein zu uns herab. In Christus ist dieses Licht zu uns gekommen. In Wahrheit, in Gewissheit und Sicherheit leuchtet dieses Licht Jesu über unserem Leben.

Kein Mensch kann in all seiner eigenen Erkenntnis und Gelehrsamkeit so schön leuchten, wie nur ein Lichtstrahl das tut, der von Jesus, unserem Leben, her kommt. Deshalb wollen wir alle Fenster und Türen unseres Hauses öffnen, um das Licht dieses Herrn herein zu lassen. Wie sauber geputzte Spiegel dürfen wir dieses Licht dann in die Welt hinein reflektieren. Es ist so schön, ein Kind Gottes zu sein, mit diesem Leben und Licht verbunden zu sein. Bei Jesus ist es einfach schön.

In dir ist mein Leben, in dir meine Stärke, in dir ist meine Hoffnung, Herr. Amen.

23. April

Befiehl dem Herrn deine Wege und hoffe auf ihn, er wird's wohl machen.
Psalm 37,5

Lege deinen ganzen Lebensweg in Gottes Hände. Gib ihm all deine Sorgen, deine Not, deinen Kummer. Teile mit ihm auch deine Freude, ja, alle hellen Momente in deinem Leben.

Übergib deinem treuen Gott auch deine Planungen, deine Vorhaben und Absichten. Und Gott wird das dann in seine Planungen, seine Vorhaben und seine Absichten mit dir verwandeln. Was könnte Schöneres geschehen als der Wille deines Vaters im Himmel?

Wenn du all das Gott überantwortest, dann wirst du auf deinem Weg – erst recht am Ende des Weges – sagen können: „Er hat es wohl gemacht." Denn der Psalm geht noch weiter: „Er wird deine Gerechtigkeit heraufführen wie das Licht und dein Recht wie den Mittag. Sei stille dem Herrn und warte auf ihn."

Je mehr wir selbst für unser Recht kämpfen, desto schwerer und mühsamer wird unser Leben: „Was soll ich sagen? Was soll ich tun? Welche Strategie wähle ich? Bleibe ich bei der Wahrheit? Wie handle ich gegen Verleumdung und die List der Menschen?"

Nein, warte darauf, dass dein Freund, der Richter, dir Recht sprechen wird. Er wird deine Gerechtigkeit heraufführen wie das Licht – das heißt, dass sich dein Recht wie das Licht Bahn brechen wird. Licht ist stärker als die Finsternis. Die Finsternis kann nicht bleiben, wo das Licht einbricht. Es wird hell wie am Mittag. Da sind die Schatten am kürzesten. So wird auch das Unrecht in deinem Leben nicht bleiben. Vertraue einfach auf deinen Herrn und Gott. Sei still. Überlasse ihm deine Wege – und den Kampf, den es auszufechten gilt. Alles Dunkle soll in deinem Leben weichen.

Freude und Leid gebe ich in deine Hände, Herr. Du sorgst für einen guten Ausgang meiner Sache. Amen.

24. April

Wie der Hirsch lechzt nach frischem Wasser, so schreit meine Seele, Gott, zu dir. Meine Seele dürstet nach Gott, nach dem lebendigen Gott. Wann werde ich dahin kommen, dass ich Gottes Angesicht schaue?
Psalm 42,2.3

Der Psalmbeter spricht zu sich: „Was betrübst du dich, meine Seele und bist so unruhig in mir?" Er erinnert sich daran, wie er früher in einer großen Schar zum Haus Gottes in Jerusalem gezogen ist, um dort Gottesdienst zu feiern.

Jetzt ist er niedergeschlagen in der Fremde. Der Gottesdienst ist in schmerzlicher Ferne. Er sehnt sich nach seinem Zuhause – seinem Zuhause bei dem lebendigen Gott. Ja, seine durstige Seele schreit nach Gott, wie der Hirsch, der an einem versiegten Bach steht und nach frischem Wasser verlangt.

Er erkennt, dass die Gemeinschaft mit Gott für sein Leben eine Notwendigkeit ist. Gottes Angesicht nicht mehr wiederzusehen, hieße zu sterben. Der Psalmbeter aber will leben. Er will seinen Durst löschen in der Gegenwart des lebendigen Gottes.

Und der Psalm setzt sich fort: „Harre auf Gott, denn ich werde ihm noch danken, dass er meines Angesichts Hilfe und mein Gott ist." Die letzten Kräfte werden für Geduld und Harren aufgebracht. Der Gottesdienst und die Gemeinschaft mit dem Vater im Himmel kommen ganz sicher – und so sicher wird auch der Dank des Psalmbeters folgen.

Gott bleibt nicht verborgen. Er zeigt sich in seiner Schönheit und Gnade. Und der lebensbedrohliche Durst findet ein Ende. Wie gut tut das frische Wasser, das aus seiner Quelle fließt. Deine Hoffnung, zu leben, wird gestillt in seinem Angesicht.

In dir werden alle meine Hoffnungen und Sehnsüchte gestillt. Amen.

25. April

Es kann doch keiner einen anderen auslösen oder für ihn an Gott ein Sühnegeld geben – denn es kostet zuviel, ihr Leben auszulösen; er muss davon abstehen ewiglich.
Psalm 49,8.9

Ein Psalm der Söhne Korach bringt es auf den Punkt: du kannst noch so viel schaffen und erreichen, kannst noch so reich sein – du trägst von all deiner Mühe letztendlich doch keinen Gewinn davon. Am Ende kannst du dein Leben doch nicht vom Tod freikaufen. Das Sühnegeld ist zu teuer. Kein Mensch kann es bezahlen.

Wir belügen uns, wenn wir glauben, wir seien unsterblich. Jetzt mag sich Enttäuschung und Verzweiflung breit machen. Wozu noch weiterleben, wenn das Psalmwort einem so die Augen für die Wirklichkeit öffnet?

Es gibt eine Lösung. Sie kommt nicht von uns. Sie kommt von oben. Gott hat den Himmel aufgerissen und hat seinen Sohn geschickt. Er hat uns nicht nur von der himmlischen Welt erzählt – er hat tatsächlich sein Leben als Sühnegeld gegeben, um dein und mein Leben auszulösen. Sein Leben hat den Wert, um dein Sühnegeld – deine Schuld – zu bezahlen.

An einem Kreuz vor den Toren von Jerusalem hat Jesus seine grenzenlose Liebe zu dir bezeugt. Jesu Leben für dein Leben. Deine Rettung geschah durch eine bestimmte Person, die so wertvoll ist, dass sie dich auslösen konnte: Jesus Christus, den Sohn Gottes. Deine Rettung fand statt an einem bestimmten Ort: Golgatha. Deine Rettung fand statt zu einem bestimmten Zeitpunkt: an einem Karfreitag vor 2000 Jahren, unmittelbar vor dem Passafest. Das sind die Koordinaten deiner Rettung. Welche Daten brauchst du noch?

Herr! Danke, dass du mich gerettet hast. Amen.

26. April

Schaffe in mir, Gott, ein reines Herz, und gib mir einen neuen, beständigen Geist.
Psalm 51,12

Das ist ein schlichtes Gebet, das wir jeden Tag beten dürfen. In diesem Gebet liegt eine solche Kraft, dass es lebensverändernd wirkt.

Der Schöpfergott wird angerufen. Mit der gleichen Gestaltungskraft, mit der der Vater Himmel und Erde geschaffen hat, wird dein unreines Herz wieder gereinigt. Die Macht dazu hat nur einer: unser Herr. Und weil Gott mit Liebe schöpft, reinigt er auch dein Herz mit Liebe.

Und wenn dein Herz dann rein, hell und klar ist, dann bist du wie ein gutes Gefäß, das Gott neu füllen kann. Vorher warst du als Gefäß ja gefüllt mit Schmutz und Unrat. Nichts Gutes fand in dir Raum. Aber nun, nach der Reinigung, bist du bereit, etwas sehr Schönes aufzunehmen: einen neuen, beständigen Geist.

Das ist der Geist, den Jesus geschickt hat, nachdem er zum Vater zurückgekehrt ist. Das ist der Geist, der dich tröstet, dich ermahnt und dich berät. Das ist der Geist, der deinem Geist bezeugt, dass du ein gerettetes Kind Gottes bist. Was für eine Entlastung. Die fragende Not „Bin ich gerettet?" ist überwunden. Aus dem Fragezeichen wurde ein Ausrufezeichen: „Ich bin gerettet!"

Unterschätze nicht die Kraft, die in diesem einfachen Gebet verborgen liegt. Dieses klare Gebet ändert dein ganzes Leben von Grund auf. Viele haben es schon erlebt. Du darfst es auch erleben. Und wenn du es dann erfahren hast, dann erzähle davon weiter. So wie ich das tue – und viele andere mit mir.

Schaffe in mir, Gott, ein reines Herz, und gib mir einen neuen, beständigen Geist. Amen.

27. April

Wenn ich mich zu Bette lege, so denke ich an dich, wenn ich wach liege, sinne ich über dich nach.

Psalm 63,7

Vieles kann uns durch den Kopf gehen, wenn wir nachts wach liegen. Wenn wir erfolgreich unsere Arbeit abgeschlossen haben, dann mag uns das durch den Kopf gehen. Es mögen uns auch Befürchtungen verfolgen. – David denkt auf seinem Nachtlager an seinen Herrn. In seinen Gedanken und in seinem Herzen feiert er seinem Herrn einen Gottesdienst.

David lebt, als er diesen Psalm schreibt und singt, in der Wüste Juda. In dieser Wüste hält er sich auf, nachdem er vor seinem Sohn Absalom geflohen ist. Absalom plante einen Anschlag auf seinen Vater, weil er selbst König über Israel werden wollte. David ist weit weg von Jerusalem, weit weg von den Priestern, weit weg von den gemeinschaftlichen Gottesdiensten. So wird sein Nachtlager zum Gebetsort, zum Ort, an dem er Gott feiert, lobt und preist.

Wieviel klüger ist es, während einer Nachtwache über Gott nachzusinnen, als sich mit Sorgen zu quälen. Mit Sorgen können wir unser Leben nicht zum Besseren wenden. Denken wir aber an Gott, unseren Helfer, dann lebt unser Herz auf. Das kann auch einmal unsere Beschäftigung in der Nacht werden.

Absalom wird sich mit seinen schönen langen Haaren in den Ästen eines Baumes verfangen – ein Knecht Davids, Joab, wird ihn daraufhin töten, gleichwohl David allen eingeschärft hatte, Absalom zu schonen. David wird, trotz des Aufstandes seines Sohnes, um Absalom weinen: „Mein Sohn Absalom, mein Sohn, mein Sohn! Wäre ich doch an deiner Stelle gestorben!" David kann seinen Sohn nicht hassen. Die Liebe des Vaters im Himmel, der er auch auf seinem Nachtlager begegnet, wird ihm zum Leitbild, wie er auch seinen Sohn lieben darf. Denn auch Gott wird, trotz unseres Aufstandes, in Christus für uns sterben.

Auch nachts möchte ich dir ein Loblied singen, Herr. Amen.

28. April

Gelobt sei der Herr täglich. Gott legt uns eine Last auf, aber er hilft uns auch.
Psalm 68,20

Von uns aus wollen wir nicht gern eine Last tragen. Wir wollen lieber unbeschwert sein. Doch mit einer Last geht es manchmal doch besser vorwärts. Das klingt widersprüchlich? Dann denke einmal daran, wie schlecht die Reifen eines Fahrzeugs im Schnee greifen, wenn nicht genügend Last auf den Rädern liegt.

Als junger Mann war ich mit einem Freund aus unserer Gemeinde, Stefan Weidner, einmal in Wien. Es war April 1985. Wir waren mit seinem alten Auto unterwegs, das er ganz fröhlich *grüne Gurke* nannte. Wir rechneten nicht mehr mit dem Winter – schließlich war es ja schon Frühling. Und dann schneite es. Und wir mussten mit unseren Sommerreifen einen Berg hochfahren. Nichts ging. Die Räder der grünen Gurke drehten im Schnee durch. Da setzte ich mich auf die Motorhaube, der Wagen hatte schließlich Frontantrieb. Und mit dieser Last auf der Motorhaube ging es dann doch aufwärts.

Ja, manchmal kommen wir nur mit einer Last weiter voran, manchmal geht es nur mit einer Last aufwärts. Das ist auch in unserem Leben so. Deshalb hat auch Jesus – wie in einer Regierungserklärung – verkündet: „Nehmt auf euch mein Joch und lernt von mir; denn ich bin sanftmütig und von Herzen demütig; so werdet ihr Ruhe finden für eure Seelen. Denn mein Joch ist sanft, und meine Last ist leicht."

Bei aller Last ist uns die Hilfe Gottes versprochen. Sobald uns das klar geworden ist, können wir unseren Herrn täglich loben. Denn wir dürfen unter der Last, die uns unser Herr auferlegt, die Lasten abwerfen, die andere Menschen auf uns legen wollen. Und das sind oft schwere Lasten, unter denen man zusammenzubrechen droht. Ja, unser Herr ist der rechte Seelsorger, der weiß, welche Lasten wir tragen können – und weiß, welche Lasten uns weiter voranbringen.

Ich will dich täglich loben, Herr. Amen.

29. April

Du machst mich wieder lebendig und holst mich wieder herauf aus den Tiefen der Erde. Du machst mich sehr groß und tröstest mich wieder.
Psalm 71,20.21

Wie tief kann die Tiefe sein, in die ein Mensch hinabfährt? Sie kann so tief sein, dass ein Mensch sich schon bei den Toten bettet.
    Verzweiflung. Hoffnungslosigkeit. Einsamkeit. – Jetzt wird es sehr persönlich. Ich habe schon solch eine Tiefe erfahren. Doch möchte ich bezeugen, dass es wahr ist, was David in Psalm 139 schreibt:
    Bettete ich mich bei den Toten, siehe, so bist du auch da.
Psalm 139,8b
    In dieser Tiefe ist mir Jesus begegnet, und er sagte mit Autorität, mit Kraft, Stärke und Herrlichkeit: „Ich lebe, und auch du sollst leben."
    Glaube mir, da war große Freude bei mir angesagt. Hast du schon einmal vor Freude getanzt? Ich schon.
    Ja, die Tiefe, in die ein Mensch hinabfahren kann, ist schwindelerregend. Und doch geht Gottes Liebe auch in die tiefste Tiefe hinab, um Menschen zu retten, zu schützen und zu umsorgen.
    Jesus hat mich getröstet.

Herr! Hab Dank für das Leben, das aus dir strömt. Amen.

30. April

Sie gehen von einer Kraft zur anderen und schauen den wahren Gott in Zion.
Psalm 84,8

Die Söhne Korach singen in Psalm 84: „Wie lieblich sind mir deine Wohnungen, Herr Zebaoth."

Der Name Zebaoth steht immer dann in der Bibel, wenn davon die Rede ist, wie schrecklich, gewaltig und mächtig der Herr ist. Dem Herrn Zebaoth dienen viele tausend mal tausend Engelheere. In Psalm 46 zerschlägt der Herr Zebaoth die Spieße und verbrennt die Wagen der menschlichen Kriegsheere. Wer vom Herrn Zebaoth hört, der wird den Namen des Herrn nicht mehr verharmlosen.

Nun verbindet Psalm 84 den Namen dieses großen Herrn Zebaoth mit dem Wort *lieblich*. Das will doch auf den ersten Blick so gar nicht zusammenpassen.

Und doch ist jeder Ort lieblich, an dem Gott Wohnung nimmt. Gott nahm Wohnung in Jesus Christus. Und weil Christus das Haupt der Gemeinde ist, nimmt Gott auch Wohnung in seiner Gemeinde. Und weil die Gemeinde sich nicht auf das Haus beschränkt, in dem sich die Menschen treffen, sondern die Gotteskinder meint, die sich um Jesus sammeln, wird nun auch jeder Ort, an dem ein Gotteskind lebt, zu einer lieblichen Wohnung des Herrn Zebaoth. Ist es nicht herrlich, wenn sich in deiner Wohnung Menschen gern zur Seelsorge oder zu einem Hauskreis treffen, weil dort auch Gott Wohnung genommen hat? Ist es nicht herrlich, wenn auch an deinem Arbeitsplatz Gott Wohnung nimmt?

So etwas bleibt nicht ohne Folgen. Mit dem Herrn Zebaoth in deiner Wohnstätte gehst du von einer Kraft zur anderen. Wenn du Gott aus den Augen verlierst und es dir sehr schlecht geht, dann mag das Leben so aussehen, als gehe es von Depression zu Depression. Doch wenn du in einer lieblichen Wohnung lebst, dann geht es von Herrlichkeit zu Herrlichkeit.

Herr! Danke für die Kraft, die du mir auch heute wieder schenkst. Amen.

1. Mai

Weise mir, Herr, deinen Weg, dass ich wandle in deiner Wahrheit; erhalte mein Herz bei dem einen, dass ich deinen Namen fürchte.
Psalm 86,11

Bei diesem Gebet ist David wieder einmal in Bedrängnis. In seiner Not bittet er, bei Gott in die Schule gehen zu dürfen: „Weise mir, Herr, deinen Weg."

Wie oft haben wir als Schüler schon über unsere Lehrer geschimpft. Doch wenn wir uns einmal klar machen, wie sehr sie sich bemühen, uns etwas beizubringen, dann sollten wir unsere Verärgerung doch einmal zurückstellen. Durch Lehrer haben wir die Möglichkeit, mehr zu wissen, mehr zu verstehen, mehr zu beherrschen.

Der beste Lehrer ist Gott selbst. In seinem Wort, der Bibel, zeigt er uns, wie wir klug und verständig denken und handeln. Im heiligen Geist legt er in unserer persönlichen Lebenssituation Hand an. Der Herr selbst geht an uns – wie ein Lehrer – an die Arbeit. „Weise mir, Herr, deinen Weg." – Das ist die Bitte, bei unserem Vater im Himmel in die Schule gehen zu dürfen.

In dieser Schule lernen wir, uns zu orientieren, unseren Weg zu finden, unser Ziel zu erreichen. Weg und Ziel hat unser Herr bereits vorbereitet. Der Weg heißt *Wahrheit*, das Ziel heißt *Herrlichkeit*.

David wünscht sich, dass Gott sein Herz eint, dass es nicht in einem Zwiespalt sei, dass sein ganzes Herz zu 100% ganz bei Gott sei und seinen Namen fürchte. Das gibt seinem Leben Beständigkeit und Verlässlichkeit. Viele Dummheiten begehen wir nicht mehr, wenn wir den Namen des Herrn fürchten. Nein, es macht uns klug, seine Hand über uns zu wissen.

Du Herr, bist der rechte Lehrer meines Lebens. Amen.

2. Mai

Wer unter dem Schirm des Höchsten sitzt und unter dem Schatten des Allmächtigen bleibt, der spricht zu dem Herrn: Meine Zuversicht und meine Burg, mein Gott, auf den ich hoffe.
Psalm 91,1.2

Wer findet eine Heimat im Schutz Gottes? Wer ... *bleibt*. Wer in steter Verbindung mit seinem Herrn *bleibt*, wer nicht nur dann und wann in Zeiten der Not bei Gott Unterschlupf sucht. Wer so in Verbindung mit seinem Herrn *bleibt*, dessen Leben wird das Leben Christi. Denn er ist mit Christus begraben und mit Christus zum Leben auferstanden.

Mit diesem *Bleiben* schenkt uns Gott ein Anrecht auf die himmlische Stadt, die neue Heimat, auf die wir warten. Und schon jetzt, im Schatten des Allmächtigen, sind wir nicht mehr heimatlos. Wir wohnen bei unserem Gott wie in einer sicheren Burg – trotz aller Gefahren um uns herum. Schon heute schenkt der Herr uns Geborgenheit in seiner Nähe.

Meine Zuversicht, *meine* Burg, *mein* Gott – hier wird es persönlich. Der Psalmbeter spricht den Herrn direkt an. Der Bibelvers drückt Vertrauen und Zuversicht aus. Die Zeit des Zweifelns ist vorbei. Die Gegenwart Gottes wird der erfahren, der zu dem Herrn so spricht: „Du bist der Gott, auf den ich hoffe."

Mit diesen Worten drückt der Psalmbeter Gottvertrauen, Glaube und Optimismus aus. Ja, auf solch einen Herrn ist Verlass, mit ihm können wir rechnen, auf ihn können wir bauen.

Ich wünsche dir von Herzen, dass auch du so beten kannst.

Du bist mein Schutz, Herr. Amen.

3. Mai

Das ist ein köstlich Ding, dem Herrn danken und lobsingen deinem Namen, du Höchster, des Morgens deine Gnade und des Nachts deine Wahrheit verkündigen.
Psalm 92,2.3

Der Psalmbeter beschreibt einen Festtagsgottesdienst, der aus Dank, Lobgesang und Verkündigung besteht.
Danken hat drei Aspekte:
- Der Dank ist an die Adresse Gottes gerichtet. Ihm, als Schöpfer, steht aller Dank zu. Gott hat ein Anrecht auf unseren Dank.
- Danken tut dem Absender gut – Danken tut uns gut, denn es rückt das Tun Gottes und unser Tun, den Verdienst Gottes und unseren Verdienst wieder in die richtige Beziehung zueinander.
- Danken hat eine Segenswirkung auf die anderen Zuhörer im Gottesdienst – sie werden ermutigt, es dem Dankenden gleich zu tun.

Nach dem Dank geht es im Gottesdienst gleich weiter. Wir lobsingen seinem Namen. Das Lobsingen ehrt Gott. Und es hat eine positive Wirkung auf uns. Wir atmen anders, wir atmen intensiver, wenn wir singen. Das laute Loben verstärkt unsere Entschiedenheit, Gott zu achten. Das gemeinsame Lobsingen vergrößert die Einheit der Gemeinde. Wir erkennen gemeinsam an: Er, der Vater im Himmel, ist der Höchste.

Der dritte Programmpunkt im Gottesdienst bezieht sich auf die Verkündigung. Im Gottesdienst sollen Gnade und Wahrheit verkündet werden. Die Wahrheit soll verkündet werden, damit wir uns darauf besinnen, wer der dreieine Gott ist. Die Gnade soll verkündet werden, damit wir gewiss sein können, dass wir mit Gott Gemeinschaft haben dürfen. Diese Verkündigung soll nicht nur bei der feierlichen Zusammenkunft der Gemeinde stattfinden, nein, sie soll auch in der Frische des Morgens und der Kühle der Nacht erfolgen. Es kommt dahin, dass immer Gottesdienst ist – auch außerhalb des Kirchengebäudes.

Herr, gerne feiere ich dich und deine Schönheit, deine Stärke und Weisheit. Amen.

4. Mai

Wie sich ein Vater über Kinder erbarmt, so erbarmt sich der Herr über die, die ihn fürchten.
Psalm 103,13

Ein Vater hat Erbarmen und Mitgefühl mit seinen Kindern. Wenn Kinder sich ängstigen, wenn sie Schmerzen haben oder in die Irre gehen, dann leidet der Vater mit seinen Kindern. In der Zuwendung des Vaters zu seinen Kindern zeigt sich alle Zärtlichkeit.

Ein liebender Vater will lieber anstelle der Kinder leiden, er will das Schwere von ihren Schultern nehmen und will es selber tragen. Der liebevolle Vater will, dass seine Kinder befreit und froh leben.

Und Gott hat all das in Christus wahr gemacht. In Christus hat Gott die schwere Schuld, die uns erdrückt und von ihm trennt, auf sich genommen. In Christus hat Gott an unserer Stelle gelitten, hat uns befreit und wieder vom Boden aufgerichtet. Das ist das Erbarmen, von dem David spricht.

Wir wollen nicht vergessen, was der Vater an uns Gutes getan hat, die Barmherzigkeit und Geduld des Vaters sollen uns nicht aus den Gedanken und aus unserem Herzen gehen. Denn Gott handelt eben nicht so, wie wir es nach unseren Sünden verdient haben, er straft uns nicht nach unseren Übertretungen des Gesetzes. David, der Poet, beschreibt es so: „Denn so hoch der Himmel über der Erde ist, lässt er seine Gnade walten über denen, die ihn fürchten. So fern der Morgen ist vom Abend, lässt er unsere Übertretungen von uns sein." Was ist im Tageslauf vom Morgen weiter entfernt als der Abend? Was ist höher über der Erde als der Himmel? Nichts! Und so ist auch nichts größer, höher und weiter als die Gnade, die Gott über seinen Kindern ausschüttet.

Herr, ich will nur dich fürchten. Amen.

5. Mai

Der Stein, den die Bauleute verworfen haben, ist zum Eckstein geworden.
Psalm 118,22

Traditionell wurden in Vorbereitung des Passafestes die Psalmen 113 bis 118 gesungen. Man nennt diese sechs Psalmen auch das Pessach-Hallel. Psalm 118 bildete üblicherweise den Abschluss der Gesänge.

Da zur Zeit Jesu noch im Tempel in Jerusalem gesungen wurde, können wir davon ausgehen, dass am Tag seines Sterbens auch dieser Vers im Tempel erklang: „Der Stein, den die Bauleute verworfen haben, ist zum Eckstein geworden." Wie wahr ist doch dieses Wort an unserem Herrn geworden! Jesus ist beim Bau der Gemeinde der Erste. Dass er als Grundstein zuerst eingesetzt wird, hat absoluten Vorrang. Eine Grundsteinlegung ist normalerweise ein Fest, und gewöhnlich wird zusammen mit dem Grundstein auch eine Zeitkapsel mit wertvollen, zeittypischen Gegenständen aufbewahrt. Die Gegenstände in der Zeitkapsel sollen nachfolgenden Generationen von dem Zeitalter und den Gebräuchen der Grundsteinlegung zeugen.

All das verwarfen die Bauleute in Jerusalem, die Schriftgelehrten, die Priester und Pharisäer – und auch König Herodes. Der Grundstein wurde vielmehr auf einem Steinbruch – Golgatha – entsorgt. Eine Zeitkapsel wurde von den Menschen nicht im Bau hinterlegt.

Deshalb hat der Vater im Himmel die Sache in die Hand genommen. Er hat Christus nach seinem Tod am Kreuz zum ewigen Leben erweckt. Und er hat Hand in Hand mit Petrus die christliche Kirche errichtet. Dabei wurde die Zeitkapsel – wie es sonst üblich ist – nicht verschlossen, nein, sie blieb offen bis auf den heutigen Tag: jedes dankbare Herz, das ein Kind Gottes seinem Herrn opfert, wird dieser Zeitkapsel als Zeitzeuge hinzugefügt. Was für ein reicher Schatz hat sich seither im Bau Gottes angesammelt! Und auch du darfst dich hier einreihen, einordnen, unterordnen.

Du, Herr, trägst das Fundament. Du, Herr, bist der wichtige Eckstein der Gemeinde. Auf dich will ich mein Leben bauen. Amen.

6. Mai

Ehe ich gedemütigt wurde, irrte ich; nun aber halte ich dein Wort.
Psalm 119,67

Manchmal ist das Leben so schwer. Und oft ist es deshalb schwer, weil wir nicht erkennen, was zum Leben notwendig ist, und weil wir nicht wissen, wie das Leben funktioniert. Der Herr möchte uns helfen. Aber seine Hilfe und die Art, wie er uns hilft, voranzukommen – das verstehen wir manchmal nicht. Der Herr weiß genau, was wir brauchen, aber wir sind manchmal so schwerhörig, dass er etwas Besonderes tun muss, um unsere Aufmerksamkeit zu erhalten. Zwei weitere Verse ergänzen das heutige Bibelwort:

Die Furcht des Herrn ist Zucht, die zur Weisheit führt, und ehe man zu Ehren kommt, muss man Demut lernen.
Sprüche 15,33

Es ist dir gesagt, Mensch, was gut ist und was der Herr von dir fordert, nämlich Gottes Wort halten und Liebe üben und demütig sein vor deinem Gott.
Micha 6,8

Der größte Teil meiner Probleme löst sich, wenn ich das Wort Gottes kenne und halte. Das Problem ist jedoch, dass ich oft Gottes Wort nicht halte und den Herrn nicht miteinbeziehe. Wir wohnen in einem Land, in dem es sehr wenig Demut gibt. Jetzt sagst du vielleicht: „Doch, ich bin schon sehr gedemütigt worden." Aber das ist etwas anderes als Demut. Was heißt Demut? Demut heißt nicht zu kriechen und ein Schwächling zu sein. Demut wird symbolisiert mit dem Bild von einem Pferd, das alles kann und viel Muskeln und viel Kraft hat, aber das gezähmt ist, das unter Kontrolle ist. Demütig ist ein Mensch, der Kraft hat, aber der diese Kraft unter Kontrolle hat – und der weiß, sich zu erniedrigen vor dem, der wirklich Kraft hat – vor dem Herrn.

Wir wissen aber, dass denen, die Gott lieben, alle Dinge zum Besten dienen, denen, die nach seinem Ratschluss berufen sind. Amen.

7. Mai

Die mit Tränen säen, werden mit Freuden ernten. Sie gehen hin und weinen und streuen ihren Samen und kommen mit Freuden und bringen ihre Garben.
Psalm 126,5.6

Dieses Psalmwort gibt dem Traurigen, dem Gedemütigten, dem Verletzten einen Ausblick: die traurige Zeit wird nicht für immer anhalten. Sie wird ein Ende finden. Und die Zeit des Kummers dient der Ernte in einer besseren, glücklicheren Zukunft. Ja, die Tränen werden zum Saatgut der Früchte, die einmal mit Freude eingelesen werden.

Dieses Wort ist ein Wendepunkt im Leben eines Menschen. Trauer wird zu Trost. Aus Verzweiflung wird Hoffnung. Mit dieser neuen Ausrichtung, ja diesem neuen Denken, ist der Wendepunkt schon erreicht. Der Abwärtstrend wird aufgehalten; es mag zwar noch auf einen Tiefpunkt zugehen, aber man weiß bereits, dass dieser Tiefpunkt überwunden werden wird. Es wird wieder aufwärts gehen.

Mit dieser Gewissheit wagen wir es auch schon wieder, Gott zu danken und ihm Loblieder zu singen. Denn wir schauen nicht darauf, wie die jetzigen Umstände uns bedrohen. Wir schauen vielmehr auf die Ordnung und den Frieden, die der Vater im Himmel wiederherstellen wird. Ja, wir schauen nicht mehr auf unsere Unmöglichkeiten, sondern auf die Möglichkeiten unseres Herrn.

Was ist nun die Saat? Was ist die Ernte? Die Saat ist das Evangelium. Dort, wo du auch in tiefem Schmerz den gekreuzigten Christus bekennst, wird das Zeugnis besonders echt und authentisch. Die Ernte sind die Menschen, die auf dein Zeugnis hin zum Kreuz hinzutreten und sich in die Schar der Geretteten einreihen.

Ich will dein Zeuge sein, Herr, in Freude und in Leid. Amen.

8. Mai

Siehe, wie fein und lieblich ist's, wenn Brüder einträchtig beieinander wohnen!
Psalm 133,1

Wie könnte ich als Frankfurter bei dem Wort *Eintracht* nicht an die Eintracht Frankfurt und an Fußball denken? Eintracht ist notwendig, wenn ein Trainer und elf Spieler gemeinsam ein Ziel erreichen wollen. Da sind Koordination gefragt, Absprache und Teamgeist. Keiner darf da ein Spiel für sich allein führen. Jeder muss auch abgeben können. Jeder muss auch den anderen im Team im Blick haben. Und der Sieg kann nur gemeinsam errungen werden. Die ganze Eintracht gewinnt – oder niemand im Team.

In unserem heutigen Bibelwort geht es um das Team aus Brüdern – sicher auch aus Schwestern. Brüder und Schwestern haben einen gemeinsamen Herrn, Christus. Sie wollen ihm dienen und folgen.

Doch manchmal gibt es unter Geschwistern auch Zwietracht. Als Zwietracht zwischen Abraham und Lot aufkeimte, war Abraham so weise, dem Lot die Trennung anzuempfehlen. Denn wenn Geschwister in Zwietracht beieinander wohnen, ist das ein großes Elend. Sie bewirken genau das Gegenteil von dem, was sie eigentlich für Christus erreichen wollen: sie wirken auf andere abstoßend.

Doch wenn sie einträchtig beieinander wohnen, dann ist das fein – ja, es ist lieblich. Hier wird etwas gut gesprochen. Das erinnert an die Worte unmittelbar nach der Schöpfung: Und Gott sah, dass es gut war. So schaut Gott auch die einträchtigen Geschwister an und sagt, dass es gut ist. So gelingt Gemeinde, so gelingt Kirche. So gelingt ein gemeinsames Leben.

Herr, schenke deiner Kirche Eintracht. Nimm von mir, was dazu noch stört. Amen.

9. Mai

Geh nicht ins Gericht mit deinem Knecht; denn vor dir ist kein Lebendiger gerecht.

Psalm 143,2

Wenn wir vor dem Gericht Gottes angehört werden, wenn unser Leben aufgerollt wird, dann wird schnell klar: wir haben das Ziel nicht erreicht. Wir sind dem Leben nicht gerecht geworden. Kein Mensch, keiner, ist gerecht. Keiner hat das Gesetz in all seiner Tiefe und Weite erfüllt. Vor diesem Gericht ist von uns aus ein Freispruch nicht in Sicht.

Kein Mensch hat einen Grund, überheblich und hochmütig auf einen anderen herabzublicken. Jetzt könnte man die Bücher unserer Leben schließen. Die ganze Angelegenheit wäre aussichtslos und verfahren. Wir alle könnten als unnütze, schlechte Knechte abgetan werden.

Doch Gott hat uns einen anderen Weg gezeigt. *Ein* Mensch ist nämlich gerecht, *ein* Mensch hat das Ziel erreicht, er hat genau so gelebt, dass der Vater im Himmel Freude an seinem Leben hat: Jesus. Er ist Mensch *und* Gott. Und mit seinem schönen, wahren und guten Leben hat er uns, die wir Kinder Gottes wurden, mit in sein Leben hineingezogen. Jesus lebt eben nicht für sich allein. Er übernimmt immer Verantwortung für seine Leute. Er rettet. Das ist sein Programm.

So dürfen wir zu einem Thron kommen, der schon im Alten Testament als *Gnadenthron* bezeichnet wird. Hier wird ein neues Buch aufgeschlagen: das Buch des Lebens. Der Herr persönlich schreibt die Namen der Gotteskinder in dieses Buch. Ja, unter der Gnade Gottes dürfen wir leben.

Magst auch du Knecht dieses treuen Herrn werden? Mach einen Anfang. Und wenn du schon lange dabei bist, dann mache doch einmal einen neuen Anfang mit deinem Herrn.

Danke, Herr, dass ich mich in deine Gerechtigkeit hüllen darf. Amen.

10. Mai

Verlass dich auf den Herrn von ganzem Herzen, und verlass dich nicht auf deinen Verstand, sondern gedenke an ihn in allen deinen Wegen, so wird er dich recht führen.
Sprüche 3,5

Nach meiner Tätigkeit beim Christlichen AIDS Hilfsdienst in Frankfurt erhielt ich eine Assistentenstelle in der Mund-, Kiefer- und Gesichtschirurgie der Universität Regensburg. Es war mein erster Umzug in die Fremde. Ich kannte niemanden in dieser Stadt. Ich wusste nur, dass diese Stadt einen Dom und eine noch junge Universität hat.

Auf meinem Personal Computer gestaltete ich ein Hintergrundbild mit dem heutigen Bibelvers – ich dachte mir, dass man planen kann wie man will; besser ist es jedoch, vom Herrn geführt zu werden. Bei jedem Computerstart wurde ich daran erinnert. Und so besuchte ich am 1. Advent 1993 das erste Mal die Kirche in Regensburg. Gleich zur Begrüßung gab mir ein älterer Bruder, Heinz Lippek, freundlich die Hand und fragte nach meinem Namen. „Ich bin Rüdiger Marmulla." Da fragte er gleich zurück, ob mein Vater mit Vornamen Willi heiße, aus Ostpreußen und aus Willenberg käme. „Ja", erwiderte ich – und da lächelte er breit und sagte: „Ich kenne deinen Vater von früher aus der Gemeinde." Das war eine schöne erste Begegnung in der Kirche. Schon hatte ich einen väterlichen Freund. Ich setzte mich in den Gottesdienstraum. Ich war noch sehr früh dran. Nur drei weitere Personen, die den Gottesdienstablauf vorbereiteten, waren außer mir schon anwesend. Da ging vorne eine Seitentür auf, und ein freundlicher Mann flitzte durch den Gemeindesaal, grüßte mit amerikanischem Akzent einnehmend „Guten Morgen, guten Morgen, guten Morgen!", kam dann bei mir mit eilendem Schritt vorbei, strahlte mich an und rief erneut „Guten Morgen!" und verschwand wieder durch den Haupteingang des Saals. Das war Dr. Wayne Jenkins, der Pastor. Mir gefiel seine frische Art, die sich in der Predigt fortsetzte. Die Fremde war nach diesem Gottesdienst nicht mehr fremd. Der Herr hatte mich recht geführt.

Herr, ich verlasse mich ganz auf dich und dein Führen und Leiten. Amen.

11. Mai

Hass erregt Hader; aber Liebe deckt alle Übertretungen zu.
Sprüche 10,12

Hader ist ein altes Wort. Es bezeichnet Streitigkeit, Feindschaft und Zank. Auf der Suche nach der Wortbedeutung kann man entdecken, dass das Wort unter anderem auch alte zerschlissene Kleidungsstücke, also Lumpen, bezeichnet. Und ein Haderlump ist schließlich eine unangenehme, streitsüchtige Persönlichkeit.

Hass erregt genau diesen Hader, eine Fehde und ein Zerwürfnis zwischen Menschen. Die Abwärtsspirale scheint unausweichlich. Und doch gibt es einen Ausweg, ganz gegen jede Erwartung: die Liebe deckt alle Übertretungen zu.

Das klingt schön. Doch woher kommt die Kraft zu lieben, wenn der Hader so mächtig am Wirken ist? Woher kommt der Antrieb, zu lieben, wenn man nur das Gegenteil, Ablehnung und Hass erfährt? Wie kann aus einer Kraft die Gegenkraft erwachsen?

Liebe kommt daher, dass wir geliebt werden. Dass wir geliebt werden, verleiht uns Flügel. Und nur mit Flügeln bekommen wir Auftrieb.

Diese Liebe kommt von Gott. Er ist die Quelle. Und diese Liebe gipfelt am Kreuz von Golgatha, an dem Jesus seine ganze Liebe zu einer gefallenen, verlorenen Welt beweist, während ihm die volle Ablehnung durch eben diese Menschen entgegenschlägt. Man sagt, wer fliegen will, braucht Gegenwind. Diesen Gegenwind hat Jesus in vollem Umfang erfahren.

In dieser Liebe Jesu darfst du bleiben. Gott hat sich auf diese Liebe am Kreuz festgelegt, er hat sich zur Liebe verpflichtet, denn das Kreuz von Golgatha ist ja heute noch zur Rettung wirksam – und notwendig. Diese Liebe, die große Gegenkraft zur Abwärtsspirale der Welt, kommt direkt aus Gott.

Herr, ich will in deiner Liebe bleiben, ich möchte mich auch zu dieser Liebe verpflichten. Amen.

12. Mai

Wo viel Worte sind, da geht's ohne Sünde nicht ab; wer aber seine Lippen im Zaum hält, ist klug.
Sprüche 10,19

Wie viele unnütze Worte werden gemacht, wie viele derbe Witze gerissen und wie oft werden Menschen durch überflüssiges Reden irritiert oder gar verletzt!

Das heutige Bibelwort richtet sich nicht dagegen, sich mit anderen auszutauschen. Aber immer wieder werden viele Worte gemacht, die gar nicht mehr der Kommunikation dienen, sondern einfach um der Worte willen geschehen, weil man cool, lässig und witzig sein will. Und wer seine Lippen nicht im Zaum hält, der gerät in Gefahr, zu prahlen, anzugeben, sich selbst groß und andere klein zu machen. Auch Manipulation, Betrug und Täuschung sind Gefahrenzonen, in die wir durch viele Worte hineingeraten können.

Zuletzt ist auch die Lüge ein Fallstrick vieler überflüssiger Worte. Spätestens hier wird klar, dass wir Gottes Hilfe brauchen, um der Versuchung vieler Worte nicht zu erliegen. Wenn wir die Wahrheit sagen möchten, dann brauchen wir den Geist der Wahrheit.

Wo der Geist der Wahrheit wirkt, da wird Menschen klar, wo sie selbst schuldig sind vor Gott und anderen. Der Geist der Wahrheit klärt uns auf über uns selbst. Wo der Geist der Wahrheit regiert, da werden Menschen aber auch auferbaut, ermutigt und getröstet. Und das geschieht nicht mit überflüssigen Worten – das geschieht genau mit den Worten, die nötig sind.

Bitte prüfe bei deinen Gesprächen, ob das, was du sagen möchtest, wahr ist, ob es hilft, ob es auferbaut, ermutigt und tröstet. Wenn es dazu nicht nützlich ist, dann darfst du den Satz, bevor du ihn ausprichst, gern verwerfen – du darfst dann gern auch einmal nichts sagen.

Ich will dir dienen, Herr. Ich will dein Wort weitersagen. Amen.

13. Mai

Ein Geduldiger ist besser als ein Starker und wer sich selbst beherrscht besser als einer, der Städte gewinnt.
Sprüche 16,32

Heute geht es um wahre Kraft und Stärke. Ja, Menschen können Höchstleistungen bringen, sie können Weltrekorde aufstellen und sogar Städte gewinnen.

Im Alltag sind dann aber doch andere Fähigkeiten gefordert. Da macht sich wahre Stärke an anderen Qualitäten fest. Nicht mit Macht und Gewalt bewirken wir nachhaltigen Erfolg, sondern indem wir uns selbst beherrschen, indem wir besonnen und geduldig sind.

Die wahre Stärke erreichen wir, wenn wir uns klar machen, wer wirklich alle Stärke und Macht besitzt – der Vater im Himmel. Dann können wir auch einmal innehalten und nachdenken, wie das, was wir tun, vor dem Thron Gottes wirkt, wie es im Licht des lebendigen Gottes aussieht. Und wenn wir dann unsere Möglichkeiten und auch unsere eigene Schwäche eingestehen, dann haben wir auch keine Mühe, Gott um seine Hilfe zu bitten.

Haben wir Geduld, dann lassen wir dem Handeln Gottes weiten Raum, wir verzweifeln und zerbrechen nicht, wenn nicht alles so geschieht, wie wir uns das erhoffen. Manchmal erhört Gott unsere Gebete auch ganz anders, als wir uns das vorstellen. Mit Geduld können wir den Willen Gottes in unserem Leben viel besser annehmen.

Zuletzt entdecken wir, dass Geduld ein Aspekt der Frucht des heiligen Geistes ist. Andere Aspekte dieser Frucht sind Liebe, Freude, Frieden, Freundlichkeit, Güte, Treue, Besonnenheit und Selbstbeherrschung.

Wird diese Frucht an uns sichtbar, dann wird auch anderen Menschen deutlich, dass Jesus unser Leben beherrscht.

Ich will leben, Herr, mit dir. Amen.

14. Mai

Wo keine Offenbarung ist, wird das Volk wild und wüst; aber wohl dem, der auf die Weisung achtet!
Sprüche 29,18

Ein Volk braucht ein Ziel, braucht eine Vision und muss gemeinsam auf einem Weg sein. Andernfalls verwildert die Gesellschaft – sie bringt ungezügelte Auswüchse hervor. Die Offenbarung von Gott ist erforderlich, um eine Gesellschaft zu einen, die Menschen brauchen Weisungen vom Vater im Himmel.

Im Gehorsam gegenüber Gott liegt ein großer Segen. Wer diesen Gehorsam verweigert, wird auch diesen Segen nicht sehen. Er wird wüst in Denken und Handeln.

Gott hat sich ganz besonders Abraham, Mose und Elias offenbart. Sie wurden Diener und Zeugen des Gottes, den sie erlebt haben. Deshalb haben diese Männer uns auch heute noch etwas zu sagen, deshalb ist es gut, auch heute noch von ihnen zu lesen und zu hören.

Wir finden in ihrem Leben Demut, Geduld und Glauben. Abraham, Mose und Elias wenden ihr Herz dem unsichtbaren und ewigen Gott zu, nachdem sie ihn geschaut haben. Teilen wir ihre Vision, dann wird uns der treue Vater im Himmel in Eintracht sammeln und führen.

Ob unser Volk noch einmal solch eine Einheit erfahren wird? Die Kirche Jesu muss hier eine Gegenbewegung zu einer Gesellschaft werden, in der alle Ansichten und Lebenseinstellungen beliebig werden, in der jeder – ohne Rücksicht auf den anderen, ohne Verantwortung für den anderen – tut, was er will.

Was kannst du heute tun, um die Offenbarung von Gott – in Bibel und heiligem Geist – mit anderen zu teilen?

Herr! Ich will auf dein Wort achten. Schenke auch mir Demut, Geduld und Glauben. Amen.

15. Mai

Was hat der Mensch für Gewinn von all seiner Mühe, die er hat unter der Sonne?
Prediger 1,3

Das ist üblicherweise kein Text, den man für einen Taufspruch, eine Hochzeit oder zu einem Geburtstagsgruß aussucht.

Alles unter der Sonne ist nichtig, alles ist eitel und vergänglich, so sagt das Buch Prediger. Im Urtext steht sogar, alles sei nur ein Windhauch – nicht greifbar, nicht wirklich fassbar – nur gerade eben spürbar. Der Prediger kommt direkt auf den Kern der Sache: die Welt misst den Wert des Lebens nach Gewinn und Verlust. Aber welchen Gewinn kann der Mensch erringen, den er am Ende nicht wieder verlieren muss? Der Tod macht jeden Gewinn wieder zunichte – jeder geht so aus der Welt, wie er gekommen ist. Manche Menschen täuschen sich darüber hinweg, indem sie sich vormachen, in ihrem Leben etwas Großes geschaffen zu haben, das Spuren im Sand der Zeit hinterlasse.

Jede Zeit hat ihre Helden und Idole. Aber durch keinen kam etwas wirklich Neues. Es gibt auch kein Denkmal, das nicht irgendwann einmal von seinem Sockel gestürzt werden könnte. Der Prediger macht deutlich, dass es nichts Neues in der Welt gibt. Die Geschichte wiederholt sich immer – nur die Schauspieler und Drehorte wechseln.

Der Prediger will, dass wir uns nicht mit falschen Hoffnungen betrügen. Er predigt, dass wir falsche Sicherheiten loslassen sollen. Er will die Sehnsucht nach einer sicheren Hoffnung wecken. Deshalb endet er mit den Worten: „Fürchte Gott und halte seine Gebote, denn das ist jedes Menschen Sache."

Ein Name ist zu diesem Bibelwort bis jetzt noch nicht gefallen: Jesus. Paulus antwortet mit einem strahlenden Spitzensatz, als er gefragt wird, welchen Gewinn er in seinem Leben habe. Er sagt: „Ich habe Jesus gewonnen. Christus ist mein ganzer Gewinn." Die Beziehung zu Jesus wird durch Liebe gepflegt. Und diese Liebe will jeden Tag neu gefüttert werden.

Herr! Wie lieb habe ich dich gewonnen. Amen.

16. Mai

Denn ein Mensch, der da isst und trinkt und hat guten Mut bei all seinen Mühen, das ist eine Gabe Gottes.
Prediger 3,13

Es ist gut, wenn man bei all seinen Mühen, all seiner Arbeit guten Mutes ist. So ging es mir bei meinen Aufgaben in der Uniklinik leider nicht. Ich wollte so gern wissenschaftlich arbeiten, eine wissenschaftliche Karriere einschlagen, wollte forschen und entdecken. Aber in unserer mund-, kiefer- und gesichtschirurgischen Klinik hatte sich noch nie ein Mitarbeiter habilitiert – also eine wissenschaftliche Leistung abgeliefert, die seine Befähigung zum eigenständigen wissenschaftlichen Arbeiten nachweist. Das Umfeld erschien mir nicht gut, mein Mut sank, weil ich keine Perspektive hatte.

Da suchte ich das seelsorgerliche Gespräch mit unserem Pastor, Dr. Wayne Jenkins. Er lud mich, als ich ihn um einen Termin bat, zum Abendessen mit seiner Frau ein. Wayne hörte mir sehr aufmerksam zu. Dann sagte er, nachdem ich geschlossen hatte: „Wenn du wissenschaftlich arbeiten möchtest, dann wird Gott dir das schenken. Das kommt von ganz allein. Sorge du nur zuerst für die Patienten, dann kommt die Wissenschaft ganz von allein hinterher. Aber vertausche nie die Reihenfolge. Setze nie die Wissenschaft vor die Patienten." Wayne hat mir geholfen, wieder eine Perspektive zu bekommen.

Kurz darauf bezog mich eine Kollegin aus der HNO-Klinik, Dr. Margot Hilbert, in ihre wissenschaftlichen Aktivitäten ein. Sie hatte Kontakt zu Firmen, die chirurgische Navigationssysteme herstellen. So bahnte sie mir einen Kontakt zur Firma Carl Zeiss in Oberkochen. Mit Carl Zeiss habe ich dann ein neues Navigationssystem für die Mund-, Kiefer- und Gesichtschirurgie entwickelt. Alle meine Arbeiten konnte ich lückenlos international publizieren. Es kam tatsächlich ganz von allein, wie Wayne gesagt hatte. Aber die Priorität hatte immer die Versorgung von Patienten. So wurde ich wieder guten Mutes bei all meinen Mühen und meiner Arbeit. Essen und Trinken schmeckten auch wieder.

Herr, schenke uns die rechte Perspektive für unsere Arbeit. Amen.

17. Mai

Es ist Trauern besser als Lachen; denn durch Trauern wird das Herz gebessert.
Prediger 7,3

Wie soll ein Leben Tiefgang gewinnen, wenn es nicht auch durch Tiefen führt? Sich in andere Menschen hineinversetzen zu können – Empathie – lernt man nur durch Tränen, nicht aus Büchern oder Erzählungen.

Dass ein Mensch durch Trauer auch reifen kann, wird oft vergessen. Doch das Neue Testament erinnert uns in Römer 5,3-5, dass Bedrängnis Geduld bringt, Geduld aber Bewährung, Bewährung aber Hoffnung. Hoffnung lässt aber nicht zuschanden werden; denn die Liebe Gottes ist ausgegossen in unsere Herzen durch den heiligen Geist, der uns gegeben ist.

Wenn du jetzt gerade eine Zeit der Trauer hast, dann möchte ich dich ermutigen, dass diese Zeit für dein Leben nicht umsonst und verloren ist. Du kannst im Moment noch nicht wissen, worauf Gott dich mit dieser schweren Zeit vorbereitet. Es kann aber sein, dass du Verständnis für andere trauernde Menschen erwirbst – und es kann sein, dass Gott dich in Zukunft mit dieser Gabe gebrauchen will. Menschen, die selbst schon eine tiefe Zeit der Trauer erlebt haben, können viel mitfühlender, vorsichtiger und behutsamer mit anderen Trauernden umgehen.

2. Korinther 1,3.4 sagt: Gelobt sei Gott, der Vater unseres Herrn Jesus Christus, der Vater der Barmherzigkeit und Gott allen Trostes, der uns tröstet in aller unserer Trübsal, damit wir auch trösten können, die in allerlei Trübsal sind, mit dem Trost, mit dem wir selber getröstet werden von Gott.

Herr! Ich vertraue darauf, dass mir alles zum Besten dient, was du geschehen lässt. Amen.

18. Mai

Wie eine Lilie unter den Dornen, so ist meine Freundin unter den Mädchen.
Hoheslied 2,2

In Regensburg gewann ich einen Freund, Gerhard Ebinger, der an der Universität Betriebswirtschaft studierte und auch zur Gemeinde kam. Wir wurden ein Gebetsteam und lasen zusammen gute Literatur, beispielsweise das Buch „Gemeinsames Leben" von Dietrich Bonhoeffer.

Im Sommer 1995, wir machten gerade Urlaub in Neuchâtel in der französisch sprechenden Schweiz, da hatte er beim Gebet die Eingebung, für mich um eine Frau zu beten. Er meinte, die Zeit dafür sei reif. Mir erschien das weit weg. Aber ich ließ sein Gebet geschehen.

Kurz darauf, im Herbst desselben Jahres, lud mich Gerhard dann auf die Semestereingangsfreizeit von Campus für Christus ein. Und da entdeckte ich – wie eine Lilie unter Dornen – ein Mädchen, das mir so ganz und gar gefiel. Ich befreundete mich mit ihr. Ihr Name ist Marion. Am 1. Dezember erklärte ich ihr auf den Stufen der Walhalla bei Donaustauf meine Liebe.

Ja, eine Lilie ist schön. Sie ist eine Freude. Sie verbreitet einen angenehmen Duft. Lilien sind schon in der Bibel ein Bild des Segens. Und die Bibel sagt auch, dass selbst König Salomo in all seiner Herrlichkeit nicht so schön bekleidet war wie die Lilien des Feldes.

Gott hat die Liebe zwischen Mann und Frau schön gemacht. Die Verbindung, die zwischen einem Paar entsteht, ist exklusiv und einzigartig. Die Verbindung ist so stark, dass einem Mann die Frau wie eine Lilie unter Dornen erscheint.

Danke für das Geschenk der Liebe zwischen Mann und Frau. Amen.

19. Mai

Meinem Freund gehöre ich, und nach mir steht sein Verlangen.
Hohelied 7,11

Marion und ich entschlossen uns, zu heiraten. Unser Pastor Dr. Wayne Jenkins war gerade für ein Jahr in die Vereinigten Staaten zurückgekehrt, bevor er eine neue Gemeinde in Cham im Bayerischen Wald gründete. Da gingen wir zu seinem Freund, Pastor Tim Vaughn in Straubing: „So, ihr wollt heiraten? Ha, setzt euch mal hin, wir werden sehen, ob ihr heiraten sollt." Und Tim stellte uns Fragen. Nach einer Woche hatten wir den nächsten Termin. Und schon sprach er über den Termin der Hochzeit. Da warf ich ein: „Halt. Neulich hast du gesagt, wir wollen erst einmal sehen, ob ihr heiraten werdet. Und jetzt planen wir schon den Termin. Was war der entscheidende Punkt im Gespräch?" Tim antwortete: „Ha, ich habe da einen Trick." Und er erklärte, an welcher Frage sich die Entscheidung fest machte. Er hatte uns gefragt: „Versprecht ihr, dass ihr zusammen bleibt, egal was kommt? Egal, was kommt? Könnt ihr euch jetzt einen Grund vorstellen, warum ihr euch eines Tages voneinander scheiden lassen würdet? Könnt ihr an so etwas denken?" Und wir hatten geantwortet: „Nein, wir werden zusammen bleiben, bis wir sterben." Und Tim Vaughn sagte uns: "Wenn ihr mir einen Grund hättet sagen können, dass ihr euch scheiden lassen würdet, dann würde ich euch nicht trauen. Und das ist ein Trick von mir. Aber das sage ich euch natürlich nicht vorher. In den Staaten drüben haben mir zwei junge Menschen einmal einen Grund genannt. Und ich habe gesagt: ‚Ich werde euch nicht trauen.' Und sie haben gefragt: ‚Warum?' Da habe ich geantwortet: ‚Weil der Grund auftreten wird. Der Grund kommt. Satan sorgt dafür.'"

Der Preis der Liebe ist hoch. „Ich werde dich lieben, bis ich sterbe. Ich bin bereit, mein Leben für dich einzusetzen. Ich bin bereit, an deiner Stelle zu sterben." – Das ist die Liebe aus der Bibel. Sie kostet sehr viel. Es beginnt damit, dass wir jemandem gehören und sein Verlangen nach uns steht – denn so liebt Gott auch uns.

Dir gehöre ich, Herr. Danke für dein Verlangen nach mir. Amen.

20. Mai

Lege mich wie ein Siegel auf dein Herz, wie ein Siegel auf deinen Arm. Denn Liebe ist stark wie der Tod und Leidenschaft unwiderstehlich wie das Totenreich. Ihre Glut ist feurig und eine Flamme des Herrn, so dass auch viele Wasser die Liebe nicht auslöschen und Ströme sie nicht ertränken können.
Hoheslied 8,6.7

Wir heirateten am Gründonnerstag 1996 standesamtlich im historischen Rathaus, und wir heirateten am Ostermontag kirchlich in Regensburg. Die Predigt handelte vom guten Fundament in Christus. Uns war von Anfang an klar: Wir wollen eine Ehe zu dritt; nicht nur Marion und ich. Auch Jesus sollte dabei sein. Das macht die Liebe stark. Die Bibel sagt: „Eine dreifache Schnur reißt nicht so leicht entzwei."

Indem wir mit zwei kleinen brennenden Kerzen eine dritte, große Kerze entzündeten und die beiden kleinen Kerzen danach löschten, zeigten wir symbolisch, dass in unserem Leben eine neue, eine gemeinsame Zeit begonnen hat.

Mit einem Siegel bekräftigt man die Rechtsgültigkeit einer Entscheidung. Ein Siegel auf dem Herz bedeutet: ich bewahre diese Entscheidung in meinem Herzen und in meinen Gedanken. Ein Siegel auf dem Arm bedeutet: ich bewahre diese Entscheidung bei all meinen Aktivitäten, bei all meinem Tun.

Die Verbindung bleibt bestehen, bis ein Ereignis eintrifft, dem wir uns nicht entziehen können – der Tod. Doch diesem Tod stehen ebenbürtig und voller Kraft Liebe und Leidenschaft gegenüber. Diese beiden Größen haben solch eine tiefe Bedeutung, dass sie durchaus mit einer starken Glut vergleichbar sind, die auch das Wasser nicht löschen kann. Das Wasser verdampft nur über der Glut. Und dann fängt die Glut wieder Feuer.

Liebe ist stark wie der Tod. Du hast sie geschaffen. Amen.

21. Mai

Wenn eure Sünde auch blutrot ist, soll sie doch schneeweiß werden, und wenn sie rot ist wie Scharlach, soll sie doch wie Wolle werden.

Jesaja 1,18b

„Wascht euch, reinigt euch", beginnt Jesaja seine Verkündigung. Durch schmutzige Hände sind schon manche zu Mördern geworden.

1846 tritt ein achtundzwanzigjähriger Arzt an der Ersten Geburtshilflichen Klinik in Wien seine Assistentenstelle an. Das Kindbettfieber kennt er zunächst nur vom Hörensagen. Die damalige Literatur besagt, das Kindbettfieber sei „eine akut verlaufende, zymotische Erkrankung, welche bei Prädisposition eines Individuums auch durch allgemeine Schädlichkeiten wie durch Gemütserschütterungen, Erkältungen und so weiter hervorgerufen werden kann, vor allem aber durch eigentümliche epidemische und endemische Einflüsse, durch Miasmen und Kontagien entsteht, welche die Blutmasse in Gärung versetzen." – Da hat sich in der Medizin seit der Mitte des 19. Jahrhunderts bis heute wenig geändert: Je weniger man weiß, desto mehr Worte werden gemacht, besonders Fremdworte. Semmelweis, der junge Arzt forscht nach Ursachen des Kindbettfiebers. Zusammen mit den Studenten seziert Semmelweis die verstorbenen Frauen im Leichenhaus. Ein Anatomieprofessor wird dabei einmal von einem Studenten mit dem Skalpell leicht am Arm verletzt. Er verstirbt mit den gleichen Symptomen wie die Frauen der Geburtsklinik. Da kommt Semmelweis der Gedanke, dass die Verunreinigungen der Hände und des Skalpells zum Kindbettfieber führen. Er ordnet an, dass alle Ärzte vor Betreten der Station die Hände mit Chlorwasser reinigen müssen. Die Todesrate der Mütter sinkt. Der Leiter der Klinik entfernt Semmelweis daraufhin aus der Klinik. Es passt nicht ins Weltbild, dass die Ärzte mit ihren schmutzigen Händen selbst für den Tod der Mütter Verantwortung tragen.

Auch unsere Sünde muss der Reinigung unterzogen werden. Wascht euch, reinigt euch", beginnt Jesaja seine Verkündigung. Er liegt richtig.

Herr! Dein Blut macht mich rein. Ich danke dir. Amen.

22. Mai

Zion muss durch Gericht erlöst werden.
Jesaja 1,27a

Das Recht spielt eine große Rolle in der Bibel. Man kann das ganze Evangelium nicht verstehen, wenn man nicht begreift, wie wichtig unserem Gott das Recht ist.

Manche fragen, wozu das schreckliche Kreuz von Golgatha da sei; hätte Gott die Sünden nicht einfach auch so vergeben können?

Wir wissen aus der Bibel, dass die Antwort lautet, dass das Kreuz nötig war, weil Gott die Gerechtigkeit liebt. Zion, damit ist Israel gemeint, muss durch Recht erlöst werden. Und um dieser Gerechtigkeit willen muss die Sünde gerichtet werden. Das Wunder der Gnade dabei ist, dass Gott dieses Gericht am Kreuz an sich selbst vollzieht. Erst seitdem über Jesus das Gericht ergangen ist, gibt es Vergebung der Sünden. Die Strafe liegt auf ihm, Jesus, auf dass wir Frieden hätten.

Ungerechtigkeit ist eine der Sünden dieser Welt. Doch Gott liebt das Recht, deshalb beschreibt die Bibel unsere Zukunft in Petrus 3,13 so: Wir warten auf einen neuen Himmel und eine neue Erde, in welchen Gerechtigkeit wohnt.

Herr! Ich stelle mich unter deine Gerechtigkeit. Amen.

23. Mai

Weh denen, die Böses gut und Gutes böse nennen, die aus Finsternis Licht und aus Licht Finsternis machen, die aus sauer süß und aus süß sauer machen!

Jesaja 5,20

Gott hat ein klares Wort für die Menschen. An seiner Klarheit und Schönheit können sich die Menschen orientieren.

Dann gibt es aber Personen, die werfen Nebelgranaten – die brennen dann unter starker Rauchentwicklung ab und die klare Sicht wird getrübt, die Orientierung wird schwierig. Genau das geschieht, wenn Böses gut und Gutes böse genannt wird. Die Grundsätze werden auf den Kopf gestellt. Das Denken und Urteilen wird verwirrt. Menschen werden getäuscht. Ein getäuschter Mensch trifft falsche Entscheidungen – und weiß es nicht einmal.

Die Bibel nennt Sünde klar beim Namen. Und die Bibel benennt ganz klar, dass Jesus in allem der Erste sei. Glaubt man das, dann lichtet sich der Nebel; die Finsternis, die Licht genannt wurde, findet ein Ende. Es wird tatsächlich licht und hell.

Nimm Jesus an, lass ihn dein Leben regieren. Jesus rettet aus Sünde, aus Unklarheit, aus Nebel und Finsternis.

Paulus wird an die Galater schreiben: „Mich wundert, dass ihr euch so bald abwenden lasst von dem, der euch berufen hat in die Gnade Christi, zu einem anderen Evangelium, obwohl es doch kein anderes gibt; nur dass einige da sind, die euch verwirren und wollen das Evangelium Christi verkehren."

Das ist Evangelium: Jesus rettet. Kehre um, und du kannst dich von ihm retten lassen.

Du Herr, bist der Fels, auf dem ich stehe. Amen.

24. Mai

Glaubt ihr nicht, so bleibt ihr nicht.
Jesaja 7,9b

König Ahas von Juda scheint zwischen die Mühlräder der großen Politik zu geraten. Die Nachbarstaaten planen einen Krieg gegen die Assyrer. König Ahas wird bedrängt, mit ihnen zusammen gegen Assyrien zu kämpfen. Andernfalls werde er von den Nachbarstaaten angegriffen. Ahas entscheidet sich zugunsten einer Allianz mit den Assyrern, die er um Hilfe anrufen will.

Da kommt der Prophet Jesaja zum König von Juda und fordert ihn auf, etwas anderes zu tun. Jesaja steht mit Ahas am Ende der Wasserleitungen des oberen Teiches, und der Herr weist Jesaja an, dem König dies zu sagen: „Hüte dich und bleibe still; fürchte dich nicht, und dein Herz sei unverzagt vor diesen Brandscheiten, die nur noch rauchen." Mit den Brandscheiten sind die Heere der Nachbarstaaten gemeint, die nun Juda angreifen wollen. Jesaja setzt fort: „So spricht Gott, der Herr: ,Es soll nicht geschehen und nicht so gehen.'"

Gott verspricht, Juda zu schützen. Es soll keinen Krieg geben. Das alles ist jedoch an eine Bedingung geknüpft: Ahas und Juda müssen Gott glauben: „Glaubt ihr nicht, so bleibt ihr nicht."

Ahas hat Zweifel: „Sollte Gott wirklich mit Jesaja gesprochen haben? Sollte Abwarten wirklich die richtige Strategie sein? Soll ich wirklich nicht nach den Gesetzen der großen Politik handeln? Sollte Gottes Arm stark genug sein, mir zu helfen?"

Ahas darf sich ein Zeichen von Gott erbitten, um zu erkennen, dass das Prophetenwort wahr ist. Doch Ahas verzichtet auf ein Zeichen – er will Gott nicht versuchen. Da spricht Jesaja: „Gott wird selbst ein Zeichen geben: Siehe, eine Jungfrau ist schwanger und wird einen Sohn gebären, den wird sie nennen Immanuel, das heißt, Gott ist mit uns."

Christus ist dieses Zeichen, das Gott gesandt hat. Glauben wir ihm nicht, so bleiben wir nicht. Glauben wir ihm, so bleibt Gott mit uns.

Ich will dir glauben. Ich will bei dir bleiben, Herr. Amen.

25. Mai

Das Volk, das im Finstern wandelt, sieht ein großes Licht, und über denen, die da wohnen im finstern Lande, scheint es hell.
Jesaja 9,1

Dunkelheit macht uns Angst. Im Dunkeln können wir die schönen Dinge nicht mehr sehen. Alle Freude verfliegt. Eine trübe Stimmung legt sich auf die Seele.

Da kommt Jesaja und macht den Menschen wieder Hoffnung: „Gott wird euch ein Licht senden. Gott lässt euch nicht allein. Sein Licht ist das Licht des Lebens."

Gottes Licht wird sich ankündigen in einem kleinen Sternlein über einem gewöhnlichen Stall in Bethlehem. Dort wird – als kleines Kind – Gott, der Retter geboren. Er ist das Licht der Welt. Es wird hell und licht im Leben der Menschen, die auf Jesus sehen.

Doch dann wird es noch einmal dunkel werden – über Golgatha. Da stirbt Gott für die Sünden der Welt. Im Herzen der Frauen, die zum Grab gehen, wird es eng und schwer sein. Doch dann geht auch über diesen Frauen das Licht des Lebens auf. Ein Engel wird ihnen sagen: „Fürchtet euch nicht. Jesus Christus ist auferstanden. Er hat den Tod besiegt. Jesus hat die Welt überwunden." Und nun scheint das Licht heller und schöner als je zuvor.

Ja, Gott hat einen Plan mit der Welt. Jesaja darf es ankündigen. Und Jesaja nennt die Ehrentitel unseres Königs: „Denn uns ist ein Kind geboren, ein Sohn ist uns gegeben, und die Herrschaft ruht auf seiner Schulter; und er heißt Wunder-Rat, Gott-Held, Ewig-Vater, Friede-Fürst."

Dieser starke König hat auch einen Plan mit dir. Du darfst ihm vertrauen. Er wird sein Licht und seine Schönheit auch in deinem Leben bekräftigen.

Du, Herr, bist das Licht der Welt. Und du bist auch das Licht in meinem Leben. Amen.

26. Mai

Ihr werdet mit Freuden Wasser schöpfen aus den Heilsbrunnen.
Jesaja 12,3

Wasser gehört zum Leben einfach dazu. Jede kleinste Zelle in unserem Körper braucht das Wasser für ihren Stoffwechsel. Ohne Wasser könnten wir nicht existieren.

Wasser brauchen wir nicht nur zur Erfrischung, wir brauchen es auch zur Reinigung. Wasserquellen und Brunnen sind für Menschen darum so wichtig, sie werden gut geschützt und bewahrt.

Schöpfen heißt, einen leeren Eimer in den Brunnen zu versenken. Einen leeren Eimer zu bringen, bedeutet, dass wir verstanden haben, dass wir von uns aus nicht das haben, was wir zum Leben brauchen. Der Eimer taucht dann aber im Brunnen ein. Wir holen ihn wieder herauf. Und er ist auf wunderbare Weise mit kühlem, herrlichem, frischem Wasser gefüllt. So geht das Leben aus der Quelle.

Brunnen sind auch Treffpunkte für eine Gemeinschaft, hier begegnet man sich und tauscht sich aus. Jesus wird einige wichtige Gespräche an Brunnen führen. Dabei wird Menschen klar werden, dass Jesus selbst die Lebensquelle ist, dass er das Wasser des Lebens ist. Jesus ist der Heilsbrunnen Gottes, aus dem wir schöpfen dürfen. Wir dürfen uns an Jesus erfrischen, wir dürfen ihn genießen.

Dieses Schöpfen aus dem Heilsbrunnen ist eine freudige Sache. Wenn du wissen möchtest, wie diese Freude aussieht, dann schaue einmal an einem heißen Sommertag den Kindern beim Spiel an einem Brunnen oder einer Wasserquelle zu. Da wird gelacht, da wird gejauchzt und gejubelt. Hier darfst du von den Kindern lernen, deiner Freude über das Schöpfen aus dem Heilsbrunnen freien Lauf zu lassen.

Du, Herr, bist meine ganze Freude. Amen.

27. Mai

Denn so spricht Gott der Herr, der Heilige Israels: Wenn ihr umkehrtet und stille bliebet, so würde euch geholfen; durch Stillesein und Hoffen würdet ihr stark sein.

Jesaja 30,15

Unsere Ungeduld kann uns in große Not bringen. Ein schreckliches Beispiel gibt uns König Saul, der auf Samuel wartet, um zu opfern. Doch Samuel lässt auf sich warten. Dem Saul droht schon das Volk wegzulaufen. Aus Furcht vor dem Volk nimmt Saul das Opfer nun selbst vor – obwohl Gott ihm das verboten hatte. Nach diesen Geschehnissen hat Gott Saul als König verworfen.

Abraham dauerte es zu lange, bis Gott ihm den versprochenen Sohn schenkte. Da ließ er sich auf die Magd Hagar ein – und die ganze Geschichte machte Abraham und seiner Familie später noch viel Not.

Auch die Jünger werden noch ungeduldig mit Jesus sein. Sie werden sich ganz sicher sein, dass Jesus die Königsherrschaft antritt. Doch Jesu Weg wird zum Kreuz führen. Das ist kein Umweg. Das ist der Königsweg – Jesus hat einen ganz anderen Begriff von Königsherrschaft als seine Jünger.

Gott hat einen Weg für uns. Wenn wir diesem Weg ungeduldig vorauseilen, dann kann uns das in Not stürzen.

Vertraue darauf, dass Gott dich auch in der Zeit deines Wartens nicht vergessen hat. Sein Arm ist nicht zu kurz, um auch dir zu helfen.

Du, Herr, führst, trägst, erhebst und rettest mich. Amen.

28. Mai

Herr, lass mich wieder genesen und leben!
Jesaja 38,16

König Hiskia wird todkrank. In der Zeit seiner Krankheit kommt der Prophet Jesaja zu ihm und richtet ihm von Gott aus, Hiskia solle sein Haus bestellen, denn er werde an der Krankheit sterben. Die Bibel beschreibt, wie sich Hiskia mit seinem Angesicht zur Wand wendet, um zum Herrn zu beten: „Gedenke doch Herr, wie ich vor dir in Treue und ungeteilten Herzens gewandelt bin, wie ich getan habe, was dir gefällt." Und dann weint Hiskia sehr.

Da beauftragt Gott den Jesaja noch einmal, zu König Hiskia zu gehen, um ihm ein neues Wort zu sagen: „Der Herr sagt: ‚Ich habe dein Gebet gehört und deine Tränen gesehen. Siehe, ich will deinen Tagen noch fünfzehn Jahre zulegen.'" Und Gott verspricht nicht nur, Hiskia von seiner Krankheit zu heilen. Gott sagt auch zu, sein Königreich Juda vor dem Angriff der gegnerischen Assyrer zu bewahren. Und zum Zeichen, dass dies alles wahr ist, lässt Gott die Sonne zehn Striche auf der Sonnenuhr von Westen nach Osten zurücklaufen. Solch ein Rückwärtslauf der Sonne wird in der Bibel nur einmal beschrieben.

Und Hiskias Herz wird wieder fröhlich, der König lebt wieder auf. Und zum Dank dichtet er ein Lied. In diesem Lied spricht Hiskia von seiner Not und Angst. Aber dann kommt der Wendepunkt im Lied mit diesem Vers: „Herr, lass mich wieder genesen und leben!" Und nach dem Wendepunkt geht es im Lied so weiter: „Du aber hast dich meiner Seele herzlich angenommen, dass sie nicht verdürbe; denn du warfst alle meine Sünden hinter dich zurück."

Hast du auch jemanden, der sich deiner Seele herzlich annimmt? Nur Jesus kann das. Nur Jesus kann auch die Schuld nehmen. Er kann das schenken.

Danke, Herr, das du dich auch meiner Seele herzlich angenommen hast. Amen.

29. Mai

Wer misst die Wasser mit der hohlen Hand, und wer bestimmt des Himmels Weite mit der Spanne und fasst den Staub der Erde mit dem Maß und wiegt die Berge mit einem Gewicht und die Hügel mit einer Waage?
Jesaja 40,12

Ich habe es gehört – ich kann es nicht belegen – dass in den USA 80% der Astronomen, die den Sternenhimmel erforschen, an Gott glauben und Christen sind. Ja, warum? Es ist schwer, diese Arbeit zu tun und nicht an Gott zu glauben. Wer den Sternenhimmel erforscht, betrachtet und beobachtet, der glaubt an Gott, und er weiß, dass er selbst klein ist.

Das Licht von unserem Mond zur Erde braucht eine Sekunde – obwohl das Licht so schnell ist. Das Licht von unserer Sonne zur Erde braucht acht Minuten. Unser Sonnensystem hat den Durchmesser von 9 Lichtstunden, das ist ein Tausendstel Lichtjahr. In Kilometern ausgedrückt sind das 12 Milliarden Kilometer. Es gibt in unserer Milchstraße 100 Milliarden Sonnen wie unsere Sonne – manche kleiner, manche größer. Und unsere Milchstraße hat einen Durchmesser von 100.000 Lichtjahren. Und unsere Milchstraße mit unserem Sonnensystem findet sich in einem Supercluster mit 2500 anderen Milchstraßen; die nächste Milchstraße ist der Andromedanebel, der als blasses Fleckchen mit bloßem Auge am Himmel beobachtet werden kann. Das Supercluster mit den übrigen 2500 Milchstraßen jedenfalls hat wiederum einen Durchmesser von 80 Millionen Lichtjahren. Und mit unseren Radioteleskopen können wir 10 Milliarden Lichtjahre weit „sehen". Und das ist nur die Hälfte von allem, was wir sehen: wir können in beide Richtungen 10 Milliarden Lichtjahre weit sehen.

Und nun sagt Jesaja in Kapitel 40, Vers 12 ganz schlicht: Gott misst all das mit seiner Hand. Mit der Hand.

Die Frage ist, ob du Gott kennst. Wie groß ist dein Gott? Siehst du, entweder kennst du den echten Gott, oder du kennst gar keinen.

Herr! Ich bete dich in deiner Stärke und Größe an. Amen.

30. Mai

Das geknickte Rohr wird er nicht zerbrechen, und den glimmenden Docht wird er nicht auslöschen.
Jesaja 42,3a

Ein geknicktes Schilfrohr richtet sich nicht mehr auf. Es liegt am Boden. Taucht es ins Wasser, dann verfault es recht schnell. Es wird wertlos. Genauso erfüllt auch eine Kerze, die nur noch glimmt, nicht mehr ihren Dienst. Man löscht sie, wirft sie fort, holt aus der Schublade eine neue Kerze und zündet sie an.

Das Schwache, der Geknickte, das Glimmende hat in der Regel keine Chance mehr. Doch hier ist von jemandem die Rede, der das geknickte Rohr *nicht* zerbrechen wird, der den glimmenden Docht *nicht* auslöschen wird. Hier handelt einer ganz anders als die Welt. Es ist unser Herr, der ganz anders handelt. Es ist Jesus, der geknickten Menschen wieder Hoffnung gibt und sie wieder aufrichtet. Jesus stellt auch einen Zachäus, der sich als ungerechter Zolleinnehmer an anderen Menschen bereichert hat, wieder auf die Beine. Jesus stellt auch eine Ehebrecherin, die von anderen Menschen zu Jesus herangezerrt wird, wieder auf die Beine. Jesus hört nicht auf, so zu handeln, selbst wenn er einem Gelähmten gegenübersteht. Die Schöpfungskraft Jesu zeigt sich besonders stark, wenn ein Mensch, der seit Jahrzehnten nicht mehr laufen kann, von unserem Herrn auf die Beine gestellt wird.

Jesus sammelt die Geknickten und Glimmenden dieser Welt um sich herum. Er tut alles, dass Geknickte nicht zerbrochen werden, tut alles, dass Glimmende nicht ausgelöscht werden. Es ist ungeheuerlich, dass genau dieser wunderbare Herr von den Menschen verworfen und getötet wird. Doch unser heutiger Text setzt sich so in der Bibel fort: „Er selbst wird nicht verlöschen und nicht zerbrechen, bis er auf Erden das Recht aufrichte; und die Inseln warten auf seine Weisung." Unser Vater im Himmel hat unseren gekreuzigten Herrn schließlich von den Toten auferweckt und wieder auf die Beine gestellt. Das Aufrichten ist der Masterplan Gottes für eine gefallene Welt.

Danke, Herr, dass du auch mich aufgerichtet hast. Amen.

31. Mai

Fürchte dich nicht, denn ich habe dich erlöst; ich habe dich bei deinem Namen gerufen; du bist mein!
Jesaja 43,1

Dieses Wort verspricht die Nähe deines Herrn, der dich kennt, deinen Namen nennt und dich erlöst. An der Seite dieses starken Herrn kann man es wagen, zu leben.

So vieles will unser Leben bedrohen, so viele Gefahren lauern. Jesaja benennt ein paar dieser Gefahren: tiefe Wasser, fortreißende Ströme und Feuer. Vielleicht kannst du in deinem Leben die Liste fortsetzen: bedrohliche Arbeitskollegen, kranke Nachbarn, verständnislose Geschwister in der Familie oder auch in der Gemeinde. Dazu mögen auch noch Sorgen um die eigenen Finanzen oder deine körperliche Unversehrtheit in einer gewalttätigen Umwelt kommen.

Dem Retter und Erlöser namentlich bekannt zu sein, macht die Seele still und gefasst. Und mehr noch: als Kind Gottes hat der Herr deinen Namen auch in das Buch des Lebens geschrieben. Ja, im Himmel gibt es sogar eine gut gesicherte Datenbank – davon bin ich überzeugt – die auch die schönen Momente deines Lebens bewahrt. Nichts Schönes, keine wertvolle Erinnerung, kein erhebendes Erlebnis geht vor dem Thron Gottes jemals verloren.

Deshalb brauchen wir niemals wehmütig oder furchtsam auf unser Leben zurückschauen. Wir brauchen uns an kein Andenken zu klammern. Nichts geht verloren. Alles wird bei unserem Erlöser bewahrt: Name, Stammdaten, Vorlieben, schöne Erinnerungen. Denn du bist sein. Du darfst Jesu Eigentum sein. Und über sein Eigentum wacht Gott zuverlässig und sicher.

Ich gehöre dir, Herr. Ich bin dein Kind und Eigentum. Amen.

1. Juni

Ich bin der Herr, und sonst keiner mehr, der ich das Licht mache und schaffe die Finsternis, der ich Frieden gebe und schaffe Unheil. Ich bin der Herr, der dies alles tut.
Jesaja 45,6.7

Es mag dunkle Stunden geben, in denen du dich fragst, wie das Schwere in dein Leben kam. In solch dunklen Stunden ist es tröstlich, darauf zu vertrauen, dass es dein Herr ist, der sowohl Unheil schaffen als auch Frieden geben kann.

Römer 8,28 sagt: Wir wissen aber, dass denen, die Gott lieben, alle Dinge zum Besten dienen, denen, die nach seinem Ratschluss berufen sind.

Hänge dich an Gott, gib nicht auf, darauf zu vertrauen, dass du von ihm berufen bist. Von Gott berufen zu sein heißt auch, von Gott gesegnet zu sein. Zu allen Zeiten, bei allen Ereignissen. Dein Heil steht allein beim Herrn.

Herr, ich lege mich in deine Hand. Tue mit mir, wie es dir gefällt. Amen.

2. Juni

Die Strafe liegt auf ihm, auf dass wir Frieden hätten, und durch seine Wunden sind wir geheilt.

Jesaja 53,5b

Wenn dein Herz unruhig ist, dann solltest du dieses Wort auswendig kennen.

Unser Herr nimmt, und er gibt. Er nimmt die Strafe. Er gibt den Frieden. Jesus nimmt, und er gibt.

Wir müssen nicht an einem Kreuz oder sonst irgendwo für unsere Schuld sterben. Das hat Jesus bereits getan; Jesus, unser Freund, unser Meister, unser Bruder und König, ja, unser herrlicher König; Jesus, unser Herr und Gott.

Sünde wiegt schwer. Die Lösung eines Problems steht immer im Zusammenhang mit der Schwere des Problems. Der kleine Tim verletzt sich beim Spielen am Finger. Seine Mutter pustet und klebt ein Pflaster auf. Alles ist in Ordnung. Bei Herrn Schmidt sieht es anders aus. Herr Schmidt hat einen Herzinfarkt. Die Ärzte im Krankenhaus sagen ihm, dass sie ihm die Beine aufschneiden müssen, Venen herausnehmen müssen, dass sie danach das Brustbein aufsägen müssen, den Kreislauf an eine Herz-Lungen-Maschine anschließen müssen, um dann die Venen als neue Herzkranzgefäße annähen zu können. „Was wollen sie tun?", fällt Herr Schmidt aus allen Wolken, „ich will, dass gepustet wird, ich will, dass ein Pflaster aufgeklebt wird." – „Nein, Herr Schmidt", sagen die Ärzte, „sie brauchen eine Bypass-Operation."

Die Lösung eines Problems steht immer im Zusammenhang mit der Schwere des Problems. Wenn das Kreuz, das schreckliche Kreuz, die Lösung für unser Problem ist, wie schwer wiegt dann das Problem?

Ahnst du nun, wie schwer Sünde wiegt? – Die Strafe liegt auf ihm, auf dass wir Frieden hätten. Du sollst leben.

Herr! Du bist mein Heil. Amen.

3. Juni

Über dir geht auf der Herr, und seine Herrlichkeit erscheint über dir.

Jesaja 60,2b

Wie geht das? Dass die Herrlichkeit Gottes über uns erscheint? Das geht mit Gotteskraft.

Genauso wie den Sonnenaufgang können wir auch Gotteskraft nicht aufhalten – wir können sie auch nicht beschleunigen. Aber wir können sie bezeugen.

Wenn Jesus vom Vater und vom Himmel spricht, dann erscheint die Herrlichkeit Gottes über unserem Leben.

Wenn Jesus von der Liebe des Vaters erzählt, mit der der Vater dem heimkehrenden Sohn entgegeneilt, dann ahnen wir, welche Herrlichkeit und welche Kraft von Gott ausgehen.

Wenn der verzweifelte Petrus, nachdem er Jesus verleugnet hatte, von seinem Herrn eine neue Chance bekommt, dann erkennen wir, mit welcher Herrlichkeit Jesus sein Regiment führt.

Wenn es auch eine Lösung für dich in deinem Leben gibt, dann erscheint die Herrlichkeit Gottes über dir.

Und wir bezeugen die Herrlichkeit, indem wir Jesus unser Leben geben. Ganz und gar.

Herr! Ich gehöre dir und ich bezeuge, du bist herrlich. Amen.

4. Juni

Ich freue mich im Herrn, und meine Seele ist fröhlich in meinem Gott; denn er hat mir die Kleider des Heils angezogen und mich mit dem Mantel der Gerechtigkeit gekleidet.
Jesaja 61,10

Als Adam und Eva sich wegen ihrer Nacktheit vor Gott schämten, da hat Gott, ihr Vater, ihnen Kleider gemacht. Ja, eben noch hatte Gott über ihre Sünde geurteilt und hat die beiden gerichtet. Doch sofort brachte Gott in seinen Händen die neuen Kleider für die beiden. Die Scham vor Gott fand ein Ende.

In diesem Bibelwort geht es nun um die Kleider des Heils und den Mantel der Gerechtigkeit. Unter dem Kreuz von Golgatha finden wir die Kleiderkammer Gottes. In dieser Kleiderkammer legen wir unser altes, schmutziges Kleid ab und ziehen die neuen Kleider des Heils an. Dann kleiden wir uns nicht mehr in Selbstgerechtigkeit, sondern wir kleiden uns in die Gerechtigkeit, die der Vater in Jesus schenkt.

Mein Papa war ein Schneider und Kürschner. Als ich etwa acht Jahre alt war, da machte mein Papa mir einen Anzug. Dazu maß er zuerst sehr sorgfältig meine Armlänge, meinen Brustumfang, meine Taille, meine Beinlänge. Dann wurde auf Papier ein Schnittmuster für den Stoff gezeichnet. Und auf dem Schnittmusterpapier stand mein Name, Rüdiger. Dann wurde der Anzug geschneidert und mit ganz lockeren Nähten zusammengeheftet. Ich durfte den Anzug zur Probe ganz vorsichtig anziehen. Da wurde dann geschaut, ob hier und da noch etwas mit Nähten weggenommen oder dazugegeben werden musste. Und dann wurde der Anzug fertig gestellt.

Bei all dem ist mir etwas klar geworden: wenn der Vater uns ein Kleid macht, dann wird das mit viel Liebe gemacht. Das Kleid ist einzigartig – nicht von der Stange. So ist es auch mit dem Kleid des Heils, das uns der Vater im Himmel fertigt. Nimm es einfach an, kleide dich damit. Du darfst sicher sein: es wird dir passen.

Herr! Ich danke dir, dass du mich mit deiner Liebe kleidest. Amen.

5. Juni

Ich will euch trösten, wie einen seine Mutter tröstet; ja, ihr sollt an Jerusalem getröstet werden.
Jesaja 66,13

Der Prophet Jesaja wendet sich an die kleine Zahl derer in Israel, die das Wort Gottes noch ernst nimmt und dafür von der großen Mehrheit verfolgt wird. Verfolgung. Angst. Bedrängnis. Das ist die Situation, in die Jesaja hineinspricht: „Kaum sind die Wehen da, schon wird im selben Augenblick ein ganzes Land neu geboren. Ja, so wird es Zion ergehen." Wahrer Trost kommt von Gott. Womit soll Jesaja das vergleichen? Und da verwendet der Prophet das Beispiel der liebenden und tröstenden Mutter. Sie reicht dem Kind die Hand, zieht es an sich heran, wenn es sich fürchtet und spricht auch das heilende Wort, um die Furcht zu besiegen. Und die Anwesenheit der Mutter, um Trost zu spenden, ist ständig und dauerhaft, sie ist, wann immer sie gebraucht wird, ihrem Kind zugewandt. So haben wir drei Söhne auch unsere Mutti erlebt. Dass sie einmal wegen einer Erkrankung im Bett liegen blieb und sich nicht um ihre Familie kümmerte, wäre undenkbar gewesen. Dass ihr irgendwann einmal eine eigene Beschäftigung wichtiger gewesen wäre als das Wohl ihrer Kinder, kannten wir nicht. Trost erhalten Kinder von ihrer Mutter, wann immer sie ihn bedürfen. Das gibt Sicherheit. Und das hat Folgen. Der Folgevers unseres heutigen Bibelwortes beschreibt es:

Wenn ihr das alles seht, werdet ihr wieder von Herzen fröhlich sein, und neue Lebenskraft wird euch durchströmen.

Mit dieser Fröhlichkeit und Lebenskraft können wir neue Schritte wagen. Getröstet. Und ermutigt. Das Wort aus Jesaja gilt ursprünglich Israel. Durch Christus gilt es nun auch uns. Mit diesem sicheren Hafen, Gott, der tröstenden Mutter im Hintergrund, darfst du dich auf diesen neuen Tag einlassen, darfst aufatmen und Neues erleben.

Ja, Herr, du hast mir Trost gesandt. Reichlich. Amen.

6. Juni

Denn mein Volk tut eine zwiefache Sünde: mich, die lebendige Quelle, verlassen sie und machen sich Zisternen, die doch rissig sind und kein Wasser geben.

Jeremia 2,13

„Ich gehe heute in den Gottesdienst, um wieder aufzutanken", so höre ich immer mal wieder von anderen. Aber da stellt sich die Frage: Wie ist deine Verbindung zur Tankstelle zwischen den sonntäglichen Gottesdiensten? Ein Auto hat keine Verbindung zur Tankstelle, während es fährt. Es hat einen Tank, der das Auto – zumindest zeitweise – unabhängig von der Tankstelle macht, bis die Tanknadel wieder auf Null weist.

Solch ein Tank ist wie eine Zisterne. Das ist ein Wasserspeicher, dem kein neues Wasser von unten her zufließt – denn wenn es so wäre, dann wäre dieser Speicher ja ein Brunnen. Der Text sagt, Zisternen sind rissig – so verlieren sie das Wasser, das in ihnen gespeichert ist. In Zeiten der Dürre geben sie dann schnell kein Wasser mehr.

Dass das Volk auf solche Zisternen vertraut, ist *eine* Sünde. Die *andere* Sünde ist, dass das Volk die lebendige Quelle verlassen hat. Das Lebensprinzip, das die Bibel empfiehlt, ist also, stets in Verbindung mit der frisch sprudelnden Quelle zu sein. Dann tankst du nicht mehr nur sonntags zwischen 10.00 und 12.00 Uhr auf. Dann reißt der Kontakt zum lebendigen Gott nie ab.

Damit sind wir nicht mehr mit Autos zu vergleichen, die immer wieder zu einer Tankstelle zurückkehren müssen. Wir sind vielmehr wie Straßenbahnen, die über die Oberleitungen ständig frischen Strom zapfen. „Ohne mich könnt ihr nichts tun", sagt Jesus. Und so bleibt eine Straßenbahn tatsächlich stehen, wenn sie den Kontakt zur Oberleitung verliert. Ein Straßenbahnfahrer weiß um die Abhängigkeit von der Quelle. Du auch?

Ich will ganz an dir hängen und dich nicht verlassen, Herr. Du bist meine frische Quelle. Amen.

7. Juni

Wer sich rühmen will, der rühme sich dessen, dass er klug sei und mich kenne, dass ich der Herr bin, der Barmherzigkeit, Recht und Gerechtigkeit übt auf Erden; denn solches gefällt mir, spricht der Herr.

Jeremia 9,23

Darf ich stolz sein? Darf ich mich rühmen? Was ist Ruhm? Wie erreiche ich ihn? – John Lennon hat großen Widerstand hervorgerufen, als er auf dem Gipfel seines Erfolgs sagte „Nun sind wir berühmter als Jesus." Tatsächlich haben Mitte der 60er Jahre des 20. Jahrhunderts viele Evangelisationen die Massen nicht so sehr bewegt, wie die Konzerte der Beatles das taten. Hatte John Lennon am Ende sogar Recht? – Ganz sicher nicht. Der Hype um die vier Pilzköpfe aus Liverpool ist für die heutige Generation nicht mehr nachvollziehbar. Selbst die alten Filmaufnahmen der Musikgruppe und ihrer Fans ernten bei unseren Kindern heute nur noch Kopfschütteln. Beatles sind nicht mehr so lässig und cool.

Was ist Ruhm? Da denken wir schnell an das Buch Prediger, in dem es heißt „Was hat der Mensch für Gewinn von all seiner Mühe, die er hat unter der Sonne?"

Darf ich stolz sein? Darf ich mich rühmen? – Verschiedene Menschen haben verschiedene Strebungen, die sie motivieren. Manch einen mag Geld motivieren, manchen Macht, einen Dritten Ehre und Ruhm. Wenn das Rühmen in einem Menschen angelegt ist, dann ist es sinnvoll, dieses Rühmen richtig zu kanalisieren. Sonst hascht man – um es mit dem Prediger zu sagen – schnell nach Wind.

Ja, du darfst dich rühmen. Du darfst dich rühmen, deinen schönen und starken Gott zu kennen. Seine Schönheit und Stärke zeigen sich in seiner Barmherzigkeit und Gerechtigkeit. Plötzlich bekommt Rühmen dann doch einen Sinn. Denn Rühmen hat nur in Verbindung mit dem ewigen Gott eine Bedeutung. Jesus ist unser Ruhm.

Herr! Du bist mein Gott, den ich anbete. Amen.

8. Juni

Gesegnet aber ist der Mann, der sich auf den Herrn verlässt und dessen Zuversicht der Herr ist.
Jeremia 17,7

Wenn man seine Taufe sehr ernst nimmt – und das tue ich, denn damit bekenne ich mich zu meinem Herrn, Jesus – dann ist einem auch sein Taufspruch sehr wichtig.

Die Eltern meines Vaters sind schon früh heimgegangen, mein Großvater väterlicherseits schon vor meiner Geburt, meine Großmutter väterlicherseits, als ich drei Jahre alt war. Die Eltern meiner Mutter lebten in Forst in der Lausitz, damals noch in der DDR, direkt an der Grenze zu Polen. Durch den eisernen Vorhang waren sie sehr weit weg.

Friedel und Rudi Papke aus unserer Christusgemeinde in Neu-Isenburg wurden mir zu Ersatzgroßeltern. Wir gingen zusammen zum Fischen und ich plantschte als Kind in ihrem Swimming Pool im Garten. Als ich dann mit 22 Jahren entschied, mich taufen zu lassen – meine Eltern hatten mich als Baby nicht taufen lassen, weil sie diese Entscheidung mir selbst überlassen wollten – da war es für mich ganz selbstverständlich, dass Rudi mein Taufpate wurde. Und Rudi suchte mir dieses Bibelwort aus: „Gesegnet aber ist der Mann, der sich auf den Herrn verlässt und dessen Zuversicht der Herr ist."

Dieses Wort begleitet mich nun seit meiner Taufe zu Pfingsten 1986. Und ich habe viel Segen erfahren – einfach, weil der Herr meine Zuversicht ist. Zuversicht im Allgemeinen tut schon gut. Doch Zuversicht auf den Herrn ist das Größte. Diese Zuversicht auf den Herrn macht gelassen, und man weiß, man wird vom Vater im Himmel geliebt.

Herr, du bist meine Zuversicht. Auf die hofft meine Seele. Amen.

9. Juni

Heile du mich, Herr, so werde ich heil; hilf du mir, so ist mir geholfen; denn du bist mein Ruhm.
Jeremia 17,14

Psalm 60 sagt uns, dass Menschenhilfe nichts nütze ist. Und David will lieber dem lebendigen Gott als den Menschen in die Hände fallen, weil er um die Ungerechtigkeit und Grausamkeit der Menschen weiß.

Da muss ein Mensch oft erst durch ein tiefes Tränental gehen, um solch eine Erkenntnis über andere Menschen zu sammeln.

Doch die Bibel nennt uns eine Adresse, an der wir um Hilfe und Beistand bitten dürfen: Bei Gott erfahren wir Heil, denn er ist der rechte Helfer. Denn bei unserem Herrn, Jesus, gibt es nicht nur schöne Worte. Jesus hilft durch sein starkes Handeln in unserem Lebensalltag. Die größte Last, die wir mit uns herumtragen, ist die Sünde gegen Gott und gegen andere Menschen. Hier kann Gott befreien – nicht durch Worte, sondern durch *das* Wort, das er in Jesus gesprochen hat. Denn Jesus hat die Macht, von Schuld zu befreien, er hat die Macht, dir diese größte Last abzunehmen. Wenn du jetzt fragst, wie das geschieht, dann sollst du wissen, dass es durch das Kreuz von Golgatha schon geschehen ist, du musst dich nur unter dieses Kreuz stellen. „Wie kann ich wissen, dass das wahr ist?" – Nun, der heilige Geist bezeugt deinem Geist, dass es wahr ist, dass Christus auch für dich gestorben ist und du ein Kind des heiligen Gottes geworden bist.

Wenn der Herr hilft – und er hilft gewiss, wenn du dich ihm zuwendest – dann ist dir geholfen. Sobald wir das in unserem Leben erfahren haben, wird unser Herz voller Freude und Lebenslust. Und ein neues Gefühl keimt in uns auf: Jesus wird unser Ruhm. Ihm gehören dann unsere Lieder, ihm gehören dann unsere Gedanken – ihm gehört dann unser Herz. Wir erfahren: Bei Jesus ist es einfach schön.

Du, Herr, bist mein starker Helfer in der Not. Amen.

10. Juni

Ist mein Wort nicht wie ein Feuer, spricht der Herr, und wie ein Hammer, der Felsen zerschmeißt?
Jeremia 23,29

Von wegen „süßes Jesulein". Das Wort, das Gott in Christus spricht, hat Macht und Kraft. Mit diesem Wort rollt Gott die ganze Weltgeschichte und die Geschichte einzelner Menschen noch einmal komplett auf.

Ja, es werden oft zu viele Worte gemacht. Viel zu oft werden Worte gemacht, denen keine Taten folgen. Das nennt man dann *talken*, besonders *small talken*. Worte ohne Ende – das ist eine zutiefst menschliche Erfindung.

Ganz anders, wenn Gott ein Wort spricht. Was er sagt, das geschieht. Was er bei seinem Namen ruft, das steht da. Und so hat sein Wort auch die Gewalt, die Welt aus den Angeln zu heben.

Meine Welt hat es aus den Angeln gehoben, dass Christus mir meine Schuld vergeben hat. Das Kreuz von Golgatha ging mir in Auge, Ohr und Herz hinein.

Wir dürfen dieses teure Wort Gottes nicht verharmlosen, wir wollen das kostbare Evangelium nicht nur auf den Trost verkürzen – nein, das machtvolle Wort Gottes ruft uns zur Veränderung und lädt wirksam zur Nachfolge Jesu ein. Denn dieses Wort ist wie ein Feuer, ja, es ist wie ein Hammer, der Felsen zerschmeißt. Es ist das Wort, das der Herr Zebaoth spricht, der über tausend mal tausend Engelsheere befiehlt, ja, es ist das Wort des Herrn Zebaoth, der auch schon einmal gemäß Psalm 46 die Spieße zerschlägt und die Wagen der menschlichen Kriegsheere verbrennt.

Du, Herr, bist der Schöpfer des Universums. Du bist der König der Könige.
Amen.

11. Juni

Denn ich weiß wohl, was für Gedanken ich über euch habe, spricht der Herr: Gedanken des Friedens und nicht des Leides, dass ich euch gebe das Ende, des ihr wartet.

Jeremia 29,11

Gott denkt an dich. Wenn du manchmal das Gegenteil annimmst, wenn du vermutest, Gott habe dich vergessen, dann liegst du falsch.

Und was denkt sich Gott über dich? Die Antwort ist sehr tröstlich, denn es sind Gedanken des Friedens – und nicht des Leides. Ja, es geht manchmal auch durch Schmerz, Sorge und Krankheit. Aber du sollst nicht in Unruhe geraten. Gottes Absicht mit dir ist sein Heil über deinem Leben. Gott will dich jeden Tag neu mit seiner Fürsorge beschenken.

Gott will dir das Ende geben, auf das du wartest. Er will dir Hoffnung und Zukunft geben. Du brauchst nicht länger am Hier und Jetzt zu hängen. Gott will deine Aufmerksamkeit vom Sichtbaren auf das Unsichtbare lenken. Ja, dein Ziel ist vor deinen Augen noch verdeckt. Aber Gott wird das Ziel nach und nach vor deinem Herzen aufdecken. Es geht um nicht weniger als die Gemeinschaft mit ihm selbst. Und es geht darum, wie Gott diese Gemeinschaft mit dir gestalten möchte.

Ja, der Vater liebt dich. Er liebt dich, auch wenn du das, was heute geschieht, noch nicht verstehst. Das Beste liegt noch vor dir. Und wenn du heute etwas Schönes erlebst, dann darfst du darauf vertrauen, dass sich all das Wunderbare im Himmel noch vollenden wird. Für Friede und Heil über deinem Leben darfst du Gott schon heute loben und preisen.

Ich danke dir, Vater, für das Leben, das du mir geschenkt hast. Amen.

12. Juni

Ich habe dich je und je geliebt, darum habe ich dich zu mir gezogen aus lauter Güte.

Jeremia 31,3b

Habe ich dir am Anfang des Jahres nicht eine Liebesgeschichte versprochen? Sie setzt sich in der Bibel – wie Leuchtfeuer, die zur Erleuchtung eines Weges nacheinander aufgeschichtet sind – nach und nach fort. Immer wieder leuchtet die Liebe des Vaters über dir auf.

Du darfst einen Blick in das Herz des Vaters im Himmel tun. Diese Liebesgeschichte, die ich dieses Jahr vor dir entfalte, zeigt Gottes Absicht mit dir, sie zeigt, wie warmherzig der Vater ist und welch einzigartige Verbindung er zu dir sucht.

Johannes wird sagen: Gott ist Liebe – weil sie sein ganzes Wesen durchzieht.

Wie weit geht Gottes Liebe? Was ist Gott bereit, zu geben? Im Kreuz von Golgatha erkennen wir, dass er sogar dazu bereit ist, sein eigenes Leben für deines zu geben. Er ist bereit, deine Strafe auf sich zu nehmen. Vom Kreuz her leuchtet das heutige Bibelwort: „Ich habe dich je und je geliebt." Das gilt ganz persönlich auch für dich. Selbst dann, wenn du der einzige Mensch wärst, der vor Gott schuldig geworden wäre, hätte Gott auch diesen Weg zum Kreuz gewählt. Allein für dich.

Ja, Gott starb für die ganze Welt, denn er liebt die Welt so sehr. Trotzdem bleibt seine Liebe und Güte auch exklusiv über dir und deinem Leben.

Denke bitte an seine Liebe, wenn du den Tag heute erlebst.

Herr! Auch ich will dich lieben. Amen.

13. Juni

Der Herr ist mein Teil, spricht meine Seele; darum will ich auf ihn hoffen.

Klagelieder 3,24

Das ist wie nach einer erfolgreichen Schatzsuche: alle sitzen im Kreis und haben Reichtümer und Schätze vor sich in der Mitte aufgebaut. Jeder darf sich einen Anteil nehmen. Jeder darf sich sein Teil wählen.

Ich habe mir als mein Teil den Herrn ausgesucht – darum darf ich auf ihn hoffen.

Man kann sich natürlich bei der Schatzsuche auch andere Teile aussuchen: Philosophien, Religionen, Weltanschauungen, menschliche Gedankenmodelle.

Aber es gibt nur einen Schatz, den Herrn Jesus Christus, der dauerhafte Freude schenkt und mich auch in der Tiefe noch hält.

Der Vergleich mit der erfolgreichen Schatzsuche hinkt jedoch: wenn sich jeder ein Teil aus der Schatzsuche auswählt, dann wird der Haufen mit den Reichtümern immer kleiner. Bei Gott ist das anders: jedesmal, wenn sich ein Mensch Gott als sein Teil wählt, dann wächst der Raum für Gott in der Gemeinschaft und der Schatz in der Mitte wird größer und reicher – nicht weniger. Dabei wächst das Reich Gottes.

Und noch etwas: du darfst darauf vertrauen, dass Gott auch dich als sein Teil erwählt hat.

Herr! Du bist mein Teil. Ich hoffe auf dich. Amen.

14. Juni

Der Herr ist freundlich dem, der auf ihn harrt, und dem Menschen, der nach ihm fragt.
Klagelieder 3,25

Der Prophet Jeremia schüttet die Not seines Herzens im Glauben vor Gott aus. Das erinnert uns an die schweren Prüfungen, die auch Hiob durchlitt: „Ach, wie viel Elend muss ich ertragen! Ich bin der Mann, den Gott mit der Rute schlägt", so beginnt das dritte Kapitel der Klagelieder. Aber in der Klage kriegt der Jeremia noch die Kurve: „Aber eine Hoffnung bleibt mir noch, an ihr halte ich fest: die Güte des Herrn hat kein Ende, sein Erbarmen hört nie auf. Groß ist deine Treue, Herr. Herr, ich brauche nur dich! Auf dich will ich hoffen." Es ist ein Wunder, wenn Menschen in tiefer Not diese Kurve kriegen. Das Hören von Gottes Wort ist hier eine große Hilfe. Aber es geht noch tiefer – hier ist von einem Wort die Rede, für das eine besondere Verheißung gilt. Das Wort heißt „Harren". Wenn ich an das Wort „Harren" denke, dann verbinde ich das mit dem Propheten Habakuk, der sich auf die Mauer stellte und auf Gottes Reden wartete. Habakuk wollte wissen, welche Antwort ihm Gott auf seine Klage gibt. Und Habakuk wartete nicht vergebens, Gott gab ihm Antwort: „Die Weissagung wird ja noch erfüllt werden zu ihrer Zeit und wird endlich frei an den Tag kommen und nicht trügen. Wenn sie sich auch hinzieht, so harre ihrer; sie wird gewiss kommen und nicht ausbleiben. Siehe, wer halsstarrig ist, der wird keine Ruhe in seinem Herzen haben, der Gerechte aber wird durch seinen Glauben leben." Harren und durch Glauben Leben sind, seit ich dieses Bibelwort gelesen habe, für mich zwei Tätigkeiten, die in unserer Zeit fest zusammengehören. Das wichtige Wort, das Gott auf unsere Klage hin gesprochen hat, heißt Jesus. Jesus ist die Antwort Gottes auf unsere Not und Verwirrung. Und mit diesem Wort – Jesus – schafft Gott Heil und Orientierung. Da wird das Kreuz, an dem Jesus für unsere Sünden starb, zum Koordinatenursprung für unser neues Leben. Da bezieht sich jede Koordinate unseres Lebens auf diesen Startpunkt „Jesus am Kreuz".

Herr! Gerne frage ich nach dir. Du bist mein Heil, auf das ich harre. Amen.

15. Juni

Und ich will ihnen ein anderes Herz geben und einen neuen Geist in sie geben und will das steinerne Herz wegnehmen aus ihrem Leibe und ihnen ein fleischernes Herz geben.
Hesekiel 11,19

Hesekiel ist Prophet des verbannten Volkes in Babylon. Gott lässt den Israeliten ausrichten, dass sie selbst ihr Exil verschuldet haben. Aber Hesekiel tröstet das Volk auch mit diesen Worten von Gott: „Ich will euch zusammenbringen aus den Völkern und will euch sammeln aus den Ländern, in die ihr zerstreut seid, und will euch das Land Israels geben." Kurz darauf schließt sich das heutige Bibelwort an.

Viel Mutlosigkeit, Hoffnungslosigkeit, ja Verzweiflung hat sich in dem Volk während des Exils angesammelt. Ein Herz, in dem sich keine Dankbarkeit mehr findet, fühlt sich wie ein schwerer Stein an. Ein steinernes Herz kann nicht umkehren, kann keine Buße tun. Es bleibt kalt und unempfindlich.

Da tritt Gott persönlich auf den Plan. Der lebendige Gott kann Menschenherzen verwandeln. Nur der lebendige Gott kann etwas Totes in etwas Lebendiges verwandeln: „Ich will das steinerne Herz wegnehmen aus ihrem Leibe und ihnen ein fleischernes Herz geben." Und das geschieht, indem der Herr ihnen zuerst einen neuen Geist gibt. Mit diesem Geist geschieht das Unmögliche.

Um diesen Geist darfst du bitten. Auch wenn dein Herz sich schwer und kalt anfühlt. Gott schafft die Wandlung. Er schenkt neues Leben.

Es ist deine Gnade, die mein Herz erneuert. Amen.

16. Juni

Meinst du, dass ich Gefallen habe am Tode des Gottlosen, spricht Gott der Herr, und nicht vielmehr daran, dass er sich bekehrt von seinen Wegen und am Leben bleibt?
Hesekiel 18,23

Gott will nicht, dass Menschen sterben. Er will nicht, dass Menschen einsam sind und verloren gehen. Er freut sich vielmehr darüber, wenn ein Mensch sich zu ihm umwendet, umkehrt, ja, ins Vaterhaus zurückkehrt.

Was Gott für uns will, das tut uns gut.

Und wir sehen an diesem Wort, dass es Gott um den Gottlosen jammert. Ja, es ist auch um den Gottlosen schade, wenn er sich vom Leben abwendet. Die Liebe des Vaters verfolgt auch den Menschen, der von Gott abgerückt ist.

Gottesferne darf sich in Gottesnähe wenden. Gott ist dabei, wenn das in einem Menschenleben geschieht, er unterstützt Umkehr und Buße. Der Vater im Himmel freut sich über den Richtungswechsel vom Tod zum Leben.

Umkehr und Buße bereiten nicht nur Gott eine Freude. Umkehr und Buße dienen auch den Personen im Umfeld eines Menschen, der die neue Richtung einschlägt. Gewaltspiralen drehen sich dann nicht mehr abwärts. Unrecht wird nicht mehr mit Unrecht vergolten. Auf ein böses Wort folgt nicht mehr eine weitere böse Antwort. Von deiner Umkehr und Buße profitieren so auch die Menschen um dich herum. Segen bricht sich Bahn. Reich Gottes wächst. Jesus gewinnt mehr und mehr Gestalt in dieser Welt.

Wo kannst du heute in deinem Leben einen Richtungswechsel einleiten?

Ich will tun, was dir, Herr, gefällt. Amen.

17. Juni

Wenn unser Gott, den wir verehren, will, so kann er uns erretten; aus dem glühenden Ofen und aus deiner Hand, o König, kann er erretten. Und wenn er's nicht tun will, so sollst du dennoch wissen, dass wir deinen Gott nicht ehren und das goldene Bild, das du hast aufrichten lassen, nicht anbeten wollen.
Daniel 3,17.18

Im Buch Daniel hören wir von Wundern und Prophetie. Wir hören von Angst und Gehorsam. Und wir erleben, dass die Geschehnisse nicht in einer Katastrophe münden, weil Gott persönlich eingreift.

König Nebukadnezar von Babylon ließ ein großes goldenes Standbild aufrichten, das die Menschen anbeten mussten. Sadrach, Mesach und Abednego, drei Männer aus dem Volk Israels, die im Exil in Babylon leben, verweigern sich diesem Aufruf. Sie ziehen damit die Aufmerksamkeit des Königs auf sich. Als sie noch eine letzte Möglichkeit erhalten, das Standbild doch noch anzubeten, geben sie diese Antwort: „Unser Gott kann erretten – und selbst, wenn er es nicht tut, werden wir das Standbild nicht anbeten."

Gott tut Wunder. Ständig. Es gibt alltägliche Wunder und es gibt außergewöhnliche Wunder. Beide wirkt Gott. Ein alltägliches Wunder ist, dass jeden Morgen neu über uns die Sonne aufgeht. Dass auf den Feldern wächst, was wir zum Essen brauchen. Dass jeden Tag neu die Luft da ist, die wir zum Atmen brauchen. Ein außergewöhnliches Wunder ist, wenn Gott im Feuerofen eingreift und vor dem Feuer errettet.

Die drei Männer wollen Gott bedingungslos gehorsam sein. Mit oder auch ohne das außergewöhnliche Eingreifen Gottes.

Kannst auch du dich so auf Gott einlassen?

Herr! Ich hänge mich bedingungslos an dich und deine Führung in meinem Leben. Amen.

18. Juni

Nebukadnezar antwortete und sprach: Ich sehe aber vier Männer frei im Feuer umhergehen, und sie sind unversehrt; und der vierte sieht aus, als wäre er ein Sohn der Götter.

Daniel 3,25

Nebukadnezar glaubt an viele Götter, nicht an *einen* Gott. Wenn er tatsächlich an *einen* Gott glauben würde, dann würde sich sein Ausspruch so lesen: „… und der vierte sieht aus, als wäre er der Sohn Gottes."

Da horchen wir auf. Jesus im Alten Testament? Jesus im Feuerofen? Drei Männer geben ihre Zukunft und ihr Geschick in Gottes Hand, als sie verurteilt werden, nachdem sie eine 30 Meter hohe Statue nicht angebetet hatten. Der Feuerofen ist tödlich. Keiner hat den Feuerofen bislang überlebt. Trotzdem lässt Nebukadnezar den Ofen diesmal noch siebenmal stärker heizen. Durch die große Hitze sterben die Henker, als sie die drei Männer, Sadrach, Mesach und Abednego, zum Feuerofen geleiten.

Nicht *vor*, sondern *im* Feuerofen geschieht das Wunder: Nebukadnezar schaut durch eine Öffnung in den Ofen hinein und glaubt seinen Augen nicht: statt der drei Männer sieht er jetzt vier Männer im Feuerofen; und der vierte sieht aus „wie ein Sohn der Götter".

Es genügt. Die Männer verbrennen nicht. Die drei Männer dürfen wieder aus dem Feuerofen herauskommen. Und die Beschreibung, wie sehr sie im brennenden Feuerofen beschützt worden sind, die ist so ausführlich und so anrührend: Und alle sahen, dass das Feuer keine Macht über den Leib der Männer gehabt hatte, dass auch das Haar auf ihrem Haupt nicht versengt war, dass ihre Mäntel nicht beschädigt waren und dass auch kein Brandgeruch an ihnen wahrzunehmen war.

So rettet der lebendige Gott. Umfassend. Sicher. Vollständig bis ins kleinste Detail.

Danke, Herr, für die Wunder, die du an uns tust. Amen.

19. Juni

Wie kann ich dich preisgeben gleich Adma und dich zurichten wie Zeboim? Mein Herz ist anderen Sinnes, alle meine Barmherzigkeit ist entbrannt.
Hosea 11,8b

Das ist eines der ergreifendsten Worte im Alten Testament: Hosea spricht von zwei Städten, die damals zwischen die Mahlsteine der Politik geraten waren, Adma und Zeboim. Die beiden Städte sahen aus wie Frankfurt nach dem zweiten Weltkrieg – kein Stein lag mehr auf dem anderen.

„Was soll ich mit dir machen?", fragt Gott sein Volk, „ich sollte dich eigentlich wie Adma und Zeboim zurichten. Aber mein Herz", sagt der lebendige Gott, dem unser Wesen mit all seiner Ungerechtigkeit ein Gräuel ist, „aber mein Herz ist anderen Sinnes. Meine Barmherzigkeit ist zu groß. All meine Barmherzigkeit ist entbrannt."

Gott reißt den Himmel auf und sendet seinen Sohn – sein Liebstes. Gott schenkt uns Jesus. Gehen wir nach Golgatha, da sehen wir Jesus angenagelt an einem Kreuz. Hier ist uns Gottes Herz aufgetan.

Das ist ein Wunder. Wenn mir Menschen ein Gräuel sind, dann verschließe ich mein Herz und wende mich ab. Nicht aber Gott. Er macht sein Herz unfassbar weit auf.

Und so dürfen wir auf Golgatha auch unser Herz dem lebendigen Gott gegenüber auftun. Wir dürfen alles ablegen, was in uns verwirrt und schuldig ist. Wir dürfen nicht eher ruhen, bis wir unter dem Kreuz Jesu errettet sind.

Du hast meine Seele dem Tod entrissen. Amen.

20. Juni

Und es soll geschehen: wer des Herrn Namen anrufen wird, der soll errettet werden.
Joel 3,5

Joel leitet eine große Gnadenzusage von Gott an Israel weiter. Und er schreibt: „Und nach all diesem will ich meinen Geist ausgießen über alles Fleisch, und eure Söhne und Töchter sollen weissagen, eure Alten sollen Träume haben, und eure Jünglinge sollen Gesichte sehen."

Das ist ein prophetisches Wort über die Ausgießung des heiligen Geistes. Es gibt auch andere Prophetien, nämlich die, dass in den letzten Tagen falsche Christusse aufstehen. Die nehmen das Kreuz aus dem Zentrum der Verkündigung und reden die Liebestat und volle Erfüllung des Gesetzes durch Jesus am Kreuz klein.

Aber die Gemeinde Gottes trifft sich weiter unter dem Kreuz. Christus wird bei seiner Wiederkunft durch das Kreuz eine neue Welt schaffen. Himmel und Erde werden sich durch das Kreuz gegenseitig durchdringen. Das Kreuz von Golgatha bleibt also auch in Zukunft die Heimat der Gemeinde. Und Gottes Lamm – das Lamm mit der tödlichen Wunde – wird der Sonnenschein und der Glanz der neuen Welt sein.

Und schon heute rettet das Lamm. Wer den Namen des Herrn anrufen wird, der soll errettet werden. Denn unsere Rettung ist nicht eine Tat, die irgendwann einmal in ferner Zukunft vielleicht durch irgendjemanden geschieht. Nein, unsere Rettung ist bereits geschehen, sie ist festgemacht an einer Person: Jesus. Sie ist festgemacht an einem Ort: Golgatha – eine Müllkippe vor den Toren Jerusalems. Sie ist festgemacht an einem Zeitpunkt: Es war ein Freitag vor dem Passafest vor rund 2000 Jahren.

Wir rufen den Namen des Lammes an – und wir werden gerettet. Sicher.

Danke, Herr, für alle prophetischen Worte, die aus dir kommen. Amen.

21. Juni

Denn so spricht der Herr zum Hause Israel: Suchet mich, so werdet ihr leben.
Amos 5,4

Amos wirkt im Südreich unter König Usija. Amos gilt als sozialkritisch. Es ist noch die Zeit vor dem Exil in Babylon.

Und Amos hält Totenklage. Zwar haben diejenigen, über die die Totenklage gehalten wird, noch klinische Lebenszeichen – Atmung, Herzschlag, Stoffwechsel – und man könnte mit einem Elektroenzephalogramm noch eine Hirnaktivität feststellen. Doch Amos stellt schon einmal den Totenschein aus. Die Menschen in Israel sind nämlich geistlich tot. Sie haben keine Verbindung mehr zum lebendigen Gott. Soziale Ungerechtigkeit im Land bezeugt, das kein Recht und Gesetz Gottes mehr gelten.

Wo die Mächtigen sich die Taschen noch mehr füllen und den Armen das Minimum zum Leben verweigert wird – da regiert nicht der Herr die Geschicke des Landes.

Mitten in die Totenklage kommt aber ein Wort der Hoffnung: „Suchet mich – suchet den Herrn – so werdet ihr leben." Ein anderes Wort für dieses Suchen heißt Umkehren. Buße tun. Amos fügt hinzu: „Vielleicht wird der Herr, der Gott Zebaoth, doch gnädig sein denen, die von Josef übrigbleiben."

Vielleicht.

Es besteht kein rechtmäßiger Anspruch auf Gnade. Gewiss nicht – schon gar nicht, nachdem das Volk doch selbst das Recht, das vor Gott gilt, mit Füßen getreten hat. Und dann kommt die große Wende in Christus: da sucht der Herr selbst sein Volk, sucht und rettet, was verloren ist.

Danke für dein Erbarmen, Herr. Amen.

22. Juni

Und es werden die Geretteten vom Berg Zion kommen, um das Gebirge Esau zu richten, und die Königsherrschaft wird des Herrn sein.
Obadja 21

Esau war der Stammvater der Edomiter. Die Edomiter sind ein verfeindetes Nachbarvolk Israels. Während Hosea, Amos, Micha und Joel das Gericht Gottes über Israel ankündigen, kündigt Obadja das Gericht über das Nachbarvolk, die Edomiter, an.

Die Schuld Edoms gründet sich schon auf das unbrüderliche Verhalten Esaus, des Stammvaters der Edomiter, gegenüber seinem Bruder Jakob, dem Stammvater Israels. An diese Haltung knüpfen nun die Nachkommen Esaus an, indem sie sich den Völkern, die kriegerisch gegen Jerusalem ziehen, anschließen.

Bedauerlicherweise gab es schon immer Streit zwischen Menschen, Streit in der Familie, Streit zwischen Angehörigen. Und neben der Feindschaft gegen Israel wirft Gott durch den Propheten Obadja den Edomitern auch ihre Überheblichkeit vor: „Wenn du auch in die Höhe führest wie ein Adler und machtest dein Nest zwischen den Sternen, dennoch will ich dich von dort herunterstürzen, spricht der Herr."

Eine gleiche Überheblichkeit legten die Nationalsozialisten auch an den Tag. Auch sie fühlten sich als die Herren der Welt und verachteten die Juden – und legten alles darauf an, dieses Volk auszurotten.

Auch über die Nationalsozialistische Diktatur brachte Gott das Strafgericht.

Durch die Gerichtsworte des Obadja wollen wir uns wachrütteln lassen, wollen über die Sünde in unserem Leben erschrecken. Und wollen um Gottes Erbarmen bitten, weil wir umkehren.

Herr, rechne mir meine Sünde nicht an! Amen.

23. Juni

Als aber Gott ihr Tun sah, wie sie sich bekehrten von ihrem bösen Wege, reute ihn das Übel, das er ihnen angekündigt hatte, und tat's nicht.

Jona 3,10

Jona, der Prophet, der vor seinem Auftrag flieht. Der Prophet, der mit einem Schiff genau in die andere Himmelsrichtung fährt, als Gott es ihm aufgetragen hat. Jona, der Prophet, den Gott im Bauch eines Wales aus der Ferne zurückholt, damit er doch noch seinen Auftrag erfüllt. Dieser Jona und seine Geschichte sind sehr berühmt.

In der ganzen Jonageschichte triumphiert Gott.

Denn Gott stillt in der Geschichte Stürme. Und Gott stillt die Ängste. Er stillt sogar den Verdruss des Jona, als alles anders kommt, als er es erwartet hat.

Denn das ist noch nicht alles. Gott kann ja noch so viel mehr: Als Jona im verfeindeten Ninive das Gericht predigt, da tun alle, Groß und Klein, Arm und Reich, angefangen beim König bis hin zum kleinsten Tagelöhner Buße für ihr böses Tun. Der König und das Volk hüllen sich in Sacktuch, streuen Asche auf ihr Haupt. So ernst nehmen sie die Buße, so öffentlich sichtbar leben sie ihre Bekehrung, dass es Gott gereut – und das Gericht Gottes bleibt aus.

Ja, Gott kann so viel mehr: Vergeben. Denn Gott ist der Erfinder der Gnade.

Und diese Gnade kann auch über Israel hinaus für ein Nachbarvolk gelten, das von seinem bösen Wege umkehrt. Ninive zeugt davon.

Danke, Herr, dass du Stürme und Ängste stillst – und mehr noch, dass du Gnade schenkst. Amen.

24. Juni

Es ist dir gesagt, Mensch, was gut ist und was der Herr von dir fordert, nämlich Gottes Wort halten und Liebe üben und demütig sein vor deinem Gott.

Micha 6,8

Micha lebte 700 Jahre vor Christi Geburt. Ein Mann, der sich an Michas Wort gehalten hat, war Daniel. Er hatte einen guten Ruf am Königshof in Babel. Das gefiel einigen missgünstigen Fürsten nicht; sie konnten nur keinen Grund zur Anklage gegen Daniel finden – er war treu, so dass man keine Schuld und kein Vergehen bei ihm finden konnte.

Da wollten die Fürsten Daniel aufgrund seiner Gottesverehrung anklagen. Sie gingen zu König Darius, um ihn zum Erlass eines neuen Gesetzes zu bewegen: niemand solle im Verlauf von 30 Tagen von irgendeinem Menschen oder irgendeinem Gott etwas erbitten. Bitten seien in diesem Zeitraum nur an den König zu richten. Darius dachte sich wohl nicht viel dabei und stimmte dem Gesetz zu.

Daniel wusste von all dem. Aber für Daniel war es unvorstellbar, Gott nicht mehrfach täglich am offenen Fenster seines Hauses anzubeten, Liebe zu üben und demütig zu sein vor seinem Gott.

Natürlich wurde Daniel denunziert. Darauf hatten die Fürsten nur gewartet. Daniel wurde – das ist sehr bekannt – in die Löwengrube geworfen. Dort verschloss Gott, zu dem Daniel so treu stand, den Löwen das Maul. Daniel geschah nichts. Unversehrt hat Daniel die Nacht in der Löwengrube verbracht.

Daniel war ein treuer Mann. Er vertraute einem treuen Gott.

Herr! Ich danke dir für unsere Glaubensvorbilder. Amen.

25. Juni

Der Herr ist gütig und eine Feste zur Zeit der Not und kennt die, die auf ihn trauen.
Nahum 1,7

Nahum klagt auch gegen die Nachbarvölker Israels, klagt gegen die Assyrer und deren Hauptstadt Ninive. Dunkle Gerichtsworte werden ausgesprochen, die wachrütteln wollen.

In all der Dunkelheit strahlt wie ein Leuchtturm dieses Bibelwort. Ein Leuchtturm weist den Weg, warnt vor Gefahren, gibt Orientierung auf der Suche nach dem Ziel. Besonders in der Not halten wir Ausschau nach solch einer wegweisenden Markierung.

Und dieser Leuchtturm zeigt den Weg zum sicheren Hafen, wo wir Schutz haben – ja der Hafen ist sogar wie eine Feste gesichert. Hier wird unsere Angst vor Verfolgung und den Stürmen der Welt gestillt.

Wie geht der Weg zum sicheren Hafen? Über Vertrauen. Der, der auf ihn – den Herrn – traut, wird sicher geschützt wie in einer Feste.

Wenn ich jemandem vertraue, dann höre ich auch auf das, was er mir sagt. Ich traue darauf, dass er mir nur Weisungen gibt, die meiner Sicherheit und meinem Wohl dienen. Ich gebe ihm Leib und Leben. Ich lasse mir seinen Rat gefallen.

So dürfen wir zum Herrn stehen, so dürfen wir in Christus geborgen sein.

Ich trau auf dich, o Herr. Ich sage: du bist mein Gott. Amen.

26. Juni

Die Weissagung wird ja noch erfüllt werden zu ihrer Zeit und wird endlich frei an den Tag kommen und nicht trügen. Wenn sie sich auch hinzieht, so harre ihrer; sie wird gewiss kommen und nicht ausbleiben.

Habakuk 2,3

Der Prophet Habakuk ist verzweifelt über die Ungerechtigkeit der Welt und über das Schweigen Gottes. Er lebt während der Amtszeit der Könige Manasse und Amon. Die Bibel erzählt, dass beide Könige Gott ein Gräuel waren, und dass sie viel unschuldiges Blut vergossen. Dem schweigenden Gott schüttet Habakuk sein Herz aus: „Wie lange soll ich schreien, und du willst nicht hören? Wie lange soll ich zu dir rufen über Frevel, und du willst nicht helfen? Warum siehst du dem Jammer zu?"

Zu Habakuks Lebenszeit geht Gewalt über Recht. Doch Habakuk wird darüber nicht bitter. Es heißt über ihn und sein Verhältnis zu Gott: „Dennoch bleibe ich stets bei dir." Tatsächlich hat Habakuk nicht aufgehört, zum Herrn zu rufen, bis er Antwort bekam. Denn zusammen mit David kann auch Habakuk bezeugen: „Da ich den Herrn suchte, antwortete er mir."

Die Antwort, die Habakuk erhält, ist ein recht merkwürdiger Trost: „Fasse dein Herz in Geduld. Es kommt noch schlimmer." Und der Herr zeigt dem Habakuk auf, welchen Schrecken die babylonischen Heere über Israel bringen werden und wie Israel in die Verbannung, ins Exil, geführt werden wird.

Doch Habakuk erhält noch eine weitere Antwort: Am Ende wird die Erde voll werden von der Erkenntnis des Herrn, so wie das Wasser das Meer bedeckt. Und dann darf Habakuk sogar Gott in seiner Herrlichkeit sehen, und er schreibt: „Sein Glanz war wie Licht; Strahlen gingen aus von seinen Händen. Darin war verborgen seine Macht."

Darin dürfen wir Jesus erkennen. Er trägt an seinen Händen Nägelmale – und der Vater hat ihm den Namen gegeben, der über allen Namen ist. In seinen Händen ist alle Macht verborgen.

Herr! Du antwortest zu deiner Zeit. Ich will auf dich harren. Amen.

27. Juni

Denn der Herr, dein Gott, ist bei dir, ein starker Heiland. Er wird sich über dich freuen und dir freundlich sein, er wird dir vergeben in seiner Liebe und wird über dich mit Jauchzen fröhlich sein.
Zefanja 3,17

Mein Freund und unser Jugendpastor und Lobpreisleiter Saša Radovanović zeigte mir diesen Vers auf Englisch. Tatsächlich ist das die einzige Bibelstelle, aus der wir erfahren, dass auch Gott singt:

The Lord your God is with you, the Mighty Warrior who saves. He will take great delight in you; in his love he will no longer rebuke you, but will rejoice over you with singing.

Der Text sagt, dass Gott über das arme und geringe Volk in Israel singt.

Im Singen liegt eine große Schönheit und Kraft. Singen kann Menschen verändern und Herzen anrühren. Wie so Vieles hat Gott auch das Singen erfunden. Deshalb hat Singen auch eine unschätzbare Wirkung auf alle Bereiche der lebendigen Seele. Geistliche Lieder, die trösten, ermahnen, zurechtweisen und auferbauen können, waren zu allen Zeiten ein fester Bestandteil der Seelsorge.

Das Singen geistlicher Lieder hat eine heilsame Wirkung. Deshalb schrieb Martin Luther: „Nichts auf Erden ist kräftiger, die Traurigen fröhlich, die Ausgelassenen nachdenklich, die Verzagten herzhaft, die Verwegenen bedachtsam zu machen, die Hochmütigen zur Demut zu reizen, und Neid und Hass zu mindern, als die Musik."

Und deshalb ist es Gott auch eine große Freude, dass vor seinem Thron der Lobpreis gesungen wird.

Ich will dem Herrn singen mein Leben lang und meinen Gott loben, solange ich bin. Amen.

28. Juni

Und der Herr erweckte den Geist des Volkes, dass sie kamen und arbeiteten am Hause des Herrn Zebaoth, ihres Gottes.
Haggai 1,14

Aus dem Exil sind die Juden in ihre Heimat zurückgekehrt. Sie wollen den von den Babyloniern zerstörten Tempel wieder aufbauen. Doch schnell sinkt ihnen der Mut.

Geht es dir auch so? Hast du auch schon viel probiert und wieder verworfen, weil dir der Mut sank?

Hier kommt das entscheidende Wort: Der Herr erweckt den Geist des Volkes. Das Entscheidende, das Zündende, den Startfunken – das tut Gott, indem er seinen Geist sendet und die Mitarbeiter erweckt, lebendig macht, ermutigt und motiviert.

Auferstehungskraft wirkt nicht erst bei der Auferstehung zum Jüngsten Tag – nein, Auferstehungskraft wirkt schon heute. Da ist ein Lebensstrom, der von Jesus aus fließt. Und wenn du dich in diesen Lebensstrom stellst, dann kannst du wie in Philipper 4,13 sagen: „Alles vermag ich durch ihn, der mir Kraft gibt."

Und mit dieser guten Motivation – mit dieser guten Motivierung – können wir am Haus des Herrn arbeiten. Das Haus des Herrn ist die Kirche, wie Christus sie eingesetzt hat. Kirche ist kein abgeschlossener Raum, sie ist vielmehr ein Geflecht, das in die Gesellschaft hineinragt, um noch viele weitere Menschen für Christus zu erreichen. So ist Kirche am ehesten mit einer Nervenzelle zu vergleichen, die neben einem zentralen Zellkern viele Ausläufer in die Umgebung hat. Durch dieses Hineinreichen in die Peripherie kommt Licht in die Dunkelheit. Und überall dort, wo Dunkles in das Licht Gottes kommt, da wächst das Reich Gottes.

Du darfst mitarbeiten am Haus Gottes. Der Herr erweckt deinen Geist, um dich für den Dienst zu ermutigen, zu stärken und zu motivieren.

Danke, Herr! Du gibst den entscheidenden Anstoß zum Dienst an deinem Haus. Amen.

29. Juni

Freue dich und sei fröhlich, du Tochter Zion! Denn siehe, ich komme und will bei dir wohnen, spricht der Herr.
Sacharja 2,14

Sacharja spricht – wie auch Habakuk, Zefanja und Maleachi – vom Heil, das Gott für Israel vorbereitet. Und das Heil soll von Israel aus, wo Gott Wohnung nimmt, auf andere Völker überfließen: „Und es sollen zu der Zeit viele Völker sich zum Herrn wenden und sollen mein Volk sein, und ich will bei dir wohnen. – Und du sollst erkennen, dass mich der Herr Zebaoth zu dir gesandt hat. Alles Fleisch sei stille vor dem Herrn; denn er hat sich aufgemacht von seiner heiligen Stätte!"

Das sind gute Nachrichten – vor allem für Israel, doch auch über Israel hinaus.

Während der Lebenszeit des Sacharja sind schon einige Juden aus dem babylonischen Exil nach Jerusalem zurückgekehrt. Der persische König Kyros hat erlaubt, dass Israel seinem Herrn wieder ein Haus – einen Tempel – baut. Dieser Tempel wird zum Zentrum in Jerusalem, und das Zentrum ist noch eine Baustelle.

Und kurz nach diesen Worten des Sacharja wird der Tempel tatsächlich fertiggestellt sein. Er wird kein Vergleich zum ursprünglichen Tempel des Salomo sein. Der neue Tempel wird viel kleiner sein. Doch Gott wird auch hier wieder Wohnung nehmen.

Aber das ist noch nicht das Ende der Prophezeiung des Sacharja. In einem noch viel kleineren Häuschen, einem Stall in Bethlehem, wird Gott Mensch in einem Kind werden – in Jesus. Und Gott wird in ihm unter den Menschen wohnen. In Christus wird das Heil von Israel auf die anderen Nationen überfließen.

Ich will fröhlich sein. Denn du, Herr, kamst, um bei uns zu wohnen. Amen.

30. Juni

Ihr sagt: "Des Herrn Tisch ist für nichts zu achten." Denn wenn ihr ein blindes Tier opfert, so haltet ihr das nicht für böse; und wenn ihr ein lahmes oder ein krankes opfert, so haltet ihr das auch nicht für böse. Bring es doch deinem Fürsten! Meinst du, dass du ihm gefallen werdest oder dass er dich gnädig ansehen werde? spricht der Herr Zebaoth.

Maleachi 1,7.8

Sollen wir Gott wirklich das Beste geben? Oder genügen für ihn auch die Reste, die wir nicht mehr brauchen?

Gleich zu Beginn des Buches stellt Maleachi fest: „Ich habe euch lieb, spricht der Herr." Aber der Prophet gibt auch dieses Wort Gottes weiter: „Ein Sohn soll seinen Vater ehren und ein Knecht seinen Herrn. Bin ich nun Vater, wo ist meine Ehre? Bin ich Herr, wo fürchtet man mich?"

Diese Worte gehen an die Elite in Israel: an die Priester im Tempel. Leider hat es sich eingeschlichen, Gott nur noch das zu opfern, was man andernorts nicht mehr verkaufen oder verschenken kann. Was man keinem Menschen anbieten kann, das bekommt Gott. Gott empfiehlt, solch ein Opfer doch einmal deinem Fürsten zu bringen – wenn du die Reaktion des Fürsten erlebst, wirst du schon erahnen, was Gott hier erduldet.

Sollen wir Gott wirklich das Beste geben? Ja. Unbedingt. Denn in Christus hat er uns auch sein Bestes und Liebstes gegeben. Es ist ganz natürlich, dass wir diese Liebe angemessen erwidern.

Danke, Vater, dass du uns dein Bestes – deinen Sohn – nicht vorenthalten hast. Amen.

1. Juli

Dies ist das Buch von der Geschichte Jesu Christi, des Sohnes Davids, des Sohnes Abrahams.
Matthäus 1,1

Das Neue Testament beginnt erst einmal mit einem Geschlechtsregister von Abraham bis zur Geburt Jesu. In Genesis findet sich schon das lückenlose Geschlechtsregister von Adam bis Abraham. Man kann also den ganzen Stammbaum von Jesus rückverfolgen bis zum ersten Mensch, den Gott geschaffen hat.

So viel Mühe für einen Stammbaum – und doch stammt Jesus genetisch gar nicht aus dieser Linie. Für eine genetische Herkunft wäre eine Stammbaumlinie seiner Mutter Maria viel interessanter. Nur Maria hat aus ihrem Genpool Merkmale an Jesus weitergegeben. Väterlicherseits stammt Jesus direkt vom Vater im Himmel, er wurde gezeugt durch den heiligen Geist. Er stammt genetisch eben nicht von Josef, nicht von David und Abraham ab. Josef hat Jesus als Kind lediglich angenommen.

Und doch lässt sich Gott so ganz und gar auf das Geschlechtsregister von Adam bis Josef ein. Gott lässt sich hier in die ganze Linie hinein adoptieren, Gott macht die Geschichte dieser Linie zu seiner Geschichte.

So lässt sich Gott auch ganz und gar auf deine Lebensgeschichte und deine Herkunft ein. Auch auf die negativen Ereignisse und die Schattengeschichten deines Lebens lässt Gott sich ein. Ja, sogar auf deine Fehler, deine Schuld, deine Sünde lässt Gott sich ein. Das zeigt sich am Kreuz, als Jesus für unsere Sünde sogar stellvertretend stirbt.

Damit hat das Geschlechtsregister von Abraham bis Josef hier an dieser Stelle doch seinen richtigen Platz gefunden. Es passt zum Plan Gottes, sich ganz und gar auf eine Gemeinschaft mit uns Menschen einzulassen.

Danke, Herr. Von Anfang an verfolgst du deinen Plan mit mir. Amen.

2. Juli

Abraham zeugte Isaak, Isaak zeugte Jakob, Jakob zeugte Juda und seine Brüder.
Matthäus 1,2

Geschlechtsregister waren früher so ganz und gar langweilig für mich. Als ich jung war und die Bibel las, da überschlug ich sie immer – genauso wie die Zahlen der wehrhaften Männer aus den einzelnen zwölf Stämmen vor und nach der Landnahme.

Doch seit ich selber Vater bin, interessiere ich mich nun doch dafür. Unser Lukas ist an einem Donnerstag im Juni 1997 geboren. Schon bei einem Geburtsvorbereitungstermin im Krankenhaus St. Hedwig habe ich große Erheiterung bei allen Anwesenden ausgelöst, als gefragt wurde: „Für wen ist das die erste Geburt?". Es gingen die Arme von zwei Dritteln der Frauen hoch. Und ein Mann meldete sich auch mit Handzeichen. Ich. Es war ja auch meine erste Geburt.

Donnerstags hatte ich vormittags in den großen Operationssälen in Vollnarkose zu operieren. Nachmittags kamen meine ambulanten Operationen in Lokalanästhesie in der Zahnklinik an die Reihe. Zwischen den Operationen aß ich hastig ein schnelles Mittagessen in der Mensa. Wenn man fünf Minuten Zeit hat, ist das schon große Esskultur. Da kam auf einmal die Sekretärin meines Chefs, Prof. Herbert Niederdellmann, und sagte: „Sie reagieren ja gar nicht auf Ihren Piepser. Wir haben Sie schon ganz oft angefunkt. Bei Ihrer Frau ist es so weit." – Tatsächlich. Mein Funk war tot. Unser leitender Oberarzt – das war zuvor schon für den Ernstfall abgesprochen – übernahm für mich meine ambulanten Operationen. Ich fuhr in die Klinik St. Hedwig. Meine Frau war schon da: „Meine Frau würde gern noch ein heißes Bad nehmen", vertraute ich der Hebamme an. Doch die antwortete gleich: „Nein, es ist schon so weit. Das mit dem Bad wird nichts mehr." Und dann kam Lukas in einer schnellen und schönen Geburt auf die Welt. Es war der erste meiner drei glücklichsten Tage im Leben. Ja, seit ich Vater bin, lese ich nun doch die Geschlechtsregister der Bibel.

Herr, du kennst unsere Familie, du kennst uns und unser Leben. Amen.

3. Juli

Da erschien ihm der Engel des Herrn im Traum und sprach: Josef, du Sohn Davids, fürchte dich nicht, Maria, deine Frau, zu dir zu nehmen; denn was sie empfangen hat, das ist vom heiligen Geist.

Matthäus 1,20

Josef ist mit Maria verlobt. Weil er mit ihr nicht geschlafen hat, ist sein Entsetzen groß, zu erfahren, dass sie schwanger ist. Er denkt darüber nach, seine Braut heimlich zu verlassen. Diesen Gedanken nimmt er mit auf sein Nachtlager.

Und da erscheint ihm der Engel des Herrn im Traum. Der Engel fordert Josef auf, bei Maria zu bleiben. Das Kind, das sie empfange, sei gezeugt vom heiligen Geist – Gott selbst ist der Vater. Der Engel vertraut Josef auch an, wie das Kind heißen soll: Jesus, denn er wird sein Volk retten von seinen Sünden.

Wie oft wurden die Umstände der Zeugung von Jesus schon bezweifelt. Eine Jungfrauengeburt? So etwas gibt es doch gar nicht. Oder doch?

Die Menschen sind heute eher geneigt, darauf zu vertrauen, dass Wissenschaftler aus einer Hautzelle einen neuen Menschen klonen können, als dass sie glauben, dass der heilige Geist in einer Jungfrau ein Kind zeugt.

Wenn ich überhaupt jemandem Zweifel an dieser Geschichte zugestehe, dann doch am ehesten dem Josef. Wenn etwas an dieser Geschichte faul wäre, dann hätte Josef einen Grund zu zweifeln. Doch Josef glaubt. Er ist überzeugt, dass es wahr ist, dass Gott der Vater des Kindes ist.

Haben wir da nicht viel mehr Grund, zu glauben, dass es sich so zugetragen hat, wie die Bibel es uns sagt?

Danke, Vater, für die Kraft, die im heiligen Geist ist. Amen.

4. Juli

Und siehe, der Stern, den sie im Morgenland gesehen hatten, ging vor ihnen her, bis er über dem Ort stand, wo das Kindlein war.
Matthäus 2,9b

Sterne gehen im Osten auf, und im Westen gehen sie unter. Ein gewöhnlicher Stern, der solch einen Lauf nimmt, würde mich nicht motivieren, mich als Weiser aus dem Morgenland in Richtung Westen auf den Weg zu machen. Ich würde ja wissen, dass der Stern, der jetzt im Westen untergehen mag, doch wieder in gut 12 Stunden im Osten aufgehen wird.

Dieser Stern, mit dem wir es hier zu tun haben, beschreibt eine ganz andere Bewegung als gewöhnliche Sterne. Er geht vor den Weisen aus dem Morgenland her. Und am Ende des Weges bleibt der Stern über dem Ort stehen, wo das Kindlein – Jesus – ist.

Geostationäre Satelliten stehen auch fest über einem Ort, um ihre Signale zuverlässig an die Bodenstationen zu senden. War der Stern, mit dem wir es hier zu tun haben, auch in einer geostationären Position?

Aus der ungewöhnlichen Bewegung eines Sterns folgt eine ungewöhnliche Bewegung der Weisen aus dem Morgenland. Denn sie ließen alles hinter sich, ihre Heimat, ihre Familien und ihre Arbeit, um diesem Stern zu folgen.

Aus der erstaunlichen Bewegung eines Sterns folgt eine erstaunliche Bewegung der Menschen. Denn der Vater im Himmel hat selbst diesen Stern geführt, um das Licht der Welt für uns anzuzeigen – über einem gewöhnlichen Stall an einem gewöhnlichen Ort offenbart sich Gott in einem Kind. Dieses Licht der Welt bewegt uns. Wir folgen seinem Licht.

Du, Herr, bist das Licht der Welt. Amen.

5. Juli

Da erschien der Engel des Herrn dem Josef im Traum und sprach: Steh auf, nimm das Kindlein und seine Mutter mit dir und flieh nach Ägypten und bleib dort, bis ich's dir sage; denn Herodes hat vor, das Kindlein zu suchen und umzubringen.

Matthäus 2,13b

Kaum ist Jesus geboren, wird er zum Flüchtlingskind. Denn ein grausamer König, er heißt Herodes, will Jesus töten, um seinen Machtanspruch zu wahren. Könige ertragen in ihrem Königreich keine anderen Könige.

Wir selbst sind auch wie Herodes, wenn wir Jesus seinen Platz als König in unserem Leben nicht einräumen. Wir verfolgen dann Jesus mit Spott und Verachtung. Bedrohung und Verfolgung begleiten Jesus von Anfang an. Diese Gefahr bleibt für den Gottessohn, solange er in einer gefallenen Welt lebt und wirkt. Jesus bleibt auch in deinem Leben bedroht und verfolgt, solange du ihm nicht den Platz auf dem Thron deiner Lebensführung einräumst.

Ich wünsche dir, dass diese Königsfrage in deinem Leben geklärt wird. Denn sobald Jesus den Thron in deinem Leben besteigt und dein König ist, fängt er wunderbar zu regieren an. Jesus kann regieren. Er regiert das Friedensreich. Steht sein Thron in deinem Leben, dann wohnst du im Friedensland. Denn du hast Frieden mit Gott.

Frieden mit Gott kann in einer gefallenen Welt auch Feindschaft mit anderen Menschen nach sich ziehen. Doch Gott hat uns klar gesagt, wie wir mit solchen Feinden umgehen sollen: „Liebt eure Feinde; segnet, die euch fluchen; tut wohl denen, die euch hassen; bittet für die, die euch beleidigen und verfolgen."

Auch in Gefahr und Verfolgung weicht unser König in seinem Friedensreich nicht von seinem Regierungsprinzip ab. Damit zeigt sich sein ganzes, schönes Wesen.

In meinem Leben sollst du nicht ein Flüchtling, sondern du sollst mein König sein. Amen.

6. Juli

Ich taufe euch mit Wasser zur Buße; der aber nach mir kommt, ist stärker als ich, und ich bin nicht wert, ihm die Schuhe zu tragen; der wird euch mit dem heiligen Geist und mit Feuer taufen.
Matthäus 3,11

Der Täufer Johannes steht auf dem Höhepunkt seines Wirkens. Er lebt in der Wüste, zu ihm kommen alle Menschen aus Jerusalem, aus ganz Juda und aus den Ländern am Jordan. Alle lassen sich bei ihm mit Wasser taufen, um ihre Buße und Umkehr zu besiegeln.

Und obwohl Johannes nun so populär, so bekannt und geschätzt ist, tritt er einen Schritt zurück. Er tritt hinter Jesus zurück, der nach ihm kommen wird.

Die Taufe, mit der Jesus im Leben von Menschen handeln wird, wird im heiligen Geist und mit Feuer geschehen. Da wird dann mit der Taufe nicht mehr nur die Umkehr von Menschen bezeugt. Das Leben bekommt eine neue Qualität, weil in Christus der heilige Geist im Leben von Menschen Wohnung nimmt.

Johannes ist angetreten, um Jesus den Weg zu bereiten. Jetzt hat er alles vorbereitet. Jetzt tritt er einen Schritt zurück, um den Weg für Jesus ganz frei zu machen. Johannes übergibt Jesus das vorbereitete Land, die vorbereiteten Herzen.

Wir wollen von Johannes lernen, einen Schritt hinter unseren Herrn zurück zu tun, damit wir Jesus nicht im Wege stehen. Mit dieser Haltung sind wir reif für die Taufe, die Jesus schenkt.

Du, Herr, sollst zunehmen, ich aber will abnehmen. Amen.

7. Juli

Und als Jesus getauft war, stieg er alsbald herauf aus dem Wasser. Und siehe, da tat sich ihm der Himmel auf, und er sah den Geist Gottes wie eine Taube herabfahren und über sich kommen.
Matthäus 3,16

Johannes tauft. Jetzt kommt Jesus und möchte auch von ihm getauft werden. Da sagt Johannes: „Ich bedarf dessen, dass ich *von dir* getauft werde, und du kommst zu mir?" Johannes wehrt den Taufwunsch von Jesus zunächst ab. Doch Jesus gibt zurück: „Lass es jetzt geschehen, alle Gerechtigkeit zu erfüllen."

Getauft zu werden ist ein Gehorsamsschritt. Jesus will diesen Schritt tun. Und er will diesen Schritt tun, obwohl er, anders als alle anderen, die hier getauft werden, keiner Umkehr bedarf. Jesus ist ohne Sünde. Und doch will Jesus sich in die Reihe der Menschen einordnen, die Buße getan haben und ein neues Leben anfangen. Den neuen Weg geht uns Jesus voraus. Deshalb geht der Herr uns auch hier in der Taufe voraus.

Und als er getauft wird, tut sich der Himmel auf. Der heilige Geist kommt vom Himmel auf Jesus. Mehr noch, eine Stimme spricht vom Himmel herab: „Dies ist mein lieber Sohn, an dem ich Wohlgefallen habe."

Der Vater bestätigt seinen Sohn. Der Vater im Himmel bekräftigt, dass er den Weg gut heißt, den Jesus geht. Denn Jesus, der Mann von oben, ist bei den Menschen, er ist bei denen, die ganz unten sind. Jesus ist der Liebling Gottes.

Jakob sah einmal die Himmelsleiter, über die die Engel zwischen Himmel und Erde auf- und absteigen. Die Menschen, die die Taufe Jesu miterleben, werden Zeugen der neu geschaffenen Schnittstelle zwischen Himmel und Erde. Jesus ist die perfekte Verbindung zwischen der himmlischen und irdischen Welt. Mit ihm startet ein neues Zeitalter der Kommunikation zwischen Gott und Menschen.

Von dir, Herr, will ich Gehorsam lernen. Amen.

8. Juli

Er sprach zu ihnen: Folgt mir nach; ich will euch zu Menschenfischern machen!
Matthäus 4,19

Jesus wählt seine Jünger aus, die ihn die nächsten Jahre begleiten und von ihm lernen werden. Hier nun spricht er Simon Petrus und seinen Bruder Andreas an.

Welche Qualifikationen und Kenntnisse bringen sie mit? Haben sie wenigstens einen Master in Theologie? Oder haben sie – wenn Jesus sie als Streetworker einsetzt – zumindest eine sozialpädagogische Ausbildung genossen? Wenn sie es mit Menschen zu tun haben werden, könnte vielleicht noch ein promovierter Arzt im Team nützlich sein.

Nichts von alldem. Jesus sucht sich einfache Fischer aus. Sie haben ein schlichtes Handwerk erlernt, bei dem sie Netze auswerfen, fangen und sammeln. Und aus diesen Fischefischern will nun Jesus Menschenfischer machen. Jesus sieht schon das Potenzial, das in Simon Petrus und Andreas steckt. Der Herr sieht schon, wie sie sich noch weiterentwickeln werden, wenn er sie fördert.

Genauso sah Gott schon das Potenzial, das in den Hirten Mose oder David steckte. Aus den Hirten für Schafe und Ziegen wurden Hirten für Menschen.

Eine Studie unter Pastoren hat ergeben, dass diejenigen die fruchtbarste Arbeit in ihren Gemeinden leisten, die vor ihrem Theologiestudium bereits eine andere berufliche Tätigkeit erlernt und ausgeübt haben. Es macht Sinn, sich im Leben – auch dem Berufsleben – auszukennen. In Gleichnissen und Geschichten wird Jesus immer wieder auf das Fischefischen zurückkommen. Simon Petrus und Andreas werden Jesus dadurch besser verstehen. Vieles wird für sie beim Menschenfischen klarer.

Gebrauche mich, Herr, mit den Fähigkeiten, die ich dir bringe. Amen.

9. Juli

Selig sind, die da geistlich arm sind; denn ihrer ist das Himmelreich.
Matthäus 5,3

Als ich klein war, da gab es unter uns Kindern einen Spruch: „Seelig sind die geistig Armen." Wann immer einem Kind etwas misslungen war, kam der Spott: „Seelig sind die geistig Armen."

Das klang ja zuerst einmal biblisch. – Bis ich später durch das Lesen eines Aufsatzes von Pastor Wilhelm Busch dahintergekommen bin, dass das gar nicht aus der Bibel ist. In der Bibel steht etwas ganz anderes. Da sagt Jesus in der Bergpredigt: „Seelig sind, die da *geistlich* arm sind, denn ihnen gehört das Himmelreich."

Geistig arm – so erzählt Pastor Busch – ist jemand, dem es am notwendigen Verstand fehlt. Das ist kein erstrebenswerter Zustand. Geist*lich* arm ist etwas anderes – und es ist offensichtlich ein Zustand, den uns die Bibel sehr empfiehlt.

Wie wird man nun geistlich arm – und wer ist geistlich arm vor Gott? Arm ist grundsätzlich jeder, der nicht besitzt, was er zum Leben braucht. Und geistlich arm ist jemand, der in Demut fühlt, dass ihm vor Gott das Entscheidende zum Leben fehlt, nämlich alle Merkmale, die einem geistlichen und göttlichen Leben dienen. Wer geistlich arm ist, weiß aber auch, dass er all diese Dinge von seinem Herrn und Gott erbitten darf.

Und nun wird die Lücke, der Riss in uns, gefüllt. Jesus legt sich in den Riss und füllt die Lücke von der Tiefe her vollkommen aus.

Herr. Dein Wille geschehe. Wie im Himmel, so auf Erden. Amen.

10. Juli

Selig sind, die reinen Herzens sind; denn sie werden Gott schauen.
Matthäus 5,8

In einem reinen Herzen ist aller Raum für Gott reserviert. Dort lebt Gott mit seinem heiligen Geist, nimmt Wohnung und richtet sich ein.

In einem geteilten Herzen ist das Haus für den Herrn nur teilweise geschmückt, ein Teil des Herzens ist noch unvorbereitet und schmutzig vor Gott. Solch ein Mensch wird Gott in seiner Schönheit und Herrlichkeit nicht sehen.

Mit einem geteilten, schmutzigen Herzen, gelingt kein reiner Lobgesang vor dem Vater im Himmel. Gott liebt den reinen Lobgesang aus einem reinen Herzen. In diesem Lobgesang zeigt sich der Vater. Das Reich Gottes nimmt das reine Herz in Besitz. Das Reich Gottes wächst.

Der heilige Geist, der in einem reinen Herzen Wohnung nimmt, leitet einen Menschen zuvor auch in die Wahrheit. Der heilige Geist deckt im Leben eines Menschen auf, was falsch und in Unordnung ist. Da können wir unendlich traurig über uns selbst werden. Wie weit haben wir doch das Ziel verfehlt! Aber der heilige Geist hat dann auch die Kraft, uns zu trösten. Sind wir von ihm getröstet, dann wächst in uns der Entschluss, Jesus all unsere Schuld abzugeben. Denn dazu ist Jesus gekommen. Ihm geben wir allen Müll und Unrat unseres Lebens. Jesus als Müllwerker? Ja, Jesus hat viele Berufe erlernt. Auch die Müllentsorgung gehört zu seinen Eignungen.

Das Herz, das Jesus auf diese Weise befreit, ist rein und geschmückt für den Vater im Himmel. Du darfst Gott schauen.

Ich will leben, Herr, mit dir. Amen.

11. Juli

Ihr seid das Salz der Erde.
Matthäus 5,13a

Jesus spricht keine Empfehlung aus: „Du könntest Salz der Erde sein." Jesus regt nicht an: „Stell' dir doch einmal vor, du wärst das Salz der Erde." – Nein. Jesus sagt es uns fest zu: „Ihr seid das Salz der Erde." Denn so will es der Vater im Himmel.

Salz ist lebensnotwendig. Für die Fortleitung eines Reizes im Nervensystem ist der schnelle Einstrom von Natrium – ein Bestandteil des Salzes – in die Zellen erforderlich. Ohne Salz gibt es keine Reizfortleitung, es gibt keine Bewegung, der Mensch erstarrt.

Salz ist auch für die Aufnahme – die Resorption – von Zucker im Magen-Darm-Trakt notwendig. Die Aufnahme von Zucker ist immer an die Aufnahme von Salz gekoppelt. Kein Salz, kein Zucker – keine Energie.

Jesus, durch den alles in der Welt geschaffen wurde, ist auch der Erfinder der menschlichen Physiologie, also der Lehre, wie der Körper funktioniert. Deshalb weiß Jesus auch sehr genau, welche zentrale Bedeutung das Salz im menschlichen Körper hat, damit der Körper nicht erlahmt oder verhungert.

Diese zentrale Bedeutung hat auch der Christ in der Welt. Wer Jesus folgt, ist wie Salz, denn er hilft, dass das Reich Gottes nicht erstarrt, sondern dass es sich ausbreitet. Er ist wie Salz, weil er hilft, dass anderen Menschen die Energie zufließt, die sie brauchen.

Sei brauchbar für Gott. Sei wie gut würzendes Salz. Weise auf Christus.

Herr! Mache mich brauchbar für dein Werk. Amen.

12. Juli

Denn wo dein Schatz ist, da ist auch dein Herz.
Matthäus 6,21

Im heutigen Wort geht es um den Schatz, den wir sammeln und der auch unser Herz erfüllt – und auch bindet. Das zeigt uns, dass man einen Schatz nicht nur einfach besitzt, nein, er – der Schatz – macht auch etwas mit uns. Er verwandelt uns – zum Guten oder zum Schlechten. Du kannst dein Herz an den falschen Schatz binden. Jesus zeigt uns, dass es Schätze gibt, die von Motten und Rost gefressen werden können oder von Dieben gestohlen werden können. Wenn dein Herz an solch einen Schatz gebunden ist, dann kann es dir passieren, dass du in einem Gottesdienst sitzt und trotzdem keine innere Kraft empfängst.

Vergleichen wir unsere Situation mit einem Computerprogramm: Computerprogramme haben eine bestimmte Grundfunktionalität. Um mehr Funktionen zu erfüllen, brauchen sie sogenannte „Add-Ins". Mithilfe eines Add-Ins wird es dem Computerprogramm möglich, andere Geräte oder Programme anzusprechen und zu nutzen. Die Funktionalität wird reicher durch ein Add-In. Welche Add-Ins benötigen wir für ein geheiligtes Leben, das Kraft von oben schöpft? Als erstes brauchen wir sicher Jesus, denn er kann uns Schuld und Sünde in unserem Leben durch sein Kreuz abnehmen. Aber dabei sollte es nicht bleiben. Tiefgreifende Veränderung wird es in unserem Leben ohne das Wirken des heiligen Geistes nicht geben. Paulus erklärt, dass unsere Verwandlung geschieht „durch das Bad der Wiedergeburt und die Erneuerung im heiligen Geist." Das heißt, die Verwandlung unseres Wesens ist eine ganz selbstverständliche Folge vom Wirken des heiligen Geistes. Wir empfangen die Kraft des heiligen Geistes, der auf uns kommt. Paulus zeigt, dass damit alles möglich wird, was Gott gefällt und Freude macht. Gott gefällt es, wenn wir ein reines, lauteres Herz vor ihm haben. Damit kommen wir in unserem Beispiel vom Computerprogramm zum dritten Add-In: einem gotterfüllten Herzen. Gotterfüllte Herzen machen unsere Gottesdienste und unseren Alltag reich.

Herr! Du bist mein Schatz, den ich bewahren will. Amen.

13. Juli

Trachtet zuerst nach dem Reich Gottes und nach seiner Gerechtigkeit, so wird euch das alles zufallen.
Matthäus 6,33

Sich zu sorgen verbessert nicht unsere Lebensqualität. Sorgen steigern weder unsere Lebensfreude noch verlängern sie unser Leben.

Jesus spricht eine andere Empfehlung aus: „Deine erste Sorge soll dem Reich Gottes gelten, der Wille des Vaters soll dein erstes Anliegen, deine erste Angelegenheit sein." Wenn wir so denken und handeln, dann können wir alle anderen Sorgen, die noch kommen, an unseren Vater im Himmel abtreten. Er weiß damit umzugehen.

Das Reich Gottes ist ein Reich der Gerechtigkeit. Das hebt das heutige Bibelwort hervor. Unrecht hat keinen Raum im Reich Gottes. Wie oft würden unsere ichbezogenen Wünsche die Ungerechtigkeit in der Welt mehren? Deshalb dürfen wir von Jesus ein neues Wünschen lernen. Es ist ein Wünschen, das zuerst auf den Vater schaut. Und wenn wir auf ihn schauen, dann sehnen wir uns danach, dass seine Regierung in der Welt weit um sich greift. Dieses Wünschen bezeichnet die Bibel als ein Trachten nach dem Reich Gottes.

Und wo bleibst du mit deinen Bedürfnissen? Gott wird für dich sorgen. Er wird dir vielleicht nicht das geben, was du dir vorstellst. Aber du darfst sicher sein, dass er dir alles gibt, was du zum Leben brauchst. Das, was dir der Vater gibt – alles, was dir von ihm zufällt – darf dir genügen.

Schritt für Schritt lernst du dabei Vertrauen. Mehr und mehr ermutigt diese Zuversicht, die an dir sichtbar wird, auch andere Menschen, Jesus zu folgen. Auf diese Weise wird als erstes für das Reich Gottes gesorgt. Alles andere schließt sich dem dann nach und nach an.

Nicht mein, sondern dein Wille, Herr, geschehe. Amen.

14. Juli

Bittet, so wird euch gegeben; suchet, so werdet ihr finden; klopfet an, so wird euch aufgetan.
Matthäus 7,7

Jesus setzt den Gedanken fort: „Wer ist unter euch Menschen, der seinem Sohn, wenn er ihn bittet um Brot, einen Stein biete? Oder wenn er ihn bittet um einen Fisch, eine Schlange biete? Wenn nun ihr, die ihr doch böse seid, dennoch euren Kindern gute Gaben geben könnt, wieviel mehr wird euer Vater im Himmel Gutes geben denen, die ihn bitten!"

Wenn unsere Kinder uns um das Lebensnotwendige bitten, dann werden wir ihnen nicht etwas geben, das dem Leben feind ist – einen Stein oder eine Schlange. Wir werden ihnen geben, was sie zum Leben brauchen. Wieviel mehr wird Gott das tun.

Gott weiß schon im Voraus, was wir brauchen. Aber Gott möchte auch gebeten werden. Johannes, der die Predigt Jesu hört, wird später in einem seiner Briefe ergänzen: „Das ist die Zuversicht, die wir haben zu Gott: Wenn wir um etwas bitten nach seinem Willen, so hört er uns."

Es geht also auch darum, nach dem Willen Gottes zu bitten. Das setzt voraus, dass wir erstens diesen Willen kennen und uns zweitens gehorsam diesem Willen unterordnen. Das klingt in einer Welt, die sich gern selbstverwirklichen will, fremd. Denn das Wort fordert uns auf, den Willen Gottes in dieser Welt zu verwirklichen. Denn so nimmt sein Reich in dieser Welt zu. Dass das Reich Gottes wächst, fängt also mit unseren Gebeten, in denen wir Gott um das Lebensnotwendige bitten, an.

Herr! Lehre mich beten. Amen.

15. Juli

Alles nun, was ihr wollt, dass euch die Leute tun sollen, das tut ihnen auch! Das ist das Gesetz und die Propheten.
Matthäus 7,12

Jesus fordert uns zu etwas auf, das die Psychologie *Perspektivwechsel* nennt. Es geht darum, die Perspektive eines anderen einzunehmen, um seine Anliegen, seine Bedürfnisse und Wünsche zu verstehen.

Mit solch einem Perspektivwechsel bekommen wir ganz neue Ideen für andere, wir ziehen ganz neue Schlüsse aus dem Verhalten anderer Menschen und werden angeregt, von uns aus ein neues Handeln an den Tag zu legen.

Die Blickrichtung zu wechseln ist leicht möglich, denn andere sind uns gar nicht so fremd, wie wir manchmal denken. Sie haben dasselbe Bedürfnis nach Sicherheit und Schutz wie wir. Sie kennen Hunger und Durst genauso wie wir. Angst, aber auch Freude können sie genauso bewegen wie uns.

Und damit sind wir auch schon bei einem anderen Begriff: dem Mitfühlen – der Empathie. Sich nicht mehr in andere hineinversetzen zu können, nicht mehr mit anderen mitfühlen zu können, bringt Erstarrung in Denken und Handeln mit sich. Der Mensch denkt und handelt dann einförmig und unmenschlich.

Jesus möchte, dass wir an anderen Menschen so handeln, wie wir behandelt werden möchten. Es mag sein, dass andere an dir nicht so handeln, wie du behandelt werden möchtest. Wir helfen nicht, dass die Welt ein besserer Ort wird, wenn wir erst dann nach Jesu Willen handeln, sobald auch andere dem Aufruf unseres Herrn voll und ganz folgen. Wir dürfen als Christen entschlossen nach vorne denken und handeln.

Von dir will ich lernen, Herr, an meinem Nächsten zu handeln. Amen.

16. Juli

Es werden nicht alle, die zu mir sagen: Herr, Herr!, in das Himmelreich kommen, sondern die den Willen tun meines Vaters im Himmel.
Matthäus 7,21

Mit einem „Herr, Herr!" kann man offensichtlich auch Fassaden aufbauen. Da kann dann alles einen christlichen Anschein bekommen.

Jesus setzt sein Wirken schon viel tiefer an – nicht erst bei der Fassade. Jesus ist das Fundament. Die Basis. Der Grundstein. Der Fels. Mit dieser Grundlage handelst du anders: Du tust den Willen des Vaters im Himmel. Und das kann auch ohne viel Worte, auch ohne ein „Herr, Herr!" geschehen.

Jesus unterscheidet also: Einen Herrn haben ist nicht dasselbe wie „Herr, Herr!" sagen.

Und um das besser zu erklären, erzählt Jesus eine Geschichte vom Hausbau. Ein kluger Mann baut sein Haus auf Fels. Bei einem Platzregen bleibt das gut gegründete Haus stehen, das Unwetter tut ihm nichts an. Ein törichter Mann baut sein Haus auf Sand. Das Unwetter spült den Sand unter dem Haus fort, und es fällt in sich zusammen.

Wer ist ein kluger, wer ist ein törichter Mann?

Ein kluger Mann ist, wer Jesu Rede hört und danach handelt. Ein törichter Mann ist, wer Jesu Rede hört und *nicht* danach tut. Die Leute, die Jesus zuhören, sind entsetzt – denn Jesus lehrt anders als die Schriftgelehrten. Jesus lehrt mit Vollmacht. Jesus weiß, wovon er spricht.

Ist dein Lebenshaus schon einmal zusammengefallen? So etwas ist eine schmerzliche Erfahrung. Aber es ist der richtige Zeitpunkt, sich in Jesus ein gutes Fundament zu wählen und noch einmal komplett neu mit dem Hausbau zu beginnen. Das ist besser als jedes Flickwerk an einem Haus, das auf Sand steht.

Christus! Mein Fels, auf dem ich stehe. Amen.

17. Juli

Und siehe, ein Aussätziger kam heran und fiel vor ihm nieder und sprach: Herr, wenn du willst, kannst du mich reinigen. Und Jesus streckte die Hand aus, rührte ihn an und sprach: Ich will's tun; sei rein! Und sogleich wurde er von seinem Aussatz rein.

Matthäus 8,2.3

Jesus spricht vor Tausenden von Menschen. Mit einem Mal wird es am Rand der Menschenmenge unruhig. Jesus kann nicht mehr weitersprechen – ein Mann mit Aussatz versucht, sich in die Menschenmenge zu mischen.

Nun muss man wissen, dass zu dieser Zeit Aussätzige in die Wüste gejagt werden. Bei Aussatz verfault der Mensch bei lebendigem Leib. Man hält die Erkrankung für ansteckend.

Aus diesem Grund versuchen auch die Menschen, die Jesus zuhören, den Mann fortzujagen. Sie heben sogar Steine auf und werfen nach ihm. Der Mann aber geht unbeirrt weiter. Da bekommt er natürlich Platz, denn niemand will ihn berühren. Es bildet sich eine Gasse, und der elende Mensch fällt schließlich vor Jesus nieder. Wie geht es weiter? Jesus beherrscht viele Berufe, unter anderem ist er auch Arzt. Jesus weicht nicht vor dem elenden Menschen zurück – nein, seine Bewegung ist genau andersherum: Er tritt einen Schritt *vor* und legt dem Mann die Hand auf. Jesus berührt den Mann. Die Menschen erschrecken, schließlich darf man einen Aussätzigen doch nicht anfassen. Aber Jesus tut es.

Und dann wird der Mann geheilt. Wichtig ist an der Geschichte, dass Jesus sich vor niemandem ekelt. Kein Elend, keine Krankheit, keine Last ist Jesus zu groß. Er rührt Menschen an.

So können Menschen, die anfangs noch am Rand stehen, von Jesus gesund gemacht werden und wieder in die Gemeinschaft zurückkehren. So handelt Jesus nicht nur an einem Aussätzigen, so handelt er an jedem Sünder, der zu ihm kommt. Jesus scheut niemanden.

Herr! Du hast mich geheilt. Hab Dank. Amen.

18. Juli

Und siehe, da brachten sie zu ihm einen Gelähmten, der lag auf einem Bett. Als nun Jesus ihren Glauben sah, sprach er zu dem Gelähmten: Sei getrost, mein Sohn, deine Sünden sind dir vergeben.
Matthäus 9,2b

Wie weit geht Jesu Macht? Wie weit geht seine Befugnis? Einen Aussätzigen hat er geheilt. Kann er auch einem Gelähmten helfen? Jesus sieht den gelähmten Menschen. Und er handelt an seinem größten Problem. Jesus handelt an seiner Sünde.

Jetzt magst du dir denken: Der Mann ist doch gelähmt. Sein größter Konflikt ist doch, dass er nicht laufen kann. – Doch Jesus sieht tiefer. Er erkennt, was diesen Menschen am stärksten plagt. Und das ist seine Trennung von Gott. Das ist seine Schuld vor Gott.

Jesus vergibt dem Mann seine Sünden. Sofort entrüsten sich die Schriftgelehrten: „Dieser lästert Gott." Die Schriftgelehrten haben verstanden: Nur Gott kann Sünde vergeben. Die Schriftgelehrten haben *nicht* verstanden: Jesus ist Gott.

Jesus erkennt die Gedanken der Schriftgelehrten. Sofort fragt er sie: „Was ist leichter? Ist es leichter, die Sünden zu vergeben, oder zu sagen: ‚Steh auf und geh umher?'" Jesus zeigt, dass er die Macht und Befugnis hat, auch Sünde zu vergeben. Deshalb spricht er zu dem Gelähmten: „Steh auf, hebe dein Bett auf und geh heim."

Seine Macht hat Jesus nun gleich in doppelter Hinsicht an diesem Mann gezeigt. Darf er seine Macht heute auch in deinem Leben zeigen?

Jesus! Du bist wirklich Gott. Amen.

19. Juli

Ich bin gekommen, die Sünder zu rufen und nicht die Gerechten.
Matthäus 9,13b

Jesus verlässt den Ort, an dem er eben noch einen Gelähmten geheilt hat. Er kommt dabei an einer Zollstation vorbei. Matthäus, der spätere Schreiber des Matthäus-Evangeliums, arbeitet hier.

Zöllner sind keine beliebten Personen in Israel. Sie treiben Steuern für die Römer ein. Sie dürfen mehr Steuern einnehmen, als sie nach Rom abführen. Von diesem Mehrbetrag bestreiten sie ihren Lebensunterhalt. Sie sind wohlhabend – und sie sind verhasst bei den Menschen.

Genauso wie Simon Petrus und Andreas, die ehemaligen Fischer, fordert Jesus auch Matthäus auf, ihm zu folgen. Und auch er verlässt sein Geschäft und geht mit Jesus. Zunächst gehen sie zu Matthäus nach Hause. Es gibt ein Festessen, Matthäus lädt auch seine Freunde ein. Die sind auch Zöllner und Sünder.

Die Pharisäer murren, als sie davon hören. Sie beklagen sich bei den Jüngern Jesu: „Warum isst euer Meister mit den Zöllnern und Sündern?" Die Klage dringt auch bis an Jesu Ohren. Jesus antwortet umgehend: „Die Starken bedürfen des Arztes nicht, sondern die Kranken." Und er ergänzt: „Ich bin gekommen, die Sünder zu rufen und nicht die Gerechten."

Wenn Jesus dich heute ruft, dann darfst du ihm auch folgen. Du brauchst dich nicht über die bunte Gesellschaft, die Jesus nachgeht, zu wundern. Das sind alles Menschen mit ganz unterschiedlichem Hintergrund. Doch Jesus eint sie: Sie haben Vergebung erfahren und eine neue Lebensperspektive geschenkt bekommen.

Danke, dass du auch heute noch berufst, Herr. Amen.

20. Juli

Da sprach er zu seinen Jüngern: Die Ernte ist groß, aber wenige sind der Arbeiter. Darum bittet den Herrn der Ernte, dass er Arbeiter in seine Ernte sende.
Matthäus 9,37.38

Jesus streut mit seinen Jünger den Samen aus. Das ist ein schönes Bild. Doch das Bild endet nicht beim Säen.

Es kommt zu Wachstum. Wachstum ist ein ganz natürlicher Prozess, den Gott geschenkt hat. Wir können Wachstum nicht *machen*. Aber wir können behilflich sein, dass eine Pflanze gute Bedingungen vorfindet. Wir können düngen und gießen. Gott will das Gedeihen einer Pflanze Seite an Seite mit uns erleben.

Und irgendwann trägt die Pflanze Frucht – je nach dem Saatgut, das ausgesät wurde. Und dann kommt die Zeit der Ernte. Alles wird in Scheunen gesammelt, dass es nicht verdirbt.

Was wird gesät? Was wächst? Was wird geerntet? Wofür steht das Bild?

Jesus teilt das lebendige Wort aus, ein Wort, das direkt vom Vater im Himmel kommt, ein Wort, das Menschen in Bewegung versetzt und beflügelt. Menschen lernen wieder zu leben, nachdem sie durch Schuld und Sünde den Zugang zum Leben verloren hatten.

Die Frucht sind Menschen, die das lebendige Wort in sich aufgenommen haben, die wie eine Rebe wachsen und fest mit dem Weinstock – Jesus – verbunden sind. Die Frucht sind befreite Menschen, Menschen, die den Vater und sein Wort liebhaben.

Die Ernte ist das Sammeln dieser Menschen in die Scheune Gottes. Gott bittet seine Mitarbeiter um Hilfe bei dieser Aufgabe. Willst du dabei sein und Menschen, die reif geworden sind am Wort Gottes, für Jesus sammeln? Du darfst ein Arbeiter in seiner Ernte sein.

Beleb dein Werk, o Herr, gib neuen Gnadenschein. Dir wird dafür dann Preis und Ehr und uns der Segen sein. Amen.

21. Juli

Siehe, ich sende euch wie Schafe mitten unter die Wölfe.
Matthäus 10,16

Jesus erklärt seinen Jüngern ganz genau, wie unsere Stellung in der Welt ist. Unsere Stellung ist die von Schafen unter Wölfen. Das Volk Gottes lebt in dieser Stellung nur durch Wunder und die starke Hand des Herrn. Wenn der Herr seine Hand von seinem Volk abzieht, wenn er nicht mehr in der Mitte seines Volkes ist, dann ist es ohnmächtig und verloren.

Über die Kindheit unseres Herrn sagt die Bibel, dass Jesus Gnade fand bei Gott und den Menschen. Wir wissen, dass das nicht immer so geblieben ist. Am Ende wurde Jesus von den Menschen verworfen und gekreuzigt. Jesus ist der Erste, der es uns vorgelebt hat, was es heißt, als Schaf unter Wölfen zu leben.

Magst du noch mit Jesus gehen, auch wenn er dir diese Schwierigkeiten in Aussicht stellt? Magst du immer noch ein Nachfolger sein – auch mit diesem Ausblick?

Die Bewunderer haben sich nach solchen Worten von Jesus schnell zurückgezogen. Diejenigen, die von Jesu Lebensentwurf überzeugt sind und ihm nachfolgen, sprechen aber zusammen mit Petrus: „Herr, wohin sollen wir gehen? Du hast Worte des ewigen Lebens; und wir haben geglaubt und erkannt, dass du Christus bist, der Sohn des lebendigen Gottes."

Herr! Halte deine starke Hand über uns. Amen.

22. Juli

Wer nun mich bekennt vor den Menschen, den will ich auch bekennen vor meinem himmlischen Vater. Wer mich aber verleugnet vor den Menschen, den will ich auch verleugnen vor meinem himmlischen Vater.
Matthäus 10,32.33

Am Ende der Tage wird es ein Gericht geben. Die Menschheit wird in zwei Gruppen geteilt. Zur ersten Gruppe wird sich Christus bekennen, sie wird gerettet sein. Von der zweiten Gruppe wird sich Christus lossagen – diese Menschen werden verloren gehen.

Wie bekomme ich einen gnädigen Gott? Diese Frage stellte schon Martin Luther. Und dies wird am Ende der Tage die wichtigste Frage sein. Deshalb soll sie uns schon heute beschäftigen. Martin Luther fand eine Lösung: Wer sich zu Christus bekennt, zu dem wird sich auch Christus bekennen. Glauben und Bekennen werden eins. Liebhaben und Bezeugen werden eine Einheit.

Was wäre das auch für eine Beziehung, in der ich im Geheimen den Herrn mit meinen Gebeten bestürme – aber nicht öffentlich zugebe, wie der Herr mich hält und führt? Kann man sich denn für Jesus schämen, dass man sich scheut, ihn offen zu bekennen? Ja, der Feind Gottes sät ein seltsames Schamgefühl gegen Jesus in dieser Welt aus. Da wird dann Jesus klein gemacht und verniedlicht. Und sein Wort wird als etwas Religiös-Romantisches abgetan, das nur Kranken und Siechen als billiger Trost dient. Dieses seltsame Schamgefühl will vermitteln, dass Christus ein schwacher Herr ist. Und dann kommt man vom Schämen zum Verleugnen.

Doch unser Ruhm ist in Christus. Er ist der starke Held, der König unseres Leben, der Schöpfer der Welt, in dem und durch den alles geschaffen ist. Seine Herrschaft ist wunderbar. Wir rühmen ihn, wir haben ein Lieblingsgespräch, von Jesus zu erzählen wird dann eine Herzensangelegenheit. Bekennen ist ja so leicht, wenn wir die Größe und Majestät Jesu verstanden haben.

Herr! Zeige mir, wo ich dich heute bekennen darf. Amen.

23. Juli

Wer sein Leben findet, der wird's verlieren; und wer sein Leben verliert um meinetwillen, der wird's finden.
Matthäus 10,39

Man kann es sich ja so schön in dieser Welt einrichten. Da kann man es so angenehm haben, dass das Wort, das Jesus dem heutigen Bibelvers vorangestellt hat, schon stört: „Und wer nicht sein Kreuz auf sich nimmt und folgt mir nach, der ist meiner nicht wert."

Viele folgen Jesus. Er sättigt mit Brot und Fisch. Er tut Wunder. Er erzählt fesselnd Geschichten. Wo Jesus ist, da ist was los.

Aber jetzt wird es ungemütlich. Nun sollen wir unser Kreuz auf uns nehmen. Dieses Kreuz kommt aus der Ablehnung von Christus in dieser Welt. Und diese Ablehnung kommt nicht zuerst von den anderen Menschen. Diese Ablehnung kommt zu allererst in unserem eigenen Herzen. In uns lebt ein altes Wesen, das Christus den ersten Platz in unserem Leben verweigert. Dieses Wesen in uns muss sterben. Es muss unter das Kreuz.

Verlieren wir nicht zu viel, wenn dieses Wesen in uns unter das Kreuz kommt? Ja, du verlierst vielleicht die eigene Ehre, die eigene Bequemlichkeit und eigene Sicherheit. Dein Herz darf nicht mehr an andere Dinge als an Jesus gebunden sein.

Doch du gewinnst die Sicherheit in Christus, du weißt dich in aller Friedlosigkeit dieser Welt in seinen Händen geschützt, du ehrst und rühmst Jesus mit deinem neuen Leben. Ja, du verlierst dein altes Leben – das so selbstgerecht ist – und du findest ein neues Leben als Gotteskind. Du folgst Jesus. Ganz und gar.

Du, Herr, bist mein ganzer Gewinn. Amen.

24. Juli

Nehmt auf euch mein Joch und lernt von mir; denn ich bin sanftmütig und von Herzen demütig; so werdet ihr Ruhe finden für eure Seelen.
Matthäus 11,29

Es steht im Neuen Testament nicht irgendwo im Kleingedruckten. Jesus hat es auch nicht im Geheimen hinter vorgehaltener Hand gesagt. Nein, er sagt es öffentlich – es ist sozusagen seine Regierungserklärung: wir sollen sein Joch tragen, ja, wir erfahren sogar, dass wir täglich unser Kreuz auf uns nehmen und ihm folgen sollen. Täglich sollen wir mit ihm sterben.

„Kommt her zu mir" – das ist die Einladung unseres Herrn.

„Kommt alle" – das ist eine Einladung ohne Einschränkung, Gott will alle Menschen zu sich rufen, die ihn brauchen.

„Kommt alle her zu mir, die ihr mühselig und beladen seid" – Jesus ruft die, die eine Last mit sich herumschleppen, unter der sie vielleicht zu zerbrechen drohen.

Möglicherweise erlebst du dein Leben auch als aufreibend, kräfteaufzehrend oder ermüdend. Vielleicht trägst du immer noch eine Schuld mit dir herum, die dich fast erdrückt. Vielleicht fühlst du dich verloren. Ein verlorenes Leben kannst du nicht zurückkaufen.

Doch immer steht Jesus auf deinem Weg, will deine Umkehr und sagt zu dir: „Ich habe Gutes mit dir vor. Ruhe sollst du finden für deine Seele. Vertraue mir."

Wenn du Nervenaufreibung und Ausgebranntsein kennst, dann ahnst du, wie kostbar das ist, was Jesus hier anbietet. Doch es geht auch unter ein Joch. Sein Joch. An diesem Joch zieht gemeinsam mit dir auch Jesus. Er trägt und zieht mit dir zusammen. Deshalb ist das Joch – wie Jesus auch – sanft.

Ja, Herr. Ich beuge mich unter dein Joch. Amen.

25. Juli

Wenn der unreine Geist von einem Menschen ausgefahren ist, so durchstreift er dürre Stätten, sucht Ruhe und findet sie nicht.
Matthäus 12,43

Ich war ein junger Mann, der mit Jesus geliebäugelt hat. Gern habe ich auch einmal einen Gottesdienst besucht oder die Bibel gelesen. Aber den nächsten Schritt hatte ich noch nicht getan, Jesus mein ganzes Leben zu geben.

Und dann wurde mir die heutige Bibelstelle zu einem Schlüsselerlebnis, um mein Leben ganz auf Jesus auszurichten. Denn mir wurde klar, wie gefährlich es ist, ein leeres Herz zu haben. Jesus kann ein Menschenherz reinigen. Aber es darf danach nicht leer bleiben, es muss neu besetzt werden. Mit Jesus. Nachdem ich diesen heutigen Bibelvers gelesen hatte, entschloss ich mich: „Heute mache ich es mit Jesus fest."

Du kannst Wunder von Jesus gesehen haben, du kannst Predigten von Jesus gehört haben, du kannst eine gewisse Offenheit für Jesus haben, die Dinge stark finden, die er sagt und tut, aber du kannst in dieser Oberflächlichkeit stecken bleiben. Du kannst auch schon Buße getan haben – aber wenn Jesus dich nicht in der Tiefe deines Herzens berührt hat und du den nächsten Schritt nicht gehst, Jesus dein ganzes Leben hinzulegen, dann kannst du in dein altes Leben zurückfallen, und alles wird mit dir dann noch ärger als zuvor.

Wenn du Buße tust, kannst du von Reue erfüllt sein – aber wenn du deinen Anker nicht in Jesus setzt, dann kehrst du in dein altes Leben zurück. Wenn du aber Jesus dein Leben gibst, wenn du klare Sache machst und es mit Jesus festmachst, dann kann er dein Leben nach seinen Vorstellungen umgestalten. Und erst damit beginnt das Abenteuer mit Jesus.

Danke, Herr, dass du mich zu dir gezogen hast. Amen.

26. Juli

Das Himmelreich gleicht einem Schatz, verborgen im Acker, den ein Mensch fand und verbarg; und in seiner Freude ging er hin und verkaufte alles, was er hatte, und kaufte den Acker.
Matthäus 13,44

Man setzt in seinem Leben alles auf eine Karte, wenn man die Gunst der Stunde nutzt und sich eine einzigartige Gelegenheit nicht entgehen lässt. Manche sprechen davon, dass sie ein Schnäppchen machen. Wenn sich einem Menschen *die* Chance im Leben eröffnet, dann gilt es, klug zu handeln.

Zu diesem klugen Handeln gehört auch, dass man alles aufbringt, um diese einzigartige Gelegenheit zu nutzen.

Im heutigen Bibelwort haben wir es mit einem Mensch zu tun, der wirklich alles verkauft, um den Kaufpreis für einen Schatz im Acker aufzubringen. Aller bisherige Besitz verliert seine Bedeutung vor diesem Schatz, der vor dem Mensch liegt.

Dieser Schatz ist das Evangelium – die gute Nachricht – von Jesus. Der Schatz ist die Gotteskindschaft unter dem wirklichen Gott, dem Schöpfer von Himmel und Erde, dem gnädigen Gott, der allein Schuld vergeben kann.

Du gibst den ganzen religiösen Jahrmarkt auf, um dieses Leben in Christus zu erlangen. Esoterik? – Über Bord! Astrologie? – Weg damit! Philosophie? – Gebe ich als Kaufpreis dahin; ich will nur noch diesen Schatz, Christus. Ich will nichts mehr unter Wert. Ich will mich nicht mit weniger als diesem Schatz, dem wunderbaren Gott, zufrieden geben.

Sobald du so denkst und handelst, bist du wie der kluge Mensch, der alles verkauft, um den Acker mit dem Schatz zu erwerben. Und auf welche Weise, mit welcher Stimmung tätigt der Mensch sein Geschäft? Das Bibelwort von heute sagt es uns: mit *Freude*.

Du bist der wertvolle Schatz in meinem Leben, Herr. Regiere du in mir.
Amen.

27. Juli

Wahrlich, ich sage euch: Wenn ihr nicht umkehrt und werdet wie die Kinder, so werdet ihr nicht ins Himmelreich kommen.
Matthäus 18,3

Kannst du glauben wie ein Kind? Vertraust du dem Vater im Himmel, so wie ein Kind das kann? Wenn du dir so ein Kind zum Vorbild nimmst, dann findest du Zugang zum Reich Gottes. Wenn du aber nicht umkehrst und wirst wie ein Kind, dann wirst du nicht ins Himmelreich kommen.

Bevor Jesus ein Kind mitten unter die Jünger stellt und das heutige Bibelwort sagt, fragen ihn die Jünger: „Wer ist doch der Größte im Himmelreich?"

Man mag ahnen, dass dieser Frage so einige Kämpfe – Machtkämpfe zwischen den Jüngern – vorangegangen sein mögen. Ist das zuerst von Jesus ausgewählte Brüderpaar – Simon Petrus und Andreas – am wichtigsten und größten im Reich Gottes? Oder ist vielleicht Johannes wichtiger, weil Jesus ihn so liebt? Die Jünger mögen sich gegenseitig ihre Vorzüge und Qualitäten aufgezählt haben. Auf einmal ging es um Leistung und Wirksamkeit.

Jesus bereitet der Diskussion ein Ende, indem er ein Kind in die Mitte stellt. Ein Kind empfängt. Ein Kind nimmt ein Geschenk – auch das Geschenk des Lebens – gern an. Ein Kind *ist* einfach. „Just be", sagte einmal ein Freund, Luc Verlinden, zu mir. Wie man einfach *ist*, lernt man am besten von einem Kind. Ohne Leistungsdruck. Ohne eigene Geschäftigkeit.

„Kehrt um und werdet wie die Kinder", ruft Jesus seinen Jüngern auf dem Gipfel ihres Eifers und Geltungsstreits entgegen. Wir sind ein Segen für andere Menschen, indem wir Jesus ganz unkompliziert in uns aufnehmen, wie nur ein Kind das kann. Ja, wir können von Kindern lernen.

Lehre mich, Herr, ein Kind Gottes zu sein. Amen.

28. Juli

Der Menschensohn ist nicht gekommen, dass er sich dienen lasse, sondern dass er diene und gebe sein Leben zu einer Erlösung für viele.
Matthäus 20,28

Jesus erhält die perfekte Ausbildung. Zunächst lernt er ein Handwerk, und er lernt es, saubere Sachleistungen abzuliefern. Jeder, der ein Handwerk erlernt hat, der weiß, wie wichtig es ist, exakt und korrekt zu arbeiten. Im Zimmermannsberuf hilft es nicht, wenn die Balken für ein Dach nicht exakt zusammenpassen.

In seinem späteren dreijährigen Wirken lernt es Jesus dann auch, im Dienstleistungsbereich zu arbeiten, Jesus lehrt, Jesus heilt ärztlich, Jesus arbeitet auch geistlich und treibt Dämonen aus. Und das ist noch nicht alles: Jesus wäscht Füße, und er reinigt nicht nur die Füße – er reinigt auch die Herzen. Jesus vergibt Schuld.

Und damit kommen wir in einen Bereich, der über den menschlichen Dienstleistungsbereich vollkommen hinauswächst: Schuld kann nur Gott vergeben. Und Jesus dient noch mehr: Er gibt sein Leben zur Erlösung für die Vielen.

Jesus hat in seiner Tätigkeit vom Sachleister zum Dienstleister etwas Entscheidendes gelernt: Gehorsam. Und dieser Gehorsam qualifiziert Jesus für seinen nächsten großen Dienst. Gehorsam qualifiziert Jesus für das Richteramt. Jesus wird richten als der gehorsame Sohn Gottes und als der Größte aller Dienstleister, der bereit ist, auch den niedrigsten Dienst zu verrichten, nämlich sein Leben für dein Leben zu geben und deinen Tod zu sterben.

Herr. Du hast dein Leben für mich gegeben. Hab Dank. Amen.

29. Juli

So gebt dem Kaiser was des Kaisers ist, und Gott, was Gottes ist!
Matthäus 22,21b

Die Pharisäer wollen Jesus eine Falle stellen. Sie beraten sich, wie sie Jesus mit seinen eigenen Worten gefangen nehmen können. In ihren Überlegungen kommen sie dahin, Jesus zu fragen: „Ist's recht, dass man dem Kaiser Steuern zahlt oder nicht?" Es ist damit der Kaiser in Rom gemeint – das Land ist ja von römischen Soldaten besetzt.

Es scheint eine Frage zu sein, in der Jesus nur verlieren kann. Sagt er: „Es ist nicht recht, an Rom Steuer zu zahlen", dann wird man Jesus bei den Römern denunzieren können. Sagt er: „Es ist recht", dann kann man ihn bei den Juden denunzieren, die die Besetzung des Landes als Unrecht empfinden, von dem man sich befreien will.

Ist das eine Zwickmühle für Jesus?

Jesus hat eine Antwort. Sie beweist seinen Witz, seinen Scharfblick und – um es französisch zu sagen – seinen Esprit. Jesus findet den Weg aus der Sackgasse der Fragestellung. Er lässt sich eine Münze geben. Offizielles Zahlungsmittel sind römische Münzen. Jesus fragt die Pharisäer: „Wessen Bild und Aufschrift ist auf der Münze?" – „Des Kaisers", geben die Pharisäer zurück. Und dann kommt die Antwort Jesu: „So gebt dem Kaiser was des Kaisers ist, und Gott, was Gottes ist!" – Eine tolle Antwort. Sie zeigt, dass Jesus keinen Aufruhr um die Steuerzahlungen anzetteln will, und sie zeigt, dass Jesus genau weiß, dass die Menschen nach dem Abbild Gottes geschaffen sind. Deshalb ist es recht, wenn die Menschen sich selbst dem Vater im Himmel geben – die Menschen sind Gottes, Gott hat ein Anrecht auf sie.

Hast du dich auch schon Gott gegeben?

Ich will dir gehören, Jesus. Amen.

30. Juli

Gott ist nicht ein Gott der Toten, sondern der Lebenden.
Matthäus 22,32b

Der Vater im Himmel ist der Gott Abrahams, der Gott Isaaks und der Gott Jakobs. Und er ist nicht ein Gott über die Toten. Auch wenn Abraham, Isaak und Jakob nicht mehr auf der Erde sind, so ist doch Gott ein Gott über die Lebenden.

Jesus wird nach der Auferstehung der Toten befragt. Und er antwortet: „Sie werden in der Auferstehung der Toten weder heiraten noch sich heiraten lassen, sondern sie sind wie die Engel im Himmel."

Im Himmel stehen wir nicht unter der Zeit, so wie alle es hier tun. Mein Papa hat mir einmal, als ich klein war, eine Geschichte erzählt. Ich weiß nicht, ob sie wahr ist oder nur eine erfundene Erzählung ist. Die Geschichte geht so: Zwei junge Männer besprechen sich, dass sie einander im Traum erscheinen wollen, wenn einer von ihnen einmal stirbt. Tatsächlich verstirbt einer der jungen Männer kurz darauf. Der andere wird ein alter Mann – aber nie erscheint ihm der Freund im Traum. Doch als er sehr alt ist, kurz bevor er selbst stirbt, begegnet ihm der Freund im Traum. Und der alte Mann fragt: „Du wolltest mir doch unmittelbar nach deinem Tod im Traum erscheinen. Warum hast du denn solange gewartet?" – Da antwortete der verstorbene Freund: „Aber das tue ich doch. Sofort nachdem ich im Himmel angekommen bin, bin ich dir im Traum erschienen." Nur sind für den alten Mann über fünfzig Jahre vergangen.

Auch wenn die Geschichte nur erfunden ist, so will sie uns doch etwas sagen über die Unterschiedlichkeit des Zeitmaßes auf der Erde und im Himmel. Es ist tatsächlich möglich, dass ein Mensch auf Erden stirbt und danach sofort zur Auferstehung der Toten kommt, obwohl hier noch so viel Zeit ins Land geht. So mögen Abraham, Isaak und Jakob nach unserem Zeitmaß verstorben sein. Doch sie haben im Himmel schon die Auferstehung erfahren – sie haben sie *erlebt*.

Wer an dich glaubt, Jesus, der wird leben, ob er auch stürbe. Amen.

31. Juli

Himmel und Erde werden vergehen; aber meine Worte werden nicht vergehen.
Matthäus 24,35

Jesus erzählt, dass er wiederkommen wird: „Von dem Tage aber und von der Stunde weiß niemand, auch die Engel im Himmel nicht, auch der Sohn nicht, sondern allein der Vater."

Jesus mahnt zur Wachsamkeit. Und er spricht von der Unvergänglichkeit seiner Worte. Denn er spricht Worte des Lebens. Diese Worte können nicht sterben und vergehen.

Das klingt in unseren Ohren sensationell. Denn die Dinge, die wir sagen und tun, sind zeitlich. Wir denken und handeln nur vorläufig. Unsere Bauwerke verfallen irgendwann. Unsere Gedanken sterben in der Regel eine – spätestens zwei – Generationen nach unserem Tod, wenn sich niemand mehr an uns erinnert.

Wann immer ich über einen Friedhof gehe, denke ich, wenn die Gräber schon sehr alt sind, dass sich niemand mehr an die Freude, den Schmerz, die Furcht und Hoffnungen dieser Menschen erinnert. Selbst die Menschen, die diese Toten früher einmal begleitet haben, sind nicht mehr auf der Erde.

Und da stehen nun heute die Worte Jesu: „Himmel und Erde werden vergehen; aber meine Worte werden nicht vergehen." Jesus hat nicht ein Wort gesagt, dass heute nicht mehr gültig wäre. Sein Wort ist Fels und Fundament – heute genauso wie vor 2000 Jahren. Auf ihn können wir auch heute noch unser Lebenshaus bauen. Im heiligen Geist erfrischt uns der Herr auch heute. Erfrischen – das kann kein Toter. Das kann nur der lebendige Gott.

Du bist bei uns alle Tage bis ans Ende der Welt. Amen.

1. August

Was ihr getan habt einem von diesen meinen geringsten Brüdern, das habt ihr mir getan.
Matthäus 25,40b

Gott hat auch die Geringen geschaffen. In ihnen begegnet uns Christus stellvertretend. Die Nächstenliebe, die wir ihnen erweisen, die erweisen wir Christus. Jesus will uns neu motivieren, die Geringen zu sehen, wahrzunehmen, nicht wegzuschauen, an ihnen Anteilnahme und Fürsorge zu zeigen.

Nahrung, Kleidung und auch Würde dürfen wir den Geringen wiedergeben. Jesus hat es uns vorgelebt. Auch er hat uns Nahrung, Kleidung und Würde gegeben – denn vor Gottes Thron sind auch wir gering:

- Jesus gibt uns Brot des Lebens zu essen und versorgt uns täglich mit dem, was wir zu essen brauchen.
- Jesus gibt uns Kleider des Heils, so dass wir rein vor dem Vater im Himmel stehen können.
- Jesus gibt uns Würde, ja wir dürfen Gotteskinder sein.

Wenn uns Christus so versorgt, dann wollen wir davon auch abgeben. Das Gute, das wir den Geringen tun, ist das Gute, das wir an Christus tun.

Und was wir an den Geringen *nicht* tun, das tun wir auch an Jesus *nicht*.

Das Wort von heute will uns berufen, so zu leben, dass alle – auch die Geringen – an uns merken, dass Jesus uns das ewige Leben geschenkt hat. Auch uns wurde gegeben, was wir nicht verdient haben. Überreichliches Geben ist ein himmlisches Prinzip.

Mache mich zum Dienst bereit – auch an den Geringen. Amen.

2. August

Als sie aber aßen, nahm Jesus das Brot, dankte und brach's und gab's den Jüngern und sprach: Nehmet, esset; das ist mein Leib.
Matthäus 26,26

Ja, es ist wahr, dass später am Kreuz diese Schrift stehen wird: Jesus von Nazareth, König der Juden. Die Idee dazu wird aber nicht von unserem himmlischen Vater kommen, sondern von den Menschen, die Jesus hassen.

Ich nehme lieber Texte, die von Gott kommen, welche Jesus als Sohn Gottes, als Retter der Welt, Erlöser und Friedefürst, Wunderrat und als unseren König preisen.

Gott lädt an seinen Tisch ein. Und Menschen folgen aus allen Himmelsrichtungen: von Osten und Westen und von Norden und Süden werden Menschen kommen und sich im Reich Gottes zu Tisch setzen.

Und an diesem Tisch feiern wir ein Mahl, das uns an Jesus erinnert. Wir hätten kein Recht, an diesen Tisch zu kommen, wenn Jesus uns nicht unsere Schuld vergeben hätte und unsere Herzen rein, hell und klar gemacht hätte.

Aber Jesus hat es getan. Er hat uns das Recht, an seinen Tisch zu kommen, teuer erkauft – durch sein Blut und sein Leben. Deshalb erreichen wir das Herz der Gemeinde, wir kommen zum Kern unserer Gemeinschaft, wann immer wir Abendmahl feiern. Denn Jesus ist im Abendmahl zugegen, und er ist es, der uns an seinen Tisch ruft. Jesus ist der Tischherr.

Herr! Du bist das Brot des Lebens. Amen.

3. August

Jesus sprach: Die Zeit ist erfüllt, und das Reich Gottes ist herbeigekommen. Tut Buße und glaubt an das Evangelium!
Markus 1,15

Markus beschreibt Jesu erste Predigt. Womit begann Jesus seine Verkündigung? Mit dem Thema *Umkehr*. Dieser Ruf Jesu zu Umkehr, Bekehrung und Wiedergeburt gilt noch heute.

Das Neue Testament sagt ganz deutlich, dass die Bekehrung, mit der man überhaupt erst einmal Christ wird, ein tiefer Einschnitt im Leben ist, der das alte Leben vom neuen Leben trennt: „Ihr hattet keine Hoffnung und wart ohne Gott in der Welt. Jetzt aber seid ihr in Christus, und ihr seid Gott nicht mehr fern, sondern nah durch das Blut Christi. In sich selber hat Jesus aus Juden und Nichtjuden einen neuen Menschen geschaffen und Frieden gemacht und beide versöhnt mit Gott."

Der Einschnitt ist also so tief, dass die Bibel von einem neuen Menschen spricht. Diese Hinkehr zu Gott beschreibt das Neue Testament als Neuschöpfung und als neue Geburt: „Ist jemand in Christus, so ist er eine neue Kreatur: das Alte ist vergangen, siehe, Neues ist geworden."

Jesus hat die Fülle. In Jesus begegnest du einem neuen Reichtum, bei dem er selbst, Jesus, der Schatz ist. Du weißt, ob du am Anfang einmal gesagt hast: „Jesus, mein Leben gehört dir." Wenn du das noch nicht getan hast, dann gehörst du noch nicht Jesus, dann bist du noch kein Christ geworden. Es ist, als ob du dein Geld zur Bank bringst: es trägt erst dann Zinsen, wenn du das Geld am Schalter abgegeben hast. So viel du behältst, so viel wird keine Zinsen tragen. So viel du am Schalter einzahlst, so viel kann bei der Bank auch Zinsen tragen. Das ist bei Jesus nicht anders.

Herr! Nichts von mir will ich zurückhalten. Alles, jeder Bereich meines Lebens, soll dir gehören. Amen.

4. August

So ist der Menschensohn ein Herr auch über den Sabbat.
Markus 2,28

An einem Sabbat geht Jesus mit seinen Jüngern durch ein Getreidefeld. Die Jünger reißen Ähren von den Halmen und essen die Körner. Sofort stehen die Pharisäer mit erhobenem Zeigefinger vor Jesus: „Das ist doch am Sabbat verboten!"

Jesus erinnert daraufhin die Pharisäer an eine alte Geschichte von David. Jonatan und David hatten gerade endgültig voneinander Abschied genommen. David floh mit ein paar Männern vor König Saul und suchte Schutz bei dem Priester Ahimelech: „Hast du etwas zu essen für uns? Etwa fünf Brote?", fragte David den Priester. Der hatte nichts zu essen außer den heiligen Schaubroten, die Gott geweiht waren. David und seine Männer vergingen vor Hunger – und aßen die heiligen Schaubrote.

Diese Begebenheit ruft Jesus den Pharisäern in Erinnerung, und er schärft ihnen ein: „Der Sabbat ist um des Menschen willen gemacht und nicht der Mensch um des Sabbat willen. So ist der Menschensohn ein Herr auch über den Sabbat."

Jesus will nicht, dass die Pharisäer die Ordnungen Gottes auf den Kopf stellen und unmenschliche Gesetze und Regeln daraus ableiten. Jesus stellt alles wieder vom Kopf auf die Füße, als er erklärt, dass erst der Mensch kommt – und danach der Sabbat. So war es übrigens auch in der Schöpfung, der Mensch kam am sechsten, der Sabbat am siebten Tag.

Du bist Herr über allem. Amen.

5. August

Denn wer Gottes Willen tut, der ist mein Bruder und meine Schwester und meine Mutter.
Markus 3,35

Jesus klärt über seine Verwandtschaftsverhältnisse auf. Jesus ist gerade dabei, mit Menschen über Gottes Reich zu sprechen. Da kommen seine Mutter und seine Brüder, bleiben vor dem Haus, in dem Jesus ist, stehen und lassen Jesus rufen.

Der antwortet aber: „Wer ist meine Mutter und wer sind meine Brüder?" Jesus schaut auf seine Zuhörer und erklärt: „Siehe, ihr seid meine Mutter und meine Brüder."

Mit dieser Antwort wird Maria wohl kaum gerechnet haben. Jesus hat jetzt neue Aufgaben vor sich, er schaut nach vorne – und nicht mehr zurück auf seine Familie. Und wenn Jesus nach vorne schaut, dann geht sein Blick so weit, dass er auch bis zu uns heute schaut. Dieses Wort gilt auch uns: „Wer Gottes Willen tut, der ist mein Bruder und meine Schwester und meine Mutter."

Nein, Jesus will seine Mutter nicht kränken. Er lässt sie auch nicht im Stich. Selbst am Kreuz von Golgatha wird er an die Sozialversicherung seiner Mutter denken. Er wird zu dem Jünger Johannes sagen: „Siehe, deine Mutter." Und zu seiner Mutter wird Jesus, auf Johannes weisend, sagen: „Siehe, dein Sohn." Johannes wird für Jesu Mutter im Alter sorgen. Jesus denkt an alles. Selbst im Sterben.

Jesus muss in seinem Dienst entscheiden, was jetzt Vorrang hat. Vorrang haben die neuen Verwandtschaftsverhältnisse mit den Kindern Gottes vor dem Verwandtschaftsverhältnis zu seiner leiblichen Mutter. So sind auch wir mit hineingenommen in Gottes schöne Familie.

Herr! Ich danke dir, dass ich dein Kind sein darf. Amen.

6. August

Und Christus sprach zu ihnen: Seht zu, was ihr hört! Mit welchem Maß ihr messt, wird man euch wieder messen, und man wird euch noch dazugeben.
Markus 4,24

Nach dem Maß unseres Zuhörens will uns Jesus Verständnis schenken. Jesus schenkt, wenn wir auf seine Gleichnisse hören, eine neue Sicht auf uns und die Welt, in der wir leben.

Wir sollen achtgeben auf das, was wir hören. Es gibt Nachrichten und Gerüchte, die wollen uns nach unten ziehen. Hören wir auf die Gute Nachricht, dann werden wir auferbaut.

Nun schärft uns Jesus ein, dass, wenn wir andere messen, auch selber gemessen werden. Wie gerne legen wir Maß an andere an. Werden andere unserem Maß gerecht? Sind sie so, wie wir sie haben wollen? Liegen andere oberhalb oder unterhalb unserer Messlatte? Werden wir selbstgerecht, wenn wir andere messen? Wenn wir unbarmherzig andere messen, dann will uns unser Bibelwort daran erinnern, dass auch wir gemessen werden. Das macht demütig.

Jesus sieht beim Messen immer das Potenzial im Menschen, und er sieht, wie er diesen Menschen fördern kann. Wenn Jesus misst, dann gibt er noch mehr dazu, als da ist. In Hosea 10,12 steht: „Säet Gerechtigkeit und erntet nach dem Maß der Liebe." Das Maß der Liebe ist immer verschwenderisch, gibt mehr, als ein Mensch eigentlich verdient hat. Hosea sagt aber auch, dass wir erst einmal Gerechtigkeit säen müssen, bevor wir so ernten können. Das Säen von Gerechtigkeit beginnt bei uns damit, dass wir andere – in Demut – mit dem Maß messen, das Jesus anlegt.

Herr! Schenke mir Barmherzigkeit. Amen.

7. August

Und er nahm die fünf Brote und zwei Fische und sah auf zum Himmel, dankte und brach die Brote und gab sie den Jüngern, damit sie unter ihnen austeilten, und die zwei Fische teilte er unter sie alle.

Markus 6,41

Jesus nährt 5000 Menschen. Mit fünf Broten und zwei Fischen. Ein junger Mann, der Theologie studierte, sagte mir einmal: „Das Wunder der Brot- und Fischvermehrung war, dass die Menschen miteinander teilten, was sie bei sich hatten. Brot und Fisch waren schon da. In den Manteltaschen der Leute. Es gab kein übernatürliches Wunder."

Ich räume ein, dass es auch ein Wunder ist, wenn Menschen miteinander teilen, was sie haben – und nichts mehr für sich zurückbehalten. Doch im heutigen Bibelwort schaut Jesus nicht auf die Menschen und dankt und teilt Brot und Fisch. Er schaut auf *zum Himmel* und dankt. Er schaut dorthin, woher das Wunder kommt. Deshalb glaube ich zutiefst, dass der Himmel Brot und Fisch vermehrt hat.

Das Wunder beginnt damit, so erfahren wir im Johannesevangelium, dass ein Kind Jesus fünf Brote und zwei Fische gibt. Und Jesus segnet und vermehrt das wenige.

Wie kann ich heute so sein wie dieses Kind? Wie kann ich heute Jesus das wenige geben, das ich habe – und von ihm so viel mehr daraus machen lassen? Mit Hingabe. Mit Glauben. Mit Vertrauen. Das ist die Antwort.

Das Wunder der Auferweckung des toten Lazarus beginnt auch damit, dass Menschen etwas tun sollen, bevor Jesus das Wunder tut. Die Menschen sollen den Stein vor dem Grab wegrollen.

Auf diese Weise wirkt Jesus Wunder Hand in Hand mit uns. Wir tun das unsere. Und wir schauen unserem Herrn beim Siegen zu.

Lass mich dir heute geben, was du vermehrst. Amen.

8. August

Denn was hülfe es dem Menschen, wenn er die ganze Welt gewönne und nähme an seiner Seele Schaden? Denn was kann der Mensch geben, womit er seine Seele auslöse?
Markus 8,36.37

Das ist heute eine Nachhilfe in Grammatik. Wer beherrscht den Satzbau des Konjunktivs so gut, dass er diesen Satz fehlerfrei zu Papier bringen kann? Hülfe. Gewönne. Nähme. Das ist ein Konjunktiv Irrealis. Irreal sind die Dinge, die so nicht gehen, wie wir uns das vorstellen.

Die ganze Welt gewinnen – ja, wo gibt es denn so etwas?

Tatsächlich gab es so etwas. Es wurde Jesus angeboten, die ganze Welt zu gewinnen. Satan stellte Jesus in Aussicht, alle Reiche der Welt und ihre Herrlichkeit zu erhalten – wenn Jesus Satan anbetet. Das war in der Tat eine Versuchung, denn wir wissen aus dem Johannesevangelium: „So sehr hat Gott *die Welt geliebt*, dass er seinen eingeborenen Sohn gab..." In der Versuchung mag das wie ein gutes Geschäft aussehen, für einmal Anbeten die Welt, die Gott so liebt, zu gewinnen. Aber Jesus wird einen ganz anderen Weg gehen, um die Welt zu gewinnen. Sein Weg geht über Golgatha, über das Kreuz und seinen eigenen Tod.

Denn das Wort aus dem Johannesevangelium geht noch weiter: „... damit alle, die an ihn glauben, nicht verloren werden, sondern das ewige Leben haben."

Jesus geht also den Weg, auf dem er und die seinen nicht verloren gehen. Wäre Jesus der Versuchung Satans erlegen, dann wären er und wir verloren gegangen. Doch Jesus kann dem Vater im Himmel nicht untreu sein. Und er siegt über die Versuchung Satans. So wollen wir uns Jesus zum Vorbild nehmen, nicht zu glauben, wir könnten die Welt gewinnen. Es genügt, dass er unsere Seele auslöst an einem Kreuz vor den Toren Jerusalems.

Du hast dich meiner Seele herzlich angenommen. Habe Dank dafür.
Amen.

9. August

Ich glaube; hilf meinem Unglauben!
Markus 9,24b

Ein Mann, der Jesus begegnet, spricht diesen Satz. Man mag sich fragen, was denn nun wahr sei – ob er glaube oder nicht glaube. Ist diese Aussage nicht verwirrend?

Der Vater, der diesen Satz spricht, hat seinen kranken Sohn mitgebracht. Er berichtet Jesus: „Mein Sohn hat einen sprachlosen Geist. Und wo er ihn erwischt, reißt er ihn; und er hat Schaum vor dem Mund und knirscht mit den Zähnen und wird starr. Und ich habe mit deinen Jüngern geredet, dass sie ihn austreiben sollen, und sie konnten's nicht."

Jesus antwortet dem Vater: „O du ungläubiges Geschlecht." In diese Aussage ist nicht nur der Vater einbezogen. Die Äußerung ist auch an die Jünger adressiert. Und dann zeigt Jesus seine Vollmacht: „Alle Dinge sind möglich dem, der da glaubt." Und Jesus heilt den Buben, er bedroht den unreinen Geist und spricht zu ihm: „Du sprachloser und tauber Geist, ich gebiete dir: Fahre von ihm aus und fahre nicht mehr in ihn hinein!" Der Geist fährt aus dem Jungen aus, Jesus richtet ihn auf.

Hatte der Vater des Sohns nun Glauben oder Unglauben?

Er hatte Glauben, seinen Sohn zu Jesus zu bringen. Er hatte noch keinen Glauben, dass sein Sohn wirklich geheilt werden könnte. Aber mit dem Glauben, den er hat, ist er Jesus entgegengekommen. Und Jesus nimmt ihn an die Hand und führt seinen kleinen Glauben zu einem großen Glauben weiter. Er darf die Genesung seines Kindes erleben.

So will Jesus auch deinen kleinen Glauben – hier wird er *Unglaube* genannt – zu einem großen Glauben weiterführen, der Wunder Jesu sieht und erlebt.

Du stärkst meinen Glauben. Ich danke dir. Amen.

10. August

Denn er lehrte seine Jünger und sprach zu ihnen: Der Menschensohn wird überantwortet werden in die Hände der Menschen, und sie werden ihn töten; und wenn er getötet ist, so wird er nach drei Tagen auferstehen. Sie aber verstanden das Wort nicht und fürchteten sich, ihn zu fragen.
Markus 9,31.32

Jesus hat es seinen Jüngern mehrfach gesagt, wie alles kommen wird. Viel Kummer wäre ihnen in den Tagen zwischen seinem Tod und seiner Auferstehung erspart geblieben, wenn sie hier achtsam zugehört hätten. Oder wenn sie Mut gehabt hätten, nachzufragen.
Es ist kein gutes Zeugnis für die Jünger, dass sie Jesus schlecht zuhören, und dass sie nicht bei ihm nachfragen, was er mit dieser Aussage meint, wenn sie sie schon nicht verstehen.

Einmal mehr fordert uns dieses Wort auf, mit unseren Anliegen zu Jesus zu kommen. Einmal mehr sind wir gefragt, bei unserem Herrn nicht locker zu lassen, wenn uns etwas dunkel, unverständlich und unklar vorkommt. Diese Furcht, die die Jünger hier plagt, ist bei unserem Herrn vollkommen unbegründet. Wir werden später im Johannesevangelium sehen, wie Philippus den Herrn Jesus mitten in der Predigt unterbricht und Zwischenfragen stellt. Und alle diese Zwischenfragen, die Philippus stellt, sind gut und bringen ihn und uns weiter. Denn die Bibel berichtet von Philippus' Fragen und Jesu Antworten. Durch diese Zwischenfragen werden herrliche Worte von Jesus offenbar, die uns einiges erklären über den Vater im Himmel.

Wir dürfen einfach mit Jesus sein und mit ihm leben. Dazu gehört auch, dass wir uns nicht fürchten, Jesus Fragen zu stellen – auch wenn wir dann nicht ganz so schlau vor den anderen dastehen. Mit jeder Frage, die uns plagt, und mit der wir zu unserem Herrn kommen, wird durch das Antworten Jesu die Herrlichkeit des Reiches Gottes zunehmend sichtbar.

Ich darf mit allem, was mich bewegt, zu dir kommen. Dafür danke ich dir, du treuer Herr. Amen.

11. August

Sie aber schwiegen; denn sie hatten auf dem Weg miteinander verhandelt, wer der Größte sei.
Markus 9,34

Die Jünger sind uns zu einem Glaubensvorbild geworden. Sie haben sich an Jesus gehängt und haben das Evangelium mit unserem Herrn gelebt.

Vor diesem Hintergrund erschüttert es umso mehr, dass die Jünger hier so einen kleinlichen, armseligen Streit ausfechten: „Wer ist der Größte unter uns?"

Wenn in irgendeinem Club der Kampf um den Posten des Vorsitzenden entbrennt, dann wundert uns das nicht. Aber dass die Jünger auch in diesen Zank geraten, das mag uns bedrücken. Und doch ist es wichtig, dass Markus, der die Wahrheit bezeugen will, uns diese Episode aus dem Leben der Jünger nicht verschweigt. Er hätte uns all das ja auch unterschlagen können.

Aber in der Bibel finden wir die volle Wahrheit. Und die bezeugt, dass allein Jesus ganz ohne Sünde ist.

Aus diesem Vers lesen wir ab, dass in den Jüngern auch noch der alte Wunsch regiert, zu herrschen, eine Rolle zu spielen und Ehre zu erhalten. Der alte Streit „Wer ist der Größte unter uns?" ist noch heute wie Gift in den Gemeinden. Das Streben nach Ehre zeigt sich neben dem heutigen Text auch ganz besonders an der Stelle, in der die Mutter der Söhne des Zebedäus Jesus für ihre Söhne um einen besonderen Sitzplatz im Reich Gottes bittet. Die Bibel berichtet uns, dass diese Anfrage die anderen Jünger unwillig macht. Und unwillige Jünger können nun Jesus wirklich keine Hilfe sein.

Nein, unser Kampf soll nicht unserem Einfluss gelten. Wir wollen doch darum ringen, dass Jesu Einfluss wächst, denn dann wächst auch das Reich Gottes.

Herr! Ich muss abnehmen. Du aber musst zunehmen. Amen.

12. August

Und wenn ihr steht und betet, so vergebt, wenn ihr etwas gegen jemanden habt, damit auch euer Vater im Himmel euch vergebe eure Übertretungen.
Markus 11,25

Vergebung schenken und selbst Vergebung beim Vater im Himmel erfahren – das sind zwei Erfahrungen, die miteinander Hand in Hand gehen.

Durch Vergebung erfahren wir das Heil in Christus. Verweigern wir uns, anderen Menschen zu vergeben, dann kappen wir selbst eine wichtige Verbindung zu unserem Vater im Himmel.

Jesus hat seinen Jüngern und Zuhörern auch aufgetragen, unter welchen Bedingungen sie Gott opfern dürfen: „Wenn du deine Gabe auf dem Altar opferst und dort kommt dir in den Sinn, dass dein Bruder etwas gegen dich hat, so lass dort vor dem Altar deine Gabe und geh zuerst hin und versöhne dich mit deinem Bruder und dann komm und opfere deine Gabe."

Daraus kann man ableiten, dass wir unserem Herrn im Gottesdienst keine Kollekte geben dürfen, ja, dass wir unserem Herrn noch nicht einmal unsere Herzen opfern können, solange wir nicht das Unsere getan haben, mit anderen Versöhnung zu erleben und eine Sache – soweit es an uns liegt – vor Gott wieder in Ordnung gebracht zu haben.

Und aus dem heutigen Bibelwort können wir folgern, dass wir nicht stehen und beten dürfen, solange wir etwas gegen jemand haben – und ihm die Vergebung verweigern.

Es gibt bei Gott nur vollen Segen. Es gibt bei ihm auch nur die volle, umfassende Vergebung. Und die schließt unseren Nächsten mit ein. Jesus will es so. Seien wir ihm gehorsam.

Herr, lehre mich vergeben, und lehre mich, mit anderen Menschen das Leben zu teilen, das du schenkst. Amen.

13. August

Die Taufe des Johannes – war sie vom Himmel oder von Menschen? Antwortet mir!
Markus 11,30

Die Hohenpriester, die Schriftgelehrten und Ältesten tun etwas sehr Gefährliches. Statt Jesus offen zu begegnen, taktieren sie mit Fragen. Sie fragen: „Wer hat dir die Vollmacht gegeben, zu lehren und zu heilen?" Jesus gibt zurück: „Ich will euch auch eine Sache fragen; antwortet mir, so will ich euch sagen, aus welcher Vollmacht ich das tue. Die Taufe des Johannes - war sie vom Himmel oder von Menschen? Antwortet mir!"

Jetzt beraten sich die Hohenpriester, die Schriftgelehrten und Ältesten. Statt offen eine Antwort zu geben, was sie glauben, bedenken sie, welche Folge ihre Antwort auf ihre Stellung in der Gesellschaft hätte. In der Beratung sagen sie sich: „Wenn wir sagen, sie war vom Himmel, so wird er sagen: ‚Warum habt ihr ihm dann nicht geglaubt?' Wenn wir aber sagen, sie war von Menschen, dann bekommen wir mit dem Volk Schwierigkeiten – denn das Volk hält Johannes für einen echten, wahrhaften Propheten." Nach ihrer Beratung wenden sie sich Jesus wieder zu: „Wir wissen's nicht."

Jesus erkennt, dass sie ihr Herz ihm gegenüber verschließen. Sie sind nicht bereit, dass Jesus an ihren Herzen arbeitet. Gotteskind zu werden bedeutet ihnen einfach nicht genug, um ihre sichere Stellung, die sie in der Gesellschaft haben, in Frage stellen zu lassen.

Die Hohenpriester, die Schriftgelehrten und Ältesten haben es verpasst, Jesus zu begegnen und eine Antwort von ihm zu bekommen. Wir sollen daraus lernen, Jesus mit lauterem Herzen zu begegnen.

Herr, bitte arbeite an meinem Herzen. Amen.

14. August

Ihr werdet gehasst sein von jedermann um meines Namens willen. Wer aber beharrt bis an das Ende, der wird selig.
Markus 13,13

Eben noch hatten die Jünger vom Tempel geschwärmt: „Meister, siehe, was für Steine und was für Bauten!" Doch Jesus gab zurück, dass kein Stein auf dem anderen bleiben werde. Tatsächlich ist der Tempel in Jerusalem 70 nach Christus von den Römern zerstört worden. Die Klagemauer, die heute noch steht, ist nur noch die Westmauer der äußeren Tempelanlage. Der Tempel selbst steht nicht mehr.

Petrus, Jakobus, Johannes und Andreas lassen nicht locker, als sie mit Jesus allein sind: „Sage uns, wann wird das geschehen? Was werden die Zeichen sein, dass dies geschehen soll?"

Jesus gibt Antwort: „Viele werden kommen in meinem Namen und sagen: ‚Ich bin's', und werden viele verführen. Es wird Kriege geben, Erdbeben und Hungersnöte. Das wird aber nur der Anfang sein. Ihr werdet euch vor Gericht verantworten müssen, euch wird Gewalt angetan werden. Das Evangelium muss zuvor allen Völkern gepredigt werden. Und vor den Gerichten werdet nicht ihr reden, sondern der heilige Geist."

Und dann kommt das heutige Bibelwort: „Ihr werdet gehasst sein von jedermann um meines Namens willen." Ja, hat Jesus denn keinen Kurs in Motivationslehre belegt? Wie kann er so etwas sagen? Macht das nicht die Nachfolge unattraktiv?

Doch Jesus gibt seinen Jüngern so viel mehr, er gibt ihnen Leben und Zukunft. Sie bleiben gern bei ihm – trotz dieser Aussichten – denn wer beharrt bis ans Ende, der wird selig.

Ich will bei dir bleiben bis ans Ende, Herr. Mach mich treu und geduldig.
Amen.

15. August

Es waren noch zwei Tage bis zum Passafest und den Tagen der Ungesäuerten Brote. Und die Hohenpriester und Schriftgelehrten suchten, wie sie ihn mit List ergreifen und töten könnten.
Markus 14,1

Jesus hat seinen Jüngern Petrus, Jakobus, Johannes und Andreas eben noch Antwort gegeben, wie es um die unmittelbaren Aussichten steht. Da brauen sich schon dunkle Wolken am Himmel zusammen. Die Hohenpriester und Schriftgelehrten suchen schon nach einer Gelegenheit, Jesus aus dem Weg zu räumen. Durch Mord.

Es erscheint so dunkel, dass man den töten möchte, der durch das Land geht, predigt, heilt, Schuld vergibt und segnet. Von Jesus kommt nur Gutes. Warum sind die Reaktionen auf ihn so gewalttätig?

Nun, mit der Autorität, mit der Jesus spricht, wird schnell klar: Er ist König. Er regiert. Nur verträgt das Land keine zwei Könige. So war es schon mit Herodes, der Jesus, als er noch ein Kind war, töten lassen wollte. Genauso wollen die Hohenpriester und Schriftgelehrten Jesus nicht neben sich – und schon gar nicht über sich – dulden.

Und so ist es auch in deinem Leben. Nur einer kann König sein. Lässt du Jesus nicht deinen König sein, dann wirst du alles tun, um ihn in dir zum Schweigen zu bringen.

Es gibt nur einen Weg mit diesem Herrn: Lass ihn dein König sein. Sage ja zu dem, was er über dein Leben sagt. Lass dir von ihm Vergebung zusprechen. Und lasse ihn dann regieren. Zu sehen, wie Jesus regiert, ist das schönste Geschenk in deinem Leben.

Herr, schenke mir ein Herz, das dich ehrt. Amen.

16. August

Jesus aber sprach: Lasst sie in Frieden! Was betrübt ihr sie? Sie hat ein gutes Werk an mir getan.
Markus 14,6

In der Tischgesellschaft entsteht ein Murren. Jesus ist zum Essen bei Simon, dem Aussätzigen eingeladen. Jesus hat ihn geheilt, deshalb darf er wieder Gemeinschaft haben. Da feiert er ein wunderbares Fest.

Mitten in das Fest bricht eine Frau herein, öffnet ein Gefäß mit kostbarem Öl und schüttet es Jesus über das Haupt. Das ist so ungewöhnlich, dass alle bisherigen Gespräche verstummen.

Ein paar Gäste, die es besser wissen wollen, wenden gleich ein: „Was für eine Vergeudung des Salböls. Man hätte es doch für dreihundert Silbergroschen verkaufen und das Geld den Armen geben können." Die Bibel setzt hinzu: Und sie fuhren sie an.

Jesus fordert die Gäste, die unwillig werden, auf, die Frau in Frieden zu lassen: „Allezeit habt ihr Arme bei euch. Wenn ihr wollt, dann könnt ihr ihnen Gutes tun. Mich aber habt ihr nicht alle Zeit. Diese Frau hat meinen Leib für das Begräbnis gesalbt."

Es ist schon interessant, wie genau die Leute wissen wollen, wie diese Frau ihr Geld zu spenden habe. Man fragt sich unmittelbar, ob die Unwilligen nicht auch selbst über finanzielle Mittel verfügen, den Armen zu helfen. Sie selbst hätten ja sogar ihren Platz als Gast in diesem Fest an einen Armen abtreten können. Das alles haben sie nicht getan. Nein, Jesus heißt es gut, was die Frau getan hat. Sie liebt überreichlich. Wie Jesus.

Und es fällt auf, wie klar Jesus hier wieder seinen Weg, der ihm bevorsteht, vorzeichnet. Jesus wird sterben. Und die Frau hat ihn für diesen bevorstehenden Weg schon gesalbt.

Für dich, Herr, ist kein Opfer zu groß. Amen.

17. August

Und du wirst Freude und Wonne haben, und viele werden sich über seine Geburt freuen.
Lukas 1,14

Ein Engel kündigt dem Zacharias an, dass ihm ein Kind geboren wird – Johannes, das einzige Kind der Familie. Kinder sind Freude und Wonne, Johannes umso mehr, als er später der Wegbereiter des Herrn Jesus wird.

Die glücklichsten drei Tage meines Lebens – voller Freude und Wonne – waren sicher die Geburten unserer drei Kinder. Von der Geburt unseres Sohnes Lukas habe ich schon erzählt.

Johanna wurde an einem Samstag im Dezember 2000 geboren. Morgens gingen wir als Familie noch ins Café Vitus in der Regensburger Altstadt zum Frühstück. Ausgiebig, lange und gemütlich haben wir da gegessen. Und am späten Nachmittag gingen die Wehen los. Wir brachten Lukas noch zu unseren Freunden Lis und Matthias Brack. Seelenruhig unterhielt sich meine Frau noch mit Lis. Ich war viel aufgeregter: „Wir müssen los! Komm!" Und dann fuhren wir in die Klinik St. Hedwig. „Meine Frau würde gern noch ein heißes Bad nehmen", bat ich, nachdem bei der ersten Geburt die Zeit nicht gereicht hatte. Die Hebamme ließ das Wasser ein, kam wieder und sagte: „Nein, es ist schon so weit. Das mit dem Bad wird nichts mehr." Johanna kam auf die Welt.

Unsere Annika ist in Heidelberg in der Klinik St. Josef geboren. Sie ist – wie Lukas – an einem Donnerstag geboren, einem Donnerstag im August 2002. Ich hatte mir die Tage frei genommen, mit meiner Frau machte ich noch einen Spaziergang um das Krankenhaus, dann gingen wir zurück in die Klinik: „Meine Frau würde gern noch ein heißes Bad nehmen", wandte ich mich an die Hebamme. Die ließ das Wasser ein. Meine Frau nahm ein Bad, ich setzte mich dazu, und danach kam Annika in einer schnellen und schönen Geburt zur Welt. Geburtstage sind Zeiten voller Freude und Wonne. Und wir Eltern wünschen für unsere Kinder nichts sehnlicher, als dass sie auch einmal in die Nachfolge Jesu gehen.

Danke Herr, für dein Geschenk des Lebens. Amen.

18. August

Und siehe, ein Mann war in Jerusalem, mit Namen Simeon; und dieser Mann war fromm und gottesfürchtig und wartete auf den Trost Israels, und der heilige Geist war mit ihm.
Lukas 2,25

An Jesus scheiden sich die Geister. Die einen Menschen verhärten ihr Herz ihm gegenüber. Den anderen Menschen geht das Herz auf – und sie ergreifen das Leben, das sie in Jesus haben können.

Der Text heute spricht von einem Mann, der prophetisch wusste, dass er nicht sterben werde, bis er den Trost Israels – das ist der Messias, der Retter der Welt – gesehen habe.

Immer wieder nennt die Bibel Glaubensvorbilder. Henoch im Alten Testament war solch ein gottesfürchtiger Mann, den Gott so sehr mochte, dass er ihn entrückte – Gott nahm ihn hinweg, und er ward nicht mehr gesehen. Und dann gibt es den Noah, der trotz allen Spottes eine Arche baute. Oder es gibt den gottesfürchtigen Hananias in Damaskus, der dem blinden Saulus wieder die Augen öffnet. Und es gibt noch viele andere Frauen und Männer, die uns als Vorbild dienen. Sie haben alle eines gemeinsam: sie sind, wie Simeon, gottesfürchtig.

Simeon vertraut Gott bis ins hohe Alter. Und er zweifelt nicht an seiner prophetischen Sicht, den Heiland zu sehen, er stellt sich nicht die Frage „Sollte Gott wirklich gesagt haben, dass ich den Trost Israels noch sehen werde?"

Neben der Gottesfurcht trägt Simeon auch eine große Gottes*liebe* in seinem Herzen. Gottesliebe und Gottesfurcht gehören doch untrennbar zusammen. Und diese gute Mischung verleiht dem Simeon eine große Ausdauer und Treue im Harren auf den Herrn.

Herr! Präge mein Leben durch die rechte Gottesfurcht und Gottesliebe.
Amen.

19. August

Und Jesus nahm zu an Weisheit, Alter und Gnade bei Gott und den Menschen.
Lukas 2,52

Die Bibel spricht hier vom zwölfjährigen Jesus, der sich im Tempel in Jerusalem mit den Lehrern unterhält. Jesus hört zu. Jesus fragt. Alle, die ihm zuhören, sind verwundert über seinen Verstand und seine Antworten.

Ja, schon mit zwölf Jahren spricht Jesus Worte voller Leben, Hoffnung und voller Zuversicht. Die Menschen sind gern mit ihm zusammen. Es macht Freude, sich mit ihm zu unterhalten, alles wird hell, licht und klar.

Der zwölfjährige Jesus findet Gnade bei Gott *und* den Menschen. Das wird nicht immer so bleiben. Jesus wird zwar weiterhin zum Segen und Heil wirken. Und der Vater im Himmel wird ihn weiter lieben. Aber die Menschen werden ihn mehr und mehr ablehnen – bis hin zu einem Freitag vor dem Passafest, an dem die Menschenmasse schreit: „Kreuzige ihn."

Mit dem Kind Jesus können die meisten Menschen mehr anfangen als mit dem reifen Erwachsenen. Deshalb feiern die Menschen auch so gerne Weihnachten – Jesus als harmloses Kind, das geht schon. Karfreitag und Ostern werden den Menschen dann schon unangenehmer. Denn der erwachsene Jesus hat nun den Anspruch, Menschenleben zu verändern.

Ein Mensch muss schon dahin kommen, zu erkennen, dass er innerlich zerbrochen ist, um die wunderbare Kraft Jesu, zu heilen, anzunehmen. Mit dieser Erkenntnis lieben und ehren wir dann auch den erwachsenen Jesus, der ebenso in uns zunehmen und wachsen will.

Du bist der Herr, mein Gott. Amen.

20. August

Und er fing an, zu ihnen zu reden: Heute ist dieses Wort der Schrift erfüllt vor euren Ohren.
Lukas 4,21

Jesus ist in der Synagoge in Nazareth. Man gibt ihm die Schriftrolle des Propheten Jesaja und Jesus liest: „Der Geist des Herrn ist auf mir, weil er mich gesalbt hat, zu verkündigen das Evangelium den Armen; er hat mich gesandt, zu predigen den Gefangenen, dass sie frei sein sollen, und den Blinden, dass sie sehen sollen, und den Zerschlagenen, dass sie frei und ledig sein sollen, zu verkündigen das Gnadenjahr des Herrn."

Mit dem Lesen ist Jesus fertig. Es ist ganz still in der Synagoge. Alle Augen schauen auf ihn. Gebannt. Was wird Jesus nun sagen? Schon in Kapernaum hatte Jesus gelehrt und große Dinge getan. Die Kunde hatte sich bis zu seiner Heimatstadt Nazareth herumgesprochen. Was wird heute hier geschehen? Voller Erwartung hängen sie an seinen Lippen.

Und Jesus sagt: „Heute ist dieses Wort der Schrift erfüllt vor euren Ohren." Wow. Jesajas Schriftrolle, das Wort, das sie alle schon einmal gelesen und gehört hatten, war vor 700 Jahren geschrieben worden für diesen Tag. Sie warten ja alle darauf, dass sich die Verheißungen – die Versprechen Gottes – erfüllen. Sollte es wahr sein, dass sich heute, hier und jetzt die Schrift erfüllt? Durch Jesus? Den Zimmermannssohn?

Die Anwesenden wundern sich, dass solche Worte der Gnade aus Jesu Mund kommen. Es tut gut, ihm zuzuhören. Lässt man sich auf Jesu Worte ein, dann wird man Teil des Reiches Gottes. Die Schriften des Alten Testaments sind nicht mehr uralte Worte unserer Vorfahren, Mitteilungen aus vergangenen Zeiten, nein, die Schriften stehen lebendig vor uns. Sie werden wahr und finden ihren Erfüllung in Jesus.

Was für ein wunderbarer Moment, da sich in Jesu Worten eine Brücke von den alten Verheißungen zum heutigen Tag schlägt.

Danke, Herr, dass schon die Schriften der Alten von dir zeugen. Amen.

21. August

Aber er ging mitten durch sie hinweg.
Lukas 4,30

Jetzt kippt die Stimmung. Denn Jesus lenkt die Erwartungen, die die Menschen an seinen Auftritt in seiner Heimatstadt knüpfen, auf das Heil für die Welt. Sie wollen Wunder sehen. Doch Jesus sagt ihnen: „Wahrlich, ich sage euch: Kein Prophet gilt etwas in seinem Vaterland." Jesus will sich von den Anwesenden nicht auf den kleinen Jesus, den sie von Kindheit an haben aufwachsen sehen, beschränken lassen.

Und Jesus spricht nun von dem Heil, das Gott der ganzen Menschheit bringt: „Wahrhaftig, ich sage euch: Es waren viele Witwen in Israel zur Zeit des Elia, als der Himmel verschlossen war drei Jahre und sechs Monate und eine große Hungersnot herrschte im ganzen Lande, und zu keiner von ihnen wurde Elia gesandt als allein zu einer Witwe nach Sarepta im Gebiet von Sidon. Und viele Aussätzige waren in Israel zur Zeit des Propheten Elisa, und keiner von ihnen wurde rein als allein Naaman aus Syrien."

Sie wollen Wunder sehen, hier und jetzt in Nazareth, Jesu Heimatstadt. Stattdessen spricht er von den Wundern, die Gott im Alten Testament an Ausländern gewirkt hat. In den Zuhörern ballt sich der Zorn, als sie das hören. Sie stoßen Jesus aus der Synagoge heraus und führen ihn an den Abhang des Berges, auf dem Nazareth liegt, um ihn herabzustürzen.

Großer Tumult. Große Aufregung. Blinder Hass. Ja, sie sind so blind, dass sie nicht einmal merken, dass Jesus mitten durch sie hinweggeht. Unbeschadet. Kein Haar wird ihm gekrümmt.

Nazareth ist seiner Zeit voraus – hier will man Jesus schon töten, bevor die Hohenpriester in Jerusalem auf denselben Gedanken kommen.

Herr, mache mich frei von meinen falschen Erwartungen und schenke mir ein offenes Herz für deine Absichten. Amen.

22. August

Und Simon antwortete und sprach: Meister, wir haben die ganze Nacht gearbeitet und nichts gefangen; aber auf dein Wort will ich die Netze auswerfen.

Lukas 5,5

Petrus hat eine enttäuschende Nacht hinter sich – er hat nicht einen Fisch gefangen. Da fordert ihn Jesus – am Tage – auf, nochmal rauszufahren, um nochmals die Netze auszuwerfen. Das macht menschlich gesehen gar keinen Sinn. „Auf dein Wort hin will ich es tun", gibt aber Petrus zurück.

Enttäuschung und das Ende unserer Weisheit – das sind zwei Zustände in uns, die Jesus sehr gut gebrauchen kann, um uns weiterzubringen. Brauchbar sind auch wir, wenn wir dann sagen: „Auf dein Wort hin will ich es tun."

Und sie fahren raus. Sie fangen so viele Fische – Johannes wird uns die genaue Zahl nennen, es sind 153 – dass die Netze fast reißen. Ein anderes Boot muss kommen, um den Fang einzuholen. Solch einen Fang haben sie ja noch nie gemacht! Sie sinken fast, als sie die Fische in die Boote holen.

Simon Petrus überfällt großer Schrecken, er kommt zu Jesus, fällt ihm zu Füßen und sagt: „Herr, geh weg von mir! Ich bin ein sündiger Mensch." Aber wenn Menschen vor der heiligen Gegenwart Gottes erschrecken, dann spricht Gott ein auferbauendes Wort – so auch Jesus hier: „Fürchte dich nicht."

Von diesem Tag an sammelt Jesus seine Jünger um sich. Simon Petrus hat seine erste Lektion gelernt:

1. Auf sein Wort hin gehen wir.
2. Wir erleben, dass Jesu Zusagen wahr sind und sich erfüllen.
3. Wir teilen die Arbeit, die Jesus uns aufträgt, mit anderen.
4. Wir fürchten uns nicht vor der Heiligkeit Gottes.
5. Wir folgen ihm.

Lass mich diese Lektion mit Petrus teilen, Herr. Amen.

23. August

Aber ich sage euch, die ihr zuhört: Liebt eure Feinde; tut wohl denen, die euch hassen; segnet, die euch verfluchen; bittet für die, die euch beleidigen.
Lukas 6,27.28

Es bleibt nicht bei dem Gebot „Liebe deinen Nächsten wie dich selbst." Jesus geht noch weiter: „Liebt eure Feinde, tut wohl, segnet, bittet für sie."

Solch eine Gesinnung kann die Welt aus den Angeln heben. Jesus lehrt eine neue Logik, einen neuen Verhaltenskodex. Und er setzt das konkret fort in dem Wort: „Und wie ihr wollt, dass euch die Leute tun sollen, so tut ihnen auch."

Wie lieben wir konkret? Wie sieht diese Liebe aus, von der Jesus spricht? Paulus wird es uns im ersten Korintherbrief näher erklären: „Die Liebe ist langmütig und freundlich, die Liebe eifert nicht, die Liebe treibt nicht Mutwillen, sie bläht sich nicht auf, sie verhält sich nicht ungehörig, sie sucht nicht das Ihre, sie lässt sich nicht erbittern, sie rechnet das Böse nicht zu, sie freut sich nicht über die Ungerechtigkeit, sie freut sich aber an der Wahrheit; sie erträgt alles, sie glaubt alles, sie hofft alles, sie duldet alles. Die Liebe hört niemals auf. Es bleiben Glaube, Hoffnung, Liebe, diese drei; aber die Liebe ist die größte unter ihnen."

Wie kann ich lieben, die mich verletzen, die mich verfluchen, die mich beleidigen? Was tue ich mit dem Schmerz, den man mir antut? Ich bringe ihn unter das Kreuz. Und ich bringe mich selbst unter das Kreuz. Ich sterbe mit unserem Herrn. Einem Toten tut der Schmerz nicht mehr weh, den man ihm antut. Das ist das beste Rezept gegen unsere persönlichen Empfindlichkeiten. Und das beste Rezept zum Leben.

Herr, lehre mich, zu lieben. Amen.

24. August

Seid barmherzig, wie auch euer Vater barmherzig ist.
Lukas 6,36

Jesus spricht vom Schalom. Er spricht von Frieden, Heil, Gesundheit, Sicherheit und Ruhe. Bedroht wird dieser Schalom durch Missgunst, Neid und Eifersucht. Deshalb will Jesus, dass wir vom Vater im Himmel lernen, anderen Gutes zu gönnen und Gutes zu tun.

Und Jesus setzt seine Rede fort: „Richtet nicht, so werdet ihr auch nicht gerichtet. Verdammt nicht, so werdet ihr nicht verdammt. Vergebt, so wird euch vergeben. Gebt, so wird euch gegeben."

Mit dieser Einstellung lernen wir es, dem anderen auch das Gute zu gönnen, das Gott ihm tut. Das alles schließt Barmherzigkeit ein. Barmherzigkeit kennt keine hoffnungslosen Fälle, keine aussichtslosen Perspektiven für andere Menschen.

Die Grundlage für diese hoffnungsvolle Perspektive ist die Vergebung, die wir in Christus haben. Denn wenn uns Gott nicht in seinem Sohn Vergebung zugesprochen hätte, dann wären wir tatsächlich alle zusammen in einer aussichtslosen Situation.

Der Vater hat also zuerst Barmherzigkeit an uns gezeigt. Es ist an uns, das weiterzusagen und weiterzuleben. „Die Strafe liegt auf ihm, dass wir Frieden hätten", sagt Jesaja. Frieden. Und da sind wir wieder bei diesem umfassenden hebräischen Wort, *Schalom*.

In der Barmherzigkeit Gottes, die wir im Kreuz von Golgatha erfahren, kommen wir zum Kern und Zentrum der Guten Nachricht. Keiner darf ausgeschlossen werden, keiner darf draußen bleiben, wenn er dabei sein möchte.

Lehre mich Barmherzigkeit mit meinem Nächsten, Herr. Amen.

25. August

Sprich ein Wort, so wird mein Knecht gesund.
Lukas 7,7b

Ein römischer Hauptmann aus Kapernaum hat einen Knecht, der ihm lieb und wert ist. Der ist todkrank. Da sendet der Hauptmann die Ältesten der Juden zu Jesus, um seinen Knecht wieder gesund zu machen. Als Jesus schon auf dem Weg zum kranken Knecht ist, lässt der Hauptmann ausrichten: „Ich bin es nicht wert, dass du unter mein Dach gehst. Du brauchst nicht kommen. Sprich nur ein Wort, so wird mein Knecht gesund."

Der Hauptmann begründet seine Zuversicht damit, dass er weiß, wie Gehorsam im Militär aussieht. Seine Soldaten und Knechte müssen ihm auch aufs Wort folgen. Und er weiß, dass diese Krankheit genauso weichen muss, wenn Jesus nur ein Wort sagt.

„Solch einen Glauben habe ich in Israel nicht gefunden", stellt Jesus fest. Die jüdischen Ältesten kommen wieder nach Hause. Und sie finden den zuvor todkranken Knecht gesund vor.

Ja, Jesus hat die Macht, nicht nur über Sünde, sondern auch über Krankheit zu gebieten. Der Hauptmann hat das verstanden.

Wir wollen uns mit unseren Sorgen und Anliegen genauso vertrauensvoll an Jesus wenden. Jesus ist Herr auch über diese Sorgen, und sie müssen genauso weichen, wenn Jesus nur ein Wort sagt.

Sprich dein Wort auch über meinem Leben. Amen.

26. August

**Und als sie der Herr sah, jammerte sie ihn, und er sprach zu ihr:
Weine nicht!**

Lukas 7,13

Jesus geht durch eine Stadt namens Nain. Er und seine Jünger kommen einem Trauerzug entgegen. Ein junger Mann, der einzige Sohn einer Witwe, wird zu Grabe getragen. Fast die ganze Stadt nimmt am Trauerzug teil – die Betroffenheit ist groß. Und die Witwe weint um ihren Sohn.

Da jammert es Jesus. Er leidet mit der Witwe. Jesus unterbricht den Trauerzug. Halt! Und er sagt zu der armen Frau: „Weine nicht."

Dabei hat sie allen Grund zu weinen. Ihr Mann ist schon gestorben, nun ist auch ihr einziger Sohn verstorben – sie hat keine soziale Absicherung und bittere Armut steht ihr bevor.

Doch Jesus hat alle Macht. Er spricht zu dem toten Jüngling: „Ich sage dir, steh auf." Und der Tote richtet sich auf und fängt zu sprechen an. Die Bibel sagt dazu: Und Jesus gab ihn seiner Mutter.

Kannst du dir diese Freude vorstellen? Alle Sorge, aller Kummer ist mit einem Mal gestillt. Freude ist da! Und auch Furcht. Wer ist das, der auch über den Tod die Macht hat? Es ist Gott. Gott begegnet der armen Witwe, die durch seine Gegenwart reich beschenkt ist.

Dürfen wir diesen Bericht glauben? Ja, das dürfen wir. Lukas, der uns all das erzählt, ist Arzt. Als Arzt hat er sehr genau geprüft, was er da niederschreibt. Hier geht es nicht um fromme, romantische Schwärmerei. Es geht um den Herrn über Leben und Tod.

Und du bist auch der Herr über mein Leben. Ich danke dir. Amen.

27. August

Selig ist, wer sich nicht ärgert an mir.
Lukas 7,23

Johannes, der Täufer, war ein tapferer Wegbereiter für Jesus. Als ihm Jesus begegnete, war ihm sofort klar, wen er hier vor sich hat. Johannes wollte Jesus zuerst gar nicht taufen: „Es wäre an mir, mich von dir taufen zu lassen", sagte er auf dem Höhepunkt seines Dienstes.

Johannes blieb tapfer und treu zu Gott, als seine Jünger ihn verließen, um sich Jesus anzuschließen. Johannes ermahnte König Herodes auch mutig, als der mit der Frau des Bruders zusammenlebte. Da ließ ihn Herodes gefangen nehmen. Johannes verschwand von der Bildfläche.

Im Gefängnis war nun Johannes so niedergedrückt und verzweifelt. Das Leben in Gefangenschaft kann so einsam und elend sein. Die erfahrene Ungerechtigkeit lastet schwer auf Johannes. Da keimt in ihm eine Frage auf, die doch eigentlich schon in der Vergangenheit beantwortet war: Wer ist Jesus? Ist er der, der kommen soll, der, dem er den Weg bereiten sollte – oder soll noch ein anderer kommen?

Johannes schickt seine wenigen verbliebenen Jünger zu Jesus, damit der ihm seine Lebensfrage beantwortet.

Jesus versteht die dunkle Zeit im Leben des Johannes. Mit großer seelsorgerlicher Behutsamkeit lenkt Jesus das Augenmerk der Gesandten wieder auf das Entscheidende: „Geht und verkündet Johannes, was ihr gesehen und gehört habt: Blinde sehen, Lahme gehen, Aussätzige werden rein, Taube hören, Tote stehen auf, Armen wird das Evangelium gepredigt." Und Jesus setzt nach: „Selig ist, wer sich nicht ärgert an mir."

Ja, an Jesus werden sich noch viele ärgern. Wie an Johannes. Da erleben beide Männer ähnliches Leid. Herodes wird Johannes köpfen lassen. Johannes bleibt Wegbereiter auch im Sterben. Und Jesus bleibt der vom Vater im Himmel gesandte Messias.

Du sollst meine ganze Freude sein, Herr Jesus. Amen.

28. August

Da traten sie zu ihm und weckten ihn auf und sprachen: Meister, Meister, wir kommen um! Da stand er auf und bedrohte den Wind und die Wogen des Wassers, und sie legten sich, und es entstand eine Stille.
Lukas 8,24

An einem anderen Tag fährt Jesus mit seinen Jüngern über den See Genezareth. Der Herr ist vom vielen Sprechen, Predigen und Heilen müde. Er schläft. Da kommt ein Wirbelsturm über den See. Alle im Boot sind tatsächlich in großer Gefahr. Da wecken sie Jesus auf, der immer noch seelenruhig schläft.

Jesus stillt den Sturm.

Und er spricht dann zu den Jüngern: „Wo ist euer Glaube?" Sie haben doch einen Auftrag, Gott lässt sie nicht umkommen. Gott stillt den Sturm. Ganz sicher. Haben die Jünger die Macht Gottes vergessen?

Wenn man schutzlos auf dem Wasser ist, das Schifflein im Sturm stark schaukelt und Wasser über die Bordwand hereinstürzt, dann bekommt man Angst. Da schauen dann die Augen auf die Wellen, vielleicht auch noch auf die dunklen Wolken am Himmel. Und dann verliert man Gott aus den Augen.

Die Stillung des Sturms ist eine so bekannte Geschichte aus der Bibel, weil auch wir uns in unserem Lebensschiff immer wieder bedroht fühlen und den starken, machtvollen Herrn im Angesicht der Gefahr aus den Augen verlieren.

Diese Episode aus dem Leben der Jünger will uns daran erinnern, wer der Herr ist – auch über die gefahrvollen Momente unseres Lebens. Ja, man mag fragen „Wo ist euer Glaube?", aber trotzdem handeln die Jünger richtig, als sie sich an Jesus wenden. So wollen auch wir uns mit unserer Angst in Gefahr an Jesus wenden. Vertrauensvoll. Jesus stillt die Angst auch in unserem Herzen. Ganz sicher.

Herr, du bist Herr auch über die Stürme in unserem Herzen. Amen.

29. August

Er aber nahm sie bei der Hand und rief: Kind, steh auf!
Lukas 8,54

Jaïrus, der Vorsteher einer Synagoge, fällt Jesus zu Füßen. Seine zwölfjährige Tochter ist todkrank, ja, die Bibel sagt, sie liegt in den letzten Zügen: „Bitte komme zu uns nach Hause und heile meine Tochter." Vielleicht können nur Eltern, die schon einmal ein krankes Kind hatten, die Bewegung des Vaters verstehen. Die Not unserer Kinder ist auch unsere Not. Wir tun alles, was in unserer Macht steht, dass es unseren Kindern gut geht. Doch dann kommen wir in Situationen, in denen unsere Macht klein und am Ende ist.

Wenn es uns so geht, dann ist es gut, die richtige Adresse zu kennen, bei der wirklich alle Macht ist. Jaïrus weiß, das ist so bei Jesus. Alle Hoffnung ruht auf ihm, seinem Handeln und Wirken.

Doch bevor Jesus das Haus des Jaïrus erreichen kann, gibt es noch eine Begegnung mit einer Frau, die seit zwölf Jahren starke, unstillbare Unterleibsblutungen hat. Sie ist arm von den vielen Ärzten, die sie für ihre erfolglosen Heilungsversuche bezahlt hat. Jesus heilt sie. Jetzt liegt ihr Leben ganz neu vor ihr.

Doch die Begegnung mit dieser Frau kostet noch einmal Zeit. Da kommen Leute von Jaïrus und sagen: „Deine Tochter ist gestorben; bemühe den Meister nicht mehr." Kommt der Herr zu spät? Jesus bleibt zuversichtlich. Er sagt zu dem Vater: „Fürchte dich nicht; glaube nur, so wird sie gesund!" Jesus geht in das Haus des Jaïrus, nimmt das kleine Mädchen an der Hand und ruft: „Kind, steh auf!" Und das Mädchen steht auf. „Gebt ihr zu essen", weist Jesus die Eltern an. Die sind glücklich – und auch entsetzt. Dass Jesus sie heilt, war in ihrem Vorstellungsbereich. Dass er auch vom Tod auferweckt – damit hatten sie nicht gerechnet.

Diese Episode will uns sagen, dass es für Jesus nie ein „zu spät" gibt. Der Herr kommt immer zur rechten Zeit. Auch in deinem Leben.

Herr, stärke meinen Glauben an dich. Amen.

30. August

Und wenn sie euch nicht aufnehmen, dann geht fort aus dieser Stadt und schüttelt den Staub von euren Füßen zu einem Zeugnis gegen sie.
Lukas 9,5

Jetzt kommt die Aussendung der zwölf Jünger. Bis jetzt waren sie mit Jesus unterwegs. Doch Jesus will sie vorbereiten für die Zeit nach seiner Rückkehr in den Himmel. Da gibt er ihnen Macht über alle bösen Geister und Macht, dass sie Krankheiten heilen können.

Darüber hinaus sollen sie nichts mitnehmen, kein Brot, kein Geld, kein zweites Hemd. Manchmal wird gesagt, sie wurden von Jesus ganz minimalistisch mit nichts auf den Weg geschickt. Aber das stimmt nicht. Die zwölf gehen mit dem Segen Gottes, und sie gehen mit reicher Macht ausgestattet. „Wenn ihr in ein Haus geht, dann bleibt dort, bis ihr weiterzieht." Sie dürfen Quartier nehmen, wo sie willkommen geheißen werden. So haben sie in jeder Stadt, jedem Dorf, nur ein Basislager. Die Familie, bei der sie Unterkunft finden, ist durch sie reich gesegnet.

„Und wenn sie euch nicht aufnehmen, dann geht fort aus dieser Stadt und schüttelt den Staub von euren Füßen zu einem Zeugnis gegen sie." – Manchmal beschweren wir unser Leben mit Fragen, warum wir abgelehnt werden, wenn wir anderen von der Schönheit und Kraft Gottes erzählen möchten. Sicher ist es gut, immer wieder einmal kritisch zu überlegen, ob wir von Jesus wirklich einladend und anziehend erzählen. Sicher ist es richtig, wenn wir von anderen Rückmeldungen anhören, wie wir wirken. Aber beschweren soll das unser Leben nicht, wenn wir abgelehnt werden, während wir die Gute Nachricht weitererzählen. Denn Jesus bereitet seine Jünger und Nachfolger darauf vor, auch auf Ablehnung zu stoßen.

Die Jünger predigen von Dorf zu Dorf das Evangelium und machen gesund an allen Orten. Jesus bereitet sie vor auf die Zeit nach seiner Himmelfahrt. Jesus ist der perfekte Coach.

Herr, bitte richte mich wieder auf, wenn ich bei Menschen, denen ich von dir erzählen möchte, auf Ablehnung stoße. Amen.

31. August

Und es geschah eine Stimme aus der Wolke, die sprach: Dieser ist mein auserwählter Sohn; den sollt ihr hören!
Lukas 9,35

Mit Petrus, Johannes und Jakobus steigt Jesus auf einen Berg, den Tabor. Die drei Jünger dürfen miterleben, wie intensive Gebetszeit mit Jesus aussehen kann. Denn sie erleben, wie sich Jesu Gesicht während des Gebets vollkommen verändert, es wird weiß und glänzt.

Und dann erscheinen im Gebet zwei Männer, es sind Mose und Elia. Die beiden Männer sprechen von Jerusalem, von Golgatha, von Jesu Liebestat an uns Menschen. Wahrscheinlich geht die Gebetszeit wieder einmal sehr lange. Denn Petrus, Johannes und Jakobus schlafen ein. Sie erwachen erst wieder, als Jesus mit Mose und Elia im Gespräch ist.

In allem Überschwang will Petrus drei Hütten bauen – eine für Jesus, eine für Mose, eine für Elia. Petrus will diese Sternstunde festhalten. Die Bibel sagt über Petrus nur: „Er wusste aber nicht, was er redete."

Während Petrus noch ganz außer sich ist, kommt eine Wolke und nimmt alle Männer in sich auf. Und eine Stimme aus der Wolke spricht: „Dieser ist mein auserwählter Sohn; den sollt ihr hören!"

Ja, wir dürfen diesem Moment, dieser Sternstunde, Ewigkeit geben. Nicht, indem wir Hütten bauen, sondern, indem wir auf Jesus hören. Er ist auserwählt. Was er spricht, ist auserwählt. Wie er handelt, ist auserwählt. Von Gott, dem guten Vater im Himmel.

Du bist der Herr, mein Gott. Auf dich will ich hören. Amen.

1. September

Jesus aber sprach zu ihm: Wer seine Hand an den Pflug legt und sieht zurück, der ist nicht geschickt für das Reich Gottes.
Lukas 9,62

Wenn der Bauer schöne gerade Furchen in den Boden pflügen möchte, dann muss er nach vorne schauen. Schaut er nach hinten zurück, dann gehen die Furchen nach vorne durcheinander. Und was hilft es auch, zurückzuschauen, wenn man ein Ziel erreichen will? Das Ziel ist hier, den Acker zu bestellen, Reich Gottes auszusäen.

Jesus spricht dieses heutige Wort zu zwei Männern, die er zu Jüngern machen möchte – so wie Petrus, so wie Johannes und all die anderen Jünger: „Folge mir nach." Der erste Mann antwortet Jesus jedoch: „Herr, erlaube mir, dass ich zuvor hingehe und meinen Vater begrabe." – Jetzt wird Jesus sehr streng: „Lass die Toten ihre Toten begraben; du aber gehe hin und verkündige das Reich Gottes!"

Der zweite Mann antwortet: „Herr, ich will dir nachfolgen, aber erlaube mir zuvor, dass ich Abschied nehme von denen, die in meinem Haus sind." – Daraufhin erklärt ihm Jesus, wie man mit einem Blick nach vorne pflügt.

Meine Freunde Hilde und Michael Dieterich haben sich das Wort aus Philipper 3,13 nicht nur als Hochzeitsspruch, sondern auch als Lebensmotto zu eigen gemacht: „Ich vergesse, was hinter mir liegt, und strecke mich aus nach dem, was vor mir liegt." Eine ganze Seelsorgebewegung, die Biblisch Therapeutische Seelsorge, haben sie damit ins Leben gerufen.

Ja, auch in der Seelsorge ist es anfangs wichtig, über Schmerzliches, das man erlebt hat, in behüteter, geschützter Atmosphäre sprechen zu können. Aber dann muss der Blick nach vorne gehen. Diesen Blickwechsel muss man schaffen. Und dann muss man auch bei dem Blick nach vorne bleiben, wenn man neue Schritte wagt. Und wir wissen ja, wer uns nach vorne hin erwartet: Jesus.

Herr, lehre mich die rechte Blickrichtung in meinem Leben. Amen.

2. September

Wem viel gegeben ist, bei dem wird man viel suchen; und wem viel anvertraut ist, von dem wird man umso mehr fordern.
Lukas 12,48b

In dieser Forderung Gottes geht es nicht um unsere Schuld. Der Schuldbrief gegen uns ist zerrissen, wenn wir Jesus angenommen haben.

Gott will vielmehr, dass die gute Saat, die er in uns gelegt hat, aufgeht. Gott will Ertrag sehen. Er will, dass das Kapital, das er in uns als seine Gemeinde gelegt hat, Zinsen trägt. Er will erleben, dass der gute Same, der in seine Gemeinde und unser Leben ausgesät ist, Frucht trägt.

Seiner Gemeinde hat Gott viel anvertraut und viel gegeben. Der Vater hat der Gemeinde seinen Sohn, Jesus Christus, als Haupt anvertraut. Und das muss auch so sein, sonst wären wir kopflos.

Und wer oder was ist nun die Saat, die Frucht tragen soll? – Jesus, er ist das Weizenkorn, das in den Boden der Gemeinde gefallen ist, das gestorben ist und das nun viel Frucht tragen soll.

Jesus soll an uns, unserem Wesen, sichtbar werden. Und umso mehr Jesus in die Gemeinde und die einzelnen Menschen, die zu ihr gehören, hineingelegt hat, desto mehr wird er fordern.

Dabei hat Christus die Gemeinde geliebt und hat sich selbst für sie dahingegeben, um sie zu heiligen. Damit haben wir alles erhalten. Wollen wir doch dann auch alles geben und nichts für uns zurückbehalten.

Herr! Du hast alles gegeben – dich selbst. Danke. Amen.

3. September

Und als er das sagte, mussten sich schämen alle, die gegen ihn gewesen waren. Und alles Volk freute sich über alle herrlichen Taten, die durch ihn geschahen.
Lukas 13,17

An einem Sabbat lehrt Jesus wieder in der Synagoge. Da kommt auch eine Frau, die seit 18 Jahren an einer Kyphose – einer Verkrümmung der Wirbelsäule – leidet. Sie kann sich nicht mehr aufrichten. Sie kann den Menschen nicht mehr ins Gesicht schauen. Ihr Blick geht nur noch auf den Boden. Aber hören kann sie. Und sie hört Jesus. Sie hört ihn gern. Jesus sieht die Frau in ihrem Leid. Er wendet sich ihr zu und sagt: „Sei frei von deiner Krankheit." Dazu legt er ihr die Hände auf. Die Wirbelkörper und die Bandscheiben richten sich wieder auf und gewinnen wieder die richtige Position zueinander. Die verkürzten Muskeln strecken sich. Ja, die Frau kann sofort wieder gerade vor Gott und den Menschen stehen. Das erste, was sie tut, ist Gott zu preisen. Sie kann jetzt Jesus sehen. Sie kann auch die Menschen sehen. Das Zusammenleben wird jetzt ganz anders werden, als es die letzten 18 Jahre war. Sie hat allen Grund zur Freude vor Gott. Und sie dankt ihrem Schöpfer, der sie heute in der Synagoge neu aufgerichtet hat.

Derweil steigt im Vorsteher der Synagoge der Unwillen auf. Er ärgert sich daran, dass Jesus am Sabbat einen Menschen heilt. Jesus nimmt sofort wahr, was in dem Mann vor sich geht und reagiert scharf: „Ihr Heuchler! Bindet nicht jeder von euch am Sabbat seinen Ochsen oder seinen Esel von der Krippe los und führt ihn zur Tränke? Sollte ich Abrahams Tochter, die der Satan schon 18 Jahre gebunden hat, nicht von dieser Fessel befreien?" Jetzt schämen sich die Kritiker in der Synagoge sehr. An allen Tagen, auch am Sabbat, geht es doch darum, dass Gott uns aufrichtet, dass wir wieder Gott und Menschen ins Angesicht schauen können, weil Gott uns von den Fesseln des Bösen befreit. Gott handelt an uns. Auch am Sabbat.

Danke, Herr, dass deine Praxis sieben Tage die Woche und vierundzwanzig Stunden an jedem Tag für uns geöffnet hat. Amen.

4. September

Und es werden kommen von Osten und von Westen, von Norden und von Süden, die zu Tisch sitzen werden im Reich Gottes.
Lukas 13,29

Das Reich Gottes kommt für die ganze Welt. Da gibt es dann keine Ländergrenzen mehr. Und die Menschen kommen von überall her, aus allen Himmelsrichtungen, vom gesamten Globus, um an Gottes Tisch Platz zu nehmen. Es kommen Menschen ganz unterschiedlicher Hautfarbe, ganz unterschiedlicher Prägung, unterschiedlicher Bildung und unterschiedlicher Sprache. Menschen unterschiedlicher Konfessionen werden dabei sein.

Mit diesem Ausblick steht es uns nicht mehr zu, über die Andersartigkeit der anderen zu richten. Gott liebt die vielfältige, bunte Gemeinde. Gott akzeptiert ja sogar dich und mich an seiner Tafel, warum dann nicht auch die, die uns in ihrem Wesen und ihren Sitten fremd vorkommen? Noch fremd. Denn das Fremde verliert sich in der Gegenwart unseres Herrn und Königs.

Und die Tafel wird in vollem Schmuck sein. Das Fest wird wundervoll sein. Dort, am Tisch des Herrn, wird allen Geladenen reichlich eingeschenkt, ja, Gott bewirtet seine Kinder überreichlich.

Nicht nur unser gemeinsamer Herr, nicht nur unser gemeinsamer Glaube an Jesus, den wahren Gott und wahren Menschen, auch die Freude auf dieses Fest im Himmel verbindet uns Gotteskinder schon heute miteinander. Und umso besser wir uns das vor Augen führen, desto mehr verstehen wir, dass uns Gotteskinder mehr eint als heute noch trennt.

Wir sind gemeinsam auf dem Weg zu diesem Fest. Das soll uns schon heute einen. Und die noch nicht auf diesem Weg sind, die wollen wir freudig einladen.

Du hast auch mich, Herr, nicht verworfen. Ich danke dir für deine Liebe zu mir und meinem Nächsten. Amen.

5. September

Denn wer sich selbst erhöht, der soll erniedrigt werden; und wer sich selbst erniedrigt, der soll erhöht werden.
Lukas 14,11

Wenn ein großes Fest gefeiert wird, dann gibt es oft eine Rangordnung an der Tischtafel. Manchmal werden sogar Tischkarten aufgestellt. Der Gastgeber macht sich Gedanken, welche Gäste er miteinander an seiner Tafel am besten zueinander setzt. Er überlegt, wie die besten Tischgespräche gefördert werden, damit das Fest gelingt.

Nun gibt es an einer Tafel Plätze weiter oben, nahe dem Gastgeber, und Plätze weiter unten. Jesus spricht heute eine ganz peinliche Situation an: Wenn jemand – unaufgefordert – einen Platz weiter oben wählt, und der Gastgeber eine ganz andere Sitzordnung geplant hat, dann muss er den Gast vor allen demütigen und an einen Platz weiter unten an der Tafel verweisen.

Die Person schämt sich dann wahrscheinlich. Und möglicherweise werden sich so manche Beobachter der Szene dann auch fremdschämen.

Jesus empfiehlt ein anderes Vorgehen: Wenn du dir über deinen Platz noch nicht im Klaren bist, dann setze dich unten an die Tafel. Entweder darfst du dort bleiben, oder der Gastgeber ehrt dich vor allen, indem er dir einen Platz weiter oben an der Tafel zuweist.

Eine gleiche Gesinnung empfiehlt sich auch für deine Gemeindearbeit. Wenn dir noch nicht so klar ist, welchen Platz du in der Gemeinde einnehmen wirst, dann darfst du auch die scheinbar geringen Aufgaben annehmen. Und wenn dann Pastor und Gemeindeleiter der Ansicht sind, dass du verantwortungsvollere Aufgaben übernehmen solltest, dann kannst du das so zulassen, ohne dass eine peinliche Situation für dich eintritt. Und niemand muss sich fremdschämen.

Herr, weise mir bitte meinen Platz in der Gemeinde zu. Amen.

6. September

Als er aber noch weit entfernt war, sah ihn sein Vater, und es jammerte ihn; er lief und fiel ihm um den Hals und küsste ihn.
Lukas 15,20b

Es ist eines der bekanntesten Gleichnisse Jesu. Der Sohn lässt sich das Erbe auszahlen, verlässt den Vater – verprasst sein Geld in der Fremde und rutscht sozial komplett ab. Der Sohn möchte wieder heim – auf dem Weg zurück denkt er sich einen Monolog aus, nach dem er als Tagelöhner beim Vater arbeiten möchte. Aber der Vater läuft ihm eilends entgegen und küsst und umarmt den Sohn, bevor der seinen Monolog zu Ende sprechen kann. Nur „Ich habe gesündigt" kommt heraus.

Der Vater ist die Liebe selbst. Er grenzt niemanden aus – noch nicht einmal den Sohn, der – nachdem er sein Erbteil schon ausgezahlt bekommen hat – keine rechtlichen Ansprüche an den Vater mehr hat. Der Sohn wird vom Vater trotzdem mit offenen Armen empfangen. Schon die Gesten des Vaters – Entgegeneilen, Herzen, Umarmen – sind überwältigend. Die Liebe des Vaters geht tiefer als das Gesetz, das den Sohn rechtlos macht.

Das Gleichnis ermutigt auch uns, zum Vater umzukehren. Das Gleichnis mahnt uns aber auch zugleich, dass wir nicht selbst andere Menschen ausgrenzen und zu Randgruppen machen. Alte, Behinderte, Süchtige, Sträflinge, Kranke, Ausländer, Flüchtlinge, Nichtseßhafte – das sind zunächst nur Gruppen. Durch unser Fehlverhalten können wir sie zu Randgruppen machen.

Gott wünscht sich unsere Wandlung. Aus einer Bewegung weg vom Vater soll eine Bewegung zurück zum Vater werden. Unsere Bewegung in Bezug auf Gott, unser Ziel, zählt, nicht der Ort, an dem wir leben, nicht die Gruppe, der wir angehören, nicht der Stand, den wir einnehmen. Diese Bewegung ist möglich. Denn in Jesus haben wir das volle Leben.

Danke, Herr, für dein Werben um uns. Amen.

7. September

Wer im Geringsten treu ist, der ist auch im Großen treu; und wer im Geringsten ungerecht ist, der ist auch im Großen ungerecht.
Lukas 16,10

Wir haben gehört, dass man an einer Tafel am besten einen Platz unten am Tisch einnimmt, solange einem vom Tischherrn noch kein Platz zugewiesen wurde. So geht es uns auch in der Mitarbeit im Reich Gottes.

Die ersten Aufgaben, die wir hier erhalten, sind oft sehr mühsam und sie erfordern ein demütiges Herz. Aber an diesen ersten Aufgaben dürfen wir Treue lernen. Wir dürfen treu sein in der Einteilung unseres Kalenders und in der Verwendung unserer Finanzen. An diesen beiden Messgrößen, Zeit und Geld, kann man unsere Treue sehr gut operationalisieren, also überprüfen.

Weil der Gebrauch des Geldes eine so wichtige Bedeutung in unserem Leben hat, spricht Jesus in diesem Abschnitt auch vom Mammon, dem Reichtum dieser Welt: „Wenn ihr nun mit dem ungerechten Mammon nicht treu seid, wer wird euch das wahre Gut anvertrauen? Kein Knecht kann zwei Herren dienen. Ihr könnt nicht Gott dienen und dem Mammon."

Ja, wir dürfen Geld gebrauchen. Man kann mit Geld auch viel Gutes tun. Aber es darf nicht der Herr über uns werden, der uns beherrscht. An diesem Punkt lernen wir Treue.

Und wie wir unseren Dienst tun, schenkt uns der Herr größere Aufgaben. Umso größer unsere Aufgaben werden, umso mehr fremdes Gut von Menschen und umso mehr Gut von Gott wird uns anvertraut. Aber was Treue und Gerechtigkeit sind, müssen wir da schon von unseren früheren, einfacheren Aufgaben her verstanden haben. Gott gebe uns dazu das rechte Herz, das nach seinem Herzen ist.

Herr, schenke mir Treue und Gerechtigkeit in meinem Dienst. Amen.

8. September

Seht, wir gehen hinauf nach Jerusalem, und es wird alles vollendet werden, was geschrieben ist durch die Propheten von dem Menschensohn.
Lukas 18,31b

Maler vollenden Bilder.
Schriftsteller vollenden Bücher.
Komponisten vollenden Musik.

In Jerusalem – auf Golgatha – vollendet unser Herr Jesus das Leben. Und er vollendet dort nicht nur sein Leben, sondern unser aller Leben, dein Leben und mein Leben.

Ja, in Jerusalem vollendet Jesus, was schon im Alten Testament durch die Propheten vom Menschensohn geschrieben worden ist.

Der Begriff des Menschensohnes stammt aus dem Prophetenbuch Daniel: „Und siehe, es kam einer mit den Wolken des Himmels wie eines Menschen Sohn und gelangte zu dem, der uralt war, und wurde vor ihn gebracht. Der gab ihm Macht, Ehre und Reich, dass ihm alle Völker und Leute aus so vielen verschiedenen Sprachen dienen sollten. Seine Macht ist ewig und vergeht nicht, und sein Reich hat kein Ende."

Jesus hat in den Jahren seines Dienstes ein reiches, umfangreiches Programm. Das Programm gipfelt in Jerusalem. Wir, heute, wissen davon. Im Alten Testament durften die Menschen in der Vorausschau schon auf Jesus hoffen, und Propheten wurde ein Blick auf Jesus erlaubt.

Das zeigt, dass Gott uns nicht allein lässt. Es zeigt, wie sich Gott um uns sorgt. Ja, der Vater bringt alles zum Ziel – auch uns.

Danke, Herr, für deine Treue, mit der du alles vollendest. Amen.

9. September

Und wenn du dereinst dich bekehrst, so stärke deine Brüder.
Lukas 22,32

Paulus wird wieder einmal auf Missionsreise sein. Mit ihm wird ein junger Mann namens Johannes Markus sein. Der wird sich auf der Reise jedoch von Paulus trennen und nach Jerusalem zurückkehren. Johannes Markus mag vielleicht zu Beginn Feuer und Flamme für Paulus und seinen Dienst sein. Auf so einer Missionsreise kann man sicher Abenteuer erleben. Doch die Wirklichkeit wird dann so rau, dass er ernüchtert heimkehren wird.

Es ist Petrus, der den Johannes Markus bei sich aufnehmen wird. Das ist kein Zufall. Gerade zum Leben des Petrus gibt es Parallelen. Petrus wird nach einem erfolgreichen Fischzug von Jesus zum Dienst berufen. Nach drei Jahren Dienst sagt Jesus zu Petrus: „Wenn du dereinst dich bekehrst, so stärke deine Brüder."

Petrus ist nach drei Jahren Dienst mit Jesus noch nicht bekehrt. Sein verlorener Zustand wird ihm erst bewusst, nachdem er seinen Herrn dreimal verleugnet hat.

Und nach dieser Bekehrung ist Petrus nun bereit, seine Brüder zu stärken. So nimmt sich Petrus auch des Johannes Markus an.

Wie geht das Leben des Johannes Markus weiter? Wir begegnen ihm wieder im 1. Petrusbrief: „Es grüßt euch aus Babylon die Gemeinde, die mit euch auserwählt ist, und mein Sohn Markus." Mit *Babylon* ist wahrscheinlich Rom gemeint – ein heißes Pflaster für Christen. Wenn Johannes Markus nun in Rom lebt, dann hat er sicherlich alle Bequemlichkeit abgelegt. Und auch einen falschen Stolz hat er abgelegt. Denn, wer ist schon Petrus, von dem er sich aufrichten und zurechtbringen ließ? Ein einfacher Fischer aus Galiläa. Nach der Stärkung durch Petrus hat Johannes Markus den christlichen Schein abgelegt – und ist ein richtiger Christ geworden.

Herr! Mach mich brauchbar, um auch andere Brüder und Schwestern zu stärken. Amen.

10. September

An dem Tag wurden Herodes und Pilatus Freunde; denn vorher waren sie einander feind.
Lukas 23,12

Was ist ein Freund? Meist bekommt man die Antwort „Ein Freund ist jemand, der treu zu mir hält, jemand, der mich versteht, der Zeit für mich hat, der mich liebt, jemand, der da ist, wenn ich ihn brauche." Wir denken vorrangig darüber nach, wie ein Freund zu uns steht. Selten bekommen wir auf die Frage die Antwort: „Ein Freund ist jemand, den ich lieben kann, zu dem ich stehe, es ist ein Mensch, dem ich die Treue halte."

Im heutigen Wort aus der Bibel sehen wir, wie zwei Menschen eine weltliche Freundschaft am Tag von Jesu Kreuzigung miteinander eingehen. Herodes erwartet an diesem Tag, dass Jesus einen Trick für ihn tut, vielleicht einen Toten auferweckt oder irgendetwas anderes Spektakuläres, das ihm Vergnügen bereitet. Aber Jesus steht nur da – er hat kein Wort für Herodes.

Was tut Jesus Christus für dich? Ist Jesus Christus dein Freund? Jesus hat wirklich ein Gesicht, er hat einen Ort, aus dem er kommt, Nazareth. Die Jünger sehen ihn viel mehr als Freund denn als Herrn. Er ist ihr engster Freund. Sie sagen „Jesus" so, wie wir einen Freund „Martin", „Saša" oder „Salvatore" nennen. Wir nehmen Jesus ganz neu wahr, wenn wir ihn auch so sehen – unsere Beziehung wird enger zu ihm, er wird nicht nur zu einer religiösen Figur.

Was ist ein Freund? Jesus hat es gesagt: „Niemand hat größere Liebe als die, dass er sein Leben lässt für seine Freunde."

Das Problem ist nur, dass wir oft weltliche Freunde suchen statt Jesus. Und Jesus fügt hinzu: „Seid nicht ein Freund dieser Welt, sondern seid mein Freund." Wenn du betest, dann klingen *Herr*, *Meister*, *Sohn Gottes* und *König* sehr schön. Das ist alles richtig. Aber *Freund* ist viel persönlicher und näher. Hast du Mut, Jesus deinen Freund zu nennen?

Welch ein Freund bis du uns, Jesus. Amen.

11. September

Und es war schon um die sechste Stunde, und es kam eine Finsternis über das ganze Land bis zur neunten Stunde, und die Sonne verlor ihren Schein.
Lukas 23,44.45

Über dem Kreuz von Golgatha, ja über dem ganzen Land wird es dunkel. Da habe ich schon gehört, dass gesagt wird: „Nun, da war eben eine Sonnenfinsternis während der Kreuzigung."

Aber hier haben wir es nicht mit einer gewöhnlichen Finsternis zu tun. Bei einer gewöhnlichen Sonnenfinsternis tritt der Mond vor die Sonne und verdeckt ihr Licht. Es muss also Neumond sein. Im Kernschatten des Mondes ist die Sonnenfinsternis vollständig, im Halbschatten ist sie partiell.

Nun weiß ich aber, dass zu Jesu Kreuzigung Vollmond war. Und der Vollmond geht abends im Osten auf, wenn die Sonne im Westen untergeht. Und der Vollmond geht im Westen unter, wenn die Sonne im Osten aufgeht. Der Vollmond erreicht am Himmel also den Punkt, der von der Sonne am weitesten entfernt ist. Ein Vollmond kann die Sonne nicht verdecken – er steht einfach nicht vor der Sonne.

Woher weiß ich, dass zu Jesu Kreuzigung Vollmond war? Das ist ganz einfach. Jesus wurde unmittelbar zum Passafest gekreuzigt. Und zu Passa ist immer Vollmond.

Außerdem dauert eine totale Mondfinsternis nie drei Stunden – sie ist erheblich kürzer. Wir haben es bei dieser Finsternis also mit einem besonderen astronomischen Ereignis zu tun, das so vorher und nachher nicht mehr beobachtet werden konnte.

Jesus war für die Jünger und die Menschen, denen er begegnete und die ihn in ihr Leben aufnahmen, der Sonnenschein Judas, Israels, ja sogar Samariens und der heidnischen Welt. Dass die Sonne ihren Schein verliert, passt da zu seinem Weg ans Kreuz.

Ja, Herr, du bist das Licht der Welt. Amen.

12. September

Im Anfang war das Wort, und das Wort war bei Gott, und Gott war das Wort.

Johannes 1,1

Dieses Wort klingt wie ein Gedicht, ja, es klingt wie Musik. Das Wort erinnert uns sehr an die Schöpfung: „Am Anfang schuf Gott Himmel und Erde." Und später folgt: „Und Gott sprach: ‚Es werde Licht.'"

Gottes Wort hat eine ganz andere Kraft als Menschenworte. Denn das Wort, das Gott spricht, ist *Christus*. In diesem Wort – in diesem Herrn – ist Gott selbst gegenwärtig. Und der Kolosserbrief des Paulus wird uns erklären: „Denn in ihm ist alles geschaffen, was im Himmel und auf Erden ist, das Sichtbare und das Unsichtbare, es seien Throne oder Herrschaften oder Mächte oder Gewalten; es ist alles durch ihn und zu ihm geschaffen."

Welche Phantasie und welches Geschick haben der Vater und der Sohn bewiesen, als sie all die Pflanzen geschaffen haben. Und dazu die vielen Tiere. Und erst recht die Menschen. Und alles trat aus dem Nichts ins Sein durch das Wort des Vaters im Himmel.

Verstehst du nun, dass man Gott nur loben und preisen kann? Keiner ist so wunderbar wie er.

Und das schönste ist, dass Christus unser verlorenes Leben neu aufstellt, indem er sich so ganz und gar auf uns Menschen einlässt, indem er – Gott – sichtbar, hörbar und angreifbar wird. Ja, Gott lässt sich sogar auf unsere Schuld und unser Sterben ein – und wird nicht zuletzt auch unseren Tod sterben.

„Auf dein Wort hin will ich es wagen, noch einmal meine Netze auszuwerfen", sagte Petrus. „Und auf dein Wort hin will ich leben", antworten wir unserem Gott im Glauben und Vertrauen.

Du bist das Wort, Herr, das mich auferbaut. Amen.

13. September

Und das Wort ward Fleisch und wohnte unter uns, und wir sahen seine Herrlichkeit, eine Herrlichkeit als des eingeborenen Sohnes vom Vater, voller Gnade und Wahrheit.

Johannes 1,14

Dem Wort folgt die Tat. Jesus wird Mensch!

– Menschenworte werden oftmals nicht gehalten. Oft versprechen wir mehr, als wir halten können. Ganz anders ist das bei unserem Vater im Himmel. Solange hat er schon den Retter im Alten Testament angesagt und versprochen.

Jetzt ist es soweit. Das Wort wird Fleisch. Jesus wohnt unter den Menschen. Sie kennen ihn als Freund, als Bruder, als Meister. Für seine Freunde hat er ein Gesicht, seine Stimme ist ihnen vertraut. Sie erkennen ihn an seinen Bewegungen, an seiner Mimik. Sie kennen ihn an seiner Art, zu denken und zu sprechen. Ja, vielleicht erkennen sie ihn sogar an seinem Geruch.

In Jesus bekommt der Trost Gottes eine Schulter, an die wir uns anlehnen dürfen. In Jesus reicht uns Gott die Hand, die wir ergreifen können. In Jesus erfahren wir die Herrlichkeit des Vaters. Jesus ist voller Gnade und Wahrheit.

Worte von Menschen helfen oft nicht. Aber das Wort Gottes ist ein starker Helfer.

Jetzt magst du fragen: Wo ist dieses Wort Gottes heute? Wo ist heute die Schulter Gottes, an die ich mich anlehnen kann? Wo ist das Gesicht Jesu heute, so dass ich in die Augen unseres Herrn schauen kann? – Nun, Jesus ist in den Himmel zurückgekehrt. Aber er hat uns nicht verwaist zurückgelassen. Der heilige Geist erfüllt nun all die Aufgaben, die Jesus zu seiner Zeit auf der Erde so treu erfüllt hat. Nun tröstet der heilige Geist, nun erfüllt uns der heilige Geist. Die Verbindung zum Vater ist jetzt durch ihn hergestellt.

Wollen wir so leben, dass wir den heiligen Geist nicht betrüben!

Dein Wort, Vater, hilft – es ist Christus, unser Herr. Amen.

14. September

Denn das Gesetz ist durch Mose gegeben; die Gnade und Wahrheit ist durch Jesus Christus geworden.
Johannes 1,17

Das Gesetz des Mose sollte zum Leben helfen. Mit dieser Richtschnur sollte das Leben gelingen. Doch das Gesetz des Mose war nicht in der Lage, die Menschen zu erlösen. Wir scheitern am Gesetz durch unseren Ungehorsam und unsere Treulosigkeit.

Jesus hat gezeigt, dass das Gesetz in vollem Umfang erfüllt werden kann. Durch Gott. Jesus hat in seiner Zeit auf der Erde Gehorsam gelernt. Der Herr ändert unsere Natur, er ändert unsere gottfeindliche Gesinnung. Das alles geschieht durch Wahrheit – wir erkennen, wie verloren wir sind. Und es geschieht durch Gnade – wir erleben Vergebung und Versöhnung mit Gott in Christus.

Wir lassen das Gesetz nicht hinter uns. Wir wissen, dass Jesus es bis ins kleinste Detail hin erfüllt hat. Wir heißen das Gesetz gut. Und wir unterwerfen uns dem Urteil unseres Herrn. Und dann erfahren wir, wie er uns verzeiht, aufrichtet und stärkt. So löschen Gnade und Wahrheit das Gesetz nicht aus, sondern sie ergänzen es – durch die besondere Initiative, durch das besondere Engagement Gottes.

Nun leben wir aus Jesus. Er wird zur Quelle, die uns nährt und erfrischt. Wir wollen uns klar machen, welchen Reichtum wir in Christus haben. Und er regiert voller Weisheit in unser Leben – und damit in die Welt – hinein. Wir sind nicht allein gelassen. Wir können in Christus die feste, sichere Verbindung zum Vater im Himmel haben – zu dem, dem kein Ding unmöglich ist.

Danke, Herr, dass du für mich das Gesetz voll erfüllt hast. Amen.

15. September

Jesus antwortete: Wahrlich, wahrlich, ich sage dir: Es sei denn, dass jemand geboren werde aus Wasser und Geist, so kann er nicht in das Reich Gottes kommen.
Johannes 3,5

Die Nacht ist kühl und ruhig. Es ist die ideale Zeit für Nikodemus, mit Jesus zu sprechen. Nikodemus ist ein Pharisäer, er interessiert sich brennend für die Dinge, die Jesus erzählt. Nun nutzt er die Gelegenheit zu einem persönlichen Gespräch. Er eröffnet den Dialog: „Niemand kann Zeichen tun, die du tust, es sei denn, Gott ist mit ihm." Jesus erwidert nicht: „Du hast recht, es stimmt, was du da sagst." Nein, Jesus führt das Gespräch gleich in eine ganz neue Richtung: „Es sei denn, dass jemand von neuem geboren werde, so kann er das Reich Gottes nicht sehen." Genau das will Nikodemus, er will das Reich Gottes sehen. Jesus spricht von der größten Sehnsucht seines Gesprächspartners. „Wie werde ich neugeboren?", will Nikodemus wissen. Die Frage ist gut. Denn nun geht es ja um die Ausgangsvoraussetzungen, das Neue in Gott erleben zu dürfen. „Kann ein Mensch wieder in den Leib seiner Mutter zurück, um neu geboren zu werden?" Nikodemus denkt nun ganz körperlich. Doch Jesus spricht nicht von einer körperlichen Neugeburt, sondern von einer geistlichen, einer spirituellen Neugeburt. Deshalb setzt er gleich nach: „Wahrlich, wahrlich, ich sage dir: Es sei denn, dass jemand geboren werde aus Wasser und Geist, so kann er nicht in das Reich Gottes kommen." Es gibt eine Taufe mit Wasser. Da bekennen wir uns öffentlich zu unserem Herrn, Jesus Christus. Und es gibt eine Taufe im Geist. Da bekennt sich Jesus zu uns. Diese Taufe im Geist kann jeder Mensch ganz anders erleben. Manche spüren einen warmen Strom aus Liebe durch sich hindurchfließen. Manche können auf einmal in neuen Sprachen Gott anbeten. Manche spüren, dass sie vom Geist Gottes angehaucht werden. Auf keinen Fall offenbart sich Gott in der Taufe mit dem heiligen Geist in einer Weise, in der der Mensch erschrickt. Beides tut uns Not, die Taufe aus Wasser und die Taufe aus Geist, um das Reich Gottes zu sehen.

Ich danke dir, dass du dich wunderbar offenbarst, Herr. Amen.

16. September

Denn also hat Gott die Welt geliebt, dass er seinen eingeborenen Sohn gab, damit alle, die an ihn glauben, nicht verloren werden, sondern das ewige Leben haben.
Johannes 3,16

Jesus sagt, dass alle, die an ihn glauben, die auf ihn vertrauen, alle, die sich auf ihn festlegen, dass alle diese nicht verloren werden, sondern das ewige Leben haben. Woher kommt die Freude der Christen? Das ist eine ganz einfache Sache – so einfach, dass auch Kinder sie verstehen können: Freude kommt aus der Liebe Gottes zu dir persönlich. Freude kommt aus der Liebe Gottes.

Damit der Weg zu dieser Freude frei und ungetrübt ist, nimmt Jesus dir zuvor alle Schuld. Es gibt Dinge, die kannst du nicht wieder gutmachen. Die bedrücken dich. Aber diese Dinge kannst du Jesus geben. Er kann die Sünde wegnehmen – nur er.

Gott duldet dich nicht nur. Er liebt dich, und er kommt dir in Jesus so nah.

Was ist die natürliche Reaktion von Menschen, die diese Liebe erfahren? – Die nehmen es wahr, sie glauben Jesus, ja, sie schenken Gott in Freude ihren Glauben. Das Wort, das hier kommen muss, heißt *festlegen*. Wir legen uns auf Jesus fest. Bis du das nicht öffentlich bekennen kannst, hast du dich noch nicht wirklich auf Jesus festgelegt. Weil es etwas mit Liebe zu tun hat, weil es etwas damit zu tun hat, dass du zu Jesus stehst. Wir erwidern einfach diese Liebe. Wir geben Liebe zurück. Wir gehorchen einfach. Wir lassen uns öffentlich auf Jesus ein. Du vertraust Jesus zu 100% - nicht mit halbem Herzen, nicht zu 50%. Hast du dich noch nicht zu 100% auf Jesus festgelegt, dann hast du dich noch gar nicht auf ihn festgelegt.

Wen nehmen Leute auf, die Jesus in ihrem Leben aufnehmen? Den Erretter? – Ja. Den Heiland? – Ja. Sie nehmen den Herrn auf, und sie nehmen den auf, der ihn gesandt hat: Sie nehmen *Gott* auf in ihrem Leben.

Herr! Ich gebe mich ganz. Heute. Dir. Amen.

17. September

Er muss wachsen, ich aber muss abnehmen.
Johannes 3,30

Bisher war Johannes unbestreitbar der bekannteste Mann in Israel. Viele Menschen waren schon zu ihm gekommen, ganz Jerusalem, aus dem ganzen Jordantal und aus der Provinz Judäa waren sie auf den Beinen, um Johannes zu sehen. Sie kamen und ließen sich taufen. Fast jeder war mit der Verkündigung des Johannes in Berührung gekommen. Johannes wirkte wie ein Magnet. Es pulsierte das Leben, dort wo er war.

Aber nun ist Jesus aufgetaucht. Jetzt strömt das Volk zu Jesus. Ja, sogar manche Jünger verlassen Johannes, um sich nun Jesus anzuschließen. Die übriggebliebenen Johannes-Jünger werden traurig, dass es um ihren Meister stiller und einsamer wird. Da kommt der Tag, an dem es aus ihnen herausbricht: „Meister, dieser Jesus, für den du dich so eingesetzt hast, der tauft, und jedermann kommt zu ihm."

Die Jünger des Johannes vergessen vollkommen, dass Johannes sich nur als Wegbereiter für Jesus versteht – die Jünger sehen nur, dass Jesus die Menschenmassen von ihrem Meister abzieht. Sie erkennen in Jesus auf einmal eine Konkurrenz. Ja, Konkurrenzdenken gibt es auch unter Christen.

Als guter Seelsorger antwortet Johannes seinen Jüngern: „Ein Mensch kann sich nichts nehmen, es sei denn, dass es ihm vom Himmel gegeben werde." Es ist Gott, der hier die Aufgaben verteilt. Und es ist Gott, der das Ausmaß und den Kreis unseres Einflusses bestimmt.

Es ist wichtig für uns, dass wir uns vom Herrn zeigen lassen, wie weit unser Aufgabenkreis reicht. Und dabei erkennen wir wie Johannes: Er, Jesus, muss wachsen. Ich aber muss abnehmen.

Jesus, nimm du zu in meinem Leben. Amen.

18. September

Gott ist Geist, und die ihn anbeten, die müssen ihn im Geist und in der Wahrheit anbeten.
Johannes 4,24

In Samarien spricht Jesus mit einer Frau am Brunnen. Jesus bietet ihr lebendiges Wasser an – er selbst ist die Quelle des Wassers, das in das ewige Leben quillt. Schon bald kommt die Frau darauf zu sprechen, an welchem Ort man Gott anbeten kann: „Unsere Väter haben auf diesem Berg angebetet, und ihr sagt, in Jerusalem sei die Stätte, wo man anbeten soll." Doch Jesus korrigiert das: „Glaube mir, es kommt die Zeit, dass ihr weder auf diesem Berg noch in Jerusalem den Vater anbeten werdet. Ihr wisst nicht, was ihr anbetet; wir wissen aber, was wir anbeten; denn das Heil kommt von den Juden. Aber es kommt die Zeit und ist schon jetzt, in der die wahren Anbeter den Vater anbeten werden im Geist und in der Wahrheit; denn auch der Vater will solche Anbeter haben." Es ist klug, dass die Frau thematisch von der Quelle zum Gebet kommt. Denn wenn man die Quelle findet, dann will man auch die Verbindung zu ihr halten. Die Verbindung darf nicht verloren gehen, auch wenn Jesus mit seinen Jüngern heute weiterzieht. Und eben diese Verbindung zur Quelle erfahren wir durch das Gebet. Jesus erklärt, dass nicht mehr der Ort, an dem wir beten, darüber entscheidet, ob wir eine Verbindung zum Vater haben. Ob wir im Geist und in der Wahrheit anbeten – das bestimmt die Verbindung. Wie beten wir im Geist und in der Wahrheit? Indem wir unserem Vater im Himmel unser Herz ausschütten und ihm alles sagen, was uns auf der Seele brennt. Indem wir nichts vor ihm zurückhalten. So bauen wir eine innige Beziehung auf, und wir werden Teil des Reiches Gottes. Die Frau – ganz geistesgegenwärtig – gibt sofort zurück: „Ich weiß, dass der Messias kommt, der da Christus heißt. Wenn dieser kommt, wird er uns alles verkündigen." –Jesus antwortet: „Ich bin's, der mit dir redet." Ich wünsche dir, dass du dein Herz auch vor Gott so öffnest, und dass auch du im Gebet von Jesus erfährst: „Ich bin's, der mit dir redet."

Das Heil kommt von dir, o Herr. Du bist's. Amen.

19. September

Jesus sprach zu ihnen: Wahrlich, wahrlich, ich sage euch: Wenn ihr nicht das Fleisch des Menschensohns esst und sein Blut trinkt, so habt ihr kein Leben in euch.
Johannes 6,53

Es kommt zum Skandal um Jesus. Wahrscheinlich ist es das Radikalste, was Jesus jemals gesagt hat. Nicht nur die übrigen Zuhörer – auch ein Teil der Jünger empfindet das, was Jesus äußert, als Skandal. Jesus sagt Dinge, durch die bei manchen Menschen der Glaube an ihn aufhört – und sie verlassen Jesus.

Gestern noch hatte Jesus 5000 Menschen gespeist. Aber heute spricht er nicht mehr von dem Brot, das nur körperlich satt macht. Nun spricht er vom himmlischen Brot: „Dies ist das Brot, das vom Himmel kommt, damit, wer davon isst, nicht sterbe."

Die Menschen hören ihm jetzt zu. Aber sie verstehen ihn nicht. Wer kann das auch fassen, was Jesus im heutigen Bibelwort sagt? Jesus legt die Aufmerksamkeit und den Fokus total auf sich. Und es ist entweder wahr, was er sagt – oder es ist total verrückt. Die Menschen – und auch du – müssen nun eine Entscheidung treffen. Wirst du dein Vertrauen jetzt auf diesen Typ, Jesus, setzen?

Es ist nicht Religion, die dich rettet. Es ist Jesus, der dich rettet. Es hängt alles an dieser Person Jesu. So radikal ist das. Du magst nun fragen: „Hat mein Leben gar nichts zu bedeuten?" – Nein. Du setzt deine Hoffnung allein auf das, was Jesus tat. Und Jesus ergänzt: „Der Geist ist's, der lebendig macht; das Fleisch ist nichts nütze. Die Worte, die ich zu euch gesagt habe, die sind Geist und sind Leben."

Es ist das Geistliche, das dich erquickt, das dich lebendig macht. Es hat alles seinen Ursprung in Jesus. Es geht hier nicht um etwas religiös-Romantisches. Atme mit mir ein. Atme mit mir aus. So geht es auch mit dem Geist, der aus Jesus fließt. Das ist Leben.

Allein Jesus – allein du, der Heilige Gottes. Amen.

20. September

Da fragte Jesus die Zwölf: Wollt ihr auch weggehen?
Johannes 6,67

Was darf Jesus von dir fordern? Viele haben sich von Jesus abgewandt, nachdem es durch eine Rede Jesu zum Skandal gekommen war. Der Glaube vieler Menschen hörte genau nach dieser Rede auf. Es ist interessant, wo der Glaube von Menschen aufhört: „Ich werde dies nicht tun." – „Ich werde das nicht tun." – „Ich werde dort nicht hingehen." Sogar die Jünger fingen nach Jesu Rede an zu murren.

Was darf Jesus von dir fordern?

Da fragt der Herr seine Jünger: „Wollt ihr auch weggehen?" So sieht's aus. Jetzt können sich alle entscheiden. „Das ist es, was ich anbiete", sagt Jesus. Du möchtest Jesus nicht mehr folgen, du möchtest nicht mehr mit ihm gehen? Es hängt von dir ab. Es ist deine Entscheidung. „Wollt ihr auch weggehen?" An dieser Stelle ist es echt hart, ein Christ zu sein.

Petrus antwortet an dieser Stelle: „Herr, wohin sollen wir gehen? Du hast Worte des ewigen Lebens; und wir haben geglaubt und erkannt: Du bist der Heilige Gottes."

Jesus ist der Heilige Gottes. Und er gibt dir ewiges Leben. Wenn du ihm vertraust, dann verstehst du das alles. Es ist allein Jesus.

Die Menschen empfinden es als Skandal, dass Jesus in seiner Liebe sein Leben ganz für uns dahin gibt. Deshalb sind aber auch die Liebe und das Leben Jesu die größte Kraft in dieser Welt.

Du sprichst gern über Jesus? Sei glücklich. Du darfst ihn gern bekennen und bezeugen, wenn du das alles verstanden hast. Es ist allein Jesus – der Heilige Gottes.

Wohin soll ich gehen, Herr? Ich hänge mich ganz an dich. Amen.

21. September

Wer an mich glaubt, wie die Schrift sagt, von dessen Leib werden Ströme lebendigen Wassers fließen.
Johannes 7,38

Jesus Christus ist die Quelle des Lebens. Das Leben ist kein Prinzip, keine Idee, kein System. Nein, das Leben ist eine Person.

Vergleicht man das Leben mit Wasser, dann ist es kein stehendes Gewässer, in dem keine Bewegung ist. Nein, es ist mit einem Fluss zu vergleichen, der sich ausbreitet und das trockene, tote Land nährt. Dieses Wasser wird lebendig genannt, und es erweckt auch andere zum Leben.

So möchte Jesus in deinem Leben sein. Er will all das, was trocken und verhärtet ist, erweichen und versorgen. Und wenn nun durch dein Land dieser Strom hindurchgeht, dann wirst du wie ein Leib, von dem lebendiges Wasser fließt. Dieses Leben kannst du nicht für dich allein behalten. Andere nehmen teil. Andere schließen sich auch an die gute Quelle an.

Unser Bibelwort sagt, dass es hier um den heiligen Geist geht, den die empfangen, die an Christus glauben. Damit sind wir nicht allein, nachdem Jesus wieder zum Vater in den Himmel zurückgekehrt ist. Der heilige Geist ist die gute Quelle in unserem Leben, die uns beschenkt und uns bestätigt, dass wir Kinder Gottes sind.

Und mit diesem guten Strom auf unserem Weg können wir andere Menschen in einer Weise trösten, dass es ihnen weiterhilft. Wir können andere Menschen begeistern und anstecken. Wir können andere Menschen kraftvoll für Jesus werben. Kein Zeugnis ist einladender als ein solches Leben aus der Quelle. Und genau das ist das lebendige Wasser, das aus deinem Leib strömt, wenn du mit Gott gut verbunden bist.

Danke, Herr, dass du unser dürres Land sättigst. Amen.

22. September

Christus spricht: Ich bin der gute Hirte. Meine Schafe hören meine Stimme, und ich kenne sie, und sie folgen mir.
Johannes 10,12.27

Jesus Christus ist uns alles. Er ist unser König. Er ist unser Retter. Jesus ist unser Freund, unser Meister. Und er ist auch unser guter Hirte.

Und wenn unser Freund spricht, wenn unser Hirte spricht, dann kennen wir natürlich auch seine Stimme. Keine andere Stimme ist so kraftvoll, zugleich aber auch so sanft und schön, wie die Stimme unseres Gottes.

Eines der schönsten Dinge, die unser Hirte zu uns sagen kann, ist, dass er uns bei unserem Namen ruft. Es ist schön, dass er uns kennt und zu sich führt. Und da ist es etwas ganz Natürliches, dass wir ihm folgen. So, wie es für Schafe herrlich ist, auf eine fette Wiese zu kommen, so ist es für uns herrlich, dass uns Jesus das ewige Leben gibt. Mit diesem Ausblick macht Leben wieder richtig Spaß.

Doch es gibt auch falsche Hirten. Die entpuppen sich auf der Führung als Wölfe. Seine Schafe hören auf die Stimme des guten Hirten. Sie hören nicht auf die Stimme der falschen Hirten. Mit seinem „Ich-bin-Wort" setzt sich Jesus von diesen falschen Hirten ab, und es wird seine Einzigartigkeit und Herrlichkeit sichtbar.

Mit dem Hirten zusammen darf es auch einmal durch ein tiefes Tal gehen. Er ist da und schützt seine Herde. Mit dem Blick auf die Höhe, auf das gute Land, mit dem Wissen um alle Fürsorge durch den guten Hirten kann man auch einmal durch die Tiefe gehen. Wir wissen: mit dem guten Hirten stimmt das Ziel. Wir werden es erreichen.

Und ich will gern ein Schaf sein in deiner Herde. Amen.

23. September

Und ich gebe ihnen das ewige Leben, und sie werden nimmermehr umkommen, und niemand wird sie aus meiner Hand reißen.
Johannes 10, 28

Jesus ist das Leben. Und er behält das Leben nicht für sich, nein, er teilt es mit uns. Das bedeutet, Jesus gibt sich selbst.

Jesus sucht das Verlorene und führt es als guter Hirte zu sich, zum Leben, zurück. Wir alle waren verloren, und wir drohten auch immer wieder neu verloren zu gehen, wenn Jesus nicht ständig auf uns achthaben würde. Niemand kann uns aus seiner Hand reißen. Jesus achtet auf seinen Besitz – sein Eigentum.

Natürlich wird der Teufel versuchen, dich aus Jesu Hand zu stehlen. Das tut er, indem er deine Trennung von Gott groß und das Kreuz klein machen will. Aber Jesus ist stärker. Das gibt uns Sicherheit.

Natürlich gibt es auch Umstände, die uns niederdrücken wollen, die unsere Existenz bedrohen wollen, Dinge, die uns unseren gesundheitlichen oder finanziellen Untergang vor Augen stellen wollen – aber keines seiner Schafe, keines seiner Kinder wird durch diese Umstände umkommen.

Natürlich kann uns auch unser eigenes Versagen treffen. Natürlich können wir – wie Petrus es später tun wird – enttäuscht über uns selbst zu unseren Fischernetzen zurückkehren. Aber dein Versagen kann gar nicht groß genug sein, als dass Jesus dir nicht mehr vertrauen könnte. In Jesus haben wir einen wundervollen Seelsorger, der uns zurückführt in seine Herde, der das Verlorene sucht und heimholt. Er macht ganz sicher auch an dir das Wort wahr: „Niemand soll sie aus meiner Hand reißen."

Danke, Herr, für deine starke Hand. Amen.

24. September

Jesus aber hatte Marta lieb und ihre Schwester und Lazarus.
Johannes 11,5

Liebt Gott dich? Würde Jesus das auch über dich sagen?
Die Antwort ist: „Ja! Ja, er liebt dich."
Jesus wird gerufen, als Lazarus krank wird. Die Schwestern erinnern Jesus extra daran: „Jesus, der, den du liebst, ist krank. Du kommst jetzt besser."
Wenn du nicht 100%ig überzeugt bist, dass Gott dich liebt, dann kann das zu einer Quelle deiner spirituellen Probleme mit Gott werden. Daran hängt alles. Denn, wenn du daran zweifelst, dass Gott dich liebt, dann wirst du dich auch nicht selbst lieben. Das sollst du heute hören: Gott liebt dich. Der himmlische Vater liebt dich. Er sorgt sich um dich.
Und du darfst heute auch zu Gott kommen und sagen: „Herr, ich nehme deine Liebe an." Wenn du weißt, dass Gott dich liebt, dann bist du auch bereit für alles, was in deinem Leben geschieht. Zweifle nicht an Gottes bedingungsloser Liebe! Nenne Gott nicht einen Lügner! Denn Gott ist Liebe.
In der Lazarus-Geschichte weiß Jesus schon, dass Lazarus an dieser Krankheit sterben wird. Aber Jesus weiß auch: die ganze Angelegenheit soll zur Verherrlichung Gottes dienen. Jesus wird Lazarus wieder von den Toten zum Leben erwecken. Jesus schreibt Geschichte mit den Menschen, die er liebt.
Und so schreibt er auch mit und in deinem Leben Geschichte. Heilsgeschichte. Eine Liebesgeschichte.

Ja, Herr, du liebst mich auch. Danke. Amen.

25. September

Wahrlich, wahrlich, ich sage euch: Wenn das Weizenkorn nicht in die Erde fällt und erstirbt, bleibt es allein; wenn es aber erstirbt, bringt es viel Frucht.

Johannes 12,24

Jesus spricht von sich. Er ist das Weizenkorn, das erstirbt. Und das meint er nicht im Sinn einer Metapher, er meint das auch nicht irgendwie religiös-romantisch. Er spricht tatsächlich von seinem Tod. Die Frucht, die Jesu Tod bringt, ist Vergebung unserer Schuld und ein freier Weg zum Vater im Himmel. Jesus hat mit seinem Programm, das er hier in unserem heutigen Bibelwort vorträgt, Ernst gemacht.

Jesus spricht von dir und mir. Auch wir sollen ein Weizenkorn sein, das erstirbt, um viel Frucht zu bringen. Unsere Eitelkeit, unsere Ichbezogenheit und Selbstsucht – auch unsere Bequemlichkeit – werden auf dem Weg mit Jesus täglich sterben müssen. Nur so taugen wir etwas für unseren Dienst.

„Bruder X hat mich gekränkt – Schwester Y hat mich verletzt" – das gehört der Vergangenheit an, wenn du täglich stirbst. Denn, das ist der Vorteil am Sterben: wenn du als Weizenkorn in die Erde gefallen und erstorben bist, dann tun all diese Kränkungen und Verletzungen nicht mehr weh. Ein Toter kann nicht über Demütigungen klagen. Angriffe auf einen Menschen, der in Christus erstorben und zu einem neuen Leben mit viel Frucht gereift ist, werden zu Angriffen auf den Leib Christi. Mit solchen Angriffen umzugehen gehört allein in den Zuständigkeitsbereich unseres Herrn, des Hauptes der Gemeinde.

Einen letzten Blick wollen wir noch auf die Frucht tun. Galater 5,22 beschreibt die Frucht aus dem neuen Leben im Geist mit Liebe, Freude, Friede, Geduld, Freundlichkeit, Güte, Treue, Sanftmut und Keuschheit.

Danke für das Kreuz, mein Herr. Amen.

26. September

Da spricht zu ihm Philippus: Herr, zeige uns den Vater, und es genügt uns.
Johannes 14,8

Jesus ist gerade inmitten einer Predigt, als er von Philippus unterbrochen wird. Doch diese Unterbrechung ist wichtig – sonst würde die Bibel nicht darüber berichten.

Dieser Zwischenruf geht in eine ganz andere Richtung, als die Bewegung von Adam und Eva nach dem freien Fall in die Sünde: Adam und Eva flohen vor Gott, sie wollten fort von seinem Angesicht, fort aus seinem Wirkungskreis. Je weiter, desto besser. Philippus schlägt die Gegenrichtung ein, er schwimmt gegen den Strom: „Herr, zeige uns den Vater." Philippus ist ein Mann, der entsetzt ist, wo die Welt hinläuft, sich umdreht und Gott sucht. Und er will nichts anderes als den Vater: „… und es genügt uns."

Bist du auch schon soweit? Willst auch du vom Vater kein Geld, keine Gesundheit oder etwas anderes? Willst auch du nur noch ihn, und es genügt dir? Wenn das so ist, dann hast auch du dich schon dem verlorenen Sohn angeschlossen, der zum Vater umgekehrt ist.

Weil die Unterbrechung durch den Philippus so wichtig ist, weist Jesus den Einwurf nicht ab, sondern er nimmt die Frage auf und beantwortet sie. Philippus schüttet in diesem Moment vor Jesus sein Herz aus. Und auch wir wollen das so tun. Deshalb ist die Antwort von Jesus so wichtig auch für uns: „Wer mich sieht, der sieht den Vater."

Wo ist Gott? In Jesus – jedem sichtbar. Wie komme ich zum Vater? Durch Jesus – er ist die Tür. Wer durch ihn eingeht, der wird gerettet.

Danke, Jesus, dass du uns den Vater gezeigt hast. Amen.

27. September

Es ist noch eine kleine Zeit, dann wird mich die Welt nicht mehr sehen. Ihr aber sollt mich sehen, denn ich lebe, und ihr sollt auch leben.
Johannes 14,19

Weil Christus lebt, leben auch wir. Was für eine herrliche Aussage. Denn in Christus ist die Auferstehungskraft wirksam, die auch durch uns fließen will – und es auch tut, wenn wir mit Christus verbunden sind. Weil Christus auferstanden ist, lässt das auch uns auferstehen.

Das hat etwas mit Ewigkeit zu tun, doch dieses neue Leben beginnt auch schon heute im Hier und Jetzt. Es beginnt schon mit Jesu Abschiedspredigt, aus der das heutige Bibelwort zitiert ist. Wie soll alles weitergehen? Jesus hat seinen Jüngern immer wieder die Augen und Ohren geöffnet, hat ihre Sinne geschärft, indem er ihnen Gleichnisse erzählte und ihnen sein eigenes Leben modellhaft vorlebte. Wer wird ihnen die Augen in Zukunft öffnen, wenn Jesus zum Vater zurückgekehrt ist, wenn es noch so lange dauert, bis er sichtbar für alle Menschen wiederkehrt?

Jesus selbst wird ihnen – und dir und mir – die Augen öffnen: „Ihr aber sollt mich sehen…" Jesus schärft deinen Blick auf ihn. Du darfst die Welt, angeleitet von Jesus sehen. Es ist ein Blick, der die Liebe zu Jesus stärkt, ein Blick, der die Treue zu unserem Herrn belebt. Und weil Gott diese Welt so sehr geliebt hat, wird mit diesem Blick auch unser Wille, unserem Herrn in dieser Welt zu dienen, neu erfrischt.

„Ich lebe, und ihr sollt auch leben." Das ist ein Leben in Fülle. Und Jesus teilt es mit uns. Dieses Leben dürfen wir auch zusammen mit anderen führen. Und da wird Christus im Leib seiner Gemeinde plötzlich sichtbar. Dort, wo Menschen Gräben zwischen sich überwinden. Wo Menschen, die es miteinander nicht geschafft haben, wieder miteinander sprechen und Schritte gemeinsam gehen – überall dort wird das Leben aus Christus sichtbar.

Danke, Herr, dass du dein Leben mit uns teilst. Amen.

28. September

Jesus sprach: Wer mich liebt, der wird mein Wort halten; und mein Vater wird ihn lieben, und wir werden zu ihm kommen und Wohnung bei ihm nehmen.
Johannes 14,23

Lieben ist ein Tu-Wort. Da tut man etwas. Jesus sagt auch, was man da tut: man hält sein Wort. Bist du bereit – heute – Jesus als deinen Herrn zu lieben? Am Anfang auf deinem Weg mit Jesus magst du es vielleicht versprochen haben und magst gesagt haben: „Ich bin bereit." Aber dann, im Laufe der Jahre magst du es vergessen haben, was es heißt und bedeutet, Jesus zu lieben.

Jesus erklärt es. Ihn zu lieben heißt, sein Wort zu halten. Ist das leicht? Oh nein, es ist nicht leicht, Jesu Wort zu halten. Denn Jesus sagt auch: „Wer mein Wort hört und hält, den wird die Welt hassen." Liebe hat also einen hohen Preis. Und besonders die Liebe zu Jesus ist sehr teuer.

Was wird dich diese Liebe kosten? Auch das nennt uns Jesus: „Du sollst den Herrn, deinen Gott, lieben von ganzem Herzen, von ganzer Seele und von ganzem Gemüt." – Es wird dich also dein *ganzes* Herz kosten. Er will alles haben. 100%. Es kostet dich dein ganzes Herz, deine ganze Seele, all deine Kraft und all deinen Verstand.

Und wenn du das alles Jesus gegeben hast, dann trägt es bei ihm auch Zinsen – wie Geld auf einer Bank. Nur, dass man es hier *Frucht* nennt. Alles, was du Jesus ganz gegeben hast, kann bei ihm Frucht tragen.

Du kannst nicht verstehen, wie das geschieht? Das geht auch nicht. Es ist ein Wunder. Du musst dich einfach darauf verlassen, dass Gott dieses Wunder wirkt. Es kommt daher, dass Gott in dir Wohnung nimmt. Du wohnst und lebst nicht mehr allein. Vieles, was geschieht, erklärt sich nun durch deinen Mitbewohner.

Herr. Ich liebe dich von ganzem Herzen und ganzer Seele. Amen.

29. September

Wie mich mein Vater liebt, so liebe ich euch auch. Bleibt in meiner Liebe!

Johannes 15,9

Akkus sind wieder aufladbare Speicher. Sie sammeln Energie und geben sie bei Bedarf wieder ab. Mit einem Akku ist man nicht mehr auf die Verbindung mit einer Stromquelle angewiesen. Akkus versprechen Unabhängigkeit – zumindest zwischen den Ladezyklen. Doch Akkus haben nur eine begrenzte Lebensdauer. Irgendwann ermüden sie und sind nicht mehr vollständig aufladbar.

Jesus empfiehlt eine andere Verbindung zur Quelle: „Bleibt fest mit mir verbunden, und ich werde ebenso mit euch verbunden bleiben. Denn so wie eine Rebe nur am Weinstock Früchte tragen kann, so werdet auch ihr nur Frucht bringen, wenn ihr mit mir verbunden bleibt."

Kein Akku. Ständig mit dem Stromstecker in der Steckdose. Fest verbunden. Das ist Jesu Lebensentwurf. Und so gelingt ein Leben: in der ständigen Verbindung mit der Lebensquelle. Jesus wird konkret: „Ohne mich könnt ihr nichts tun." Doch in der festen, kontinuierlichen Verbindung mit Jesus fließt die Liebe des Retters in uns und durch uns. Und das ist eine Liebe, die vom Vater kommt. „Bleibt in meiner Liebe", empfiehlt Jesus. Denn er verspricht, dass durch diese ständige Verbindung mit ihm etwas Wunderbares in unserem Leben und unserem Umfeld geschieht: „Wenn ihr viel Frucht bringt und euch so als meine Jünger erweist, wird die Herrlichkeit meines Vaters sichtbar." Was könnte in unserem Leben, unseren Familien, unserer Gemeinde, unserem Freundeskreis, unserem Arbeitsplatz und unserer Nachbarschaft schöneres geschehen, als dass die Herrlichkeit des Vaters sichtbar wird? Der Blick auf die Herrlichkeit des Vaters lässt uns aufatmen, wir werden froh an seiner Herrlichkeit, wir wärmen uns an seiner Liebe. Und wir erleben das Leben. Die Bibel nennt diesen Zustand Heil. Wir erfahren: das Reich Gottes nimmt zu und wächst. Der Boden, auf dem wir stehen, wird mehr und mehr vorbereitet auf die Rückkehr unseres Herrn Jesus Christus.

Herr. Ich mache mein Leben fest in dir. Amen.

30. September

Niemand hat größere Liebe als die, dass er sein Leben lässt für seine Freunde.
Johannes 15,13

Was ist ein Freund? Jesus sagt es im heutigen Bibelvers: „Ein Freund ist jemand, für den ich mein Leben lasse." So versteht Jesus Freundschaft. Das alles sollten wir aus dem Religiösen wieder herausrücken und zurück in den Alltag bringen. Denn Jesus schwärmt hier nicht romantisch, er meint das Wort tatsächlich in vollem Ernst.

Wir singen in unseren Gottesdiensten sogar von dieser Freundschaft. Meist sind es die Älteren, die dieses Lied aussuchen – junge Menschen wählen dieses Lied seltener aus: „Welch ein Freund ist unser Jesus."

Ich glaube nicht, dass es an der Melodie liegt, dass Menschen dieses Lied so gern singen. Es ist der Text. Und er geht so:

1. Welch ein Freund ist unser Jesus, o wie hoch ist er erhöht! Er hat uns mit Gott versöhnt und vertritt uns im Gebet. Wer mag sagen und ermessen, wieviel Segen uns entgeht, wenn wir nicht zu ihm uns halten und ihn suchen im Gebet.
2. Wenn des Feindes Macht uns drohet, und manch Sturm rings um uns weht, brauchen wir uns nicht zu fürchten, steh'n wir gläubig im Gebet. Da erweist sich Jesu Treue, wie er uns zur Seite steht, als ein mächtiger Erretter, der erhört ein ernst Gebet.
3. Sind mit Sorgen wir beladen, sei es frühe oder spät, hilft uns sicher unser Jesus, flieh'n zu ihm wir im Gebet. Sind von Freunden wir verlassen, und wir gehen ins Gebet, o, so ist uns Jesus alles: König, Priester und Prophet.

Herr Jesus - was für ein Freund du mir doch bist. Amen.

1. Oktober

Ich habe euch noch viel zu sagen; aber ihr könnt es jetzt nicht ertragen.

Johannes 16,12

Jesus ist dabei, sich von seinen Jüngern zu verabschieden. Er erklärt ihnen, dass er zum Vater zurückkehren wird, und er spricht davon, dass der Fürst dieser Welt schon gerichtet ist. Und dann kommt der Satz: „Ich habe euch noch viel zu sagen; aber ihr könnt es jetzt nicht ertragen."

Ja, die Welt könnte die Bücher nicht fassen, die über Jesus geschrieben werden müssten. Es gäbe tatsächlich noch so viel mehr zu sagen und zu schreiben. Doch alles, was wir unbedingt von Jesus wissen müssen, offenbaren uns die Bibel und der heilige Geist. Denn Jesus fügt sofort hinzu: „Wenn aber jener, der Geist der Wahrheit, kommen wird, wird er euch in alle Wahrheit leiten."

Der heilige Geist verherrlicht Jesus. Er bringt Nachrichten direkt vom Vater: „Er wird's von dem Meinen nehmen und euch verkündigen." Das bedeutet, wir werden vom heiligen Geist nicht nur getröstet, sondern erhalten auch entscheidende Wegweisungen vom Vater durch ihn. Wir bekommen also alle weiteren Informationen, sobald wir diese ertragen können – um in Jesu Worten zu bleiben.

Das ist so ein bisschen wie bei einem Navigationssystem im Auto. Es wird ein Ziel vorgegeben – das ist bei uns das Leben beim Vater im Himmel. Es wird auf dem Navigationssystem eine grobe Karte und Orientierung angezeigt. Und dann geht es los. Wo man genau links oder rechts abbiegen muss, wann man genau auf die Autobahn fahren muss, alle diese Details erfährt man genauer, wenn es soweit ist – und dann, wenn man es ertragen und auch sofort umsetzen kann.

Kannst du dich auch so auf unseren Herrn einlassen?

Danke, Herr, dass du uns so mit deiner Wahrheit versorgst, dass wir es ertragen können. Amen.

2. Oktober

Die Schar aber und ihre Anführer und die Knechte der Juden nahmen Jesus und banden ihn.
Johannes 18,12

Jesus geht mit seinen Jüngern in den Garten Gethsemani. Er betet. Intensiv. Er weiß, welcher Weg ihm bevorsteht. Mehrfach bittet er seine Jünger in der Nacht, mit ihm zusammen zu beten. Aber die Jünger sind so sehr von der Müdigkeit überwältigt, dass sie schlafen. Jesus betet allein. Da kommt ein Engel und stärkt ihn.

Plötzlich erscheint eine Schar von Soldaten. Judas, Jesu Verräter, führt sie an. „Wen sucht ihr?", fragt Jesus die Schar. Sie antworten: „Jesus von Nazareth." – „Ich bin's" antwortet Jesus. „Ich bin's", antwortet Gott. Und wenn Gott sich offenbart „Ich bin's", dann kann die Schuld Menschen auch schon einmal zu Boden werfen. So weichen auch die Soldaten zurück und fallen vor der Mächtigkeit Gottes zu Boden.

Tausend Mal tausend Engelsheere könnte Jesus nun um Hilfe rufen – gegen dieses Häuflein von Soldaten. Doch Jesus entscheidet, sich den Menschen auszuliefern. Denn mit dem Weg, den er nun weitergeht, hat er Größeres vor. Es geht um nicht weniger als die Rettung der Welt.

So binden sie meinen und deinen Herrn. Sie binden Gott.

Wie oft schon hat unsere Schuld unseren Herrn gebunden? Wieviel Leid und Kummer haben wir ihm schon zugemutet. Und unser Herr lässt sich binden und liefert sich uns Menschen aus.

Hast du schon verstanden, dass sich in diesem Weg, den Jesus geht, die ganze Weisheit, Liebe und Gnade Gottes zeigt?

Herr, vergib mir meine Schuld. Amen.

3. Oktober

Da leugnete Petrus abermals, und alsbald krähte der Hahn.
Johannes 18,27

Jesus wird noch in der Nacht vom Hohen Rat verhört. So manche feige Tat geschah schon in der Nacht. Petrus war von Jesus auf diese Nacht schon im Vorfeld vorbereitet worden: „Bevor der Hahn kräht, wirst du mich dreimal verleugnet haben."

„Ich doch nicht!", dachte Petrus. Hatte Jesus nicht selbst seinen Namen von Simon auf Petrus, den Fels, umbenannt? „Ich bin ein Fels, ich werde meinen Herrn nicht verlassen und verleugnen."

Und nun wirken die Menschen, die Jesus binden, abführen und verhören, doch so stark und mächtig. Und nun wird die Angst doch größer. Wie eine Flutwelle überspült die Furcht den Felsen, Petrus.

Und da passiert, was Petrus für unmöglich hielt. Eine Türhüterin fragt Petrus: „Bist du nicht auch einer der Jünger dieses Menschen?" – „Nein, ich bin's nicht." Eine Magd kommt an das Feuer, an dem Petrus sich wärmt, und fragt: „Bist du nicht auch einer von seinen Jüngern?" – „Nein, ich bin's nicht." Einer von den Knechten des Hohenpriesters fragt ebenso: „Sah ich dich nicht im Garten bei ihm?" – „Nein, ich bin's nicht."

Dort ist Gott. Und dort ist der Mensch. Dort spricht Gott: „Ich bin's!" – voller Macht und Schönheit. Und dort spricht der Mensch: „Ich bin's nicht!" – voller Angst und Kleinmut. Die Schönheit Gottes und das dürre, ängstliche und kleinmütige Wesen des Menschen prallen in dieser Nacht aufeinander.

Petrus verlässt den Ort, er geht in die Einsamkeit. Und er weint bitterlich.

Herr! Rette mich! Amen.

4. Oktober

Da fragte ihn Pilatus: So bist du dennoch ein König? Jesus antwortete: Du sagst es, ich bin ein König. Ich bin dazu geboren und in die Welt gekommen, dass ich die Wahrheit bezeugen soll. Wer aus der Wahrheit ist, der hört meine Stimme.

Johannes 18,37

Stimmt das Gerücht? Hat sich Jesus zum König über die Juden eingesetzt? Die Juden behaupten es. Pilatus, der römische Statthalter der Provinz Judäa, hat zugleich das höchste Richteramt inne. Vor ihn wird Jesus geführt. Und er fragt bei Jesus nach. Stiftet Jesus Unruhe in seinem Regierungsbereich?

„Mein Reich ist nicht von dieser Welt. Wäre mein Reich von dieser Welt, meine Diener würden darum kämpfen, dass ich den Juden nicht überantwortet würde; nun aber ist mein Reich nicht von dieser Welt", erklärt Jesus. Pilatus wird schnell klar, dass Jesus keine Gefahr für seinen Regierungsbezirk ist. Jesus ist kein Aufrührer, er zettelt keinen Aufstand an. Leute dieser Art hat Pilatus schon vielfach kennengelernt. Jesus ist anders. Jesus ist besonnen. Er spricht friedlich. Trotz der angespannten Situation. Immerhin steht draußen eine große Volksmenge und fordert Jesu Tod. Wie hat dieser Mann es nur geschafft, solch einen Unwillen im Volk auf sich zu ziehen? „Ich bin in die Welt gekommen, dass ich die Wahrheit bezeugen soll", setzt Jesus nach. „Was ist Wahrheit?", fragt Pilatus zurück.

Pilatus fühlt sich ratlos. Da fällt ihm ein, dass er jedes Jahr dem Volk einen Gefangenen zum Passafest freigibt. Da geht er raus zum Volk: „Ich finde keine Schuld an diesem Mann. Soll ich euch dieses Jahr den König der Juden losgeben?" – „Nein", schreit das Volk, „gib uns Barabbas frei!" – Barabbas war nun ein Räuber. Die Lösung, die sich Pilatus zurechtlegen wollte, geht nicht auf. Dem mächtigsten Mann in Judäa gehen die Ideen aus. Trotz all seiner Macht fühlt sich Pilatus vom Volk zum Urteil über Jesus getrieben. Er ahnt nicht, dass Gott persönlich diese Sache noch zu einem guten Ende für die ganze Welt führen wird.

Du, Herr, bezeugst die Wahrheit – denn du bist die Wahrheit. Amen.

5. Oktober

Und Jesus kam heraus und trug die Dornenkrone und das Purpurgewand. Und Pilatus spricht zu ihnen: Seht, welch ein Mensch!

Johannes 19,5

Pilatus – vom Volk getrieben, den König der Juden zu töten – überantwortet Jesus den Soldaten. Die geißeln Jesus und treiben ihren Spott mit ihm, flechten ihm eine Dornenkrone und legen ihm ein Purpurgewand an. Die Soldaten grüßen ihn als König der Juden und schlagen ihm ins Gesicht. Jesus lässt all dies mit sich geschehen. Er ist gebunden.

So zugerichtet lässt Pilatus Jesus wieder vor die Volksmenge führen: „Seht, ich führe ihn heraus zu euch, damit ihr erkennt, dass ich keine Schuld an ihm finde." Wird jetzt wenigstens im Mitleid die aufgebrachte Volksmenge innehalten? Pilatus spricht: „Seht, welch ein Mensch." – „Ecce homo" heißt das in der Muttersprache des römischen Statthalters – doch der ist mit seinem Latein längst am Ende. Denn die Volksmenge schreit umso heftiger: „Kreuzige! Kreuzige!"

Und die Juden begründen nun auch das Todesurteil: „Wir haben ein Gesetz, und nach dem muss er sterben, denn er hat sich selbst zu Gottes Sohn gemacht." Jetzt fürchtet sich Pilatus. Er trachtet immer noch danach, Jesus freizulassen. Doch die ganze Sache entgleitet ihm. Er setzt sich auf den Richterstuhl und sagt nochmals: „Seht, das ist euer König!" – „Weg mit ihm – wir haben keinen König als den Kaiser in Rom", schreit die Volksmenge.

Der Volksaufstand, den Pilatus vermeiden möchte, ist eigentlich schon da. Pilatus gibt auf. Er überantwortet Jesus den Soldaten, dass er gekreuzigt wird. Kann aus dieser ganzen bösen Situation noch Gutes werden? Ja, in Christus. Alles verläuft noch nach dem Plan Gottes. Der Vater im Himmel hat das Heft in der Hand.

Du, Herr, bist der Mensch, wie er dem Vater im Himmel gefällt. Amen.

6. Oktober

Als nun Jesus seine Mutter sah und bei ihr den Jünger, den er lieb hatte, spricht er zu seiner Mutter: Frau siehe, das ist dein Sohn! Danach spricht er zu dem Jünger: Siehe, das ist deine Mutter! Und von der Stunde an nahm sie der Jünger zu sich.

Johannes 19,26.27

Jesus trägt sein Kreuz hinaus zu einer Stätte, die man Schädelstätte – zu Hebräisch Golgatha – nennt.

Dort wird er gekreuzigt.

Noch im Sterben handelt Jesus verantwortungsvoll für die Seinen. Er führt Johannes, den Jünger, den er lieb hat, mit seiner Mutter, die er auch lieb hat, zusammen. Er soll Maria als seine Mutter annehmen und für sie sorgen. Und von der Stunde an tut das Johannes auch. Älteste Söhne sind für Mütter wie eine Sozialversicherung. Sie sorgen für ihre Mutter im Alter. Umso wichtiger ist das, weil wir von Josef in der Bibel nichts mehr hören und davon ausgehen müssen, dass der Ehemann der Maria bereits verstorben ist.

Noch im Sterben handelt Jesus verantwortlich für dich und mich. Denn in seinem stellvertretenden Tod führt er dich und mich, die er lieb hat, und den Vater im Himmel, den er auch lieb hat, zusammen. Der Vater soll uns in Christus annehmen. Und er tut es auch. Der Vater nimmt uns in Christus als Gotteskinder an.

Noch im Sterben handelt Jesus verantwortlich für die ganze Welt, die er so sehr liebt und für die er sein Leben hingibt. Jeden Menschen, der sich von ihm retten lassen möchte, führt Jesus dem Vater entgegen.

Es ist erstaunlich, wie viel Entscheidendes Jesus noch mit angenagelten Händen an diesem Kreuz von Golgatha tun und bewirken kann. Jesus ist voll von Liebe in seinem Sterben. Angefüllt. Überfließend. Überreichlich.

Ich bete dich an. Du, Jesus, bist mein Gott. Amen.

7. Oktober

Als nun Jesus den Essig genommen hatte, sprach er: Es ist vollbracht! und neigte das Haupt und verschied.
Johannes 19,30

Jesus hatte für andere Menschen immer eine Lösung zum Leben. Mit schöpferischer Kreativität ging er mit der Situation um, als 5000 Menschen gespeist werden mussten oder als eine Ehebrecherin zu ihm geführt wurde. Die Jünger lernten Jesus als den Sonnenschein Judas, Israels, ja sogar Samariens und der heidnischen Welt kennen. Jesus ist ihr Sonnenschein.

Dass Christus, ihr Sonnenschein, stirbt, ist für die Jünger undenkbar. Deshalb ist Karfreitag so erschütternd für sie.

Ist es gewiss, dass Jesus gestorben ist? Meinen ersten Totenschein musste ich in der Nacht ausstellen. Die diensthabende Nachtschwester rief mich an und sagte: „Herr X ist verstorben." Nun war der Tod dieses Patienten nicht unvorhergesehen. Herr X war sehr alt, und er hatte einen inoperablen Tumor im Bereich der Schädelbasis. Trotzdem wollte ich nichts falsch machen. Nicht auszudenken, was los wäre, wenn Herr X auf dem Weg in die Pathologie noch lebte. Ich entband die Nachtschwester von allen Pflichten gegenüber dem Patienten, doch ich ließ noch einmal zwei Stunden vergehen, bis sichere Todeszeichen bestanden: Leichenstarre und Totenflecken. Ich musste mir bei meinem ersten ausgestellten Totenschein ganz sicher sein.

Ist es gewiss, dass Jesus gestorben ist?

Nun, römische Soldaten waren Experten im Feststellen des Todes. Sie hatten nicht nur reichlich Erfahrung mit dem Sterben von Menschen – nein, sie wären auch in größte Schwierigkeiten geraten, wenn sie hier eine falsche Diagnose gestellt hätten. Ihr eigenes Leben hing davon ab, ob sie hier die Situation richtig beurteilten.

Es ist ganz sicher, dass Jesus starb. An einem Kreuz auf Golgatha. An einem Freitag vor 2000 Jahren.

Herr. Ich habe keine anderen Worte, als dass ich sage: danke für das Kreuz, mein Freund. Amen.

8. Oktober

Es kam aber auch Nikodemus, der vormals in der Nacht zu Jesus gekommen war, und brachte Myrrhe gemischt mit Aloe, etwa hundert Pfund.

Johannes 19,39

Nikodemus entscheidet sich, bei der Grablegung Jesu zu helfen. Weil er eine Leiche berührt, ist für ihn das bevorstehende Passafest gelaufen – denn wer sich unrein macht, darf am Passa nicht teilnehmen. Er hat aber gemäß der Gesetze des Mose die Gelegenheit, das Passafest nach einem Monat nachzuholen.

Weil Nikodemus Pharisäer ist, wiegt seine Entscheidung umso schwerer. Er wird sich gegenüber den anderen Pharisäern erklären müssen, warum er ausgerechnet diesen Jesus begräbt. Schon viele haben spekuliert, dass Nikodemus seinerzeit in der Nacht zu Jesus kam, um unerkannt zu bleiben. Wenn das wirklich stimmen sollte, dann kommt Nikodemus spätestens jetzt aus der Deckung und bekennt öffentlich Stellung zu Jesus.

Die Bibel sagt, dass Nikodemus sogar heimlich ein Jünger Jesu ist. Jetzt ist es mit aller Heimlichkeit vorbei. Er bittet Pilatus, den Leichnam Jesu vom Kreuz abnehmen zu dürfen – Pilatus willigt ein.

Sie binden den Leichnam Jesu in Leinentücher mit wohlriechenden Ölen. In der Nähe von Golgatha gibt es einen Garten mit einem neuen Grab, in das noch nie jemand gelegt worden ist. Dorthin bringen sie die Leiche Jesu.

Und hier nun wäre unsere Geschichte zu Ende – wenn der Vater im Himmel nicht eingegriffen hätte. Die schöne Geschichte von Jesus geht weiter. Trotz Leid und Tod.

Du bist für mich gestorben. Meinen Tod hast du auf dich genommen.
Amen.

9. Oktober

Am ersten Tag der Woche kommt Maria von Magdala früh, als es noch finster war, zum Grab und sieht, dass der Stein vom Grab weg war.
Johannes 20,1

Es ist noch dunkel, die Sonne ist noch nicht aufgegangen über diesem neuen Tag. Maria will das Grab besuchen – doch der Stein ist weggerollt. Und die Leiche ist fort. Sie läuft sofort zu Petrus und Johannes und berichtet ihnen: „Sie haben den Herrn weggenommen aus dem Grab, und wir wissen nicht, wo sie ihn hingelegt haben."

Petrus und Johannes machen sich sofort auf den Weg zum Grab. Sie finden nur noch die losgebundenen Leinentücher im leeren Grab. Die Bibel sagt nur kurz und knapp, dass Johannes in das Grab hineinschaut, sieht und glaubt. Sie haben vollkommen vergessen, dass Jesus sie mehrfach darauf vorbereitet hatte, dass er von den Toten auferstehen müsse. Die Jünger gehen wieder nach Hause. Sie haben noch keinen Plan, wie es weitergehen soll. Aber die Jünger haben schon einmal ein neues Gesprächsthema. Wieder und wieder sprechen sie über das seltsame Verschwinden der Leiche Jesu. Es waren ja sogar Soldaten vor dem Grab aufgestellt, die dafür Sorge trugen, dass der Leichnam Jesu nicht gestohlen wird. Denn die Pharisäer hatten sich sehr wohl daran erinnert, dass Jesus von seiner Auferstehung am dritten Tag geredet hatte. Sie waren zu Pilatus gegangen, um ihn um eine Bewachung des Grabes zu bitten – damit die Jünger den Leichnam nicht stehlen und behaupten, Jesus sei tatsächlich von den Toten auferstanden: „Sie sollen den Betrug nicht noch größer machen", warnten die Pharisäer Pilatus. Und der wies eine Wache an, das Grab streng zu überwachen. Sogar ein Siegel wurde auf das Grab gesetzt. Auf diese Weise wurde sogar die Grablegung amtlich. Und nun ist das Grab leer. Die Soldaten sind fort, weil es nichts mehr zu bewachen gibt. Die Leinentücher sind losgebunden. Die Jünger fragen sich, wie es wohl weitergehen mag.

Danke Herr, dass die Heilsgeschichte nicht am Grab endet. Sie geht weiter – in Christus. Amen.

10. Oktober

Maria aber stand draußen vor dem Grab und weinte. Als sie nun weinte, schaute sie in das Grab.
Johannes 20,11

Der Schmerz überwältigt Maria. Sie weint. Und wie sie in das Grab schaut, sieht sie auf einmal zwei Engel in weißen Gewändern sitzen. Die Engel sprechen Maria an: „Warum weinst du?" Maria antwortet: „Sie haben meinen Herrn weggenommen, und ich weiß nicht, wo sie ihn hingelegt haben."

Sie wendet sich um und sieht plötzlich Jesus – ohne ihn zu erkennen. Maria denkt, der Gärtner des Gartens stehe vor ihr. Jesus spricht mit ihr: „Warum weinst du? Wen suchst du?" – „Ich suche meinen Herrn. Hast du ihn weggetragen, dann sage mir, wo du ihn hingelegt hast, dann will ich ihn holen." Da sagt Jesus nur ein Wort: „Maria!" – Jetzt erkennt sie ihn: „Meister!"

Jesus bittet Maria, ihn nicht zu berühren, weil er noch nicht zum Vater zurückgekehrt ist. Doch er beauftragt sie, zu den Brüdern zu gehen und ihnen zu sagen, dass er zum Vater in den Himmel auffahren wird.

Es sind nicht die Männer, denen Jesus zuerst nach seinem Tod begegnet. Es ist eine Frau, die ihn sucht und ihrem Schmerz im Weinen Ausdruck verleiht. Und weil Jesus ihren tiefen Schmerz in große Freude verwandelt hat, ist sie die ideale Zeugin für die Geschehnisse um den Auferstehungstag.

Da wo Jesus auch unseren Schmerz in helle Freude verwandelt, werden wir auch glaubhafte Zeugen seiner Auferstehung von den Toten. Auch heute. Auch hier.

Herr, mache mich zum aufrichtigen Zeugen deines Lebens. Amen.

11. Oktober

Und als er das gesagt hatte, blies er sie an und spricht zu ihnen: Nehmt hin den heiligen Geist!

Johannes 20,21

Das sind die Fakten, die die Jünger bisher haben: Das Grab ist leer. Marias Leid wurde in Freude verwandelt. Sie bezeugt, sie habe den Herrn gesehen.

Die Jünger sitzen zusammen. Alle Türen sind aus Angst vor den Juden verschlossen. Dunkel ist es im Haus. Da tritt auf einmal Jesus mitten unter sie. Er spricht: „Friede sei mit euch!" Jesus zeigt zum Zeugnis seine durchbohrten Hände und seine durchbohrte Seite – einer der Soldaten hatte Jesus mit einem Speer in die Seite gestochen und Blut und Wasser waren ausgetreten.

Alle Jünger werden froh, Jesus zu sehen. Die Freude der Maria wird nun auch die Freude der Jünger. Jesus wiederholt: „Friede sei mit euch! Wie mich der Vater gesandt hat, so sende ich euch."

Jetzt bläst Jesus sie an und spricht: „Nehmt hin den heiligen Geist!"

Der Atem Gottes hat eine besondere Lebenswirkung. Schon bei der Schöpfung des Menschen blies Gott dem Adam den Lebensodem durch die Nase ein. So erleben Menschen auch immer wieder einmal die Begegnung mit dem heiligen Geist: er wirkt wie ein frischer Wind, wie ein sanftes Anhauchen durch unseren Herrn.

Und Jesus setzt fort: „Welchen ihr die Sünden erlasst, denen sind sie erlassen; und welchen ihr sie behaltet, denen sind sie behalten." Jesus gibt den Jüngern damit große Vollmacht.

Plötzlich verwandelt sich die gedrückte, dunkle Stimmung im Haus in helle Weite. Jesus ist ein Herr auch über die Verwandlung von Finsterem in Helles.

Danke, Herr, für deinen Lebensatem. Amen.

12. Oktober

Da spricht Simon Petrus zu ihnen: Ich will fischen gehen. Sie sprechen zu ihm: So wollen wir mit dir gehen. Sie gingen hinaus und stiegen in das Boot, und in dieser Nacht fingen sie nichts.

Johannes 21,3

Es ist eine starke Erfahrung, zu erleben, wie Menschen Jesus kennenlernen und in ihr Leben aufnehmen. Als Kind habe ich sehen dürfen, wie Menschen auf Großveranstaltungen ihr Leben Jesus übergeben haben. Meine Mutti sang im Feldzugschor von Hildor Janz und seinem Team – da gab es auch für mich die Gelegenheit, solche Lebensübergaben mitzuerleben.

Wenn einer Jesus nicht kennt – das ist traurig. Wenn einer Jesus kennenlernt und in sein Leben aufnimmt – das ist ein Freudenfest. Aber das Gegenteil – wenn einer Jesus kennt und sich von ihm abwendet – das ist erschreckend und tragisch.

Heute haben wir genau solch ein Bibelwort vor uns. Ein langjähriger Mitarbeiter wendet sich am Ende des Johannesevangeliums von Jesus ab und will in sein altes Leben zurückkehren. Es handelt sich um Petrus. Auch Petrus hatte sich zuerst gefreut, dass Jesus von den Toten auferstanden ist. Aber dann wiegt doch seine Schuld über seinem Versagen schwerer – und Petrus kommt an seinem Tiefpunkt an.

Als Menschenfischer hatte Jesus den Petrus berufen. Und nun möchte Petrus in seiner dunklen Stunde wieder zum Fischefischen zurückkehren. Doch die Netze bleiben leer. Genauso wie sein Herz. Es fehlt dem Petrus nicht nur der Fang zum Broterwerb – es fehlt ihm das Brot des Lebens selbst. Es fehlt ihm Jesus.

Zum Glück dürfen wir diesen Vers in seinem Zusammenhang lesen. Da zeigt sich nämlich, was für ein wundervoller Seelsorger Jesus ist, der seinen Jünger wieder auferbaut.

Danke, Herr. Du sammelst deine Leute wieder zu dir. Auch mich. Amen.

13. Oktober

Petrus aber wandte sich um und sah den Jünger folgen, den Jesus lieb hatte, der auch beim Abendessen an seiner Brust gelegen und gesagt hatte: Herr, wer ist's, der dich verrät? Als Petrus diesen sah, spricht er zu Jesus: Herr, was wird aber mit diesem?

Johannes 21,20.21

Jesus hat seinen Petrus wieder zum Dienst eingesetzt. Doch der Herr gibt seinem Jünger auch einen Hinweis auf seine Zukunft: „Als du jünger warst, gürtetest du dich selbst und gingst, wo du hin wolltest; wenn du aber alt wirst, wirst du deine Hände ausstrecken und ein anderer wird dich gürten und führen, wo du nicht hin willst." – Jesus zeigt dem Petrus an, durch welchen Tod er Gott einmal preisen wird. Und dann fordert er Petrus auf: „Folge mir nach!" Auch ins Leid hinein wird diese Nachfolge gehen.

Da stellt Petrus eine Frage, die Jesus ihm gar nicht beantworten will: „Und was wird aus Johannes?" Der Herr antwortet ihm nur: „Wenn ich will, dass er bleibt, bis ich wiederkomme, was geht es dich an? Folge du mir nach!"

Petrus wird in die Schranken verwiesen. Gott ist den Menschen dafür keine Rechenschaft schuldig, dass Menschenleben unterschiedlich verlaufen, dass Gott andere Pläne im Leben unterschiedlicher Menschen verfolgt.

Wenn wir trotzdem anfangen, unser Leben mit dem Leben anderer Menschen zu vergleichen, dann kann uns das sehr unzufrieden und unglücklich machen. Warum haben Bruder X und Schwester Y ein so viel leichteres Leben als ich? Warum gelingt ihnen alles viel besser als mir? Warum sieht Gottes Lebensplan mit ihnen so viel interessanter aus als mein Lebensentwurf?

Wenn du dir solche Fragen stellst, dann antwortet dir Jesus: „Was geht es dich an? Folge du mir nach!" – Ob ein anderes Leben wirklich einfacher ist, lässt sich von außen ohnehin nicht beurteilen. Und was könnte schöner sein, als dass Jesus ein Menschenleben zum Ziel führt?

Ich will dem Weg folgen, den du für mich vorgezeichnet hast. Amen.

14. Oktober

Ihr werdet die Kraft des heiligen Geistes empfangen, der auf euch kommen wird, und werdet meine Zeugen sein in Jerusalem und in ganz Judäa und Samarien und bis an das Ende der Erde.
Apostelgeschichte 1,8

Vierzig Tage lebt Jesus nach seiner Auferstehung von den Toten noch mit den Menschen auf der Erde. Und der Herr weist seine Jünger an, Jerusalem nicht zu verlassen, bis sie mit dem heiligen Geist getauft worden sind.

Der heilige Geist wird die Jünger kräftigen und festigen. Und sie werden ihren Dienst vollmächtig tun können nicht nur in Jerusalem, sie werden auch wirksam sein in Judäa, Samarien, ja sogar bis ans Ende der Erde.

Sie sollen noch nicht losgehen, bevor sie nicht diese Kraft des heiligen Geistes empfangen haben. Bis dahin ist noch eine Zeit des Innehaltens, eine Zeit der Ruhe dran.

Tatsächlich wird fünfzig Tage nach der Auferstehung des Herrn – am Pfingsttag – wenn alle an einem Ort beieinander sind, der heilige Geist über sie kommen, es wird ein Brausen vom Himmel geben, wie von einem gewaltigen Wind. Und Zungen erscheinen ihnen, zerteilt wie von Feuer. Die Jünger werden alle erfüllt vom heiligen Geist und sie werden anfangen zu predigen in anderen Sprachen – so wie es der Geist ihnen eingeben wird.

Wie soll man diese Berührung durch die göttliche Welt beschreiben? Brausen, Wind und zerteilte Zungen wie von Feuer – das alles sind Versuche, das Unerklärliche in Worte zu fassen.

Können wir auch lernen, innezuhalten, zu ruhen, bis Gott uns sagt: „Nun geh!"? Wenn wir diese von Gott vorgeschriebene Ruhe befolgen, dann können wir auch erfahren, wie er uns zum Dienst zurüstet und ermutigt. – Und dann gehen wir los.

Ich danke dir für die Kraft des heiligen Geistes. Amen.

15. Oktober

Und als er das gesagt hatte, wurde er zusehends aufgehoben, und eine Wolke nahm ihn auf vor ihren Augen weg.
Apostelgeschichte 1,9

Christi Himmelfahrt. Vor den Augen der Jünger fährt Jesus in den Himmel. Er wird zusehends aufgehoben. Eine Wolke nimmt ihn vor ihren Augen weg. Die Jünger sehen Jesus weniger und weniger. Er wird zunehmend unsichtbar. Wie soll man das beschreiben? Die Bewegung, die Jesus hier tut, entzieht sich normalerweise unserer alltäglichen Wahrnehmung.

Jesus kehrt zum Vater zurück. Und doch war ihm der Vater in all der Zeit auf der Erde nah. Und doch sind der Vater und das Reich Gottes uns auch in unserem Leben, unseren Gebeten, nah.

All das wird vorstellbar, wenn wir daran denken, dass Jesus aus einer anderen Dimension kommt. Wir denken dreidimensional. Unsere Erfahrungen sind dreidimensional. Die Gelenke an unserem Körper sind nur geeignet, dreidimensionale Bewegungen auszuüben. Die Sinnesorgane, die wir haben, nehmen nur Informationen aus dieser dreidimensionalen Welt auf.

Und doch kann Gott uns in einer anderen Dimension ganz nah sein – körperlich für uns unerreichbar und doch nur eine Hand breit von uns entfernt. Ja, der Thronsaal Gottes, der für uns sieben Tage die Woche, vierundzwanzig Stunden am Tag geöffnet hat, ist uns nah – und ist im Gebet und im Glauben für uns erreichbar.

Ja, Christus fährt in den Himmel auf. Eine Wolke – wie soll man es anders beschreiben? – macht ihn unsichtbarer und unsichtbarer. Doch der Herr bleibt in unserer Nähe. Keinem von uns ist Gott fern. Trotz Himmelfahrt.

Über alle Dimensionen bist du Gott und Herr. Ich danke dir für deine Nähe. Amen.

16. Oktober

Da trat Petrus auf mit den Elf, erhob seine Stimme und redete zu ihnen: Ihr Juden, liebe Männer, und alle, die ihr in Jerusalem wohnt, das sei euch kundgetan, und lasst meine Worte zu euren Ohren eingehen!

Apostelgeschichte 2,14

Man erkennt ihn gar nicht wieder, den Petrus. Wie verzweifelt und niedergeschlagen war er doch gewesen, nachdem er seinen Herrn verleugnet hatte. Selbst die Auferstehung Jesu von den Toten hat ihm die Traurigkeit über sein Versagen nicht genommen. Da hat ihn Jesus wieder aufgerichtet. Ja, Vergebung gab es auch für Petrus.

Und nun kommt der Pfingsttag. Nach der wunderbaren Vergebung wird der Petrus ganz neu ermutigt und bevollmächtigt, für Jesus zu sprechen.

Das erste Wunder des Pfingsttages ist, dass die Jünger auf einmal in anderen Sprachen predigen, und dass Juden aus allen Völkern unter dem Himmel die Jünger in ihrer Muttersprache verstehen können.

Das zweite Wunder des Pfingsttages findet sich in Petrus, der festen Herzens vor allen Menschen in Jerusalem predigt: „Lasst meine Worte zu euren Ohren eingehen!"

Das dritte Wunder des Pfingsttages ist, dass sich dreitausend Menschen zu Herzen nehmen, was Petrus predigt – die Dreitausend lassen sich noch am selben Tag taufen.

All diese Wunder gehen Hand in Hand, und es entsteht die erste Gemeinde. Gott lässt seine Jünger nicht allein. Er lässt auch seine Gemeinde nicht allein. Die Gemeinde steht unter der besonderen Obhut, dem besonderen Schutz, des heiligen Geistes. Der heilige Geist bringt die Gemeinde voran. Alles entwickelt sich gut weiter.

Danke, Herr, für deine Pflege an mir und an deiner Gemeinde. Amen.

17. Oktober

Petrus ermahnte sie und sprach: Lasst euch erretten aus diesem verkehrten Geschlecht.
Apostelgeschichte 2,40b

Petrus hält eine begeisternde Predigt zum ersten Pfingsttag. „Lasst euch erretten aus diesem verkehrten Geschlecht." – Ich selbst verstand den Satz ganz neu, als ich ihn einmal auf Englisch hörte. Manchmal kann uns auch eine fremde Sprache helfen, Zusammenhänge ganz neu zu verstehen: „Let yourself *be saved* from this corrupt generation."

Das ist eine ganz interessante grammatikalische Satzkonstruktion. Es ist ein Passiv. Und es ist ein Imperativ. Der Satz ist ein Passiv-Imperativ.

Lass dich erretten – durch eine Sache, die längst passiert ist. Du kannst heute gerettet werden. Durch eine Tat, die vor 2000 Jahren an einem Kreuz auf Golgatha vor den Toren Jerusalems geschah. Wir können es geschehen *lassen*. Wir können uns erretten *lassen* aus diesem verkehrten Geschlecht. Das Wort „verkehrt" sagt, das Geschlecht geht in eine Richtung – und zwar in die falsche Richtung.

Lass dich erretten aus diesem Geschlecht, das in eine falsche Richtung geht, in eine korrupte Richtung geht. Wir werden geboren. Wir gehen durch das Leben. Und irgendwann kommen wir zu diesem Zeichen: einem Stoppschild. Das heißt: tue keinen weiteren Schritt in diese Richtung. Gott warnt dich. Das Zeichen ist da. Es heißt: Bleib, wo du bist. Oder besser noch: Dreh um. Aber vor dir ist eine Sache, die hat so eine fesselnde Wirkung auf dich. Du willst diese Sache unbedingt haben. Und was tust du? Was habe auch ich getan? Wir gehen einen weiteren Schritt. Und wir fallen – wir fallen in eine Grube. Wir konnten sie nicht sehen. Und nun können wir uns selbst nicht mehr befreien.

Hier kommt nun das erlösende Wort: „Lass dich erretten. Lass es geschehen."

Danke, Herr, dass du schon alles für meine Rettung vorbereitet hast, schon bevor ich geboren wurde. Amen.

18. Oktober

Sie blieben aber beständig in der Lehre der Apostel und in der Gemeinschaft und im Brotbrechen und im Gebet.
Apostelgeschichte 2,42

Wie gelingt Gemeinde? Das heutige Bibelwort sagt es uns: indem man beständig dem Wort folgt, in der Gemeinschaft bleibt, gemeinsam das Abendmahl feiert und gemeinsam im Gebet bleibt.

Wir folgen dem Wort beständig, weil wir im Wort Christus begegnen. Diese Begegnung ist lebenswichtig, denn wir werden in Christus ermahnt, getröstet und ermutigt. Bevor wir losgehen, bevor wir selbst sprechen, hören wir dieses Wort. Deshalb ist die gute Lehre so wichtig für uns.

Wir bleiben in der Gemeinschaft mit den anderen Christen. Denn Christus ist in dieser Gemeinschaft ganz sicher zugegen. Gemeinschaft mit Christen ist damit immer Gemeinschaft auch mit Christus. In diesem Umfeld kann man sich korrigieren lassen und man kann sich unterstützen.

Wir haben Gemeinschaft im Abendmahl. Wir erinnern uns an Jesu Tod und Auferstehung. So kommt das Wichtige wieder ins Zentrum. Außerdem ist Jesus im Abendmahl persönlich zugegen. Er ist der Tischherr.

Wir erleben Gemeinschaft auch im gemeinsamen Gebet. Jesus hat versprochen, dass, wenn zwei unter uns eins werden auf Erden, sie bitten dürfen, was sie wollen – es soll geschehen durch den Vater im Himmel.

Diese vier Register – dem Wort folgen, in der Gemeinschaft bleiben, gemeinsam Abendmahl feiern und beten – dürfen im Gemeindeleben gezogen werden, und wir dürfen sicher sein, dass der Herr dadurch seine Gemeinde zum Ziel bringen wird.

Herr, erfrische uns mit dem Geist der ersten Gemeinde. Amen.

19. Oktober

Petrus aber sprach: Silber und Gold habe ich nicht; was ich aber habe, das gebe ich dir: Im Namen Jesu Christi von Nazareth steh auf und geh umher!
Apostelgeschichte 3,6

Ein von Kindheit an gelähmter Mann bettelt täglich vor der Tür des Tempels um Almosen. Der Mann bittet auch Petrus und Johannes, die gerade in den Tempel gehen wollen, um Geld. Petrus spricht den Mann, der erwartungsvoll schaut, an: „Geld haben wir nicht, aber wir geben dir, was wir haben. Wir haben die Macht, dich im Namen von Jesus Christus zu heilen."

Petrus nimmt den Mann bei der Hand, und die Bibel beschreibt, wie die Füße und Knöchel des Mannes fest werden. Der Mann fängt sofort an, übermütig zu springen, er läuft und lobt laut Gott. Der Mann ist allen Tempelbesuchern bekannt. Die Besucher können ihren Augen kaum trauen, den Mann nun geheilt und fröhlich ausgelassen zu sehen.

Allen Tempelbesuchern erklärt Petrus sofort, dass er den Mann nicht durch eigene Kraft oder eigene Frömmigkeit geheilt habe. Es ist der Gott Abrahams, Isaaks und Jakobs, der hier durch seinen Sohn, Jesus Christus, heilend Hand an den Mann gelegt hat – „Es ist jener Jesus, den ihr verleugnet und Pontius Pilatus überantwortet habt. Ihr habt den Fürst des Lebens getötet. Doch der Vater im Himmel hat ihn wieder erweckt von den Toten. Das bezeugen wir."

Das Zeugnis geben Petrus und Johannes nicht nur vor den Tempelbesuchern. Sie werden sogar vor den Hohen Rat zitiert und müssen sich für die Heilung des Gelähmten verantworten.

Und dann nimmt Petrus die Situation zum Anlass, die Menschen zu Buße und Umkehr aufzurufen. Lässt du dich heute auch rufen?

Ich will dir folgen, Herr. Amen.

20. Oktober

Und in keinem andern ist das Heil, auch ist kein andrer Name unter dem Himmel den Menschen gegeben, durch den wir sollen selig werden.
Apostelgeschichte 4,12

Petrus und Johannes verantworten sich vor dem Hohen Rat: „Wenn wir heute verhört werden wegen dieser Wohltat an dem kranken Menschen, durch wen er gesund geworden ist, so sei euch und dem ganzen Volk Israel kundgetan: Im Namen Jesu Christi von Nazareth, den ihr gekreuzigt habt, den Gott von den Toten auferweckt hat; durch ihn steht dieser hier gesund vor euch."

Und dann sprechen Petrus und Johannes von dem Stein, den die Bauleute verworfen haben – und der nun zum Eckstein geworden ist. In keinem anderen Namen ist Heil. In keinem anderen Namen können wir selig werden.

Der Hohe Rat sieht den Geheilten neben Petrus und Johannes stehen – und weiß nichts zu sagen. Der Hohe Rat weiß nur eines: Er ist dagegen. Und da droht der Hohe Rat dem Petrus und Johannes, die doch als einfache Leute mit großem Freimut vorsprechen: „Wir können's ja nicht lassen, von dem zu reden, was wir gesehen und gehört haben."

Alle Tempelbesucher unterdessen loben Gott für das Wunder, das geschehen ist. Man fragt sich, warum diese Freude beim Hohen Rat nicht ankommt, warum diese Freude nicht auch im Hohen Rat Raum gewinnt. Können Menschen wirklich so verhärtet sein, können Menschen wirklich so sehr ihren Platz in der Welt behaupten wollen, dass sie die einfache Freude über das Leben und den Frieden, den man in Christus haben kann, nicht annehmen wollen?

Ja, das ist möglich. Schauen wir in unser eigenes Herz – dann stellen wir fest, dass da ständig eine Freudlosigkeit über die Wunder Gottes in uns um sich greifen will. Doch wir wollen uns ganz und gar der Freude über Gott und sein Tun widmen.

Schenke, Herr, dass mein Herz für dich brennt. Amen.

21. Oktober

Und als sie gebetet hatten, erbebte die Stätte, wo sie versammelt waren; und sie wurden alle vom heiligen Geist erfüllt und redeten das Wort Gottes mit Freimut.
Apostelgeschichte 4,31

Immer wieder müssen sich die Apostel vor dem Hohen Rat verantworten. Petrus und Johannes kehren gerade von einem Verhör zurück. Und sie haben die volle Unterstützung durch die Gemeinde. Die Gemeinde trägt sie im Gebet.

Die Gemeinde betet um Freimut. Freimut beschreibt eine Offenheit, es beschreibt eine einfache Ehrlichkeit. Und sie beten darum, dass durch das Wirken Jesu Heilungen, Zeichen und Wunder geschehen.

Und das Gebet wird umgehend erhört – die Stätte, an der sie beten, wird von einem kleinen Erdbeben erschüttert – und tatsächlich können sie das Wort Gottes sogleich mit Freimut reden. Eine neue Kraft greift im Leben der Apostel um sich. Neue Ermutigung ist da. Die Quelle dieser neuen Kraft liegt in der Anbetung Gottes begründet.

In der Anbetung sprechen sie nicht von mangelnden Möglichkeiten, fehlendem Geld, ausweglosen Sackgassen oder böser Willkür der Menschen. Sie sprechen vielmehr von der Güte Gottes, die sie begleitet und mit ihnen ist.

So wollen wir auch beten lernen, wenn wir an das Feld denken, auf das Gott uns gestellt hat und auf dem wir unsere Arbeit tun. Wir wollen diese Kraft zum Glauben gewinnen, wie sie auch den ersten Aposteln zufloss. Mit dieser Kraft können sich die Apostel – und auch wir – auf die schwierigen Verhältnisse einstellen, unter denen sie und wir leben.

Schenke uns, Herr, Freimut, von dir zu erzählen. Amen.

22. Oktober

Petrus aber und die Apostel antworteten und sprachen: Man muss Gott mehr gehorchen als den Menschen.
Apostelgeschichte 5,29

Schon wieder vor dem Hohen Rat: „Haben wir euch nicht streng verboten, in diesem Namen zu lehren?" – Die Apostel sollen aufhören, von Jesus zu erzählen und in seinem Namen zu heilen.

Die Apostel werden ins Stadtgefängnis geworfen. Da öffnet der Engel des Herrn in der Nacht die Türen des Gefängnisses und führt die Apostel heraus. Was tun sie jetzt? Sie gehen sofort wieder in den Tempel und bezeugen Jesus.

Ein Hauptmann führt die Apostel daraufhin zusammen mit seinen Knechten wieder ab – es geht vor den Hohen Rat: „Ihr wollt das Blut dieses Menschen, Jesus, über uns bringen." Mit Freimut antwortet da Petrus: „Man muss Gott mehr gehorchen als den Menschen." Und Petrus gibt sofort Zeugnis, wer Jesus ist: Er ist der Sohn Gottes, getötet von den Menschen, auferweckt zum ewigen Leben durch den Vater im Himmel. Mehr und mehr Menschen vertrauen auf diese gute Nachricht, die Petrus und die Apostel so frei aussprechen.

Die Rede des Petrus geht dem Hohen Rat durchs Herz – aber der Hohe Rat gibt sein Herz nicht Jesus, nein, der Hohe Rat will die Apostel daraufhin töten.

Wie sieht das in deinem Leben aus? Fürchtest du dich, in deinem Leben auch frei von Jesus zu erzählen? Gehorchst du Gott – oder gehorchst du doch den Menschen? Du darfst darauf vertrauen, dass Gott dir heute noch genauso zur Seite steht, wie den Aposteln vor zweitausend Jahren.

Du bist der König über alle Welt, dir will ich gehorchen. Amen.

23. Oktober

Und nun sage ich euch: Lasst ab von diesen Menschen und lasst sie gehen! Ist dies Vorhaben oder dies Werk von Menschen, so wird's untergehen; ist es aber von Gott, so könnt ihr sie nicht vernichten - damit ihr nicht falsch dasteht als solche, die gegen Gott streiten wollen. Da stimmten sie ihm zu.

Apostelgeschichte 5,38.39

Noch immer verhandelt der Hohe Rat darüber, wie es mit den Aposteln und der neuen Lehre von Jesus weitergehen soll. Da steht ein Schriftgelehrter namens Gamaliel auf. Er lässt die Apostel kurz aus dem Saal herausführen. Nun wird hinter verschlossenen Türen verhandelt. Gamaliel erinnert den Hohen Rat an verschiedene Aufrührer, die reichlich Unruhe gestiftet haben, dass aber, nach einiger Zeit, immer wieder Ruhe eingekehrt ist, nachdem die Aufrührer zerstreut und vernichtet worden sind.

Und dann kommt Gamaliel auf die Apostel Jesu zu sprechen: „Ist's von Menschen, dann wird das alles nur eine zeitlich begrenzte Erscheinung und Mode sein. Es wird wieder vergehen, so schnell, wie es gekommen ist. Ist's aber von Gott, dann können wir doch nichts dagegen ausrichten."

Immerhin ist einer im Hohen Rat, der einmal kurz in Erwägung zieht, dass Gott im Spiel sein könnte.

Und tatsächlich behielt Gamaliel Recht. Nun sind schon rund zweitausend Jahre vergangen, doch das Evangelium von Jesus Christus strahlt immer noch hell und voller Schönheit und Stärke. Die gute Nachricht kann nicht verstummen in einer Welt, die Rettung braucht.

Die gute Nachricht zeugt von deinem Leben, Herr. Ich danke dir dafür.
Amen.

24. Oktober

Er fiel auf die Knie und schrie laut: Herr, rechne ihnen diese Sünde nicht an! Und als er das gesagt hatte, verschied er.
Apostelgeschichte 7,60

Für die Speisung der Witwen werden sieben Armenpfleger eingesetzt. Die Apostel wollen sich wieder dem Kerngeschäft – dem Weitererzählen der Guten Nachricht von Jesus Christus – widmen. Dazu wird die Aufgabe, die Witwen zu versorgen, an eine diakonisch wirksame Gruppe delegiert.

Einer der sieben Armenpfleger ist Stephanus. In seinem Dienst wirkt er voller Gnade und Kraft und tut Zeichen und Wunder unter dem Volk. Da finden sich bald Denunzianten, die Stephanus vorwerfen, gegen Mose und gegen Gott zu lästern. Sie wiegeln das Volk und die Hohenpriester gegen Stephanus auf. Der Diakon wird vor den Hohen Rat geführt. Alle blicken auf Stephanus. Da weiß die Bibel zu berichten: Und alle blickten auf ihn und sahen sein Angesicht wie eines Engels Angesicht.

Und dann fängt Stephanus seine Rede an. Er beginnt bei Abraham, spricht von Mose, spricht von der Fremde, Ägypten, und der Rückkehr ins verheißene Land. Noch besteht Einigkeit. Man hört Stephanus aufmerksam zu. Doch dann kommt seine Rede auf Jesus. Da scheiden sich die Geister: „Welchen Propheten haben eure Väter nicht verfolgt? Und sie haben getötet, die zuvor verkündigten das Kommen des Gerechten, dessen Verräter und Mörder ihr nun geworden seid."

Es geht dem Hohen Rat wieder durchs Herz – man knirscht allerdings mit den Zähnen. Der Zorn wird groß, schnell wird Stephanus gesteinigt. Im Sterben betet der Diakon: „Herr, rechne ihnen diese Sünde nicht an!"

Ein Mann findet Gefallen am Tod des Stephanus; es ist Saulus, von dem wir noch viel hören werden, nachdem auch er dem auferstandenen Herrn begegnet ist.

Herr, schenke mir Gnade, dass auch ich dich erkennen und dir folgen darf.
Amen.

25. Oktober

Als er aber auf dem Wege war und in die Nähe von Damaskus kam, umleuchtete ihn plötzlich ein Licht vom Himmel; und er fiel auf die Erde und hörte eine Stimme, die sprach zu ihm: Saul, Saul, was verfolgst du mich?
Apostelgeschichte 9,3.4

Saul ist auf dem Weg nach Damaskus. Auch dort möchte er die Christen verfolgen und gefangen nehmen. Da geschieht plötzlich das Außergewöhnliche: Saul sieht ein Licht, von dem er erblindet. Zugleich hört er, wie ihn eine Stimme anspricht: „Saul, Saul, was verfolgst du mich?"

Es ist schwer, einen Hardliner wie Saul von seinem geplanten Weg abzubringen. Für diesen ungewöhnlichen Mann geht Gott auch ungewöhnliche Wege. Die Begleiter bringen den blinden Saul nach Damaskus. Drei Tage kann er nichts sehen. Zwischenzeitlich spricht Gott mit einem Jünger – Hananias – in Damaskus und fordert ihn auf, Saul in einer bestimmten Straße bei einem bestimmten Mann aufzusuchen. Hananias erschrickt, weil er schon viel Schlechtes über diesen Saul gehört hat. Doch Gott ermutigt Hananias, zu Saul zu gehen, denn Saul sei ein auserwähltes Werkzeug im Plan Gottes.

Gehorsam macht sich Hananias auf den Weg. Er findet Saul, legt ihm die Hände auf und Saul kann mit einem Mal wieder sehen: „Lieber Bruder Saul, der Herr hat mich gesandt, Jesus, der dir auf dem Weg hierher erschienen ist, dass du wieder sehend und mit dem heiligen Geist erfüllt werdest."

Saul versteht. Er steht von seinem Krankenlager auf. Und er lässt sich sofort taufen. Er isst wieder. Er nimmt wieder am Leben teil. Denn er hat jetzt Anteil am Leben – an Jesus. Mit derselben Entschiedenheit, mit der er noch drei Tage zuvor Christus verfolgt hat, predigt er nun Christus.

Herr, schenke mir Entschiedenheit, dir zu folgen. Amen.

26. Oktober

Und die Stimme sprach zum zweiten Mal zu ihm: Was Gott rein gemacht hat, das nenne du nicht verboten.
Apostelgeschichte 10,15

Petrus befindet sich auf dem Dach eines Hauses, um zu beten. Da hat er eine Erscheinung: Er sieht vom Himmel ein leinenes Tuch herabkommen, in dem allerlei Tiere sind, die er nach den Geboten des Mose nicht essen darf. Doch eine Stimme sagt ihm: „Steh auf, Petrus, schlachte und iss!"

Natürlich antwortet Petrus: „O nein, Herr; denn ich habe noch nie etwas Verbotenes und Unreines gegessen." – Da antwortet die Stimme vom Himmel: „Was Gott rein gemacht hat, das nenne du nicht verboten." Das ganze wiederholt sich dreimal.

Unrein sind zu dieser Zeit auch die Nichtjuden. Gott bereitet Petrus auf die Begegnung mit einem Nichtjuden – den Hauptmann Kornelius – vor. Das Evangelium soll auch zu den Nichtjuden. Auch sie hat Gott rein gemacht.

Zeitgleich bereitet Gott auch den Hauptmann Kornelius auf eine Begegnung mit Petrus vor. Kornelius ist ein gottesfürchtiger Mann, er lebt im Gebet und leistet diakonische Dienste. Auch er hat eine Erscheinung: „Deine Gebete wurden erhört. Sende Männer nach Joppe und lass Simon Petrus holen."

Das für Petrus Undenkbare geschieht. Er begegnet dem Kornelius. Denn Gott hat Petrus gezeigt, dass er keinen Menschen meiden oder unrein nennen soll. Und er berichtet Kornelius: „Nun erfahre ich in Wahrheit, dass Gott die Person nicht ansieht; sondern in jedem Volk, wer ihn fürchtet und recht tut, der ist ihm angenehm."

Herr, bitte schenke mir offene Augen für die, die mir noch fremd sind. Ich danke dir für meine neuen Geschwister. Amen.

27. Oktober

Und siehe, der Engel des Herrn kam herein, und Licht leuchtete auf in dem Raum; und er stieß Petrus in die Seite und weckte ihn und sprach: Steh schnell auf! Und die Ketten fielen ihm von seinen Händen.
Apostelgeschichte 12,7

König Herodes lässt Jakobus, den Bruder des Jüngers Johannes, hinrichten. Das kommt bei den Juden sehr gut an. Da lässt Herodes auch den Petrus gefangen nehmen. In der Nacht kommt aber ein Engel des Herrn, weckt Petrus und führt ihn aus dem Gefängnis. Petrus denkt, er sehe nur eine Erscheinung. Doch dann merkt er, wie er an der Seite des Engels an der ersten und dann an der zweiten Wache vorbeikommt. Schließlich stehen sie auf der Straße. Petrus ist frei. Der Engel verlässt ihn wieder.

Was macht Petrus jetzt? – Sein Weg führt ihn sofort zur Gemeinde, zu den Seinen. Er geht in das Haus der Maria, wo viele beieinander sind und beten. Eine Magd, die ihn durch die verschlossene Tür sprechen hört, ist so verblüfft, dass sie glatt vergisst, die Tür zu öffnen – sie berichtet der versammelten Gemeinde sofort: „Petrus steht vor der Tür!" – „Du bist von Sinnen!", antworten die Beter. Derweil klopft Petrus weiter an. Schließlich wird ihm geöffnet. Ja, es ist Petrus. Tatsächlich, das Gebet der Gemeinde wurde erhört.

Die Apostelgeschichte zeigt uns sehr deutlich, wie die noch junge Gemeinde durch schwere Anfeindungen und Gefahren gehen muss. Aber Gott erweist sich in dieser Zeit auch in besonderer Weise, sendet Engel und eindrückliche Botschaften. Gott stärkt die Gemeinde durch außergewöhnliche Erlebnisse.

Auch in schweren Zeiten darfst du besondere Erfahrungen mit dem auferstandenen Herrn, Jesus Christus, machen. Vertraue darauf, dass er dich nicht allein lässt, wenn Gefahren lauern. Auch hier wird sich dein Gott als starker Helfer zeigen.

Mit dir, Herr, will ich aufstehen und die Ketten abwerfen. Amen.

28. Oktober

Wir müssen durch viele Bedrängnisse in das Reich Gottes eingehen.
Apostelgeschichte 14,22

Wir haben uns für einen Herrn entschieden, der ans Kreuz geschlagen wurde. Zeichen des Leides sind von unserem Herrn Jesus nicht wegzudenken. Nachdem Jesus auferstanden war, berührten die Jünger seine Nägelmale. Und die Offenbarung wird uns berichten, dass Jesus das Lamm mit der Todeswunde ist. Wir folgen diesem Lamm mit der Todeswunde. Wir haben einen Herrn, der durch Leiden zur Herrlichkeit ging. Es ist normal, dass seine Jüngerinnen und Jünger in der Nachfolge oft auch einen Weg durch Verfolgung und Leid gehen müssen.

Paulus ist in Lystra gesteinigt worden, danach zog er mit Barnabas nach Derbe. Hier predigt er jetzt das Evangelium und mahnt die Hörer mit dem heutigen Bibelwort. Ohne zu klagen bekennt Paulus, dass Gott ihn durch tiefste Abgründe geführt hat. Es ist derselbe Paulus, der aus dem Gefängnis an die Gläubigen schreibt: „Freuet euch im Herrn allewege!"

Ein anderes Mal berichtet Paulus aus seiner Zelle, dass seine Gefangennahme das Evangelium fördere – das ganze Evangelium werde nun im Gerichtsgebäude bekannt. Obwohl er kein wehleidiger Mann ist, schreibt Paulus an anderer Stelle: „Wir waren über alle Maßen beschwert."

Ja, Gott mutet dem Paulus viel zu – dir vielleicht auch. Es tröstet zu wissen, dass die Bibel sagt: „Gott ist treu, der euch nicht versuchen lässt über euer Vermögen, sondern macht, dass die Versuchung so ein Ende nimmt, dass ihr es ertragen könnt."

Danke, Herr, dass du mich auch durch Anfechtung und Trübsal leitest.
Amen.

29. Oktober

Um Mitternacht aber beteten Paulus und Silas und lobten Gott. Und die Gefangenen hörten sie.
Apostelgeschichte 16,25

Eine Magd mit einem Wahrsagegeist verfolgt Paulus und Silas mehrere Tage und ruft unentwegt: „Diese Menschen sind Knechte des allerhöchsten Gottes, die euch den Weg des Heils verkündigen."

Das ist zwar wahr, aber nach vielen Tagen reißt dem Paulus die Hutschnur – er kann das einfach nicht mehr hören. Immer die gleichen Sätze dieser Magd helfen dem Evangelium nicht weiter. Da gebietet Paulus dem Wahrsagegeist, aus der Frau auszufahren. Der Geist fährt aus – zur selben Stunde.

Nun muss man aber wissen, dass die Magd einem Herrn gehört, der mit ihrer Gabe wahrzusagen eine Menge Geld verdiente. Dem passt das alles gar nicht. Eine gute Einkunftsquelle ist nun versiegt. Auch in dieser Stadt sind Kommerz und Justiz gut miteinander vernetzt: Es gelingt dem Besitzer der Magd, Paulus und Silas ins Gefängnis werfen zu lassen.

Paulus und Silas kommen in das innerste Gefängnis. Kein Licht. Keine frische Luft. Dann wird es auch noch Mitternacht. Paulus und Silas hätten jeden Grund, Gott ihr Leid zu klagen. Denn die Ungerechtigkeit dieser Situation schreit doch zum Himmel. – Aber nein, Paulus und Silas klagen nicht. Sie singen Gott Loblieder! Kannst auch du Gott so in dunklen Stunden deines Lebens lobpreisen? Paulus und Silas können es. Und wieder geschieht das Ungewöhnliche. Es gibt ein Erdbeben, alle Gefängnistüren öffnen sich, alle Fesseln fallen von den Gefangenen ab. Der Gefängnisaufseher bekommt große Angst, doch als er auf Paulus und Silas blickt, stellt er die richtige Frage: „Was muss ich tun, dass ich gerettet werde?" – „Glaube an den Herrn Jesus, so wirst du und dein Haus selig!" Welch ein Segen für diesen Aufseher, dass Paulus und Silas solche Ungerechtigkeit erfuhren und gefangengenommen wurden.

Auch aus Ungerechtigkeit kann bei dir Gutes geschehen, Herr. Ich bete dich an. Amen.

30. Oktober

Ich habe euch in allem gezeigt, dass man so arbeiten und sich der Schwachen annehmen muss im Gedenken an das Wort des Herrn Jesus, der selbst gesagt hat: Geben ist seliger als nehmen.
Apostelgeschichte 20,35

Jesus stellte in seinen Predigten ganz neue Ordnungen auf. Jesus sagte: „Wer sein Leben verliert, der wird es finden." – „Die Letzten werden die Ersten sein." – „Wer von euch der Oberste sein will, der sei aller Diener." – Und nun dieses Wort: „Geben ist seliger als nehmen." In heutigem Deutsch würde man sagen: „Zu geben macht mehr Freude als zu nehmen." – Ist das so?

Eine Gemeinschaft von Menschen entwickelt sich ganz anders, wenn alle eine Gesinnung des Gebens statt des Nehmens haben. Denn auf diese Weise bekommt jeder, was er braucht. Auch der, der nur wenig hat, wird nun beschenkt. Unter allen breitet sich Freude aus, ja sogar Frieden und Eintracht. So gelingt Gemeinschaft – und scheitert nicht an der Ichbezogenheit des Einzelnen.

Beim Geben hat Jesus sicherlich nicht nur an Materielles gedacht. Ganz gewiss hat er auch bedacht, dass man auch Zuwendung verschenken kann. Eine Krise bahnt sich in einer Ehe schon an, wenn jeder nur erwartet, liebevoll behandelt zu werden. Eine ganz andere Stimmung gewinnt Raum, wenn jeder Ehepartner versteht: „Ich will meinen Partner beschenken, denn wenn er glücklich ist, dann bin ich es auch."

Geben ist seliger als nehmen. Das Glück des anderen wird zu meinem Glück. Wir teilen gemeinsam das Glück des anderen. Das schenkt einen gemeinsamen Sinn, eine gemeinsame Blickrichtung.

Und am Ende hat Gott es uns doch selbst gezeigt, dass geben seliger als nehmen macht. Denn Gott selbst hat uns in Christus alles geschenkt: Vergebung, Leben, Frieden und Freude.

Danke, Herr, dass du uns an deinem Reichtum Anteil haben lässt. Ich will von dir lernen, mit Freude zu geben. Amen.

31. Oktober

Darin übe ich mich, allezeit ein unverletztes Gewissen zu haben vor Gott und den Menschen.
Apostelgeschichte 24,16

Ein unverletztes Gewissen ist wie ein sauber gestimmtes Instrument. Die Töne klingen harmonisch. Sie passen zusammen. Es macht Freude, zu hören. Ein unverletztes Gewissen in einem Menschen fördert die Freude in und an Gott. Das unverletzte Gewissen ist wie ein Klangkörper, in dem die Musik Gottes anklingen kann.

Ist das Gewissen verletzt und beschwert, dann wird diese Freude gebremst, aufgehalten, gedrosselt. Das Mitschwingen gelingt nicht mehr. Betrug, Bestechung, Streit, Unehrlichkeit, Manipulation – das sind ein paar Stichworte für Lasten, die das Gewissen verletzen und beschweren können.

Doch die gute Nachricht ist, dass durch Buße und Umkehr das Gewissen wieder unverletzt vor Gott und den Menschen bestehen kann. Da wird das Instrument wieder gestimmt und der Klangkörper von aller Last gereinigt.

Paulus hält eine Verteidigungsrede vor dem Statthalter und Richter Felix. Der Hohepriester Hananias und einige Älteste und ein Anwalt, Tertullus, verklagen Paulus. Der Apostel sei schädlich, errege Aufruhr unter allen Juden. Er habe sogar versucht, den Tempel zu entweihen. Paulus verteidigt sich unerschrocken. Er spricht – trotz aller Anfeindung – von der Hoffnung, die ihn erfüllt. Das kann er, denn er hat ein unverletztes Gewissen.

Ich wünsche dir solch ein unverletztes, reines Gewissen. Du kannst es dir schenken lassen. Durch Jesus. Alles kommt aus ihm.

Herr, schenke mir ein unverletztes Gewissen. Amen.

1. November

So sei es euch kundgetan, dass den Heiden dies Heil Gottes gesandt ist; und sie werden es hören.
Apostelgeschichte 28,28

Paulus wird von den Juden angeklagt und beruft sich auf den Kaiser in Rom. Er will seine Sache vor der höchsten Instanz der Welt verteidigen. Auf dem Weg nach Rom zerbricht das Schiff an einer Sandbank und sinkt. Paulus und die anderen Passagiere springen ins kalte Wasser. Nach ihrer Rettung stranden alle auf Malta. Dort wird Paulus von einer giftigen Schlange gebissen – doch er überlebt. Krise über Krise. Doch Paulus steht immer wieder auf.

Wie kommt es, dass manchen Menschen nach belastenden Ereignissen das Aufstehen wieder gelingt – anderen nicht? Wie gehen wir mit Verletzungen um? Wie gelingt Heilung?

Es ist ratsam, gegen Widerstände im Leben „anzudenken" – man darf sich nicht mit unerfreulichen Situationen zufrieden geben. Man darf seine Bereitschaft zum Lernen nicht aufgeben, man muss aufgeschlossen sein, sich auch auf neue Situationen einzustellen.

Und es geht nicht allein um unsere Denkleistung. Es geht auch um unser geistliches „Werkzeug". Gegen Widerstände im Leben kann man auch „anglauben". Dabei ist es nicht unser Glaube allein, der widerstandsfähig macht, sondern es ist Gott selbst. Eine authentische Gottesbegegnung im Wort, im Gebet, auch in der Musik oder Malerei kann hier eine entscheidende Hilfe sein. Musterrezepte für eine Erhöhung der Widerstandskraft gibt es nicht, weil jeder Mensch eine andere Persönlichkeit ist und auf unterschiedlichen Ebenen Gotteserfahrungen macht. Für Paulus ist die Quelle seiner Widerstandskraft die Gewissheit, dass er den Heiden das Heil Gottes in Christus kundtun darf. Sein Auftrag verleiht ihm Flügel. Paulus weiß, dass er seine Bestimmung nun leben darf – auch in Rom, auch in Gefangenschaft – auch mit dem Tod vor Augen.

Herr, ich will mit dir gegen die Widrigkeiten im Leben andenken und anglauben. Amen.

2. November

Denn ich schäme mich des Evangeliums nicht; denn es ist eine Kraft Gottes, die selig macht alle, die daran glauben, die Juden zuerst und ebenso die Griechen. Denn darin wird offenbart die Gerechtigkeit, die vor Gott gilt, welche kommt aus Glauben in Glauben; wie geschrieben steht: Der Gerechte wird aus Glauben leben.
Römer 1,16.17

Paulus lebt nicht für sich allein. Er lebt in Gemeinschaft mit seinem Herrn und mit seinen Brüdern und Schwestern. Solidarität ist für Paulus kein Fremdwort. Er denkt sogar an die vielen Menschen, die von Jesus noch gar nicht gehört haben – und denen er die Gute Nachricht bringen wird. Er schämt sich dieser guten Nachricht nicht. Wie steht es um dich? Macht es dir Mühe, in deinem Umfeld mit Jesus zu leben? Schämst du dich für ihn? Schämst du dich für dich selbst, dass du ihn brauchst? Schämst du dich für deine eigene Schwäche und Wirkungslosigkeit? Paulus riskiert für dieses Evangelium alles, ja sogar sein Leben. Denn er weiß: dieses Evangelium birgt Gotteskraft. Paulus leidet an seiner Situation als Gefangener, doch er weiß sich getragen von seinem Herrn, der ihm im Leiden vorausgegangen ist. Wie geht es dir? Kommt dir das Evangelium weit weg vor? Hast du den Eindruck, es hat mit deinem Leben, deinen Sorgen, deinem Kummer nichts zu tun? Doch in Orientierung an diesem Evangelium wirst du in einen Kraftstrom gestellt, der direkt vom Thron Gottes – aus Jesus – fließt. Hier erfährst du Ermutigung und Erfrischung. Plötzlich sind deine täglichen Wege doch gangbar. Wo uns Gott an Grenzen führt, dürfen wir im Vertrauen lernen, dass wir in ihm eine Zukunft haben und leben dürfen. Du kannst wie ein Baum deine Wurzeln in die Nähe Christi treiben. Dann kann dich Gott auch mit deinen Wunden und deiner Schwäche tragen und gebrauchen. Am Ende wird die Freude an Christus – auch in Schwerem – ein Zeugnis für den lebendigen Herrn, Jesus Christus. Paulus ist solch ein Zeuge. Möchtest du auch ein Zeuge für den auferstandenen Herrn sein?

Ich schäme mich nicht. Ja, ich will auch dein Zeuge sein, Jesus. Amen.

3. November

Da ist keiner, der Gutes tut, auch nicht einer.
Römer 3,10b

Keiner erfüllt das Gesetz. Nicht einer.

Doch der Text erfährt eine Wende ab Römer 3,21: „Jetzt aber hat Gott uns gezeigt, wie wir vor ihm bestehen können, nämlich unabhängig vom Gesetz. Gott spricht jeden von seiner Schuld frei und nimmt jeden an, der an Jesus Christus glaubt. Nur diese Gerechtigkeit lässt Gott gelten."

Der Hebräerbrief wird das Opfer im alten Bund so beschreiben: „Auch im ersten Bund gab es Regeln und Vorschriften für den Gottesdienst und das Heiligtum, das Menschen hier auf der Erde für Gott errichtet hatten. Im vorderen Teil des Heiligtums standen ein Leuchter und ein Tisch mit den Broten, die Gott geweiht waren. Diesen Teil des Zeltes nannte man das Heiligtum. Dahinter lag ein zweiter Raum, durch einen Vorhang abgetrennt. Dies war das Allerheiligste. Hier befanden sich der goldene Räucheropferaltar und eine rundum mit Gold beschlagene Truhe, die sogenannte Bundeslade. Darin lagen der goldene Krug mit dem Manna, der Stab Aarons, der Knospen getrieben hatte, und die Steintafeln mit den Zehn Geboten. Über der Bundeslade breiteten die Cherub-Engel, die auf Gottes Herrlichkeit hinweisen, ihre Flügel aus und bedeckten so diese Stätte der Vergebung und Versöhnung."

Im neuen Bund mit Gott finden wir eine neue Stätte der Vergebung und Versöhnung. Wir wissen, wo wir Gott im neuen Bund finden, wo sein Angesicht leuchtet und seine Barmherzigkeit sichtbar wird: am Kreuz, das auf Golgatha stand und an dem Christus hing.

Warst du schon einmal beunruhigt darüber, wie wenig dein Leben den Geboten Gottes entspricht? Wann hast du das letzte Mal geweint über deine Sünden? Ja, das Gesetz kann uns anklagen.

Aber das Kreuz bringt das Gesetz zum Schweigen. Gottes Liebe geht tiefer als das Gesetz.

Herr! Dein Blut spricht mich frei. Amen.

4. November

So gibt es nun keine Verdammnis für die, die in Christus Jesus sind.
Römer 8,1

Woher kommt die Freude der Christen? Das ist eine ganz einfache Sache, so einfach, dass es auch Kinder verstehen können: Freude kommt aus der Liebe Gottes zu dir persönlich, zu mir persönlich. Freude kommt aus der Liebe Gottes. Die Bibel verheißt uns noch mehr: „Denn wir sind sein Werk, geschaffen in Christus Jesus zu guten Werken, die Gott zuvor bereitet hat, dass wir darin wandeln sollen."

Wenn du diesen Text verstanden hast und ganz annimmst, dann schenkt er dir Freude. Gott hat gute Werke für dich vorbereitet. Du brauchst dich ihm nur anzuvertrauen, dann wird Gott Gutes mit dir bewirken. Gott will über dem, der sich Jesus anvertraut, seine ganze Liebe ausschütten.

Und nun dieser starke Bibelvers: „So gibt es nun keine Verdammnis für die, die in Christus Jesus sind."

Nimm einen Schreibstift und markiere dir diesen Text in deiner Bibel. Nimm dieses Wort für dich persönlich in Anspruch. Gott liebt dich, Gott nimmt dich an. Das ist Freude: Gott nimmt alle Last deiner Schuld von dir.

Es gibt im Leben Dinge, die kann man nicht rückgängig machen, die kann man nicht mehr wiedergutmachen. Diese Dinge bedrücken unsere Seele. Man nennt sie mit einem alten Wort *Sünde*. Allein Jesus kann Sünde wegnehmen. Du kannst sie ihm geben.

Ist das so einfach? – Es ist so einfach.

Können auch Christen Schuldgefühle haben und unter Sündenlast leiden? – Ja. Gott will das alles wegnehmen. Gott will nicht, dass seine Kinder durch Schuld belastet sind. Jesus Christus ist dein Herr und nimmt in dir Wohnung – wenn du ihn hineinlässt. Gott schenkt dir Leben in seinem Sohn. Das bringt Freude. Darüber freust du dich.

Seht, welch eine Liebe hat uns der Vater erwiesen, dass wir Gottes Kinder heißen sollen - und wir sind es auch! Amen.

5. November

Denn ich bin überzeugt, dass dieser Zeit Leiden nicht ins Gewicht fallen wird gegenüber der Herrlichkeit, die an uns offenbart werden soll.
Römer 8,18

Wie wird das sein, wenn sich Herrlichkeit an uns offenbart? Wie fühlt sich Herrlichkeit an? Wie viele Menschen beklagen, dass sie Herrlichkeit in ihrem Leben erfahren wollten – und es nicht taten? Manch einer träumt vielleicht sein Leben lang davon, Herrlichkeit zu erleben und sagt sich: „Oh, was hätte aus mir werden können?"

Von Paul McCartney gibt es einen interessanten und ehrlichen Satz aus der Mitte der 1970er Jahre: „Bei den Beatles gespielt zu haben ist, als wäre man als Astronaut zum Mond geflogen und wieder zurückgekehrt. – Man weiß danach nicht, was man noch mit dem Rest seines Lebens anfangen soll."

Das klingt nicht nach Erfüllung und Herrlichkeit, oder? Astronauten werden hart trainiert, um ihr Ziel zu erreichen, sie leisten viel und erfahren reichlich Entbehrung. Aber nach dem herrlichen Höhepunkt der Karriere scheint alles im Leben unglaublich bedeutungslos und leer. Keine Erfüllung, sondern nachhaltige Leere bleibt zurück, wenn Menschen ihrem Leben einen Sinn geben wollen, wenn sie danach suchen, ihrem Leben selbst Größe und Herrlichkeit zu geben.

Wie wird die Herrlichkeit sein, die an uns Kindern Gottes offenbart werden soll? Da schreibt Paulus zwei Verse nach unserem heutigen Bibelwort: „Er hat aber seinen Geschöpfen die Hoffnung gegeben, dass sie eines Tages vom Fluch der Vergänglichkeit erlöst werden. Sie sollen dann nicht mehr Sklaven des Todes sein, sondern am befreiten Leben der Kinder Gottes teilhaben." Es ist dieses befreite Leben der Kinder Gottes, das eine Herrlichkeit einschließt, die unserem Leben einen Sinn gibt, den wir ihm nicht selbst von uns aus verleihen. Herrlichkeit ist, wenn der Schöpfer selbst unserem Leben einen Sinn gibt.

Danke, Herr, für die Herrlichkeit, die aus dir fließt und die wir heute schon erfahren dürfen. Amen.

6. November

Wir wissen aber, dass denen, die Gott lieben, alle Dinge zum Besten dienen, denen, die nach seinem Ratschluss berufen sind.
Römer 8,28

Vielleicht erlebst du Widerstände in deinem Leben. Vielleicht gelingt eine Beziehung nicht. Möglicherweise gibt es Schwierigkeiten am Arbeitsplatz oder dicke Luft in der Gemeinde. Auch in dieser Situation kannst du den heutigen Vers umformulieren: „Ich weiß, dass mir – weil ich Gott liebe – alles zum Besten dient; auch meine jetzigen Schwierigkeiten dienen mir zum Besten."

Auch wenn die Verhältnisse nicht gut aussehen – Gott denkt sich schon etwas dabei. Er denkt heilsam über dein Leben. Und dieses Heil besteht in der Liebesbeziehung, die er zu dir pflegt. Und Gott pflegt diese Beziehung so, dass diese Liebe immer tiefer wird – immer mehr in die Tiefe geht.

Nicht alles, was passiert ist das Beste. Nicht jedes Leid hat einen Sinn. Doch es geht darum, dass deine Wurzeln immer tiefer in die Nähe Christi getrieben werden. Und dazu kann Gott auch das Schlechte und Schwierige in deinem Leben gebrauchen. Das Schlechte und Böse nennt die Bibel nicht gut. Es bleibt schlecht. Das will dieser heutige Vers nicht aussagen.

Denn das Leid im Leben kann schwer belasten. Paulus ist davon überzeugt, dass diese Zeit der Leiden aber nicht ins Gewicht fallen wird gegenüber der Herrlichkeit, die wir einmal erfahren werden. Mit uns seufzt und ängstet sich die ganze Schöpfung. Wir wissen unter diesen Verhältnissen nicht, wie wir beten sollen. Doch der heilige Geist vertritt uns vor Gott selbst im Gebet – mit unaussprechlichem Seufzen.

Und dann erlebst du, wie dich Gott durch alles – durch alle Dinge – hindurchträgt. Ja, es geht auch einmal durch ein finsteres Tal an der Hand des guten Hirten. Aber es warten lichte Höhen und fette Weideplätze auf uns. Und die sind dann unser Bestes – in der Nähe Christi.

Ich will dir danken, Herr. Für alles. Amen.

7. November

So erbarmt er sich nun, wessen er will, und verstockt, wen er will.
Römer 9,18

Paulus spricht von der Gnadenwahl Gottes: „Wem ich gnädig bin, dem bin ich gnädig; und wessen ich mich erbarme, dessen erbarme ich mich. So liegt es nun nicht an jemandes Wollen oder Laufen, sondern an Gottes Barmherzigkeit." Gleich zum Beginn dieses Textes fragt Paulus: „Ist denn Gott ungerecht?" Und er antwortet sofort: „Das sei ferne."

Für manche wurde dieser Römertext schon zur Ausflucht: „Ich kann ja doch nichts machen. Wenn Gott mir keine Gnade schenkt, dann kann ich nichts tun, ihn umzustimmen." Doch mit diesem Denken manövriert man sich in eine fatale Sackgasse.

Denn schöner als in jeder Sackgasse ist es – in Gottes Hand. Deshalb möchte ich das heutige Bibelwort in Zusammenhang mit Jeremia 18,6 stellen: „Siehe, wie der Ton in des Töpfers Hand, so seid auch ihr vom Hause Israel in meiner Hand." Es ist gut, wenn wir uns in Gottes Hand legen und ihm sagen: „Handle mit mir so, wie es dir gefällt." Sich in dieser Weise Gott anzuvertrauen, ist besonders empfehlenswert, wenn wir schon ahnen, dass wir verstockt und verschlossen vor Gott sind. Das ist der Beginn der Therapie unserer Verstocktheit – ich nenne diese Therapie einmal die Jesustherapie.

Die Jesustherapie geht so, dass der Schöpfer nochmals Hand an uns anlegt und uns neu formt. Wir wissen, dass Gott alles Schöpfen und Formen mit Liebe tut. Ja, bei manchem Gefäß, um bei dem Vergleich mit dem Ton zu bleiben, ist nur wenig Veränderung nötig, bei einem anderen muss der Schöpfer noch einmal ganz von vorne beginnen und durch entschiedenes Zupacken alles noch einmal von Grund auf neu formen. Aber du darfst wissen: er macht es gut. Er macht aus dir das beste Gefäß. Denn Gott will, dass allen Menschen geholfen werde und sie zur Erkenntnis der Wahrheit kommen.

Herr. Mache mich so, wie es dir gefällt. Amen.

8. November

Denn Christus ist des Gesetzes Ende; wer an den glaubt, der ist gerecht.
Römer 10,4

Du liegst komplett falsch, wenn du nach dem Gesetz gerecht werden willst. Durch rechtes Tun allein wirst du Gottes Gnade nicht erreichen. Nein, das Gesetz hat in Christus ein Ende gefunden. Es regiert nicht mehr über uns. Es verklagt uns nicht mehr. Gottes Liebe geht viel tiefer als dieses Gesetz.

Das Gesetz fordert so viel von uns, das wir nicht erfüllen können. Mit dem Gesetz allein fühlen wir uns verdammt. Wir sollen unseren Herrn und Gott lieben – und unseren Nächsten wie uns selbst. Doch wie oft sind unsere Herzen so kalt. Schon deshalb werden wir als Menschen allein vor Gott nicht bestehen können.

Und dann werden wir auf einmal doch gerecht, denn „wer an ihn, Christus, glaubt, der ist gerecht." Plötzlich gefallen wir dann Gott doch. Weil wir uns ganz an Jesus hängen. Weil wir das Wesen Christi annehmen. Das Gesetz knechtet uns dann nicht mehr, wenn Christus unser ein und alles ist.

Wer das verstanden hat, der hat allen Grund zu Freude und Jubel. Grenzenlos ist der Segen, wenn wir mit Herz und Verstand begriffen haben, dass wir in Christus frei sind von dem Gesetz, das uns den Tod bringt. Wir atmen erleichtert auf. Wir bezeugen es gerne, wie schön es bei Jesus ist. In Christus hat das Gesetz ein Ende. Nun ist Christus unser Anfang und Ende.

Danke, Herr. Du hast mich frei gemacht. Amen.

9. November

Darum nehmt einander an, wie Christus euch angenommen hat zu Gottes Lob.
Römer 15,7

Paulus schreibt an die Christen in Rom. Hier gibt es Judenchristen und Heidenchristen. Die einen leben nach jüdischer Tradition, die anderen tun das nicht. Kann Gemeinschaft auch zwischen diesen beiden Gruppen gelingen – trotz dieses trennenden Grabens?

Ja, die Gemeinschaft kann gelingen – indem sie einander annehmen. Sie erkennen die Liebe Gottes, die sich an sie und auch an die anderen richtet. Sie können sich in dieser Liebe willentlich dazu entscheiden, die anderen zu akzeptieren.

In diesem Willensentschluss liegt großer Segen. Denn er ehrt Gott und vermehrt das Lob Gottes. Wenn wir die anderen annehmen, dann vermehrt das den Glanz und die Herrlichkeit Gottes. Wir tun es Christus gleich. Wir bekommen in diesem Annehmen Anteil an der Liebe, die aus Gott fließt.

Diese Liebe trägt uns. Auch dann, wenn der andere, den wir annehmen, schwirig ist. Dieses Annehmen gilt auch für Fremde. Es gilt für Menschen, die anders denken. Es gilt für Menschen mit anderen Gebräuchen und Überzeugungen. Hier zeigt sich die Kraft Gottes ganz besonders, wenn eine Beziehung zu anderen Menschen gelingt, die nach menschlicher Einschätzung gar nicht möglich scheint. Ein Schlüsselwort für schwierige Situationen und schwierige Menschen ist das Wort *Vergebung*. Mit Vergebung wird Unüberwindliches im anderen überwindbar.

Am Ende zeigt sich diese annehmende Liebe zum anderen darin, wie wir übereinander denken und sprechen, ja, wie wir am anderen handeln. Christus wird in dieser Gemeinschaft sichtbar. Reich Gottes wächst.

Herr, schenke mir ein annehmendes Herz – zu deinem Lob und deiner Ehre. Amen.

10. November

Denn das Wort vom Kreuz ist eine Torheit denen, die verloren werden; uns aber, die wir selig werden, ist's eine Gotteskraft.
1. Korinther 1,18

Christus starb elend an einem Kreuz. Der Isenheimer Altar im Museum Unterlinden in Colmar zeigt deutlich, wie Jesus am Kreuz ganz gelb und krank aussieht. Unsere Sünde entstellt sein Gesicht, ja, seinen ganzen Körper.

Ist es eine Dummheit – ein Torheit – in diesem Weg Christi zum Kreuz, in all seinem Elend und all seiner Krankheit, das Heil für mich und für die Welt zu sehen? Ist es dumm, dieser Lösung Gottes für eine gefallene Welt zu vertrauen? Vertrauen wir auf das Scheitern eines Versagers am Kreuz von Golgatha? Vertrauen wir auf eine Geschichte ohne Happy End?

Genau diese Frage beantwortet Paulus in seinem ersten Brief an die Korinther. Denn Gott wagt es, uns Menschen ganz nah zu kommen. Gott wagt es, sich so ganz und gar auf uns Menschen einzulassen. Und dabei lässt er sich auf seine Liebe und Sanftmut bedingungslos festlegen. Ja, er lässt sich auf diese Liebe und Sanftmut hin sogar festnageln. An einem furchtbaren Kreuz. Da leidet Gott mit uns. Da leidet er an unserer Schuld. Da leidet er an der Trennung zwischen uns und dem Vater im Himmel.

Jesus sieht am Kreuz so machtlos und ohnmächtig aus. Aber wenn man begreift, dass Jesus sich selbst willentlich zu dieser scheinbaren Machtlosigkeit und Ohnmacht entschieden hat, dann wirkt die Szene auf einmal ganz anders auf uns. Der Vater im Himmel liebt diesen treuen Sohn unendlich. Und er erweckt ihn wieder zum Leben. Die Auferstehung Christi beschreibt der Isenheimer Altar mit einem ganz lebendigen Jesus, der eine sehr gesunde, frohe Gesichtsfarbe hat. Vorbei ist es mit Leid, Angst und Schmerz. Der Blick auf den gestorbenen und auferstandenen Christus ist eine Gotteskraft. Das macht heiter und gefasst. Dieser Anblick auf unseren Herrn beflügelt uns.

Aus dir fließt grenzenlose Lebenskraft. Das ist die Kraft Gottes. Das ist deine Kraft, Herr. Amen.

11. November

Wir sind Gottes Mitarbeiter, und Ihr seid Gottes Feld.
1. Korinther 3,9

Es werden die Korinther von Paulus motiviert, sich Jesus ganz neu, vereint und gemeinsam zur Verfügung zu stellen. Paulus nennt sie Gottes Bauwerk.

Die Christen in Korinth haben sich bereits in Parteien gespalten, als Paulus ihnen schreibt. Hier sind die Christen Anhänger verschiedener Lehrer, haben unterschiedliche Auffassungen – und viel schlimmer: eine Gruppe rivalisiert gegen die andere.

Die Korinther sind im christlichen Glauben noch unerfahren, sie haben auch noch keine neuen Schriften, sie haben noch kein Neues Testament, das ihnen als Anleitung für ihr Gemeindeleben dienen könnte. Daher wenden sie sich mit ihren Fragen an Paulus. Eine grundlegende Frage ist zum Beispiel die Frage nach der Auferstehung, die den ursprünglich jüdischen Mitgliedern der Gemeinde geläufig, den griechischen jedoch fremd ist. Eine recht verfahrene Kontroverse hat sich aus dieser Glaubensfrage entwickelt.

Paulus will den Verfeindungen der einzelnen Gemeindegruppen nicht nur ein Ende setzen, vielmehr, er will die Korinther neu bewegen, sich als Mitarbeiter vereint und gemeinsam Jesus zur Verfügung zu stellen – über alle Parteiungen hinaus. Er will sie neu begeistern – und jedes bleibende Begeistern geschieht durch den heiligen Geist.

Wo der heilige Geist regiert, kann eine Gemeinde eines Herzens sein – auch wenn vom Kopf her unterschiedliche Meinungen zu Sachfragen bestehen. Manch unterschiedliche Meinung kann man auch mal stehen lassen, wenn der heilige Geist der Gemeinde Einheit schenkt und die Herde zusammenhält. Darum hat Jesus den heiligen Geist gesandt. Wir werden durch ihn daran erinnert: Wir sind Gottes Mitarbeiter, und ihr seid Gottes Feld.

Herr. Mahne uns zur Einheit als Mitarbeiter auf deinem Feld. Amen.

12. November

Einen anderen Grund kann niemand legen als den, der gelegt ist, welcher ist Jesus Christus.
1. Korinther 3,11

Christus ist die Grundlage der Einheit der Gemeinde. Solange Jesus der Mittelpunkt der Gemeinde ist, können auch Fehler, Irrtümer und Missverständnisse wieder zurechtgebracht werden. Die Gemeinde dient der Gemeinschaft mit Gottes Sohn.

Paulus verwendet das Bild eines Bauwerks. Das Fundament trägt alles, und es ist Jesus Christus. Niemand kann ein anderes Fundament legen. In Jesus haben wir alles in unserem Leben und unserer Kirche. Als Gott uns das Leben schenkte, war Jesus schon dabei. Und selbst am Ende der Zeit, wenn das Gericht kommen wird, wird Jesus dabei sein.

Mit Jesus steht und fällt alles in unserem Leben. So ist das eben mit Fundamenten. Jesus als Fundament zu haben, heißt nicht, mit Jesus zu liebäugeln. Jesus als Fundament zu haben, heißt nicht, unter anderem bei Jesus seine Denkanstöße zu holen. Nein, Jesus als Fundament zu haben, heißt, ihn in alle Fragen des Lebens hineinzunehmen, heißt, Jesus in jeden Kummer und Jesus in jede Freude mithineinzunehmen. Dann ist Jesus die Wirklichkeit in deinem Leben, denn sein Wort steht felsenfest.

Wer glaubt, auf einer anderen Grundlage sicher stehen zu können, der schätzt sein Fundament falsch ein, für den wird es eine große Not sein, wenn er einmal diese Welt verlassen muss oder wenn Jesus wiederkommt. Du darfst Jesus nicht verharmlosen oder verniedlichen. Er ist nicht die bittersüße Figur einer bittersüßen Geschichte zum Trost Alter und Kranker. Er will die Wahrheit und Grundlage deines Lebens sein.

Um es mit einer Torte zu vergleichen: Jesus ist nicht die rote Kirsche auf der Sahnetorte, die alles schön verziert und die ganze Sache versüßen soll. Nein, er ist der Boden, er ist der Grund. Alles Weitere baut nur auf ihm auf.

Danke, Herr, dass du mein Leben gründest. Amen.

13. November

Niemand suche das Seine, sondern was dem andern dient.
1. Korinther 10,24

Paulus schreibt einen steilen Satz: „Alles ist erlaubt." Jeder Christ hat eine persönliche Freiheit, die vielen Regeln und Verbote, die im zweiten, dritten, vierten und fünften Buch des Mose stehen, gelten in Christus nicht mehr. Wer in Christus getauft ist, ist frei vom Gesetz. Der Mensch muss keine Angst mehr vor der Strafe Gottes haben.

„Alles ist erlaubt, aber nicht alles dient zum Guten. Alles ist erlaubt, aber nicht alles baut auf." – Wenn die Freiheit so weit reicht, welches Richtmaß gilt dann noch? Paulus setzt nach: „Niemand suche das Seine, sondern was dem andern dient."

Hier greifen die persönliche Freiheit und die Liebe zum Nächsten ineinander. Trotz aller Freiheit werden wir zum Diener am Nächsten. Hier leitet uns die Frage, welche Bedürfnisse unser Nächster hat. Und die Liebe wird tätig am anderen.

In diesem Fall ging es darum, ob die Korinther Götzenopferfleisch essen dürfen oder nicht. Der Freiheitsbegriff von Paulus geht so weit, dass er das Essen von Fleisch, das in einem Ritual einem Götzen geopfert worden ist, grundsätzlich erlaubt. Paulus ist der festen Auffassung, dass dies dem Menschen nicht schadet. Man darf dieses Fleisch mit Danksagung genießen. Wenn das Gewissen deines Nächsten durch dieses Essen jedoch beschwert wird, dann empfiehlt Paulus, das Fleisch doch nicht zu essen – um den anderen zu dienen.

Wie kannst du diese Aufforderung auf heute, auf deine Gemeinde, auf deine Nächsten übertragen? Die Liebe zum Nächsten macht dich hier kreativ und einfallsreich. Die Liebe findet immer einen Weg zum anderen. Dann suchst du nicht mehr das deine, sondern, was dem andern dient.

Unser Vater, öffne mein Herz für meinen Nächsten. Ich will ihm dienen.
Amen.

14. November

Nun aber bleiben Glaube, Hoffnung, Liebe, diese drei; aber die Liebe ist die größte unter ihnen.
1. Korinther 13,13

Glaube, Hoffnung und Liebe werden zu einem dreifachen, festen Band, das nicht reißt. Sie ergänzen einander, geben sich gegenseitig Halt.

Zu glauben heißt, bedingungslos zu vertrauen. Es heißt auch, in Treue festzuhalten. Zu hoffen bedeutet, seinen Anker dort zu versenken, wo man keinen Grund sieht, aber fest darauf vertraut, dass er da ist und das Lebensschiff hält. Zu lieben heißt, geduldig und freundlich zu sein. Zu lieben bedeutet, nicht neidisch und selbstsüchtig zu sein, nicht zu prahlen und nicht überheblich zu sein, nicht zu verletzen oder nachtragend zu sein. Der Liebende freut sich, wenn die Wahrheit siegt. Damit erträgt die Liebe alles, glaubt alles, hofft alles und hält allem stand.

Die ausführliche Erklärung der Liebe zeigt schon, dass sie die größte in dem dreifachen Band ist, das Gott und Mensch sowie Mensch und Mensch miteinander verbinden kann. Die Liebe ist kein Gefühl im Bauch, das nur kurze Zeit trägt. Die Liebe aus Gott trägt ein Leben lang – nur der Tod kann die Liebenden trennen.

Weil Gott Liebe ist, erfahren wir am besten von ihm, wie Liebe den Nächsten beschenkt und umsorgt. Weil Gott Liebe ist, erleben wir, wie er in dieser Liebe auch vergeben kann.

Liebende finden immer wieder zueinander, auch wenn Schweres geschieht. Der liebende Gott hat auch einen Weg zu uns gefunden – in Christus. In Christus findet Gottes Kreativität, Schaffens- und Liebeskraft keine Grenzen. Kein Limit, keine Beschränkungen. Alles gibt Gott, damit die Beziehung zu uns gelingt. Lernen wir, auch heute von Gott, was es heißt zu lieben.

Herr, lehre mich glauben, hoffen, lieben. Amen.

15. November

Wie ist es denn nun, liebe Brüder? Wenn ihr zusammenkommt, so hat ein jeder einen Psalm, er hat eine Lehre, er hat eine Offenbarung, er hat eine Zungenrede, er hat eine Auslegung. Lasst es alles geschehen zur Erbauung!

1. Korinther 14,26

Wie oft kommen wir in den Gottesdienst und lassen uns dienen? Mit dem Lobpreis. Mit der Predigt. Mit der Gemeinschaft.

Wenn wir den heutigen Bibelvers ernst nehmen, dann kommen wir nicht mehr als Verbraucher in den Gottesdienst, sondern wir sind im Inneren vorbereitet, den anderen in Erbauung zu dienen. Unsere Gedanken sind vorbereitet. Unser Herz ist vorbereitet. Ja, wir sind vorbereitet auf die Begegnung mit Gott. Wie sieht diese Vorbereitung aus? Wir haben einen Psalm auf dem Herzen, den wir gerne weitergeben möchten. Wir haben eine Lehre, eine Offenbarung, eine Zungenrede, eine Auslegung. In meiner Bibel habe ich Bibelverse markiert, die mich angesprochen haben. Jederzeit bin ich bereit, mit dieser Bibel in der Hand, Rechenschaft zu geben von der Hoffnung, die mich erfüllt.

Einmal feierten wir einen Jahrestag der Biblisch Therapeutischen Seelsorge. Der Pastor, der mit seiner Predigt den Festtag eröffnen sollte und über fünfhundert Kilometer Anreiseweg hatte, war selbst fünf Minuten vor Beginn des Jahrestages noch nicht da. „Wie sieht das aus, wenn wir als Biblisch Therapeutische Seelsorge kein Wort von Gott für unsere Gäste haben?" – Ich bot an, spontan eine Kurzpredigt über Jesus aus dem Stegreif zu halten. Und Prof. Michael Dieterich stimmte sofort zu: „Und ich gestalte den Rahmen um die Predigt – zwei Professoren können einen Pastor ersetzen!" Wir waren bereit. Bereit, die Festgemeinde mit einem Wort aufzuerbauen. Und dann kam unser Pastor im letzten Moment doch noch. Er hatte auf dem überfüllten Parkplatz keinen Stellplatz für sein Auto gefunden. Wir hatten die Probe zu 1. Korinther 14,26 bestanden.

Schenke mir im Gottesdienst ein vorbereitetes Herz, das die anderen auferbaut, Herr. Amen.

16. November

Ist aber Christus nicht auferstanden, so ist unsere Predigt vergeblich, so ist auch euer Glaube vergeblich.
1. Korinther 15,14

Hier ist der Dreh- und Angelpunkt unseres Glaubens: Christus ist von den Toten auferstanden. Wenn das nicht stimmen sollte, dann wären wir die traurigsten, elendsten Gestalten auf der Welt. Denn das Wort, das wir hören und weitersagen, wäre inhaltslos, ja, unser Glaube wäre vergeblich.

Es wäre vergeblich, weil es keine Auferstehungskraft gäbe. Keine Kraft, die uns aufhilft, auf die Beine stellt, ermutigt und erfrischt. Es wäre alles vergeblich, weil wir nicht mit Gotteskraft, sondern mit eigener Kraft wirkten. Und diese eigene Kraft reicht nicht weit.

Ist Christus aber von den Toten auferstanden, und das glauben wir fest, dann gibt es eine Kraft, die den Tod besiegt hat. Dann gibt es eine Kraft, die die Toten aus den Gräbern ruft. Dann gibt es eine Kraft, die aus uns leblosen, gefühllosen, anteilnahmslosen Kreaturen fröhlich erweckte Zeugen der Gnade Gottes macht.

Ja, wenn Christus von den Toten auferstanden ist, und das ist ganz sicher wahr, dann ist alles möglich, auch mich vom Tod zu erlösen. Dann sind Gnade und Vergebung da. Und sie gelten nicht nur mir, sondern auch meinem Nächsten.

Weil Christus von den Toten auferstanden ist, ist unsere Predigt kraftvoll und unser Glaube hat einen festen Grund. Weil Christus auferstanden ist, haben wir eine gesegnete Gegenwart und eine gewisse, sichere, geborgene Zukunft.

Wir tun gut daran, den auferstandenen Christus zu bezeugen, der vergebend und liebevoll in unser Leben eingegriffen hat. Kein Ding ist mehr unmöglich.

Unser Glaube hat ein festes Fundament, in dir, dem auferstandenen Herrn. Amen.

17. November

Denn auf alle Gottesverheißungen ist in ihm das Ja; darum sprechen wir auch durch ihn das Amen, Gott zum Lobe.
2. Korinther 1,20

Im Alten Testament war das Kommen von Jesus schon versprochen. Gott spricht, und es geschieht. Wenn Gott das Ja spricht, dann erfüllt sich seine Zusage gewiss. In Jesus wird dieses Ja greifbar, hörbar, sichtbar.

Wir mögen viele quälende Fragen haben.
Werde ich gerettet? - Die Antwort ist Ja.
Wird es Gott sein, der bei der Rettung alles einsetzt und aufbietet? – Ja.
Wird Gott mir einen Weg aus meiner Sackgasse weisen? – Ja.
Kann ich mein Leben auf Gott gründen? – Ja.
Begleitet mich Gott auf meinen Wegen? – Ja.
Ist Gott auch in den schweren Stunden meines Lebens bei mir? – Ja.
Ist das Kreuz genug, um mein Leben zu erneuern? – Ja.

Und dann kommen noch zwei entscheidende Fragen:
Hat Gott mich lieb? – Ja, ja, er liebt mich.
Werde ich Gottes Schönheit und Herrlichkeit sehen? – Ja, in Christus.

Christus beweist, wie ernst es Gott mit unserer Rettung ist, wie ernst es Gott ist, mit uns Gemeinschaft zu pflegen.

Wenn Gott ein solch schönes Ja zu dir spricht, wie sollte dann deine Antwort sein, wenn er dich fragt: „Willst du mit mir gehen?"

Ja.

Danke, Vater, für deine Zusagen. Amen.

18. November

Denn der Buchstabe tötet, aber der Geist macht lebendig.
2. Korinther 3,6b

Paulus nennt die Menschen in Korinth einen Brief Christi – geschrieben in unsere Herzen, nicht mit Tinte, sondern mit dem Geist des lebendigen Gottes.

Was findet sich in dein Herz geschrieben? Begeisterung? Liebe? Oder vielleicht auch Trauer? Oder Verletzungen? Was immer in dein Herz geschrieben wurde und dich bewegt, wird lesbar für Menschen, die dir begegnen und dich erleben.

Was immer in dein Herz geschrieben wurde, es bleibt lebendig. Denn es wurde, wenn du ein Kind Gottes bist, vom lebendigen Geist Gottes in dich hineingeschrieben. Dieser Brief lebt nicht von einzelnen, fest vorgeschriebenen Buchstaben, sondern davon, dass er offen ist, gelesen und auch weitergeschrieben werden kann.

Ja, der alte Bund war ein Bund des Buchstabens. Da musste das Gesetz auf den Buchstaben genau befolgt werden. Aber der neue Bund in Christus ist ein Bund des lebendigen Wortes. Und dieses Wort heißt *Jesus*. In diesem neuen Bund werden Briefe in unsere Herzen geschrieben.

Der Autor dieser Briefe im Herzen der Gotteskinder ist der Vater im Himmel selbst. Tatsächlich hat auch Jesus nicht einen einzigen Satz auf Papier geschrieben, um ihn der Nachwelt zu hinterlassen. Jesus schrieb vielmehr in die Herzen seiner Jünger und Zuhörer. Und die haben dann sein lebendiges Wort weitergetragen. So schrieb Jesus Briefe – und er schrieb Geschichte.

Und Gott schreibt auch heute noch. Gott selbst bereitet uns und unsere Herzen zu. Sei auch du ein Brief Christi, geschrieben durch den Geist, der lebendig macht, befähigt, auch anderen Menschen von der Schönheit und Wahrheit Gottes zu berichten.

Schreibe du auch in mein Herz, Vater. Amen.

19. November

Der Herr ist der Geist; wo aber der Geist des Herrn ist, da ist Freiheit.
2. Korinther 3,17

Die Bibel kennt verschiedene Symbole für den heiligen Geist. Bei der Taufe Jesu kommt er aus dem Himmel *wie eine Taube* herab. Zu Pfingsten erscheint er *wie Feuerzungen* über den Aposteln. Als Jesus seine entmutigten Jünger anbläst, damit sie wieder erfrischt werden und den heiligen Geist hinnehmen, da ist der heilige Geist *wie ein Windhauch*.

Der Geist aus Gott schenkt Glauben, Hoffnung und Bewegung. Ja, so wie er bewegt, löst er von alten Bindungen. Zu Pfingsten wurde die Gemeinde im heiligen Geist getauft. Aus einer rückwärtsgewandten Schar wurde Kirche mit Zukunft. Plötzlich konnten die Apostel mit großer Freiheit sprechen.

Auch Petrus war mit einem Mal nicht mehr an seine Verzagtheit gebunden. Er erzählte auf einmal mit großem Freimut von Jesus und dem Reich Gottes. So will auch dich heute der Geist Gottes auf die gute Bahn führen, auf der du zu einem wirksamen Zeugen für Jesus wirst.

Die Freiheit, die wir in Christus gewinnen, ist ein Zeugnis für unseren Herrn. Denn Jesus sprach selbst schon davon, dass der Geist des Herrn von ihm Besitz ergriffen habe, um den Armen die Gute Nachricht zu bringen und den Gefangenen zu verkünden, dass sie frei sein sollen.

Diese Freiheit führt nicht in schlechte Bindungen, sondern in die Verwurzelung mit Gott, dem Vater. Die alte Last ist fort. Wir atmen auf. Wir werden frei, um uns ganz an Gott zu hängen. Und wir werden frei, um – geführt von Gottes Geist – in dieser Welt für ihn wirksam zu sein.

Nun bin ich frei in dir, mein Herr. Hab Dank. Amen.

20. November

Darum: Ist jemand in Christus, so ist er eine neue Kreatur; das Alte ist vergangen, siehe Neues ist geworden.
2. Korinther 5,17

Den gegenteiligen Effekt kennen wir nur zu gut: Das Neue ist vergangen, siehe alles ist alt geworden. Das ist der Gang der Welt.

Aber hier ist nun von einer Gegenbewegung die Rede. Das Alte vergeht. Neues wird. Diese Bewegung ist so ganz gegen jede Entropie, nach der alles altert und die Unordnung größer und größer wird.

Wie wird diese Gegenbewegung eingeleitet und gefördert? Alles geschieht *in Christus*. Das ist das Geheimnis. Von Jesus geht diese starke Kraft aus, in der Altes vergeht und Neues wird. Es geschieht in der Nachfolge. Es geschieht im Vertrauen, in der Verbundenheit und im Glauben.

Diese Kraft fließt aus Jesus in uns, um unsere Ansichten, unsere Einstellungen, unser Denken, Sprechen und Handeln zu verändern. Veränderung kommt ganz automatisch in Gottes Gegenwart. Der Beginn des neuen Lebens in Christus ist ein tiefer Einschnitt im Leben eines Menschen. Zunächst einmal wird alles auf eine neue Grundlage – ein neues Fundament – gestellt. Dieses Fundament ist Christus selbst.

Und was wird nun am Lebensbau auf diesem Fundament neu? Vor allem kommt es zu einer neuen Gewissheit: Gott liebt mich. Ja, ich werde geliebt. Ich muss nicht mehr um Liebe kämpfen. Gott schenkt sie mir. Aus Gnade. Und ganz bedingungslos. Und dann werde ich ein Gotteskind. Das ist dann neu.

In dieser Gotteskindschaft wird vieles Alte abgelegt: Hass, Vergeltung und Zorn. Denn das sind Gefühle, die zu dem zarten Gefühl, geliebt zu werden, ganz und gar nicht passen. Gottes Zärtlichkeit ändert uns so ganz und gar. Das Alte vergeht. Neues wird. In Christus.

Danke für das Leben, das du gibst, mein Herr. Amen.

21. November

Denn die Traurigkeit nach Gottes Willen wirkt zur Seligkeit eine Reue, die niemanden reut; die Traurigkeit der Welt aber wirkt den Tod.

2. Korinther 7,10

Wer will schon traurig sein? In dieser Welt wird der Spaß groß geschrieben. Ausgelassen zu sein, sich zu vergnügen, sich unterhalten zu lassen – all das steht in unserer Gesellschaft hoch im Kurs. Ja, wir sind lieber fröhlich als traurig.

Doch mit der Lust an der Welt kann unser Leben so aus dem Ruder geraten, dass sich große Traurigkeit einstellt. Traurigkeit der Welt stellt sich ein, wo wir von den Möglichkeiten der Welt tief enttäuscht werden. Traurigkeit der Welt führt in Verzweiflung, die den Tod bewirkt.

Doch nicht jede Traurigkeit dient zum Schlechten. Es gibt eine Traurigkeit, die nützt und aufhilft. Das ist die Traurigkeit nach Gottes Willen. Ja, es gibt eine Reue, die niemanden reut. Es ist die Reue, dass wir mit unserer Sünde unseren Herrn ans Kreuz geschlagen haben. Es ist eine Traurigkeit über uns selbst, über unser altes Wesen, das so ungerecht und schuldig vor Gott ist.

In dieser Traurigkeit erschrecken wir über uns selbst. Doch es ist eine heilsame Traurigkeit. Wir kehren um von unseren alten Wegen. Unsere Sehnsucht richtet sich auf Erlösung, unser Verlangen wendet sich an Jesus. Denn er vergibt uns die Schuld. In ihm finden wir Frieden mit Gott, Ruhe und ewiges Leben.

Wenn das das Ziel ist, dann gehen wir gern auch einmal durch ein Tränental. Mit dem Ziel vor Augen, mit dem Herrn an unserer Seite, wollen wir auch die Traurigkeit nach Gottes Willen durchleben. Gott wendet ja doch wieder alles zum Guten. Unsere Hoffnungen und Sehnsüchte werden erfüllt. In Christus.

Mit dir an meiner Seite will ich den Weg gehen, den du für mich geplant hast, Herr. Amen.

22. November

Christus aber hat uns erlöst von dem Fluch des Gesetzes, da er zum Fluch wurde für uns; denn es steht geschrieben: „Verflucht ist jeder, der am Holz hängt."
Galater 3,13

Jesus bezeichnete uns Menschen als ein böses und abtrünniges Geschlecht. Paulus spricht von einem bösen und verkehrten Geschlecht. Wir sind Sklaven der Sünde. Und „der Sünde Sold ist der Tod."

Von diesem Fluch erlöst zu sein, ist Segen. Dieser Segen bricht sich Bahn in Christus, und er leitet den Segen, der über Abraham und seinen Nachfahren ist, an die Heiden weiter. So ist alles vorbereitet, dass wir den heiligen Geist im Glauben empfangen können.

Der Verweis auf ein Wort aus 5. Mose 21,23, „Verflucht ist jeder, der am Holz hängt", zeigt, dass es zu einer Erlösung eines Erlösers bedarf. Gesetz und Recht sind dem Vater im Himmel zu wichtig, als dass er einfach den Himmel auftun und rufen würde „Schwamm drüber." Ein Erlöser nimmt ein Lösegeld, das gezahlt werden muss, auf sich. In Christus zahlt Gott selbst dieses Lösegeld.

So bleibt der Himmel ein Rechtsstaat und doch schüttet der Vater seine ganze Liebe über uns aus. Diese Konfliktlösung zeigt wirklich die Handschrift Gottes – wer sonst käme auf solch einen segensreichen Einfall? Doch erst recht die Ausführung erfordert das persönliche Engagement Gottes. Wer sonst würde die Schuld der Welt auf sich nehmen? Wer sonst könnte das Lösegeld aufbringen? Wessen Leben sonst wäre so viel wert, dass es mit der Schuld der Welt aufgewogen werden könnte? Wer sonst hätte die Macht, Sünde zu vergeben?

Wir werden nicht aufhören, über die Weisheit und Liebe, die im Kreuz Jesu verborgen liegt, zu staunen. Und aus diesem Staunen kommt eine Anbetung, wie sie Gott gefällt. Wir schauen auf Gott – und sind gesegnet.

Danke für deine Erlösung, Herr. Amen.

23. November

Die Frucht aber des Geistes ist Liebe, Freude, Friede, Geduld, Freundlichkeit, Güte, Treue, Sanftmut, Keuschheit; gegen all dies ist das Gesetz nicht.
Galater 5,22.23

Es ist *eine* Frucht. Aber sie hat verschiedene Aspekte. Wenn es aber *eine* Frucht ist, dann kann es nicht sein, dass ein Aspekt zu voller Reife gelangt, ein anderer Aspekt aber noch nicht einmal zur Blüte kommt. So kann es nicht sein, dass ungleichgewichtig eine starke Liebe hervorgebracht wird, während die Keuschheit Mangel leidet. Ist es *eine* Frucht – und das ist der Geist, der aus Gott kommt – dann kommen Liebe und Keuschheit gemeinsam zur Entfaltung.

Genauso gibt es keine Freude aus dem Geist, ohne dass Frieden in einem Menschen herrscht. Und Geduld. Und Freundlichkeit, Güte, Treue und Sanftmut. Niemand wird erleben, dass ein Mensch, der aus dem Geist Gottes lebt, liebt, ohne treu zu sein. Auch Liebe und Treue gehen Hand in Hand.

Das höchste Gebot, von dem wir wissen, lautet, dass wir Gott, den Herrn, lieben sollen und unseren Nächsten wie uns selbst. Die Frucht ist also genießbar für Gott, für den Nächsten und für uns selbst. So bringt der Geist des Herrn auch eine Freude an Gott, am Nächsten und an sich selbst hervor. Er bringt auch eine Treue zu Gott, zum Nächsten und zu sich selbst hervor. Kannst du Gott treu sein? Deinem Nächsten? Und dir selbst? Ja, es geht – aus dem Geist Gottes.

Jede Frucht kommt irgendwann zur Ernte. Sie wird nicht am Baum verderben. Gott sorgt dafür, dass die Frucht des Geistes auch in deinem Leben, nachdem sie zur Reife kam, zur Ernte kommt. Du darfst darauf vertrauen. Denn Gott selbst ist Liebe, Gott selbst ist Freude, Friede, Geduld, Freundlichkeit, Güte, Sanftmut und Keuschheit.

Herr, nähre du mich. Lass die Frucht des Geistes in meinem Leben zu voller Entfaltung kommen. Amen.

24. November

So könnt ihr auch die Liebe Christi erkennen, die alle Erkenntnis übertrifft, damit ihr erfüllt werdet mit der ganzen Gottesfülle.
Epheser 3,19

Gottesfülle. Gotteskraft. Herrlichkeit. Es geht wunderbar zu, wo Christus regiert. Denn er regiert mit Macht und Liebe.

Aber klar sein muss uns auch: diese Gottesfülle gibt es nur in Verbindung mit unserem Herrn. Er ist die Quelle. Die Quelle liegt nicht in uns. Wer noch nach Erkenntnis in sich selbst sucht, der hat noch keine Ahnung von dem Reichtum, der in Christus verborgen liegt – der hat noch keine Kenntnis von Gottesfülle.

In dieser Gottesfülle liegt Glaubenskraft. Diese Glaubenskraft gibt Antrieb – sie motiviert – wenn deine eigene menschliche Kraft schon längst erschöpft ist. Glaubenskraft gibt dir Hoffnung, wo menschlich nichts mehr zu hoffen ist. Glaubenskraft schenkt dir Mut, wo dein menschlicher Mut schon lange gesunken ist.

In der Gottesfülle kannst du zunehmen an Liebe. Die Liebe, die von Gott zu dir und durch dich zu anderen fließt, schenkt nicht nur Mitgefühl – sie schenkt dir auch Großzügigkeit und Gelassenheit. Diese Liebe lädt auch andere zu einem Leben mit Jesus Christus ein. Es kommt zu Wachstum – du wächst, dein Nächster wächst und auch die Kirche wächst. Gottesfülle schenkt dir auch ein Zunehmen an Erkenntnis. Diese Erkenntnis führt uns dazu, zu erfahren, wie breit, wie lang, wie hoch und wie tief die Liebe Christi ist, die alle menschliche Erkenntnis übersteigt. Ja, die Liebe Christi geht nicht nur tiefer als das Gesetz – sie geht auch höher als all unsere eigene Erkenntnis. In dieser Erkenntnis finden wir Trost und Zuversicht. Mit dieser Gottesfülle mündet Paulus in einen Lobpreis: „Dem aber, der überschwänglich tun kann über alles hinaus, was wir bitten oder verstehen, nach der Kraft, die in uns wirkt, dem sei Ehre in der Gemeinde und in Christus Jesus zu aller Zeit, von Ewigkeit zu Ewigkeit! Amen."

Ja, Herr. Ich bete dich an. Aus dir kommt die Gottesfülle, die uns erfüllt.
Amen.

25. November

Zürnt ihr, so sündigt nicht; lasst die Sonne nicht über eurem Zorn untergehen.

Epheser 4,26

Das ist ein wertvoller seelsorgerlicher Rat: „Lasst die Sonne nicht über eurem Zorn untergehen." Das heißt, findet Frieden miteinander, bevor ihr euch schlafen legt.

Dieser guten seelsorglichen Empfehlung geht eine grundlegende Weisung voraus: „Legt von euch ab den alten Menschen mit seinem früheren Wandel, der sich durch trügerische Begierden zugrunde richtet." Wer seinen Zorn mit in die Nacht nimmt, der richtet sich und andere zugrunde.

Damit all dies nicht geschieht, empfiehlt Paulus den Ephesern: „Zieht den neuen Menschen an, der nach Gott geschaffen ist in wahrer Gerechtigkeit und Heiligkeit. Legt die Lüge ab und redet die Wahrheit." Sobald wir die Wahrheit reden, müssen wir uns auch schuldig bekennen, wo wir schuldig geworden sind. Wo Wahrheit und Vergebung Raum gewinnen, weicht der Zorn.

Den alten Menschen ablegen, den neuen Menschen anziehen – wie geht dieser Kleiderwechsel? Der alte Mensch ist der Mensch, der ohne Gott, ohne seine Liebe und Vergebung lebt. Der neue Mensch ist der Mensch, der sich in Christus hüllt. Der neue Mensch hüllt sich in die Unschuld, Schönheit und Anmut Gottes. In diesen Kleidern gefällst du Gott.

So ist der Himmel wie eine wunderbare Bekleidungsfirma. Wie kommt Gott dazu, uns ein neues Kleid in Christus zu machen und zu schenken? – Es ist die reine Hingabe und Liebe zu uns. Es ist Gott eine Freude, so verschwenderisch zu handeln. Es ist die Liebesgeschichte Gottes mit dir, auch an dir so zu handeln.

In diesem Wissen um die Liebe unseres Retters verblasst jeder Zorn. Lege den Zorn wie ein altes Kleid zur Nacht ab. Zieh die Liebe Gottes an.

Danke für mein neues Kleid in Christus. Amen.

26. November

Lebt als Kinder des Lichts; die Frucht des Lichts ist lauter Güte und Gerechtigkeit und Wahrheit.
Epheser 5,8.9

Was von Gott ausgeht, kommt nicht leer zurück. Sagt Gott ein Wort, so geschieht es. Sendet Gott das Licht, so bringt es Frucht.

Nichts kommt bei Gott leer zurück. In unserer Zeit wird viel von Nachhaltigkeit gesprochen. Dabei geht es darum, dass Maßnahmen nicht nur einen kurzfristigen Erfolg und eine kurzfristige Wirkung haben sollen. Sind Maßnahmen nachhaltig, dann haben sie einen langfristigen, überdauernden Effekt.

Nun, Gott ist der Erfinder der Nachhaltigkeit. Was Gott aussendet, das zeigt eine bleibende Wirkung. Da wo Gott wirkt, gibt es eine neue Lebenshaltung – und nicht nur ein kurzes Gefühl für den Augenblick. Sein Wort wird nicht eine Angelegenheit für den Sonntag allein, sondern für eine komplette Neuausrichtung des Lebens. Auch am Montag. Und Dienstag.

Frucht ist eine schöne Wirkung. An ihr können wir uns freuen und Gott sich freuen. Die Frucht des Lichts ist Güte, Gerechtigkeit und Wahrheit. So sollen Güte, Gerechtigkeit und Wahrheit in unserem Denken, Wünschen und Handeln wirklich werden. Und sie sollen durch uns an anderen wirklich werden.

Das geht nur, wenn wir verbunden sind mit dem, der die Quelle all dieses Fruchtwachstums ist – diese Lichtquelle ist Jesus, das Licht der Welt. Denn aus uns kommt kein Wachstum, wir können das Wachstum nicht machen; wir können das Wachstum nur fördern und pflegen – durch eben diese gute Verbindung zur Quelle.

Herr, schenke, dass wir als Kinder des Lichts für dich und auch für andere genießbar sind. Amen.

27. November

Denn ich weiß, dass mir dies zum Heil ausgehen wird durch euer Gebet und durch den Beistand des Geistes Jesu Christi.
Philipper 1,19

Um eine Ehe zu schließen, bedarf es der Zustimmung *zweier* Menschen. Ich habe in meinem Leben erfahren müssen, dass zum Scheiden einer Ehe schon der Wille *eines* Menschen genügt. Wenn ein Partner nicht mehr zusammen weiter leben will, dann kann er die Ehe beenden. Es gehört zur Liebe, dass der, der zurückbleibt, den anderen dann auch gehen lässt.

Für unsere Ehe haben viele Menschen gebetet. Und als dann unsere Ehe nach über vier Jahren der Trennung von einer Richterin an einem Familiengericht in Heidelberg geschieden wurde, da wollte ich alle Beter mit einem Brief über den Ausgang unserer Ehe benachrichtigen. Welches Bibelwort könnte ich über diesen Brief stellen? Ich habe einige Zeit gesucht.

In einer schweren Stunde suchte ich mir zuerst dieses Wort aus Jesaja 45,6.7 aus: „Ich bin der Herr, und sonst keiner mehr, der ich das Licht mache und schaffe die Finsternis, der ich Frieden gebe und schaffe Unheil. Ich bin der Herr, der dies alles tut."

Doch ich wollte auch die ansprechen, die für uns gebetet hatten. Das fehlte mir in diesem Bibelwort doch so ganz. Und dann kam ich in Phippper 1,19 an: „Denn ich weiß, dass mir dies zum Heil ausgehen wird durch euer Gebet und durch den Beistand des Geistes Jesu Christi."

Das Beten unserer Freunde und Verwandten war sicher nicht umsonst, es hat seine Wirkung zum Heil. Und auch der Beistand des Geistes Jesu Christi wirkt zum Heil. Für mich und für meine von mir geschiedene Frau. Ich bin mir sehr sicher, dass dies alles auch für uns zum Heil ausgehen wird.

Danke für deinen treuen Beistand, guter Herr. Amen.

28. November

In Jesus wohnt die ganze Fülle der Gottheit leibhaftig.
Kolosser 2,9

Wo wohnt Gott? Die Wohnungsfrage hatte mich sehr beschäftigt, nachdem meine Frau sich gewünscht hatte, dass sie in unserem Haus wohnen bleibe und ich auszieh. Fast ein halbes Jahr wohnte ich in einer bescheidenen Pension im Heidelberger Stadtteil Ziegelhausen. Da hatte ich so gut wie keine Privatsphäre. Als meine Frau sich nach einem knappen halben Jahr noch eine weitere Auszeit unserer Ehe wünschte, mietete ich ein winziges Einzimmerappartement in Mannheim, nahe am Bahnhof. Wenn man die Wohnungstür öffnete, stand man schon in der kleinen Küche. Wenn man aus dem Zimmerfenster hinausschaute, blickte man auf die Blumeninsel am Gontardplatz.

Wie sehr wünschte ich mir in dieser Zeit Gemeinschaft. Und ich fand sie. Bei Gott.

Da auf einmal keimte in mir der Wunsch, zu erfahren, wo Gott überall wohnt. Die Bibel erzählt sehr eindrücklich, dass Gott im Tempel in Jerusalem Wohnung nahm, als Salomo ihn einweihte. Psalm 84 erzählt von den lieblichen Wohnungen des Herrn Zebaoth. Gott wohnt in seiner Gemeinde, einem Bau aus lebendigen Steinen – einem Bau aus Gotteskindern. Auch in unseren alltäglichen Wohnungen – auch meiner Wohnung am Gontardplatz in Mannheim – wollte Gott Wohnung nehmen. Das gibt abends, wenn man nach der Arbeit nachhause kommt, eine schöne Gemeinschaft.

Doch in Jesus wohnt die ganze Fülle der Gottheit leibhaftig. Über alle Maßen hat Gott in Jesus Christus, dem treuen gehorsamen Sohn des Vaters im Himmel, Wohnung genommen. Wie schön ist es, wenn wir diesen Jesus zum Freund haben.

Welche ein Freund ist unser Jesus. Amen.

29. November

Lasset das Wort Christi reichlich unter euch wohnen: lehrt und ermahnt einander in aller Weisheit; mit Psalmen, Lobgesängen und geistlichen Liedern singt Gott dankbar in euren Herzen.
Kolosser 3,16

Nicht nur Gedanken – auch Personen wollen in uns Wohnung nehmen. Die Bibel sagt uns, dass Jesus in uns Wohnung nehmen möchte. Aber die Bibel sagt auch, dass Dämonen in uns Wohnung nehmen wollen. Und erst recht, wenn du leer bist, wird jeder Dämon, der früher einmal in dir gewohnt hat, sieben andere Dämonen mitbringen, die sich bei dir einrichten wollen. Deshalb warnt uns die Bibel vor einem leeren Herzen. Ein leeres Herz ist eine gefährliche Sache. Deshalb kann ich auch vor Übungen, die dein Herz und deinen Kopf ganz leer machen, nur warnen. Es kann sein, dass du eine sauber gekehrte Wohnung bereitest, die den Dämonen zur sturmfreien Bude wird.

Was setzt also die Bibel der Gefahr eines leeren Herzens entgegen? Dieses Wort: „Lasst das Wort Christi reichlich unter euch wohnen." Das ist für Paulus ein Grundprinzip christlicher Lebensweise – dass du das, was Jesus sagt, in deinem Herzen bewegst und bewahrst.

Du kannst voll sein von Eindrücken, voll von Erlebnissen. Paulus sagt dagegen: „Lass dich von Jesus beeindrucken – Jesus soll deine Eindrücke prägen." Und auf welche Weise soll das geschehen? Reichlich. Das Wort *reichlich* findet sich nur noch dreimal im Neuen Testament, aber immer steht das Wort im Zusammenhang mit dem Geben Gottes: Gott bietet uns alles reichlich dar. Gott hat den heiligen Geist reichlich über uns ausgegossen. Der Eingang in das ewige Reich unseres Herrn und Heiland Jesus Christus wird uns reichlich gewährt.

Reichlich – dieses Wort bezeichnet den Reichtum göttlicher Fürsorge am Menschen. Sei daher nicht leeren Herzens. Sei erfüllt – reichlich – mit den Gaben Gottes, reichlich mit dem Wort Christi.

Herr! Du stehst mit deinem Reichtum vor meiner Tür. Und ich lasse dich hinein. Amen.

30. November

Alles, was ihr tut, das tut von Herzen als dem Herrn und nicht den Menschen.
Kolosser 3,23

Sowohl Pontius Pilatus als auch Agrippa wollen es sich mit niemandem verderben – weder mit den Vorgesetzten noch mit dem Volk. Keiner von beiden will für schwach gehalten werden. Und beide werden doch auf diese Weise so wie ein Blatt im Wind. Am Ende entscheiden nicht sie, sondern die Vorgesetzten oder das Volk, was geschieht. Welche Richtersprüche geschehen durch solch eine Willkür?

Du kannst Jesus dienen – und nicht den Menschen – und du wirst sehen, Jesus will deine Stärke sein. Unser heutiges Bibelwort geht so weiter: „Denn ihr wisst, dass ihr von dem Herrn als Lohn das Erbe empfangen werdet. Ihr dient dem Herrn Jesus Christus." So kann dein Leben aussehen, dass du zuerst deinem Herrn dienst – nicht den Menschen. Und du magst fragen: „Verliere ich dann nicht zu viel?" Die Bibel sagt dir, dass du ein Verlierer bist, wenn du dich nicht an Jesus verlieren möchtest. Wenn du dich nicht an Jesus verlierst, dann verlierst du dein Leben und deine Seele ganz. Und plötzlich merkst du: Mich an Jesus zu verlieren ist der große Gewinn in meinem Leben.

An irgendjemanden oder irgendetwas wirst du dich ohnehin verlieren; dann doch am besten an Jesus. Allein bei ihm findest du Frieden und Ruhe für deine Seele. Auch in der Gemeindearbeit kannst du schnell ausbrennen, wenn du alles zuerst für die Menschen machst – und nicht für Jesus. Denn, wie schon das Wort oben sagt: „Von deinem Herrn erhältst du deinen Lohn." Wenn ein Mensch dein Herr ist, dann erhältst du von ihm deinen Lohn. Und der Lohn der Menschen fällt normalerweise nicht gut aus. Nicht umsonst sagte David schon im Alten Testament: „Ich will Gott in die Hände fallen – und nicht den Menschen." Wenn du deinen Lohn von deinem Herrn Jesus empfängst, dann wird er dich für deinen weiteren Dienst auch erfrischen und stärken.

Herr, so segne und behüte uns, lass Dein Angesicht leuchten über uns und sei uns gnädig, erhebe Dein Angesicht auf uns und gib uns Frieden. Amen.

1. Dezember

Prüft aber alles, und das Gute behaltet.
1. Thessalonicher 5,21

Alles zu prüfen – das fordert uns. Aber es hilft uns auch, Brauchbares von Unbrauchbarem zu unterscheiden. Was hilft zum Leben? Was fördert das Leben? Was dient Christus?

Die großen Linien sind in der Bibel vorgegeben: Gott will unser Heil und unsere Heiligung. Er hat uns in Christus von Schuld und Tod freigekauft. Die großen Linien der Bibel erkennen wir auch in den beispielhaften Lebensbeschreibungen, etwa der eines Petrus, den Jesus liebevoll wieder in den Dienst beruft, nachdem er versagt hatte.

Aber so mancher Satz mag heute in unseren Gesprächen fallen, in der Tageszeitung stehen oder an den Universitäten gelehrt werden, der sich nicht ganz so einfach in die Bibel einordnen lässt. Hier traut Gott uns zu, zu prüfen. Und es mag tatsächlich sein, dass Gutes dabei ist, das wir behalten dürfen.

Manchmal erscheint etwas nur deshalb fremd, weil es mit einer anderen Sprache, mit einem anderen Zungenschlag ausgesprochen wird. Vielleicht sind wir auch schon älter, und die Sprache der Jugend erscheint uns nicht mehr vertraut. Es ist eine Form der Wertschätzung, dann auch hier zu prüfen, ob das gut ist und Beständigkeit hat, was da gesagt und getan wird.

Wertschätzung ist dabei ein Aspekt der Liebe. Die Liebe wirbt um andere Menschen. Indem wir zu prüfen lernen, lernen wir auch zuzuhören. Wer aufgehört hat, zuzuhören und zu prüfen, der wirbt auch nicht mehr um andere Menschen. Und die Liebe erkaltet.

Gutes zu behalten – auch wenn es zuerst fremd klingt – erweitert unseren Horizont. Christus gewinnt Raum. Reich Gottes wächst.

Danke, Herr, dass du uns beim Zuhören und Prüfen zur Seite stehst.
Amen.

2. Dezember

Der Herr ist treu; der wird euch stärken und bewahren vor dem Bösen.

2. Thessalonicher 3,3

Gott hat sich verpflichtet, uns die Treue zu halten. Bei niemandem finden wir mehr Treue. Von niemandem können wir es besser lernen, Treue zu üben.

Gott ist auch dann noch treu, wenn wir versagen und schuldig werden. Er lässt uns nicht im Stich, denn er hat auch dann noch eine Lösung, wenn Sünde uns von ihm trennt. Du kennst die Lösung. Du findest sie in Christus am Kreuz von Golgatha.

Gottes Treue bleibt nicht ohne Wirkung. So wie uns schon in der Kindheit die elterliche Treue den Rücken stärkte, so ermutigt und stärkt uns heute auch die Treue des Vaters im Himmel. Damit werden in unserem Leben Schritte möglich, die wir nicht für möglich halten würden, wenn wir auf uns allein gestellt wären.

Doch wenn wir Schritte tun, dann können wir auch in die Irre gehen, können uns in Böses verstricken. – Gottes Treue hilft auch hier. Das heutige Bibelwort verspricht, dass uns der Vater vor dem Bösen bewahrt. Da werden wir von Gott auch, wenn es nötig ist, durch Stürme des Lebens und Ungerechtigkeiten der Welt hindurchgetragen.

Es kann aber sein, dass das Böse nicht nur um uns ist, sondern auch durch uns kommt. Ichbezogenheit und Hartherzigkeit sind zwei böse Anzeichen, die aus uns kommen und unser Umfeld vergiften wollen. Auch hier greift der Schutz Gottes, der uns vor dem Bösen bewahrt, indem wir von uns weg auf Jesus schauen und uns vom Vater im Himmel die rechte Herzenshaltung schenken lassen.

Der Herr ist treu. Auch wenn wir untreu werden. Die Treue Gottes darf eine feste Größe in unserem Leben sein.

Du bist treu, Herr. An jedem neuen Tag. Amen.

3. Dezember

Gott will, dass allen Menschen geholfen werde und sie zur Erkenntnis der Wahrheit kommen.
1. Timotheus 2,4

Wieder ein wichtiges Wort, das man ruhig in seiner Bibel kräftig unterstreichen darf. *Allen* Menschen. Geholfen werde.

Manch einer hat sich schon bitter von Gott abgewandt: „Mich hat ja Gott nicht gemeint." – Doch dieses Wort heute sagt dir, dass auch du gemeint bist. Bei Jesus gibt es keine hoffnungslosen Fälle. Jesus ist immer lösungsorientiert. Er hat auch eine Lösung für dich: sich selbst. Denn er hat sich selbst gegeben für *alle* zur Erlösung. Und Gott möchte auch, dass das weitergesagt und gepredigt wird.

„So sehr hat Gott die Welt geliebt, dass er seinen eingeborenen Sohn gesandt hat, damit *alle*, die an ihn glauben nicht verloren gehen, sondern das ewige Leben haben."

Hänge dich ganz an Jesus. Und dir ist schon geholfen.

Und wenn du schon zu Jesus gehörst, dann erzähle weiter, wie sehr er dir geholfen hat, damit auch andere – *alle* – erfahren, wie es bei Jesus ist. *Alle* sollen zur Erkenntnis der Wahrheit kommen.

Und wieder ist die Wahrheit, genauso wie auch das Leben, keine irgendwie hergestellte menschliche Konstruktion, sie ist auch keine Idee, die sich die Menschen von ihr machen. Nein, die Wahrheit ist eine *Person*, nämlich Jesus Christus. Du darfst zur Erkenntnis Jesu kommen. Diese Erkenntnis führt uns dazu, zu erfahren, wie breit, wie lang, wie hoch und wie tief die Liebe Christi ist, die alle menschliche Erkenntnis übersteigt.

Herr, mache mich zu deinem Werkzeug, damit alle Menschen in meinem Umfeld in Kontakt zu dir kommen und dass ihnen geholfen werde. Amen.

4. Dezember

Wenn ich aber erst später komme, sollst du wissen, wie man sich verhalten soll im Hause Gottes, das ist die Gemeinde des lebendigen Gottes, ein Pfeiler und eine Grundfeste der Wahrheit.

1. Timotheus 3,15

Wo wohnt Gott? Wir haben gelesen und gehört, dass in Jesus die Fülle der Gottheit leibhaftig wohnt. Doch die Bibel spricht nach dieser Wohnung auch noch von weiteren Wohnungen des Herrn Zebaoth: Gott hat auch Wohnung genommen in seiner Kirche, in der Gemeinde des Herrn. Gott nimmt Wohnung in seiner Gemeinde.

Nun ist mit der Gemeinde nicht die Organisation – zum Beispiel die Landeskirche, die Baptisten oder die Pfingstler – gemeint. Die Organisation ist nur ein Baugerüst am Bau Gottes, der aus dem Fundament Jesus und den lebendigen Steinen, den Gotteskindern auf diesem Fundament, besteht. Jeder Bau braucht ein Baugerüst, um die lebendigen Steine nach oben zu tragen. Darum gibt es einzelne Kirchen. Aber die Gemeinde Gottes besteht – jenseits aller Baugerüste – aus den Gotteskindern, die sich um das Kreuz Jesu sammeln. Da wohnt Gott. Da wohnt Gott.

Eine liebe alte Schwester, sie hieß Friedel Papke und ist schon lange beim Herrn, sagte mir einmal: „Wenn man sich nicht mehr trifft und sich nicht mehr in die Augen schauen kann – unter dem Kreuz kann man sich immer wieder die Hand reichen."

Wo wohnt Gott? Dort, wo sich Menschen um Jesu Kreuz sammeln, wo Menschen bekennen „Ich habe gesündigt, ich habe falsch gelebt. Bitte, Herr Jesus, vergib mir." Dort, wo Menschen sich um Jesu Kreuz sammeln und sich wieder die Hand reichen können. Dort, wo Menschen den Frieden Gottes in Jesus annehmen. Dort, wo Menschen Gott loben und preisen.

Überall dort wohnt Gott.

Herr, ich freue mich, dass ich dein Wort halte, dass der Vater mich liebt und du mit dem Vater bei mir Wohnung nimmst. Amen.

5. Dezember

Alles, was Gott geschaffen hat, ist gut, und nichts ist verwerflich, was mit Danksagung empfangen wird.
1. Timotheus 4,4

Dieses Wort atmet Freiheit und macht Lust auf Leben. Paulus schrieb dieses Wort an Timotheus in Ephesus. Timotheus arbeitete als Seelsorger in der Gemeinde – und ein Seelsorger muss zuerst einmal selbst gesund sein, bevor er Verantwortung für andere übernehmen kann. Gesund sein heißt hier, eine gesunde Lehre zu haben. Diese war damals in Ephesus leider nicht bei allen Gemeindeleitern vorhanden. Manche wichen von der gesunden christlichen Wahrheit ab und beschäftigten sich mit religiösen Legenden, die durch und durch vom Heidentum bestimmt waren. Diese Lehren waren unergiebig und hatten nur fruchtlose Streitereien zur Folge. So verbaten manche dieser Lehren zu heiraten oder bestimmte Speisen zu sich zu nehmen. Aber alles, was Gott geschaffen hat, ist gut, und nichts ist verwerflich, was mit Danksagung empfangen wird. So ist auch die Ehe von Gott zum Wohl der Menschen gestiftet. Und auch alle Speisen sollen dem Menschen dienen. Denn durch das Wort Gottes und das Gebet wird alles rein – nichts kann uns da von Gott trennen. Wird man von den heidnischen Vorschriften und Einschränkungen frei, dann gewinnt das Leben Raum, das durch Gott geschenkt ist. Es geht um gesunde Lehre. – In der Betrachtung des Bibelverses wollen wir aber auch den zweiten Teilsatz nicht vernachlässigen: „Nichts ist verwerflich, was mit Danksagung empfangen wird." Wenn ein Mensch dankt, dann kann das positiv und sinnstiftend sein, selbst wenn sich das nur in seiner eigenen Welt der Gedanken abspielt. Kommt aber die Welt des Glaubens hinzu – werden also Gott, der Vater, Jesus, sein Sohn, und der heilige Geist zur Adresse des Dankens – dann potenziert sich der Effekt um ein Vielfaches. Denn der dreieinige Gott segnet den dankenden Menschen. Und in diesem Segen reißt uns der Herr neue Horizonte auf. Das atmet Freiheit und macht Lust auf Leben.

Danke, Herr, dass du mich Danken lehrst. Amen.

6. Dezember

Denn wir haben nichts in die Welt gebracht; darum werden wir auch nichts hinausbringen.
1. Timotheus 6,7

Wir können alles Mögliche in unserem Leben an uns raffen – wir werden es nicht behalten, wenn wir die Welt wieder verlassen. Paulus schreibt wenige Verse später: „Denn Geldgier ist eine Wurzel allen Übels; danach hat einige gelüstet, und sie sind vom Glauben abgeirrt und machen sich selbst viel Schmerzen."

Ist uns nun jedes Sammeln verwehrt? Nein, das ist es nicht. Wir dürfen sammeln. Die Bibel sagt in Matthäus: „Sammelt euch aber Schätze im Himmel, wo sie weder Motten noch Rost fressen und wo die Diebe nicht einbrechen und stehlen. Denn wo dein Schatz ist, da ist auch dein Herz."

Sammle kein Geld und hänge nicht dein Herz daran. Du wirst es nicht mitnehmen, wenn du gehst. Strebe nicht nach Ehre für dich selbst. Sie wird nicht mit dir gehen, wenn du die Welt verlässt.

Wie sehen nun aber die unvergänglichen Schätze aus, die wir im Himmel sammeln dürfen? Nun, lebe aus der Frucht des Geistes. Diese Frucht ist genießbar, für Gott, für den Nächsten und für dich selbst. Wann immer Gott und die Menschen diese Frucht an dir genießen dürfen, sammelst du diese Frucht direkt in den Himmel hinein.

Wie kann ich so lieben, so Treue und Sanftmut üben, dass ich dieser teuren Frucht gerecht werde? Lass dich einfach von Gottes Liebe, Treue und Sanftmut berühren. Er lässt dann diese Frucht in dir wachsen. Es geschieht von ganz allein, glaube mir. Sorge du nur dafür, dass der Boden, auf dem du gedeihst, ein guter Boden ist. Jeder Boden, der sich auf Jesus – das Fundament – gründet, ist ein guter Boden.

Alles, was auf anderem, kargen Boden wächst, wird keinen Bestand für den Himmel haben. Du wirst es nicht hinausbringen, wenn du einmal heimgehst.

Gründe mich, Herr, dass ich auf gutem Boden gedeihe. Dir zur Ehre.
Amen.

7. Dezember

Denn Gott hat uns nicht gegeben den Geist der Furcht, sondern der Kraft und der Liebe und der Besonnenheit.
2. Timotheus 1,7

Heute ist von vier Geistern die Rede. Es gibt den Geist der Furcht. Und es gibt den Geist der Kraft. Und den Geist der Liebe und den Geist der Besonnenheit.

Der Geist der Furcht konfrontiert uns mit unseren Grenzen. Er zeigt uns, dass wir das Ziel, das wir uns sehnlich erwünschen, nämlich ein Leben in Frieden und Geborgenheit, nicht erreichen können. Dieser Geist tut uns nicht gut.

Der Geist der Kraft lenkt unseren Blick auf die Möglichkeiten und die Stärke Gottes. Auf einmal werden Lösungen für Konflikte sichtbar – besonders für den größten Konflikt: das von uns aus unerreichbare Ziel nach Frieden und Geborgenheit wird in Christus erreichbar.

Der Geist der Liebe zeigt uns, ob wir unseren Auftrag treu erfüllen können; fehlt es uns nämlich an diesem Geist der Liebe, dann mag das daran liegen, dass etwas an unserem Auftrag noch nicht stimmt. Sind wir noch zu ichbezogen? Zu ungeduldig? Sind wir mit den Menschen, denen wir dienen dürfen, noch nicht ganz und vollkommen im Reinen? Der Geist der Liebe stillt hier den Mangel, er schenkt dem Ichbezogenen die Fähigkeit, Jesus in die Mitte zu stellen, dem Ungeduldigen schenkt er Geduld, und derjenige, der mit anderen Menschen noch nicht im Reinen ist, wird an die Vergebung durch Jesu Blut erinnert.

Der Geist der Besonnenheit gibt uns Gelassenheit, Ruhe und Zuversicht für unseren Dienst.

Der Geist der Kraft, der Geist der Liebe und der Geist der Besonnenheit kommen aus dem heiligen Geist. Es sind letztlich drei Erscheinungen und Aspekte ein und desselben Geistes. Über ihn können wir nicht verfügen. Aber wir können uns ihm verfügbar machen.

Danke, Herr, dass du mit deinem Geist all das ergänzt, was uns im Leben noch fehlt. Amen.

8. Dezember

Lass aber auch die Unseren lernen, sich hervorzutun mit guten Werken, wo sie nötig sind, damit sie kein fruchtloses Leben führen.
Titus 3,14

„Lass die Unseren lernen" – das sind die, die zu uns gehören, die dasselbe glauben, denen dieselben Dinge wichtig sind wie uns. Es ist wichtig, dass wir auf die Unseren aufpassen. Worauf? Wir sollen aufpassen, dass sie kein fruchtloses Leben führen. Du möchtest doch sicher auch ein fruchtbares Leben führen, oder? Hast du das nicht auch schon gesagt: Du möchtest wachsen im Herrn?

Eine Frage, die du dir stellen kannst, ist die, ob jeder Christ eine Gemeinde braucht, eine Gemeinschaft, die von den Unseren spricht. Nun, jeder Nachfolger Christi muss zu einer örtlichen Gemeinde gehören; nicht, um in den Himmel zu kommen, aber er muss einer örtlichen Gemeinde angehören, um den Willen Gottes zu tun. Warum braucht jeder Christ Geschwister? Damit er wachsen kann. Ein Christ wächst, indem er die Bibel liest, betet, sich der Wirkung des heiligen Geistes öffnet und in Gemeinschaft mit anderen Christen ist. Ein Christ wächst am schnellsten und am besten, wenn er die Verantwortung, die Gott ihm zugedacht hat, übernimmt. Wenn jemand einfach lebt und sich Christ nennt, sich aber nicht verantwortlich für andere fühlt, macht ihn all das Drumherum nicht zu einem Christen.

Jesus ist unser Vorbild. Er kam auf die Erde, er fühlte sich verantwortlich für andere, er lehrte, er predigte, er starb – für uns. Jesus hat kein Haus gekauft, er hat keine teure Kleidung gehabt, er hatte kein edles Pferd mit Wagen – das alles war nicht sein Leben. Sein Leben waren – und sind bis heute – andere Menschen. Wenn wir Christen sein wollen, dann tragen wir Jesu Geist in uns. Und das bedeutet, dass wir auch Verantwortung übernehmen für die Unseren. Sie sollen kein fruchtloses Leben führen.

Herr! Zeige mir, wo ich dir heute eine Hilfe sein kann. Amen.

9. Dezember

Wenn du mich nun für deinen Freund hältst, so nimm ihn auf wie mich selbst.
Philemon 17

Hier haben wir es mit drei Männern zu tun. Mit Paulus, dem Schreiber dieses Briefes. Mit Philemon, dem Empfänger des Briefes. Und mit Onesimus, einem Sklaven des Philemon.

Onesimus war seinem Herr, Philemon, unnütz gewesen, er hat ihm Schaden zugefügt, vielleicht hat er seinen Herrn sogar bestohlen. Auf seiner Flucht begegnet er nun dem Paulus. Als entlaufenem Sklaven droht dem Onesimus die Todesstrafe. In der Begegnung mit Paulus wird ihm aber klar, dass es so nicht weitergehen kann, dass es eine Änderung geben muss. Onesimus kann vielleicht vor Philemon davonlaufen. Nicht aber vor Gott. Und Onesimus verändert sich in der Obhut des Paulus. Das lesen wir aus Vers 13 des Philemonbriefes; da schreibt Paulus: „Ich wollte ihn gern bei mir behalten."

Nun war Onesimus dem Paulus nützlich geworden. Diese Wandlung macht ihn sympathisch. Aber Paulus erinnert den Onesimus daran, dass da noch etwas mit seinem Herrn Philemon zu klären ist. Und Paulus gelingt es, Onesimus dazu zu bringen, dass er die Versöhnung mit seinem Herrn sucht. Vergebung zu erfahren, heißt auch, eine neue Chance zu bekommen. Und wer weiß das besser, was es heißt, eine neue Chance zu bekommen, als Paulus selbst – er war ja vor seiner Bekehrung selbst eine radikaler Christenverfolger gewesen. Es tröstet, zu sehen, wie Jesus Menschen eine neue Chance gibt. Und nun wirbt Paulus mit einem Brief, den er dem Onesimus für seinen Herrn mitgibt, um Verständnis bei Philemon. Von Philemon verlangt Paulus nun auch viel: eine Bereitschaft, mit der Vergangenheit aufzuräumen, eine Bereitschaft zu einer neuen Treue zueinander. Solch eine Bereitschaft macht aus beiden Männern Gewinner – Philemon kann seinen Sklaven neu gewinnen, nämlich als Freund und Bruder im Herrn Jesus Christus.

Herr! Danke für deine Gnade und danke, dass ein Neuanfang bei dir möglich ist. Amen.

10. Dezember

Ehrt jedermann, habt die Brüder lieb, fürchtet Gott, ehrt den König!

1. Petrus 2,17

Gott hat uns in Christus befreit. Nun sind wir frei davon, andere Menschen ehren zu müssen, weil wir uns davon einen Vorteil für uns selbst erhoffen.

Nun sind wir frei, andere Menschen ehren und liebhaben zu *dürfen*. Der Antrieb ist nun ein ganz anderer. Wir ehren und lieben andere Menschen nicht um unser selbst willen, sondern um ihretwillen. Mit dieser Leidenschaft, mit der wir um Gottes Willen andere ehren und lieben dürfen, bringen wir in anderen Menschen das Beste hervor – ja, andere wachsen über sich selbst hinaus. Ein Wachstum, das über sich selbst hinausgeht und das gut ist, ist ein Wachstum zu Christus hin. So werden andere gefördert, die Wurzeln ihres Lebensbaumes auch in die Nähe Christi zu treiben.

In dieser Ehrerbietung und Liebe zu anderen wollen wir Gott fürchten. Auf ihn wollen wir immer zuerst schauen. Mit dieser Rücksicht auf Gott gewinnen wir die Freiheit zum Dienen, wie sie Gott gefällt.

Und auch den König, den Bürgermeister unserer Stadt, die Stadtverordneten, den Landrat, Ministerpräsidenten, den Bundeskanzler und den Bundespräsidenten wollen wir ehren. Wir wollen nicht über *die da oben* schimpfen. Das bringt uns und unser Land nicht voran.

Die größte Ehre tun wir Menschen, wenn wir sie in unsere Gebete einschließen. Wenn wir sie segnen. Wenn wir gut von ihnen und mit ihnen sprechen. Kannst du auch so jedermann ehren, die Brüder – und Schwestern – liebhaben, dabei Gott fürchten und auch den König ehren? Dann wirst du gern gesehen sein bei den Menschen. Du wirst angenehm sein. Du wirst sein wie gutes Öl in einem Getriebe. Wo du hinkommst, werden Dinge rund laufen. Ja, so wollen wir sein, um Christi Willen.

Herr! Bitte schenke mir ein demütiges, liebendes Herz. Amen.

11. Dezember

Vergeltet nicht Böses mit Bösem oder Scheltwort mit Scheltwort, sondern segnet vielmehr, weil ihr dazu berufen seid, dass ihr den Segen ererbt.

1. Petrus 3,9

Wenn man Böses mit Bösem vergilt, dann steht noch mehr Böses im Raum – das Böse nimmt zu, es kommt zu einer Spirale des Bösen. Je mehr Böses zwischen Menschen steht, desto schwieriger wird es, zum Guten zurückzukehren. Man versteht schnell, dass es keine Lösung ist, Böses mit Bösem zu vergelten.

Den Kampf gegen das Böse gewinnt man nur, wenn man das Böse durch Gutes auflöst, den Fluch mit Segen erwidert. Aus welcher Kraft heraus können wir als Gotteskinder so handeln? Wir können so handeln aus unserer Berufung heraus, den Segen von Gott zu ererben. Bevor wir segnen können, auch unter schwierigen Verhältnissen, werden wir von Gott gesegnet.

Segen – das ist das gute Wort, das gedacht und gesprochen wird, das gute Wort, das im Handeln wahr wird. Mit Segen loben und beglücken wir andere Menschen. Wir schenken anderen Menschen das Glück weiter, das wir von Gott empfangen haben.

Dieser Segen, der von Gott seinen Ursprung nimmt, ist stärker als jedes Scheltwort, stärker als jede böse Beleidigung. Dieser Segen von Gott, dein Erbe, stärkt dich auch in schwierigen Zeiten. Dieser Segen hat die Kraft, auch deine Verletzungen zu heilen, die du durch Böses erfahren hast. Das Immunsystem des Menschen, die sogenannte Selbstheilungskraft, ist nur sehr begrenzt. Doch mit diesem Segen von oben kommt eine ganz starke Heilungskraft in dein Leben und deine Beziehungen.

Mit diesem Segen, den wir von Gott ererben, kann der Teufelskreis des Bösen in unserem Leben durchbrochen werden. Wir schlagen nicht zurück – wir segnen zurück. Zum Segnen sind wir berufen in einer Welt, die ohne Gott so unendlich verloren ist.

Danke, Vater, für das reiche Erbe, das wir angetreten haben. Amen.

12. Dezember

Alle Sorge werft auf ihn; denn er sorgt für euch.
1. Petrus 5,7

Sorgen können sich zu einem Gebirge auftürmen. Sorgen können uns gefangen nehmen. Sorgen können uns lähmen.

Nun dürfen wir diese Sorgen nehmen und auf unseren Herrn werfen. Ständig. Damit der Sorgenberg sich gar nicht erst so hoch aufschichten kann. Und wenn wir das tun, dann erleben wir, wie unsere Sorge und unsere Last weichen und der Fürsorge Gottes Platz machen. Unter Gottes Fürsorge erleben wir, wie wir umsorgt werden und geschenkt bekommen, was wir zum Leben brauchen.

Unter dieser Fürsorge lernen wir vertrauen. Wir vertrauen Gottes Plan für unser Leben. Schon zu wissen, dass Gott einen Plan hat, schenkt große Gelassenheit, große Besonnenheit und großen Mut.

Ja, Schmerz und Leid können uns sorgenvoll fesseln. Verzweifelnde, dunkle Gedanken können Raum gewinnen. Aber im Umsorgen Gottes fühlen wir, wie Gott liebend mit uns leidet. Wir fühlen, wie sein Herz für uns schlägt. Wir empfangen die Gnade, die aus seiner Sorge um uns fließt. Wir vertrauen Gott unser Leben, unseren Körper, unser Denken und Fühlen, ja auch unseren Glauben an. Wir befehlen unserem Herrn einfach alles an, nachdem wir unsere Sorgen auf ihn geworfen haben.

Ja, wo gibt es solch einen Gott, der unsere Sorge in seine Fürsorge verwandelt, unsere Beschwernis in seinen Segen? – Es gibt ihn in deinem Leben. Ganz wirklich, ganz real. Unsere Seele darf ruhig werden in der liebenden Gegenwart dieses wunderbaren Herrn.

Herr! Du wandelst mein Leben. Amen.

13. Dezember

Der Gott aller Gnade, der euch berufen hat zu seiner ewigen Herrlichkeit in Christus Jesus, der wird euch, die ihr eine kleine Zeit leidet, aufrichten, stärken, kräftigen, gründen.
1. Petrus 5,10

Es gibt Zeiten, da leidet die Gemeinde Jesu. Auch hier in Deutschland wollen wir nicht vergessen, dass weltweit 100 Millionen Menschen verfolgt werden, weil sie sich zu Christus bekennen. Da leidet Gemeinde, und jeder von uns, der sich das zu Herzen nimmt, der leidet mit.

Es gibt Zeiten, da fühlt sich die Gemeinde Jesu schwach und zerbrochen. Da fehlt dann der gute Ausblick – die Vision. Es gibt Zeiten, da scheint der Boden, auf dem wir stehen, zu beben, und die Gemeinde Jesu fragt sich, ob das gute Fundament noch hält. Ja, es gibt all diese Zeiten. Aber der Text für den heutigen Tag sagt uns, dass diese Zeit des Leids nur eine kleine Zeit ist. Aufrichten, Stärken, Kräftigen, Gründen – diese Tätigkeiten sind bei Gott eine Chefsache. Da kümmert sich der Chef – unser Herr – persönlich drum. Unser Gott richtet auf, die zerbrochen sind. Unser Gott stärkt, die sich ängstigen. Unser Gott kräftigt, die sich schwach fühlen. Unser Gott gründet, die sich haltlos fühlen. Bei all diesen Tätigkeiten hat unser Herr, Jesus, nicht weniger als die Rettung der Welt zum Ziel. Das ist sein Plan. Um dieses Ziel zu erreichen, könnte sich Gott auch aus Steinen Kinder zum Leben erwecken. Aber Gott wollte viel lieber dich und mich zum Leben erwecken ... und nun hat er uns berufen, mit ihm zusammen – Seite an Seite – Gemeinde zu bauen. Und dazu wollen wir in unserem Leben das Beste geben, was wir haben. Wir geben in unseren Familien das Beste: Jesus. Wir geben in unserer Gemeinde das Beste: Jesus. Wir geben in unserer Stadt das Beste: Jesus. Wir geben in unserem ganzen Leben das Beste: Jesus. Seite an Seite arbeiten wir auf dieser Baustelle mit unserem Herrn. Und er – Jesus – ist es auch, der uns, wenn wir auch eine kleine Zeit leiden, aufrichtet, stärkt, kräftigt und gründet.

Herr! Du bist durch das tiefste Leid gegangen. Und du hast alles Leid überwunden. Amen.

14. Dezember

Wir warten aber auf einen neuen Himmel und eine neue Erde nach seiner Verheißung, in denen Gerechtigkeit wohnt.
2. Petrus 3,13

Wir haben eine Zukunft. Es wird nicht beim Alten bleiben. Alles wird neu werden. Darauf warten wir. Und wir warten nicht vergeblich.

Schon in Christus wurde alles neu. Christus versteht es, Menschen wieder aufzurichten und auf die Beine zu stellen. Sein Reich fing vor 2000 Jahren als Samenkorn – wie ein kleines Senfkorn – an. Und es wächst seither beständig durch die Menschen, denen Jesus aufhilft.

Nun streben wir nicht nur einem großen Finale entgegen. Nein, Gott wird mit dem neuen Himmel und der neuen Erde mehr als nur ein neues Kapitel aufschlagen – er wird ein neues Buch beginnen.

Wir dürfen uns schon einmal darauf einstellen, welche wichtigen Merkmale der neue Himmel und die neue Erde haben werden. Wir werden erfahren, dass hier das Lamm mit der tödlichen Wunde regiert. Wir werden erleben, dass der Glanz und Lichtschein der neuen Welt Christus sein wird.

Und wir hören heute, dass in dem neuen Himmel und auf der neuen Erde Gerechtigkeit wohnt. Ja, das Himmelreich ist ein Rechtsstaat. Gott ist es mit dem Gesetz und der Gerechtigkeit sehr ernst. Wenn du Sehnsucht nach Gerechtigkeit und Frieden hast, dann wirst du in dem neuen Himmel und auf der neuen Erde einen schönen Ort vorfinden.

Wir haben eine Gegenwart. Schon heute ist nichts beim Alten geblieben. Alles wurde neu durch die Vergebung unserer Schuld und die feste Hoffnung, die wir in Christus haben.

In unseren Herzen keimt bereits der Same für die neue Welt. Du, Herr, hast ihn gesät. Hab Dank dafür. Amen.

15. Dezember

Gott ist Licht, und in ihm ist keine Finsternis.
1. Johannes 1,5

Gott ist nicht nur der, der einmal geboten hat „Es werde Licht!". Mehr noch, er ist selbst das Licht. Und sein Licht strahlt hell und schön.

Deshalb war Jesus auch der Sonnenschein Judäas, Galiläas, Samariens – ja, der ganzen Welt. Wo Jesus hinkam, da teilten sich die dunklen Wolken über den Menschen, Licht brach sich Bahn. Jesus sprach von sich selbst: „Ich bin das Licht der Welt." Aber auch seinen Jüngern sprach er es zu: „Ihr seid das Licht der Welt." Und später schrieb Paulus „Lebt als Kinder des Lichts." Das geht natürlich nur, wenn der Vater dieser Kinder selbst auch Licht ist.

Weil das Licht alles Dunkle, alles Schwere, alle Trauer verdrängt, ist in Gott keine Finsternis. Sind wir aber Kinder der Lichts, dann sollen auch wir der Finsternis keinen Raum geben. Keinen Raum in unseren Gedanken, in unserem Sprechen und keinen Raum in unserem Handeln.

Das Licht des Morgens verdrängt die Finsternis der Nacht. Und damit erinnert uns jeder Morgen an die Schöpfung, in der Gott auch das Licht von der Finsternis schied. So darf es auch in uns Gotteskindern immer wieder neu Morgen werden. Ja, wir fallen auch einmal, ja wir haben auch einmal der Finsternis Raum gegeben. Aber Gottes Vergebung ist jeden Tag neu und frisch wie ein froher Sonnenaufgang.

Geht über uns die Sonne auf, so können wir klar sehen. So schafft das Licht Gottes auch Klarheit in unserem Leben. Das Licht, das von Jesus ausgeht ist rein, es stärkt und belebt uns. Komme in dieses Licht. Auch heute.

Danke, Jesus, für das Licht, das lebendige Wasser und das Leben, das aus dir fließt. Amen.

16. Dezember

Wir wissen, dass wir aus dem Tod in das Leben gekommen sind; denn wir lieben die Brüder. Wer nicht liebt, der bleibt im Tod.
1. Johannes 3,14

Auf das Heimgehen meines Papas hat mich Gott vorbereitet. Zwei Nächte vor seinem Sterben hatte ich einen seltsam real wirkenden Traum. Ich träumte vom Sternenhimmel. Doch die Sterne verblassten einer nach dem anderen – bis auf einen Stern, der immer heller und schöner schien. Er hüllte mich in ein helles Licht. Und dann sah ich auf einmal einen alten Mann, der starb, und ein kleines Baby, das geboren wurde. Im Traum fühlte ich, dass all das etwas mit meinem Leben zu tun hat. Das bewegte mich im Traum so stark, dass ich sofort wach wurde. Die Uhr zeigte vier Uhr nachts an. Ich lag wach. Eine halbe Stunde später rief mich meine Mutti an: „Der Vater reagiert nicht, wenn ich ihn anspreche. Kannst du gleich vorbeikommen?" – „Ja, hatte er einen Schlaganfall?", war meine erste Frage. Ich fuhr sofort zu meinen Eltern. Und als ich eintraf, sah ich schon, wie Arm und Bein wie bei einem frischen Schlaganfall gebeugt waren. Mein Vater hatte die Augen geschlossen. Ich veranlasste sofort, dass ein Notarzt kommt: „Ich bin Kollege. Hier besteht ein akuter Schlaganfall. Veranlassen Sie bitte sofort eine Lyse." – Mein Papa kam ins Krankenhaus. Er öffnete die Augen nicht mehr. Ich blieb bei meinem Papa in der Klinik. Nach zwei Tagen bekam ich den Eindruck, ich solle nun für ihn singen. Ich hatte ein Liederbuch dabei. Zuletzt sang ich „Die Gott lieben werden sein wie die Sonne, die aufgeht in ihrer Pracht". Bei diesem Lied öffnete mein Papa die Augen, schaute mich mit seinen blauen Augen erwartungsvoll an. Seine Augen sahen aus wie die erwartungsvollen Augen unserer Kinder, direkt nach der Geburt. Und dann sah ich, dass mein Papa aufhörte zu atmen. Die Zeit reichte noch für ein Gebet – ich segnete ihn. Mein Papa bewegte noch seine Lippen zu einem „Amen". Dann ging er heim. Es war an einem 16. Dezember. Es war an einem Sonntagabend. Mein Papa ist aus dem Tod ins Leben gekommen.

Herr, lehre uns, dass wir sterben müssen, auf das wir klug werden. Amen.

17. Dezember

Daran erkennen wir, dass wir aus der Wahrheit sind, und können unser Herz vor ihm damit zum Schweigen bringen, dass, wenn uns unser Herz verdammt, Gott größer ist als unser Herz und erkennt alle Dinge.
1. Johannes 3,19.20

Jesus lebt. Und Jesus rettet. Und Jesus rettet gern. Die Rettung war teuer – aber es ist vollbracht. Das hat Jesus gesagt. Am Kreuz. Also, die Rettung ist da – durch Jesus. Und Jesus und die Engel im Himmel freuen sich, wenn wir sie in ihm ergreifen.

Jetzt mag es aber sein, dass dein Herz dich anklagt. Die Bibel sagt es sogar noch schärfer: Es mag sein, dass dein Herz dich verdammt.

Aber dein Herz darf still werden vor Jesus in dem Wissen, dass Gott größer ist als dein Herz. Und seine Gnade ist größer als dein Herz. Und seine Liebe ist größer als dein Herz. Und sein Erbarmen ist größer als dein Herz. Das Gesetz und die Gebote gehen tief. Die haben Tiefgang. Aber wir haben erfahren dürfen: Gottes Liebe geht tiefer als das Gesetz.

Unsere Übertretungen und unser Versagen haben sich zu einem schwindelerregend hohen Berg aufgetürmt. Aber wir dürfen wissen: Gottes Liebe geht höher als all unsere Übertretungen, höher als all unser Versagen. Denn die Liebe deckt alle Übertretungen zu, sie deckt auch der Sünden Menge, um es mit Petrus zu sagen.

Was machen wir nun mit unserem Herzen? Wir können es Gott opfern, ja wir können es Gott schenken. Du kannst Gott dein gebrochenes Herz opfern. Und dann lässt du Gott an deinem Herzen arbeiten. Und dann gibt es noch ein schöneres Opfer: Du kannst Gott dein dankbares Herz opfern. Wir haben allen Grund, Gott dankbar zu sein, weil Jesus auf Golgatha unsere Rettung wurde.

Ja, Jesus lebt. Und Jesus rettet. Und Jesus rettet gern und sicher. Auch heute. Auch dich.

Herr, ich lasse mein Herz schweigen vor dir. Und ich will lernen, auf dich zu hören – denn du erkennst alle Dinge. Amen.

18. Dezember

Darin ist die Liebe bei uns vollkommen, dass wir Zuversicht haben am Tag des Gerichts; denn wie er ist, so sind auch wir in dieser Welt. Furcht ist nicht in der Liebe, sondern die vollkommene Liebe treibt die Furcht aus; denn die Furcht rechnet mit Strafe. Wer sich aber fürchtet, der ist nicht vollkommen in der Liebe.
1. Johannes 4,17.18

„Gott ist Liebe." – Das ist eine gute Grundlage, wenn man miteinander über Gott ins Gespräch kommt. Im Geist Gottes wird diese Liebe erfahrbar. In Jesus ist die Liebe Gottes sogar Mensch geworden. Als Kinder Gottes dürfen auch wir diese Liebe leben. Diese Liebe gilt auch am Tag des Gerichts. Wie lange wird das Gericht dauern? Nun, darüber sagt uns die Bibel nichts. Wir haben viel Zeit, wenn das Gericht eröffnet wird. Dann mag uns diese Frage eine große Not machen: „Stehe ich im Buch des Lebens?"

Ich erinnere mich an meine zahnärztliche Zwischenprüfung. Der alte, ehrwürdige Professor für zahnärztliche Prothetik spannte uns alle im Hörsaal bei der Bekanntgabe des Prüfungsergebnisses auf die Folter. Gleich zu Beginn sagte er uns, dass über 50% aller Prüfungsteilnehmer durchgefallen seien. Doch zur Verlesung der einzelnen Noten kam er noch lange nicht. Ausschweifend sprach er über die Leistung des geprüften Semesters im Allgemeinen. Die Anspannung im Raum war unerträglich. Doch eines habe ich noch nicht erwähnt: der Zahntechnikermeister, der mich sehr mochte, hatte mir gleich schon beim Betreten des Hörsaals lächelnd zugenickt. Da wusste ich, ich habe es geschafft. Ich konnte ganz entspannt im Hörsaal sitzen.

So ist es auch mit Jesus. Nehmen wir ihn von Herzen an, geben wir ihm unser Leben, dann liegt das Gericht schon hinter uns – ja in Christus nickt der Vater seinen Kindern schon vor Eröffnung des Gerichts lächelnd zu. Wir haben keine Furcht mehr vor dem Gericht.

Herr! Durch dich habe ich Zuversicht am Tag des Gerichts. Du bist mein Retter und mein Richter. Amen.

19. Dezember

Unser Glaube ist der Sieg, der die Welt überwunden hat.
1. Johannes 5,4b

Wir alle lieben den Sieg. Wir wollen gerne Sieger sein, auf der Seite des Siegers stehen.

Doch es gibt in der Welt drei Dinge, bei denen wir den Sieg nicht erringen können – in diesen Dingen sind wir geborene Verlierer: Wir können keinen Sieg erringen über den Tod, über Versagen und über Schuld.

Wenn Gott nicht persönlich die Initiative ergriffen hätte, dann hätte sich an dieser Situation für uns nichts geändert.

Aber Gott, der liebende Vater, der treue Sohn Jesus Christus und der heilige Geist sind das Siegerteam über Tod, Versagen und Schuld. Mit ihnen dürfen wir auf die Seite des Siegerteams treten. Wann immer die Sonne über uns aufgeht, dürfen wir darauf vertrauen: Dieser Glaube ist der Sieg, der die Welt überwunden hat.

Wie kann es geschehen, dass auch du heute noch zu diesem Siegerteam kommst? – Komm unter das Kreuz. Komm zu Jesus. Sage ihm „Ich habe gesündigt. Ich bin schuldig vor dir und den Menschen." Und unter dem Kreuz wirst du erfahren, dass du mit diesem Wissen nicht verzweifeln musst. Unter dem Kreuz wirst du erleben, wie Jesus dir Vergebung zuspricht, wie er deine Schuld überwindet und im tiefsten Meer versenkt und wie Jesus dir ewiges Leben verspricht.

Golgatha ist ein geheimnisvoller, wunderbarer Ort. Du kannst diesen Ort auch heute noch im Geist erreichen und dich unter das Kreuz stellen. Du kannst dich einreihen in die große Schar derer, die schon von Jesus befreit wurden. Sei dabei.

Du, Herr, bist der Sieger von Golgatha. Und ich komme unter dein Kreuz. Mit dir zusammen überwinde ich die Welt. Amen.

20. Dezember

Wer darüber hinausgeht und bleibt nicht in der Lehre Christi, der hat Gott nicht; wer in dieser Lehre bleibt, der hat den Vater und den Sohn.
2. Johannes 9

Bei der stillen Post verändert jeder beim Weitersagen ein bisschen das, was er selbst gehört hat. Am Ende kommt bei diesem Spiel etwas ganz Falsches und Sinnentstellendes heraus. Was bei der stillen Post heiter sein mag, ist im wirklichen Leben wenig lustig. Die tollsten Gerüchte können entstehen. Über Menschen. Und über Gott.

Wenn wir eine gute Lehre Christi weitergeben und leben wollen, dann müssen wir uns schon ans Original halten.

Das Original finden wir im Wort Gottes, der Bibel. Das Original finden wir auch im heiligen Geist, den Christus nach seiner Himmelfahrt zu uns geschickt hat. Denn der heilige Geist ist ein göttlicher Ratgeber, ein *Divine Counselor*, wie die englische Bibel es in Jesaja 9,5 sagt.

Gerade in den letzten Tagen, bevor Christus wiederkommt, werden die Menschen durch „mancherlei fremde Lehre umgetrieben". Wir tun gut daran, uns am Verfälschen des schönen und reinen Evangeliums, der Guten Nachricht, wie Christus sie uns gebracht und vorgelebt hat, nicht zu beteiligen.

Eine kleine Winkelabweichung kann für ein Schiff schon genügen, am Ende das Ziel um hunderte Kilometer zu verfehlen. Wenn wir uns aber fest anhand der Bibel und der Leitung des heiligen Geistes führen lassen, dann werden wir auf Kurs bleiben und das Ziel erreichen. Wir werden den Vater und den Sohn haben. Und das gilt auch für alle, die in unserem Kielwasser mit ihrem Schiffchen folgen.

Danke, Herr, dass uns dein Wort über all die Generationen hinweg unverfälscht erhalten blieb. Amen.

21. Dezember

Mein Lieber, ich wünsche, dass es dir in allen Dingen gut gehe und du gesund seist, so wie es deiner Seele gut geht.
3. Johannes 2

Das ist ein schöner Wunsch des Johannes an Gajus, an den der Brief adressiert ist.

Keinen Mangel haben. In allen Dingen Gutes erleben. Gesund sein. Der Seele gut gehen lassen. Diese Wünsche habe ich auch für dich.

Die Erfüllung des Wunsches ist erreichbar. Als Menschen sind wir bedürftige Wesen, wir haben Bedarf an Nahrung, frischer Luft, wir haben aber auch Bedarf nach Schutz und Liebe. All das ist greifbar nah in Jesus.

Das Leben des Gajus hat eben jene Grundlage, die eine gesunde Seele bedarf. Das bezeugen die Brüder, die von Gajus kamen und Johannes berichtet haben. Sie gaben Zeugnis davon, dass Gajus in der Wahrheit lebt. Und Johannes bekräftigt, dass er keine größere Freude hat, als dass seine Kinder in der Wahrheit leben. In der Wahrheit zu leben, heißt in Christus zu leben.

Trotzdem erlebt Gajus auch Anfechtung in seinem Umfeld. Ein Gemeindemitglied namens Diotrephes will in allem der Erste sein. Und dieser Mann lebt lieblos, indem er die Brüder nicht bei sich aufnimmt. Mehr noch: mit bösen Worten macht er Gajus und die Seinen schlecht.

Kann es der Seele des Gajus in diesem Umfeld gut gehen und an nichts fehlen? Ja, denn in Christus ist auch Stille vor dem Sturm. Das Herz und die Seele des Gajus dürfen fest und getrost sein.

Herr, zeige mir, wo ich heute Menschen deinen Segen weitersagen darf.
Amen.

22. Dezember

Denn wir haben nicht einen Hohenpriester, der nicht könnte mitleiden mit unserer Schwachheit, sondern der versucht worden ist in allem wie wir, doch ohne Sünde.
Hebräer 4,15

Keiner kann sagen, Gott kenne sich im Leben nicht aus. Niemand kann behaupten, Gott wisse nicht, wie es ganz unten aussieht. Es stimmt nicht, dass er von Leid und Versuchung keine Kenntnis habe. Ja, er kennt auch die dunklen Räume, durch die unser Leben führt. Er kennt sie alle. Und durch alle dunklen Räume ist uns unser Herr voran gegangen.

Unser Herr hat uns gezeigt, was es heißt, ein wirklicher Held zu sein. Unser Held Jesus hat nicht aufgegeben, als die Ungerechtigkeit, der Spott und der Verrat an ihm ihren Höhepunkt fanden. Er hat nicht aufgegeben, als unsere Sünde ihn ans Kreuz nagelte. Ja, er hat *uns* nicht aufgegeben.

Und in aller Versuchung blieb unser Held ohne Sünde. Er ist nie schuldig geworden, selbst als man ihn, der reine Liebe ist, ins Angesicht spuckte.

In allem wurde Jesus unser Vorbild. Er wurde zu dem, der uns voranschreitet. Er führt. Er kennt den Weg. Ja, er kennt auch die Abgründe. Aber er kennt auch die lichten Höhen. Er kennt das alles. Er ist der Hohepriester, der alles weiß und sieht und die Lösung kennt: er selbst ist die Lösung.

In tiefer Weisheit ist dieser Held auch dein Trost, deine Zuversicht und deine Hoffnung. Diese Hoffnung ist berechtigt, sie trügt nicht. Denn wir haben einen Retter. Es ist Jesus, der gekreuzigte und auferstandene Herr. Ja, er kennt unsere Schwachheit. Er kennt unsere Not, unsere Zweifel und Angst. Doch er verwandelt in seiner Gegenwart all unsere Mutlosigkeit in Vertrauen und Freude. Diese Wandlung schafft nur unser Hoherpriester.

Alles dreht sich um dich, Herr. Um dein Mitleiden mit uns, um deine Sündlosigkeit und deinen Sieg in unser aller Leben. Amen.

23. Dezember

Es ist aber der Glaube eine feste Zuversicht auf das, was man hofft, und ein Nichtzweifeln an dem, was man nicht sieht.
Hebräer 11,1

Wie ist das mit Glauben und Wissen? Ist der Glaube mehr – oder das Wissen? Oder umgekehrt? Und was ist wertvoller: Vertrauen zu können – oder die Wahrheit zu kennen?

Nun, die Wahrheit zu kennen – das ist noch nicht genug. Du kannst mit Menschen zusammen sein, die große Dinge reden, die viel wissen, große Zusammenhänge sehen und kluge Worte haben – und dennoch kann all diese Wahrheit dein Herz nicht froh, nicht fröhlich, nicht heiter und leicht machen. Die Wahrheit nur zu kennen kann deinen Durst nach dem wahren Leben noch nicht stillen.

Allein schon die Wahrheit über dich selbst, wie es in dir aussieht, kann dich tief traurig machen.

Die Wahrheit ist wichtig, ja. Aber sie kann auch eine gefährliche Sache sein. Deshalb sollen wir die Wahrheit auch immer nur im Dreier-Komplettpaket nehmen: Wahrheit, Weg und Leben. Und dieses Komplettpaket ist Jesus. Denn Jesus sagt von sich selbst: „Ich bin der Weg, die Wahrheit und das Leben – niemand kommt zum Vater denn durch mich."

Der Punkt ist, dass du noch kein wirksamer Zeuge für Jesus bist, wenn du nur die Wahrheit über Jesus kennst. Selbst die Dämonen kennen die Wahrheit über Jesus. Nein, wenn du ein wirksamer Zeuge für Jesus sein willst, dann muss dein Leben vom Geist Jesu beherrscht werden. Erst das macht dich heil und gesund, denn es mündet in Vertrauen.

Glaube ist mehr als nur Vermuten und Wissen. Glaube ist eine feste Zuversicht auf das, was wir noch nicht sehen. Und wir zweifeln nicht vor der Zukunft, auf die wir hoffen.

Herr, wir suchen dich. Und unser Herz lebt damit auf. Amen.

24. Dezember

Lasst euch nicht durch mancherlei und fremde Lehren umtreiben.
Hebräer 13,9a

Es ist eine Gefahr, wenn man meint, dass das einfache, schlichte Evangelium nicht mehr genüge. Es ist eine Gefahr, wenn wir nach abgründigsten Wahrheiten suchen und uns das schlichte Evangelium zu oberflächlich erscheint.

Das sind die fremden Lehren, vor denen der Apostel im Hebräerbrief warnt. Irrlehren können uns verwirren, und wir können verloren gehen, wenn uns das Blut Jesu und seine Gnade nicht mehr genug sind. Wir werden umgetrieben.

Manche, so erzählte einmal Pastor Wilhelm Busch, grübeln darüber, was wohl vor 1. Mose 1,1 los war. Manche kommen dann sogar auf einen Einfall, und dann diskutieren sie über mancherlei neue –und fremde – Lehre. Manchmal wollen diese Menschen dann nicht mehr einfach umkehren, Buße tun und Bekehrung erleben. Doch wer darauf verzichtet, über dem geht Jesu Gnade nicht mehr wie eine strahlende Sonne auf.

Mancherlei und fremde Lehre. Immer neue Dinge werden erfunden. Das Umtreiben geht dort los, wo nicht mehr das Kreuz Jesu im Mittelpunkt steht. Doch nur unter diesem Kreuz unseres Herrn erfahren wir friedlosen Menschen den Frieden Gottes. Christus bringt uns unter dem Kreuz seinen Frieden. Nach der Vergebung der Sünden und der Erfüllung mit dem heiligen Geist wird unser Herz mit unendlichem Frieden erfüllt. Dieser Frieden ist nicht psychologisch erklärbar – er ist höher als alle Vernunft.

Unser heutiges Bibelwort steht im Kontext mit Irrlehrern, die neue Speisegebote ausgaben. Es tut dem Menschen nicht gut, wenn aus einer neuen Diät eine neue Religion wird.

Vielmehr dürfen wir täglich Gnade erfahren. So etwas bindet an Jesus, denn er ist die Quelle der Gnade. Löst man so seine Lebensfrage, dann wird man nicht mehr umgetrieben, vielmehr wird das Herz fest.

Herr! Es ist deine Gnade, die unser Herz fest macht. Amen.

25. Dezember

Es ist ein köstlich Ding, dass das Herz fest werde, welches geschieht durch Gnade.
Hebräer 13,9b

Die Welt tut so, als ob zwischen ihr und Gott alles in Ordnung und im Reinen wäre. Das ist aber nicht so. Dieses Manöver will nur über die Trennung zwischen den Menschen und Gott, die wir seit dem freien Fall von Adam und Eva in der Welt erleben, hinwegtäuschen, um sich dann schnell wieder anderen Beziehungen zu widmen.

Dass zwischen der Welt und Gott nicht alles in Ordnung ist, zeigt sich darin, dass die Welt denjenigen hasst, den Gott gesandt hat: Jesus Christus.

Du kannst dich gut und gern über Gott und die Welt unterhalten. Das ist alles kein Problem. Aber sobald es um Jesus geht, fallen Worte voller Hass und Spott. Die Soldaten taten in der Nacht nur, was die Welt auch will: Jesus wegschaffen.

Weil die Welt Jesus wegschaffen will, geraten auch seine Jünger in eine Gefahrenzone. Auch du kannst in Gefahr geraten, wenn du dich zu Jesus bekennst.

Und genau dieser Jesus sagte zu seinen Jüngern: „In der Welt habt ihr Angst, aber meinen Frieden lasse ich euch. Meinen Frieden gebe ich euch. Nicht gebe ich, wie die Welt gibt." Dieser Friede ist Gnade. Und genau diese Gnade macht unser Herz fest.

Haben wir ein festes Herz, dann werden wir nicht mehr wie ein Blatt im Wind umhergetrieben, wir sind nicht mehr ein hohles Rohr, das sich im Sturm biegt. Wir sind getröstet und gestärkt in Christus.

Ein festes Herz ist für uns nicht machbar. Es ist alles Gnade. Es ist alles Geschenk. Von Gott.

Danke, Herr, dass du dich uns geschenkt hast. Amen.

26. Dezember

Wir haben hier keine bleibende Stadt, sondern die zukünftige suchen wir.
Hebräer 13,14

Die Städte, in denen wir leben, sind überwiegend schön, und doch sind sie nicht unsere bleibenden Städte. Wir suchen die künftige Stadt, die, wie uns die Bibel sagt, ein von Christus geschaffener Ort des Aufatmens, des Friedens und des Heils ist.

Um dieses Ziel zu erreichen, wollen wir heute schon mit Jesus auf dem Weg sein. Und auf diesem Weg gibt uns Jesus viele Wegweiser, damit wir das Ziel nicht verfehlen. Einen ersten Wegweiser finden wir in unseren Städten gleich am Stadteingang; ein weißes Verkehrsschild macht uns auf Orte in jeder Stadt aufmerksam, an denen wir die gute Nachricht von Jesus Christus hören können: die Kirchen der Stadt.

Diese gute Nachricht stammt aus dem Wort Gottes, der Bibel, dem wichtigsten Wegweiser. Die Bibel zeigt, wie wir Jesus nachfolgen können, motiviert uns und baut uns auf, wo wir Kraft brauchen.

Unser nächster Wegweiser sind Menschen, die Jesus in ihr Leben aufgenommen haben und die befreiende Kraft eines Lebens mit Jesus kennengelernt haben. Diese Menschen erzählen uns gern von ihrer Begegnung mit Jesus. Befreite Christen können erzählen, wie sehr Jesus ihr Leben bereichert.

Damit werden auch sie zu einem Wegweiser zur künftigen Stadt. Dabei wird aber auch etwas anderes offenbar: die künftige Stadt hat schon begonnen, sie wurde vor 2000 Jahren als Samenkorn gesät und wächst seither als Gemeinde Jesu – zu ihr gehören alle Menschen, die Vergebung ihrer Schuld durch Jesus erfahren haben und sich um Jesus sammeln. Auch in deiner Stadt. Auch heute.

Danke, Herr, dass du uns beim Vater im Himmel ein Zuhause bereitest.
Amen.

27. Dezember

So ist auch der Glaube, wenn er nicht Werke hat, tot in sich selber.
Jakobus 2,17

Glaube hat einen Bezug zur Praxis. Glaube spielt sich nicht nur in unserem Kopf ab. Das Evangelium fordert uns. Ja, wir sind errettet, allein aus Glauben. Aber das, was wir glauben, vertieft sich in unserem Handeln. Was wir einüben, stärkt unsere Liebe.

Ein Mann beklagte einmal in der Eheberatung, dass er seine Frau nicht mehr liebe. Da fragte der Eheberater: „Warum haben Sie aufgehört, sie zu lieben?" – „Na, ich liebe sie nicht mehr." – „Ja, fangen Sie wieder an, sie zu lieben", gab der Eheberater zurück. Wenn er ein schlechter Eheberater gewesen wäre, dann hätte er ihm gesagt, das sei OK und der Mann solle sich im nächsten Biergarten eine neue Frau aussuchen. Aber der Eheberater war gut. Deshalb wies er den Mann an: „Bevor wir uns das nächste Mal treffen, gebe ich Ihnen folgendes auf den Weg: Jeden Tag schenken Sie Ihrer Frau eine Rose. Das kostet 2 €." – Der Mann fragte: „Einfach so?" – „Ja, einfach so. Jeden Tag eine Rose. Und Sie sagen ihr: ‚Hier Liebling, die ist für dich.'" Der Mann erhielt einen weiteren Auftrag: „In den zwei Wochen bis zu unserem nächsten Treffen werden Sie mit Ihrer Frau essen gehen." – „Ja, wieviel soll ich ausgeben?" – Der Eheberater nannte ihm eine Summe. „Und jede Woche werden Sie Ihrer Frau ein Geschenk machen. Und jedesmal, wenn Sie nachhause kommen, nehmen Sie sich Zeit für Ihre Frau und fragen: ‚Liebling, wie war Dein Tag?' Und dann lassen Sie Ihre Frau erzählen, ohne sie zu unterbrechen." Der Mann schrieb sich alles auf: „Ist das alles?" – „Ja, das reicht im Moment." Nach zwei Wochen kam der Mann wieder zum Eheberater und sagte: „Ein Wunder ist geschehen. Ich liebe meine Frau wieder. Sie ist jetzt ganz anders. Sie benimmt sich ganz anders. Sie ist wie eine neue Frau." Der Mann hat wieder angefangen, seine Frau zu lieben. Liebe ist ein Tuwort. Da tut man etwas. Und genau dieses Tun stärkt den Glauben, der uns allein gerettet hat.

Herr, ich will das tun: dich lieben und die Menschen, die du mir heute auf den Weg stellst. Amen.

28. Dezember

Erbarmt euch derer, die zweifeln.
Judas 22

Zweifeln ist gut - wenn man den falschen Kurs hat. Zweifeln ist fatal, wenn man bereits die richtige Orientierung hat, aber dann Hoffnung und Vertrauen in das Ziel verliert.

Judas, einer der zwölf Jünger Jesu – nicht identisch mit Judas, dem Verräter Jesu – schreibt das Wort vom Erbarmen über die zweifelnden Menschen an alle Berufenen, die geliebt sind in Gott, dem Vater, und bewahrt sind für Jesus Christus. Wenn du in dieser Weise berufen und bewahrt bist, dann hast du eine Aufgabe: Erbarme dich derer, die zweifeln.

Das ist eine schöne Aufgabe, denn sie schenkt dir neue Schwestern und Brüder in Jesus. Die Gemeindefamilie wird größer, sie wird erneuert, erfrischt und gestärkt.

Wie gehst du vor, wenn du dich eines Zweifelnden erbarmst? Du gehst mit dem Zweifelnden ein Stück seines Weges, am besten sogar in seinen Schuhen – dann verstehst du besser, was ihn bewegt. Du hörst zu. Aufmerksam. Und wenn dann alles gesagt ist, dann betrachtet ihr gemeinsam die Schönheit unseres Herrn Jesus. Ihr betrachtet, wie er in unserem Leben und in seiner Kirche schon Sieg um Sieg errungen hat. Das ist ein gesegnetes Zurückschauen. Und es gibt eine gute Gewissheit auf Jesus auch in der Gegenwart und in der Zukunft.

Habe in diesem Sinne auf andere Acht!

Herr! Im Dienst, den du mir aufträgst, will ich Verantwortung für andere übernehmen. Auch für die Zweifelnden. Amen.

29. Dezember

Ich war tot, und siehe, ich bin lebendig von Ewigkeit zu Ewigkeit und habe die Schlüssel des Todes und der Hölle.
Offenbarung 1,18

Heute ist ein neuer Tag, an dem du bekennen darfst: Der Herr ist Gott. Denn er ist auferstanden – er ist wahrhaftig auferstanden.

So ist Christus: Er ist der Weg, er ist die Wahrheit, er ist das Leben. Und Gott weckt im Herzen eines Gotteskindes Glaube, Hoffnung, Liebe. Christus sagt es selbst: „Ich war tot, und siehe, ich bin lebendig von Ewigkeit zu Ewigkeit und habe die Schlüssel des Todes und der Hölle."

Die Weltgeschichte ist wie eine Sanduhr. In der Mitte, im Zentrum, ist die Sanduhr ganz eng. Da muss jedes Sandkorn, ja da muss jeder Mensch, einzeln durch. Und nun rate einmal, wer im Zentrum der Sanduhr ist! Wer? Jesus! Jeder muss einzeln an ihm vorbei. Wann immer ein Gotteskind an Jesus vorbeikommt, schließt Jesus die Tür zu Tod und Hölle ab – damit sich kein Gotteskind auf seinem Weg verirrt. Das ist Gnade.

Und Jesus leitet dich auf dem Weg ins Leben hinein. Und er leitet dich in seine Gegenwart hinein – dort ist es herrlich.

Jesus lebt – und das ist Leben: zu ihm gehören, zu dem, der lebendig ist von Ewigkeit zu Ewigkeit.

Du, Herr, bis für mich gestorben. Amen.

30. Dezember

Es spricht, der dies bezeugt: Ja, ich komme bald. - Amen, ja, komm, Herr Jesus.
Offenbarung 22,20

In der Antike glaubten die Wissenschaftler, die Welt habe keinen Anfang und kein Ende. Das glaubte man in Athen, und das glaubte man auch in Rom.

Nur das Wort Gottes, das die Juden schon bei sich hatten, sagt etwas anderes. Ja, es gab einen Anfang: Am Anfang schuf Gott Himmel und Erde.

Und die Welt hat ein Ende. Die Offenbarung berichtet uns davon, dass Johannes einen neuen Himmel und eine neue Erde sah, denn die erste Erde und der erste Himmel vergingen. Und es ist der, der einmal sagte „Es werde!", auch derjenige, der einmal sagen wird „Vergehe": es ist alles in Gottes Hand, es kommt alles aus seinem Mund, es ist alles sein Wort, das er spricht und das geschieht.

Im Lauf der Geschichte wird die Ratlosigkeit der Menschen dieser Welt immer weiter zunehmen. Politische, wirtschaftliche und religiöse Ratlosigkeit werden wachsen, bis einer von unten kommt, der sagen wird: „Ich erlöse die Welt." Nachdem die Welt den Erlöser von oben, Jesus Christus, verworfen hat, wird sie diesen Erlöser von unten erwählen. Er heißt Antichrist – das heißt Gegenchristus. Wie lange er regieren wird, sagt die Bibel nicht. Aber auf dem Höhepunkt seiner Macht wird unser Herr, Jesus Christus, wie ein Blitz von Osten nach Westen für alle Menschen sichtbar wiederkommen. Mit dem Hauch seines Mundes wird er den Gegenchristus mit seinem aufgeblähten Machtapparat hinwegfegen.

Und dann wird Jesus regieren. Und der kann regieren. Schon heute kann er in deinem Leben, deiner Familie, an deinem Arbeitsplatz, in deiner Gemeinde, in deinem Freundeskreis und deiner Nachbarschaft regieren.

Es spricht, der dies bezeugt: Ja, ich komme bald.

Amen, ja, komm, Herr Jesus.

31. Dezember

Die Gnade des Herrn Jesus sei mit allen!
Offenbarung 22,21

Die Gnade des Herrn Jesus sei auch mit dir. Seine Liebe umhülle dich. Seine Liebe, die tiefer geht als jedes Gesetz und höher ist als all deine Übertretungen und all deine Schuld.

Jesus sagt: „Wie mich mein Vater liebt, so liebe ich auch dich. Bleibe in meiner Liebe!"

Du bleibst in seiner Liebe, wenn du weiter in seinem Wort liest. Ich möchte dich ermutigen, zum Original, zur Bibel, zu greifen. Ein Freund, Luc Verlinden, hat mir einmal empfohlen, die Bibel so zu lesen: „Lies täglich ein Kapitel aus dem Alten und ein Kapitel aus dem Neuen Testament. Fange ruhig vorne in den beiden Testamenten an. Und wenn du dann mit dem Neuen Testament durch bist, dann beginne es wieder von vorne, während du noch das Alte Testament liest." Lies beides. Wie groß Gottes Liebe ist, verstehst du viel besser, wenn du auch begreifst, wie wichtig Gott das Gesetz und die Gerechtigkeit sind. Das kommt kaum besser zur Geltung als beim gleichzeitigen Lesen beider Testamente.

Du bleibst in seiner Liebe, wenn du dich mit dem heiligen Geist erfüllen lässt. Bete um die Erfüllung mit dem heiligen Geist. Täglich. Harre aus. Er kommt. Zu seiner Zeit.

Du bleibst in seiner Liebe, wenn du deine Freundschaft und Liebe zu Jesus öffentlich bekennst. In deinem Umfeld. Auch in der Gemeinde. Aber nicht nur dort.

Du hast dieses Jahr von Gottes Liebe zu dir gehört. Vertraue darauf: diese Liebesgeschichte wird weiter fortgeschrieben. Auch im neuen Jahr.

Gottes Liebe ist Gnade. Diese Gnade sei mit dir.

Amen.

Rüdiger Marmulla:
Großstadtmond. Erzählung.
Moers: Joh. Brendow & Sohn Verlag GmbH, 2017
ISBN 978-3-96140-019-5

Die Erlebnisse zweier grundverschiedener Leitungspersönlichkeiten werden in diesem Büchlein vorgestellt: Gordon, ein brillianter Redner, der die Massen begeistert und Andreas, ein feinfühliger Teamplayer, der sich die Konflikte in seinem Leitungsteam sehr zu Herzen nimmt. Beide Männer haben einst einen hoffnungsvollen Start hingelegt: sie wollten sich mit ihren Begabungen ganz einbringen für Christus und die Menschen um sie herum. Beide sind an ihren Ansprüchen gescheitert: Gordon versteigt sich in seiner Grandiosität; Andreas verfällt in schlimmste Depression. Gibt es für die beiden einen Weg zurück? Der Großstadtmond scheint beinahe unbeirrt zu sein von diesen menschlichen Tragödien oder doch nicht? Jedenfalls fällt ein außergewöhnliches Licht auf die beiden Geschichten: durch wertschätzende jedoch nüchterne Berater werden Andreas und Gordon wieder auf den Boden zurückgeholt. Rüdiger Marmulla hat in diesen spannenden Roman dezidiertes Wissen eines erfolgreichen Coachs und christlichen Beraters eingearbeitet.

Lieselotte Beißwanger
Studienleiterin der Biblisch Therapeutischen Seelsorge BTS

Rüdiger Marmulla:
Wie ein Frühling. Die Biographie von Hilde und Michael Dieterich.
Witten: SCM R. Brockhaus Verlag, 2. Auflage, 2016
ISBN 978-3-417-26797-6

„Wie ein Frühling" beschreibt das Leben von BTS-Gründer Michael Dieterich und die Liebe zu seiner Frau Hilde. Alles beginnt mit einer kleinen Jugendgruppe von fünf Teilnehmern. Unter der Leitung von Michael und Hilde Dieterich wächst rasch ein Kreis von über hundert Jugendlichen heran. Es spricht sich bald herum, dass die Dieterichs etwas von Seelsorge verstehen. Weit über den großen Jugendkreis hinaus erzählen ihnen Menschen immer öfter von ihren Problemen. Hilde und Michael können die Aufgaben allein nicht mehr bewältigen, und unter dem Segen der Ludwig-Hofacker-Vereinigung und des späteren württembergischen Landesbischofs wird die Biblisch Therapeutische Seelsorge, ein Seelsorgenetzwerk im deutschsprachigen Raum, ins Leben gerufen. Doch das Ehepaar muss viele Schwierigkeiten bestehen.

Der Autor hat sich einfühlsam und historisch akkurat in Hilde und Michael Dieterichs Lebenslinien hineinbewegt und hat sich auch darauf eingelassen, teils vorhandene Fehlbeurteilungen durch Dritte zu prüfen und zurechtzurücken.

Friedrich Hänssler
Verleger

Biblisch Therapeutische Seelsorge

dienen • helfen • heilen

Wir verstehen die Biblisch Therapeutische Seelsorge als notwendigen Samariterdienst an Menschen, die Lebens- und Glaubenshilfe brauchen. Wir sehen uns zu diesem Dienst berufen, Christen so gut wie möglich für die Seelsorgearbeit zu befähigen und in der Praxis zu unterstützen.

Prof. Dieterich hat mit seiner Frau Hilde Luise und einigen Theologen und Therapeuten 1987 die Deutsche Gesellschaft für Biblisch Therapeutische Seelsorge (DGBTS) gegründet. Ein wichtiger Impuls dazu waren erste Seelsorgeschulungen, um die Ehepaar Dieterich von der evangelischen Ludwig-Hofacker-Vereinigung gebeten wurde. Es zeigte sich sehr schnell unter landeskirchlichen und freikirchlichen praktizierenden Christen ein außerordentlich großer Bedarf nach einem integrativen Seelsorgekonzept, das sowohl biblisch verankert als auch therapeutisch effektiv ist.

Seit Beginn der DGBTS besuchten mehr als 15.000 Personen deren Seelsorgekurse; mehr als 500 absolvierten die ganze Ausbildung zum „Biblisch Therapeutischen Seelsorger". BTS ist ein Markenzeichen geworden. Das Logo steht für die geradlinige Fortführung der ursprünglich von Michael Dieterich und seinen Mitarbeitern angestrebten ganzheitlichen Lebens- und Glaubenshilfe auf biblischem Grund und auf hohem therapeutischem Niveau.

www.bts-ips.de